U0689805

# 五禮通考

〔清〕秦蕙田 撰
方向東 王鍔 點校

十

嘉禮〔一〕

中華書局

# 目録

五禮通考卷一百三十 嘉禮三



五禮通考卷一百三十一 嘉禮四



五禮通考卷一百三十二 嘉禮五

# 五禮通考卷一百二十八

## 嘉禮一

### 即位改元

蕙田案：后王踐阼臨民，體元居正，典莫鉅焉。唐虞禪讓，受終告廟，類上帝，秩百神，巍乎尚已。商書太甲元祀，祗見厥祖。周成王顧命，康王即位，陳設宿衛，麻冕黼裳，册告殯宫，受同、瑁，臨朝見諸侯。既退，釋冕，反喪服，儀節炳然，蓋損益二代而爲之。吉凶之際，禮以義起，可爲軌則矣。漢高帝即位汜水之陽，典禮未具。光武以後，創業之主往往柴燎告天，即位於郊壇。而繼體守文，自漢文帝即阼，謁高廟，後嗣因之。受命几筵之前，遺告天地社稷，亦猶行古之道也。至如唐高祖、睿宗、玄宗、順宗，宋高宗、孝宗、寧宗以父子内禪，則禮之變矣。「元祀」之稱，始見商書。春秋嗣君即位，必書「元年」。公羊傳：「元者何？君之始年也。」杜氏預謂：「凡人君欲其體元居正，故不言一年一月。」胡氏大紀亦謂：「元者，義之所存，後世以元爲數，而不知其義。如漢武之初曰建元元年，既曰元年，則元已建矣，又曰建元，豈不贅乎？後又因事别建，失其義也。」三説近之。第稱元，不知何昉爾。其稱「後元年」，起於漢文。而紀年之號，肇於漢武。本皆惑於方士之言，後廼一君而數改其元，一年而再更厥號，甚者正僞紛雜，不勝其紀，詎不舛與？即位受朝儀，詳見元志，明遂有登極儀。用綜經史，述其源流，以爲嘉禮之冠。紀元則一以正統爲綱，而侯國及僭僞並附焉。

唐虞

通鑑前編：甲辰，陶唐氏帝堯元載，乃命羲和。在位一百載。

邵子皇極經世曆係「命羲和」于元年。又東漢志、晉志皆曰唐堯即位，羲和立象儀。則是命羲和，帝堯即位之初政也。

書舜典：正月上日，受終于文祖。傳：上日，朔日也。

蔡傳：堯于是終帝位之事，而舜受之也。

月正元日，舜格於文祖。傳：月正，正月。元日，上日也。舜服堯喪三年畢，將即政，故復至文祖廟告。疏：舜至于文祖之廟，告己將即正位爲天子也。前以攝位告，今以即位告也。

蔡傳：春秋國君皆以遭喪之明年正月，即位於廟而改元。孔氏云喪畢之明年，不知何所據也。

鄒氏季友曰：案孟子言：堯崩，三年喪畢，舜避堯之子，天下歸之，而後踐天子位。孔傳本此，蔡傳豈偶未之思與？

通鑑前編：丙戌，有虞氏帝舜元載。

紀元表：丙戌，虞帝舜元載，正月元日，即天子位。在位五十年。

右唐虞

## 夏

書大禹謨：正月朔旦，受命於神宗，率百官若帝之初。

蔡傳：禹受攝帝之命於神宗之廟。

通鑑前編：丙子，夏后氏大禹元歲春正月即位，會諸侯於塗山。

紀元表：丙子，夏帝禹元載，正月即天子位，改載曰歲。

通鑑前編：甲申，后啓元歲。在位九歲，子太康立。

金氏履祥曰：三代以來，嗣君皆逾年而稱元，與堯、舜、禹之間不同，故胡氏大紀於甲申書「元載」，今從之。或曰：「是時三年之喪未畢，益未有箕山之避，啓未膺朝覲訟獄之歸，宜未王也，何以稱爲元年？」是不然。古者稱元，無大意義，特以其君天下之始計年耳。況益之相禹，異於禹之相舜，禹之相舜，異於舜之攝堯。孟子之俱以薦言者，推堯、舜、禹之心也；其俱以避言者，推禹、益之心也。事迹固自不同，故胡氏于明年書「益歸政就國」，而不言避，是爲得之。

紀元表：癸巳，太康元歲尸位。在位二十九歲，弟仲康立。壬戌，仲康元歲，肇位四海。在位十三歲，子相踐位。乙亥，后相元歲。羿篡位，寒浞又殺羿代之二十八歲。浞子澆弑王，后緡歸有仍。癸卯，少康元歲，后緡生少康於有仍。四十歲始即天子位，共六十一歲，子杼踐位。

金氏履祥曰：自此以後，皇極經世缺四十年不書。而皇王大紀即以少康生之年爲元載，蓋少康既生，則夏統不絶也。

宗元案：大紀即以少康生之年爲元載，而皇極經世亦缺四十年不書，極是。後來如王莽十八年不書，亦與此同義。蓋光武旋即中興，則漢統亦未絶也。

甲辰，后杼元歲。在位十七歲。辛酉，后槐元歲。在位二十六歲，子芒踐位。丁亥，后芒元歲。在位十八歲，子泄踐位。乙巳，后泄元歲。在位十六歲，子不降踐位。辛酉，后不降元歲。在位五十九歲，弟扃立。庚申，后扃元歲。在位二十一歲，子廑踐位。辛巳，后廑元歲。在位二十一歲，不降之子孔甲立。壬寅，后孔甲元歲。在位三十一歲，子皋立。癸酉，后皋元歲。在位十一歲，子發立。甲申，帝發元歲。在位十九歲，子癸踐位，是爲桀。壬寅，后癸元歲。戊寅，商侯履元歲，五十三歲，湯放桀於南巢。

右夏

商

通鑑前編：乙未，商王成湯十有八祀。在位十三祀，太子太丁早卒，弟外丙立。

胡氏宏大紀論曰：古史不載湯改元，獨劉道原載之，非其實也。夫人君即位之一年謂之元年，一定而不可易也。成湯之元，立于桀之三十五載矣，其所以克享天心，受天明命，以有九有之師，爰革夏正，本是而爲之者也，又可改乎？元者，義之所存，非若一二之爲數也。後世以元爲數，而不知其義，如漢武之初年曰建元元年，既曰元年，則元已建矣，又曰建元，豈不贅乎！後又因事别建年號，失其義也甚矣。使人君知此義而體之，則元原於一，豈至如是之紛紛乎？

觀承案：胡氏以湯之元立於后癸之三十五祀。考之紀元表，實三十七祀也。然湯以侯服之十八祀，統紀於割正之十三載，而不改元。議者曰「所以克享天心」者，實基於此。則周以虞芮質成，爲文王受命之始，不其然乎？武王繼西伯肆伐，以十三年即天子位，而不改元，亦一義也。竊謂元者，紀一君之終始，崛起之聖，寖昌有自，而維新之命，即新于厭德之年。迨奄有四海，告成功而已。德業之丕揚，何藉于改元以爲重？而仄微之積累，又何可因改步而頓泯耶？則創業必昭乎勝國之紀，而垂統乃肇興朝之盛，代終之義固如此。或者以統系之説爲疑，不知禪代推遷，各有本末。自堯甲辰以來，興衰治亂，修短之數，紀於歷次者，可逆覩也。孰能從而矯誣之，則固無害于統系也。

史記殷本紀：帝外丙即位。

紀元表：戊申，帝外丙元祀。在位二祀，弟仲壬立。書序及通鑑前編俱作湯崩時，外丙二歲，仲壬四歲，皆以幼故不立。太甲差長，立之。今從史記紀元。

蕙田案：史記明據，自不宜廢。大紀以立嫡之義，斷其不立外丙，恐未確，今從集成。

史記殷本紀：帝仲壬即位。

紀元表：庚戌，帝仲壬元祀。在位四祀，太丁之子太甲立。

書伊訓：惟元祀十有二月乙丑，伊尹祠于先王。奉嗣王祗見厥祖，侯甸群后咸在，百官總己以聽冢宰。傳：此湯崩踰月，太甲即位，奠殯而告。居位主喪。疏：「伊尹祠于先王」，謂祭湯也。「奉嗣王祗見厥祖」，謂見湯也。故傳解「祠先王」爲「奠殯而告」，「見厥祖」爲「居位主喪」，是言祠是奠也。祠喪于殯，斂、祭皆名爲奠，虞、祔、卒哭始名爲祭。知祠非宗廟者，元祀即是初喪之時，未得祠廟。且湯之父祖不追爲王，所言先王，惟有湯耳，故知祠實是奠，非祠宗廟也。

蔡傳：夏曰歲，商曰祀，周曰年，一也。元祀者，太甲即位之元年。十二月者，商以建丑爲正，故以十二月爲正也。祠者，告祭於廟也。古者王宅憂，祠祭則冢宰攝而告廟。太甲服仲壬之喪，伊尹祠于先王，奉太甲以即位改元之事。祇見厥祖，則攝而告廟也。或曰：孔氏言湯崩踰月，太甲即位，則十二月者，湯崩之年，建子之月也，豈改正朔而不改月數乎？曰：此孔氏惑于序書之文也。太甲繼仲壬之後，服仲壬之喪。而孔氏曰湯崩，奠殯而告，固已誤矣。又曰：孔氏意湯崩踰月，太甲即位，奠殯而告，是以崩年改元矣。蘇氏曰：「崩年改元，亂世事也，不容伊尹有之，不可以不辨。」又案孔氏以爲湯崩。吴氏曰：「殯有朝夕之奠，何爲而致祠？主喪者不離於殯側，何待於祇見？蓋太甲之爲嗣王，嗣仲壬而王也。太甲，太丁之子。仲壬，其叔父也。嗣叔父而王，而爲之服三年之喪，爲之後者，爲之子也。太甲既即位于仲壬之柩前，方居憂于仲壬之殯側。伊尹乃至商之祖廟，徧祠商之先王，而以立太甲告之。不言太甲祠，而言伊尹，喪三年不祭也。奉太甲徧見商之先王，而獨言祇見厥祖者，雖徧見先王，而尤致意於湯也。湯既已祔於廟，則是此書初不廢外丙、仲壬之事，但此書本爲伊尹稱湯，以訓太甲，故不及外丙、仲壬之事耳。」

蘇氏軾曰：太史公案世本，湯之後，二帝七年，而後至太甲，其迹明甚，不可不信。而孔安國獨據經臆度，以爲成湯没而太甲立，且以是歲改元。學者因謂太史公爲妄，初無二帝，而太史公妄增之，豈有此理哉？安國謂湯崩之歲而太甲改元，不待明年者，亦因經以臆也。

朱子語類：伊尹祠于先王，若有服不可入廟，必有外丙二年、仲壬四年。問：「書序：『成湯既没，太甲元年。』玩其語意，似成湯没而太甲立。或者乃曰，孟子云：『湯崩，太丁未立。外丙二年，仲壬四年。』湯没六年，而太甲立，太甲服仲壬之喪。伊川謂太丁未立而死，外丙方二歲，仲壬方四歲，乃立太丁之子太甲。而或者又謂商人以甲、乙爲兄弟之名，則丙當爲兄，而壬當爲弟，豈有兄二歲而弟四歲乎？案皇極經世圖紀，則太甲實繼湯而立無疑。」曰：「書序恐只是經師所作，然亦無證可考，但決非夫子之言耳。成湯、太甲年次，尤不可考。」問：「康節之説，亦不可據耶？」曰：「也怎生便信得他？」又問：「如此則堯即位于甲辰，亦未可據也。」曰：「此却據諸曆書如此説，恐或有之，然亦未可必。」問：「若如此，則二年、四年，亦可推矣。」曰：「却爲中間年代不可紀，自共和後方可紀，則湯時自無由而推。」

胡氏一桂曰：湯後有外丙、仲壬二王，蔡氏力主之，邵子經世書又合孔注，朱子孟子集注亦云「二説未知孰是」，闕之可也。

王氏樵曰：觀「先王」、「厥祖」，上下異文，則先王是湯之先廟，厥祖是湯可知。且于先王曰祠，而於厥祖爲祗見，祠是祭，祗見非祭也。祠先王曰伊尹，而見厥祖曰奉嗣王，是廟中之祭攝于伊尹，殯前之告非伊尹所攝也。又曰：蔡氏云先王，湯也，又云徧祀商之先王，蓋以外丙、仲壬爲先王，而不知湯以上尚當有先王也。如其言先祠丙、壬，後見烈祖，無乃非序乎？若以先王中有湯，則下祗見爲複矣。既以所居爲仲壬之喪，則仲壬亦未在應祠之内。

蕙田案：太甲元祀之説，史記、孟子皆有外丙、仲壬之六年，朱子、蔡氏從之。書序及注疏皆以爲太甲繼湯而立，程子、邵子、胡五峰大紀、金仁山通鑑前編從之。今據史記、孟子而並載諸儒之説，學者兩存，而從胡雙峰闕疑之意，可也。

紀元表：甲寅，帝太甲元祀。在位二十七祀，廟號太宗，子沃丁立。

通鑑前編：辛巳，帝沃丁元祀。在位二十九祀，弟太庚立。庚戌，帝太庚元祀。在位二十五祀，子小甲立。

金氏履祥曰：兄死弟及，自太庚始謂爲殷禮，非也。伊尹曰：「七世之廟，可以觀德。」父子相傳爲一世，若兄弟，則昭穆紊矣。沃丁及見伊尹之典刑，死而傳弟，當必有故，而典籍無可考。後世沿襲，諸弟子或爭立，遂啓亂源。是以聖人立法，不立異以爲高。

蕙田案：金氏之論正矣。然以七世之廟爲伊尹之典刑，兄弟則昭穆紊，非也。若然，則太甲繼湯，昭穆先紊矣。不知兄弟繼及，亦同一世，不害於七世之廟也。夫父死子繼者，至正之理；兄終弟及者，遇變之事。天子繼統，關係甚鉅，未可以一例執也，前後皆有之矣。金氏不信外丙、仲壬，而取胡氏之論，其即此意也夫！

紀元表：乙亥，帝小甲元祀。在位十有七祀，弟雍己立。　壬辰，帝雍己元祀。在位十有二祀，弟太戊立。　甲辰，中宗帝太戊元祀。在位七十五祀，子仲丁立。　己未，帝仲丁元祀。在位十有三祀，弟外壬立。　壬申，帝外壬元祀。在位十五祀，弟河亶甲立。　丁亥，帝河亶甲元祀。在位九祀，子祖乙立。　丙申，帝祖乙元祀。在位十九祀，子祖辛立。　乙卯，帝祖辛元祀。在位十六祀，弟沃甲立。　辛未，帝沃甲元祀。在位二十五祀，祖辛之子祖丁立。　丙申，帝祖丁元祀。在位三十二祀，沃甲之子南庚立。　戊辰，帝南庚元祀。在位二十五祀，祖丁之子陽甲立。　癸巳，帝陽甲元祀。在位七祀，弟盤庚立。　庚子，帝盤庚元祀。改國號曰殷，在位二十八祀，弟小辛立。　戊辰，帝小辛元祀。在位二十一祀，弟小乙立。　己丑，帝小乙元祀。在位二十八祀，子武丁立。丁巳，殷高宗武丁元祀。在位五十九祀，子祖庚立。丙辰，帝祖庚元祀。在位七祀，弟祖甲立。癸亥，帝祖甲元祀。在位三十三祀，子廩辛立。丙申，帝廩辛元祀。在位六祀，弟庚丁立。壬寅，帝庚丁元祀。在位二十一祀，子武乙立。癸亥，帝武乙元祀。在位四祀，子太丁立。丁卯，帝太丁元祀。在位三祀，子帝乙立。庚午，帝乙元祀。在位三十七祀，子辛立，是爲紂。丁未，帝辛元祀。十三祀，命周侯昌爲西伯。二十一祀丁卯，周侯發元年。己卯三十三祀，周侯發克商滅紂。

右商

周

通鑑前編：己卯，周武王十有三年一月癸巳，于征伐商。

金氏履祥曰：序稱十一年，書稱十三年。程子謂必有一誤。而伏生大傳、史記、太初曆、邵子皇極經世皆係之十一年。大衍曆謂伐商之歲在武王十年，則「一」與「三」字皆誤。朱子謂泰誓稱十有三年，洪範又云惟十有三祀，則十三年爲是。廣漢張氏從之，而經世紀年乃未及改，每以爲憾。今從朱子。

紀元表：己卯，周武王十三年二月，即天子位，改祀曰年。是年，焦、祝、薊、陳、杞、齊、魯、燕、管、蔡俱始封。在位十九年。子成王誦立。丙戌，成王元年。是年，魯公伯禽元。三年，宋微子啓、衛康叔封元。八年，蔡仲胡元。九年，唐侯叔虞元。在位三十七年，子康王釗立。

書顧命：

呂氏祖謙曰：天子，天下之共主也。成王力疾，臨廟朝而命之。畢、召受遺，率諸侯而輔之。所以公天位，嚴大寶。世稱漢武帝拔霍光于宿衛，托以幼孤，爲知人。不知所謂大臣，非可寄安危，屬存亡者，不在此選。如周、召内爲師保，外統諸侯，君存則輔政，君没則托孤。所謂受遺，蓋其職也。

林氏之奇曰：後世人主，將托後嗣，獨引親信入受遺詔，謂之顧命之臣。唐、漢末，雖有嫡嗣，不能屬于大臣，多立自戚宦之手。倉卒之際，廢立紛然，顧命一書，誠萬世之法。

惟四月哉生魄，王不懌。甲子，王乃洮頮水，相被冕服，憑玉几。乃同召太保奭、芮伯、彤伯、畢公、衛侯、毛公、師氏、虎臣、百尹、御事。

朱子語録：召公冢宰、畢公司馬、毛公司空是三公。芮伯司徒、彤伯宗伯、衛侯司寇是三孤。孔氏以高官兼攝下司，漢世以來，謂之領。故召、畢、毛皆稱公，傳皆稱領，而芮、彤、衛則但稱本爵也。

林氏之奇曰：此謂紀述一時所命之人，而周家命官之意，見于此者有四：以六卿兼主三公之事，一也；諸侯入爲公卿，二也；公卿皆同姓之邦，三也；三公、九卿各以其職任爲尊卑，不以爵秩高下，四也。

潘氏遴曰：叙畢公於二伯後，叙毛公于衛侯後，叙六卿，不叙三公也。

王曰：「嗚呼！疾大漸，惟幾。病日增，既彌留，恐不獲誓言嗣，兹予審訓命汝。」

鄒氏季友曰：嗣謂嗣君。周禮典命云：「諸侯之適子誓于天子，攝其君。」注云：「誓猶命也，明樹子不易也。」告命之辭，致其戒勉，故曰誓。蔡傳「不得誓言以嗣續我志」，從孔傳也，未當。

兹既受命，還，出綴衣於庭。越翼日乙丑，王崩。

鄒氏季友曰：「兹既受命」句，「還」字句。還音旋。孔傳「群臣既受命，各還本位也」，屬下句，非。

蔡傳：綴衣，幄帳也。群臣既退，徹出幄帳於庭。

太保命仲桓、南宫毛，俾爰齊侯吕伋，以二干戈、虎賁百人，逆子釗于南門之外。

延入翼室，恤宅宗。疏：將正太子之尊，故出于路寢門外，使更逆之。

蔡傳：桓、毛，二臣名。伋，太公望子。翼室，路寢旁左右翼室也。逆子釗于路寢門外，引入路寢翼室，爲居憂宗主也。

吕氏祖謙曰：發命者冢宰，傳命者兩朝臣，承命者勳戚顯諸侯。體統尊嚴，樞機周密，防危慮患之意深矣。入自端門，萬姓咸覩，與天下共之也。延入翼室，爲憂居之宗，示天下不可一日無統也。唐穆、敬、文、武以降，閹寺執國命，易主于宫掖，而外庭猶不聞，然後知周家之制，曲盡備豫，雖一條一節，亦不可廢也。

范氏祖禹曰：成王崩，太子必在側。當是時，本在内，特出而迎之，所以顯之于衆也。

王氏樵曰：初喪未爲梁闇，故以東夾室爲恤宅之地。

金氏履祥曰：天子居喪之次曰梁闇，比諸侯倚廬而加楣梁。此初喪未爲梁闇，故以東夾室爲宅宗之地。此下文東夾所以不陳設也。

王氏安石曰：王宫南鄉，南門，王宫之外門也。

葉氏時曰：虎賁之士，非太宰之屬，而太保得發之，則太宰兼總兵衛，亦明矣。然吕伋雖掌兵，非有宰臣之命，則不得以擅發。召公雖制命，非有二卿將命，亦不得以專行。兵權散主，不在一人，可見周人制兵之深意。

朱氏鶴齡曰：周禮虎賁氏本下大夫，齊侯領之，蓋以宿衛王宫爲重也。後世功臣子弟爲列侯，入宿衛，亦其意。史記稱太公五世反葬于周，是時，伋必入爲王官。故虎賁百人屬其統屬。

蕙田案：此奉迎即位之禮也。南門，蔡氏謂爲路寢門，王氏謂王宫之外門。考王五門，自外而入爲皋、庫、雉、應、路。是時，康王固當侍疾，但亦必别有異宫，如入路門，當由朝門入宫門。蓋命其暫還本宫，而後率虎賁迎之，以備禮耳。

所由入者，實不止一門，故但稱「南門」。又以見皆朝廷之正門，平日不得行，至此始行之，以嗣正位也。專主路寢門者，似狹。

丁卯，命作册度。疏：周禮内史掌策命，既作策書，因作受册法度。下文升階即位，及受同祭饗，皆是法度。

蕙田案：此即位之册命也。度即如後之儀注，蓋預擬之。

越七日癸酉，伯相命士須材。金氏履祥曰：天子七日而殯，癸酉，殯之明日也。既殯，始傳顧命材物也。朝廷所須器物，如下文禮器、几席、車輅、戈鉞之類是也。自此以下，皆癸酉之事。舊説須材爲供喪者，與上下文不相入。

蕙田案：以下即位日陳設之禮也。須材，金氏説是，若供喪，不應在既殯之後。

狄設黼扆、綴衣，牖間南向，敷重篾席，黼純，華玉，仍几。西序東嚮，敷重厎席，綴純，文貝仍几。東序西嚮，敷重豐席，畫純，雕玉仍几。西夾南向，敷重筍席，玄紛純，漆仍几。越玉五重。疏：上云西序東嚮，東序西嚮，則序旁已有王之坐矣。下句陳玉，復云在東序、西序者，明于東西序坐北也。西序二重，東序三重，二序共爲列玉五重。陳寶：疏：陳先王所寶之器物。赤刀、大訓、弘璧、琬琰，在西序；大玉、夷玉、天球、河圖，在東序。胤之舞衣、大貝、鼖鼓，在西房；兑之戈、和之弓、垂之竹矢，在東房。

蕙田案：此路寢堂上之陳設也。

大輅在賓階面，綴輅在阼階面，先輅在左塾之前，次輅在右塾之前。

蕙田案：此路寢庭之陳設也。

二人雀弁，執惠，立于畢門之内。四人綦弁，執戈上刃，夾兩階戺。一人冕，執劉，立于東堂。一人冕，執鉞，立于西堂。一人冕，執戣，立于東垂。一人冕，執瞿，立于西垂。一人冕，執鋭，立于側階。疏：立畢門及夾兩階服弁者，皆士也，以去殯遠，故使士爲之。立堂上、堂外服冕者，皆大夫也，以去殯近，故使大夫爲之。先門，次階，次堂，從外向内而序之也。次東西垂，次側階，又從近向遠而序之也。前陳坐位器物，皆以西爲上，由王殯在西序故也。此執兵宿衛之人，則先東而後西者，以新王在東故也。

陳氏經曰：自「設黼扆」至此，典章文物之備。一以象前王平生所坐所寶所乘所衛，以起嗣王之追慕，而盡誠紹述也。一以昭前王委重投艱之意，使嗣王肅敬，以祇承也。一以起群臣諸侯之尊敬，想慕前王而繫心于嗣王也。一以表人主之崇高富貴，尊無二上，而傳授之正如此，以絶天下覬覦之萌也。

蕙田案：此路寢宿衛之執事也。合前二條，陳設之儀法已備。後世即位儀注多本此。

王麻冕黼裳，由賓階隮。卿士、邦君麻冕蟻裳，入即位。疏：王麻冕者，蓋衮冕也。鄭云衮之衣五章，裳四章，以黼有文，故特言之。禮，君升阼階，此用西階升者，以未受顧命，不敢當主也。公卿大夫及諸侯皆同服吉服，如助祭各服其冕服也。蟻，蟲色玄。禮，祭服皆玄衣纁裳，此獨云玄裳者，不可全與祭同，改其裳以示變于常也。

吕氏祖謙曰：儀物既備，然後延嗣王受顧命而踐位，自此始稱王。

太保、太史、太宗皆麻冕彤裳。太保承介圭，上宗奉同、瑁，由阼階隮。太史秉書，由賓階隮，御王册命，曰：「皇后憑玉几，道揚末命，命汝嗣訓。臨君周邦，率循大卞，燮和天下，用答揚文、武之光訓。」疏：鎮圭，圭之大者。天子之所守，故奉之以奠康王所位，以明正位爲天子也。

林氏之奇曰：介圭以爲天子之守，而冒圭以合諸侯之信，故當康王之受顧命，皆奉而陳之。

夏氏僎曰：圭、瑁，先王所執，今將授嗣王，若先王予之，故自阼階而升。太史執書將進之嗣王，故與王接武同升。

蔡傳：成王顧命之言，書之册矣，此太史口陳者也。

蕙田案：此即位授瑁、授册之禮。

王再拜，興，答曰：「眇眇予末小子，其能而亂四方，以敬忌天威？」乃受同、瑁，王三宿，三祭，三咤。上宗曰：「饗。」疏：天子執瑁，故受瑁爲主。同是酒器，故受同以祭。三祭各用一同，非一同而三反也。釋詁云：「肅，進也。」宿即肅也。三宿爲三進爵，從立處而三進至神所也。三祭，三酹酒于神坐也。每一酹酒則一奠爵，三奠爵于地也。經典無此「咤」字，以既祭必當奠爵，既言三祭，知三咤之爲奠爵也。王肅亦以咤爲奠爵。禮，於祭末必飲神之酒，受神之福，此非大祭，故上宗以同酌酒進王，讚王曰：「饗福酒也。」

陳氏櫟曰：「咤」有兩説，孔氏以爲奠爵，蘇氏以爲至齒不飲，與嚌同義。考字書，「詫」與「吒」同，祭奠酒爵也。「咤」本「詫」字，傳寫訛耳。孔氏音釋云説文作「詫」。由是觀之，則咤訓奠爵不可易。

鄒氏季友曰：吉祭，尸受酒，灌于地。此非吉祭，不迎尸，故王代尸祭酒也。

**蕙田案：此即位而告奠于殯宫也。**

太保受同，降，盥，以異同秉璋以酢。授宗人同，拜，王答拜。疏：太保更洗異同實酒，乃秉璋以酢，祭于上。祭後復報祭，猶如正祭之亞獻也。

陳氏櫟曰：王祭告成，王言已受顧命也。太保授同而拜告成，王言已傳顧命也。

陳氏師凱曰：此王答召公拜也。冢宰傳顧命以相授，見大臣如見先王也。王答召公拜，敬大臣即以敬先王也。

外也。

**太保受同，祭，嚌，宅。授宗人同，拜，王答拜**〔一〕。

**太保降，收。諸侯出廟門俟。**

呂氏祖謙曰：「太保降收」者，蓋百官總己以聽召公。公退，則有司收徹矣。俟者，俟見康王于門外也。

鄒氏季友曰：爾雅：「室有東西厢，曰廟。」疏：「凡太室有東西厢〔二〕、夾室及前堂有序墻者曰廟。」不專以神居爲廟也。上文東序、西序即東西厢也。惟路門内有之，故獨稱路門爲廟門。禮記聘義云：「三讓而後傳命，三讓而後入廟門。」所謂廟門，但指路寢之門而言，初非言神居，亦非因有廟也。周禮司儀載諸侯相見交幣之禮，亦有「及廟」之文。今人尚有「廟堂」、「廊廟」之語。孔氏謂「殯之所處，故曰廟」，蔡氏因之，蓋泥于神居爲廟也。

**蕙田案：以上即位告殯宫之事已畢，下遂臨治朝而見諸侯百辟卿士也。**

**康王之誥：王出，在應門之内。太保率西方諸侯，入應門左；畢公率東方諸侯，入應門右；皆布乘黄朱。賓稱奉圭兼幣，曰：「一二臣衛，敢執壤奠。」皆再拜稽首。**

〔一〕「太保受同祭嚌宅授宗人同拜王答拜」十五字，原脱，據光緒本補。
〔二〕「厢」，原作「廟」，據光緒本、爾雅注疏卷五改。

王義嗣德，答拜。

鄒氏季友曰：「應」字平聲爲正音，去聲爲借音，故陸氏于此無音。禮記疏云：應，當也。謂南向當朝正門也。治朝在路門外，王日視治之朝。

蕙田案：應門之内蓋治朝也。

王氏振綱曰：黄朱是幣，當依蔡傳後注。古人以一爲奇，二爲偶，三爲參，四爲乘。布乘黄朱，言所布黄朱之幣各四也。故下言「奉圭兼幣」，圭是王朝所頒信瑞也，幣是諸侯所獻壤奠也，非「陳四黄馬而朱其鬣」也。

蕙田案：此即位受朝而諸侯執贄以見王也。古人贄見之禮，莫重于玉幣，故祀享神祇皆獻玉幣。臣之奉君，猶王之奉天。王氏之説不可易也。若如疏説，每一諸侯皆布四馬於朝，非特與執贄不合，且朝内何以容之？人馬相雜，豈復成體統乎？

蔡傳：「再拜稽首」，以致敬。義，宜也，「義嗣德」云者，史氏之辭也。康王宜嗣前人之德，故答拜也。答拜正其爲後，且知其以喪見也。

蕙田案：此即位正其爲天子而兼爲後之禮，故答拜。

太保暨芮伯咸進，相揖，皆再拜稽首，曰：「敢敬告天子，皇天改大邦殷之命，惟周文、武，誕受羑若，克恤西土。惟新陟王，畢協賞罰，戡定厥功，用敷遺後人休。今王敬之哉！張皇六師，無壞我高祖寡命。」

古今考：古之揖，天子以待臣下，以手著胸曰揖，蓋雙拱手向胸也。下手曰拜。

呂氏祖謙曰：二伯率諸侯列門左右，朝會分班儀也。太保芮伯咸進相揖，朝會合班儀也。始而分班，則諸侯兩列，西伯與東伯之位相對。今而合班，則六卿前列，冢宰與司徒之位相次。

蕙田案：此即位之後既朝而更奏告也。

王若曰：「庶邦侯、甸、男、衛，惟予一人釗報誥。昔君文、武丕平富，不務咎，厎至齊信，用昭明于天下。則亦有熊羆之士，不二心之臣，保乂王家，用端命于上帝。皇天用訓厥道，付畀四方。乃命建侯樹屏，在我後之人。今予一二伯父，尚胥暨顧，綏爾先公之臣，服于先王。雖爾身在外，乃心罔不在王室。用奉恤厥若，無遺鞠子羞。」

蕙田案：此初即位而報告諸侯也。

群公既皆聽命，相揖趨出。王釋冕，反喪服。

蘇氏軾曰：成王崩，未葬，君臣皆冕服，禮與？曰：非禮也。謂之變禮，可乎？曰：不可。禮變于不得已，嫂非溺，終不援也。三年之喪，既成服，釋之而即吉，無時而可者。曰：成王顧命，不可以不傳，既傳，不可以喪服受也。曰：何爲其不可也？孔子曰：「將冠子，未及期日而有齊衰、大功之喪，則因喪服而冠。」冠，吉禮也，猶可以喪服行之，受顧命見諸侯獨不可以喪服乎？太保使太史奉册授王于次，諸侯入哭于路寢，而見王于次。王喪服受教戒諫，哭踊答拜，聖人復起，不易斯言矣。春秋傳曰：「鄭子皮如晉，葬晉平公，將以幣行。子産曰：『喪安用幣？』子皮固請以行。既葬，諸侯之大夫欲因見新君，叔向辭之曰：『大夫之事畢矣，而又命孤，孤斬焉在衰絰之中，其以嘉服見，則喪禮未畢；其以喪服見，是重受弔也。大夫將若之何？』皆無辭以退。」今康王既以嘉服見諸侯，而又受乘黄玉帛之幣，使周公在，必不爲此。然則孔子何取此書也？曰：至矣。其父子君臣之間，教戒深切著明，足以爲後世法，孔子何爲不取哉？然其失禮則不可不辨。

朱子語類：潘時舉問：康王釋喪服而被衮冕，受虎賁之逆于南門之外，且受黄朱圭幣之獻，諸家皆以爲禮之變。獨蘇氏以爲失禮，使周公在必不爲此。未知當此際合如何區處？曰：天子諸侯之禮，與士庶人不同，故孟子有「吾未之學」之語，蓋謂此類耳。如伊訓元祀十有二月朔，亦是新喪。伊尹已奉嗣王祗見厥祖，固不可用凶服矣。漢、唐新主即位，皆行册禮，君臣亦皆吉服，追述先帝之命以告嗣王。韓文外集順宗實録中有此事可考。蓋易世傳授，國之大事，當嚴其禮。而王侯以草矣。

國爲家，雖先君之喪，猶以爲己私服也。五代以來，此禮不講，則始終之際殊草

葉氏夢得曰：康王此舉，必有大不得已而然者。蓋成王初即位，猶有三監、殷民之變，微周公天下未可知，況不及成王、周公者乎？故召公權一時之宜，而遽正君臣之分。若曰三年之喪，天下之通喪也，亦天下之大義也。通喪，天下之所同；大義，天子諸侯之所獨；故不以通喪廢大義。而吉凶又不可相亂，則以冕服朝諸侯，以爲常禮則不可，以爲非禮亦不可。傳及後世，卒不能奪康王之所爲，然後知此書之録於經，非孔子不能權于道，以盡萬世之變也。

吕氏祖謙曰：顧命，成王所以正其終。康王之誥，康王所以正其始也。舜除堯之喪，格廟而咨四岳；成王除武王之喪，朝廟而訪群臣，皆百王之正禮。然成湯方没，伊尹遽偕群后侯甸，陳訓太甲焉。禮固有時而變矣。説者不疑太甲受伊尹之訓于居憂之時，乃疑康王受畢、召之戒于宅恤之日。甚者以晉辭諸侯爲證，然則隆周之元老，反不若衰晉之陪臣耶？

朱氏鶴齡曰：以上諸説，當與蘇説並存。胡康侯傳春秋，乃云「是時成王方崩，

就殯猶未成服，故用麻冕、黼裳，乃受顧命，誥諸侯，然後成服宅憂。」愚謂經文明言「王反喪服」，則先時已成服矣。禮，天子七日而殯。自乙丑至癸酉凡九日，無不殯者。殯後無不成服之禮。章俊卿又言：「古天子諸侯既殯，即嗣位改元。康王所行，正人君即位之常禮，春秋時之踰年即位及嗣君稱子，乃夫子書之，以著其變周制而啓亂源。」此説吾尤不敢信。

蕙田案：此條尤即位禮之有關係者，惟朱子爲能得古聖人經權之義。葉氏、吕氏説足相發明。禮云：「喪三年不祭，惟祭天地、社稷。」祭祀尚易吉服，何況即位以臨天下耶？

又案：即位之禮，惟此二篇最爲詳備，由是而上推之，文、武可知也；由是而更推之，夏、商可知也。周監二代，此禮必傳之典册而非倉卒舉行者，後世之禮，皆權輿于此矣。夫子曰：「所損益可知也，雖百世可知也。」豈非考禮之大法哉？故備著之，以爲成憲之準。

紀元表：癸亥，康王元年。十七年，魯考公元。二十一年，魯煬公熙元。在位二十六年，子昭王瑕立。

己丑，昭王元年。十五年，魯魏公濆元。在位五十一年，子穆王滿立。庚辰，

**穆王元年。**十四年，魯厲公擢元。十七年，趙造父元。五十一年，魯獻公具元。在位五十五年，子共王繄扈立。**乙亥，共王元年。**在位十二年，子懿王𦸂立。**丁亥，懿王元年。**在位二十五年，共王之弟孝王辟方立。**壬子，孝王元年。**十三年甲子，封非子爲附庸邑之秦。在位十五年。懿王子燮立，是爲夷王。**丁卯，夷王元年。**八年，楚熊渠元僭稱王。在位十六年，子厲王胡立。**癸未，厲王元年。**是年，齊胡公元。二年，楚熊摯紅元。三年，楚熊延元。十三年，衛頃侯元。十五年，曹夷伯喜、燕惠侯元。十六年，蔡武侯元。二十年，齊獻公山元。二十一年，晉靖侯宜臼、宋僖公舉元。二十二年，秦侯元。二十四年，魯直公濞元。二十五年，衛僖侯、陳幽公寧元。二十九年，齊武公壽元。三十二年，秦公伯、楚熊勇元。三十五年，秦仲元。三十九年，晉僖侯司徒元。四十二年，楚熊嚴、蔡夷侯元。四十五年，曹幽伯彊元。四十八年，陳釐公孝元。四十九年，宋惠公覸元。在位五十一年。三十七年己未，國人叛，王出居彘。三十八年，召公、周公行政，號共和。癸酉，崩于彘，子宣王靖立。**甲戌，宣王元年。**是年，楚熊霜元。二年，燕僖侯莊元。三年，魯武公敖、曹戴伯蘇元。四年，齊厲公無忌元。六年，晉獻侯籍元。七年，秦莊公、楚熊狥元。十三年，魯懿公戲、齊文公赤元。十六年，衛武公和元。十七年，晉穆侯費元。十九年，蔡僖侯所事元。二十二年，魯伯御元。二十五年，齊成公説元。二十八年，宋戴公元。二十九年，楚熊咢元。三十三年，魯孝公稱、陳武公靈、曹惠伯兕元。三十四年，齊莊公贖元。　三十八年，楚若敖熊儀、燕頃侯元。　四十四年，晉殤叔元。　在位四十六年，太子涅踐位。

**庚申，幽王元年。**　二年，晉文侯仇元。　五年，秦襄公、陳平公燮元。　在位十一年。庚午，申侯與犬戎入寇被弒，太子宜臼立。

**辛未，平王元年。**　三年，魯惠公弗涅元。　五年，蔡哀侯元。　六年，秦文公、宋武公司空元。　七年，燕鄭侯元。　八年，楚熊坎元。　十年，蔡共侯興元。　十二年，蔡戴侯、曹穆公武元。　十四年，楚熊珣、衛莊公揚元。　十五年，曹桓公終生元。　十七年，陳文公圉元。　二十一年，杞武公元。　二十二年，蔡宣侯考父元。　二十四年，宋宣公力元。　二十六年，晉昭侯伯元，封叔父成師于曲沃，號桓叔。　二十七年，陳桓公鮑、晉曲沃桓叔元。　二十八年，鄭莊公寤生元。　三十一年，楚熊通元。　三十三年，晉孝侯平元。　三十七年，衛桓公完元。　四十一年，齊僖公禄甫、曲沃莊伯元。　四十三年，宋穆公和、燕穆侯元。　四十八年，晉鄂侯郄元。　四十九年，魯隱公息姑元，春秋之始。　在位五十一年。太子洩父早卒，孫林立。

**春秋隱公元年公羊傳：元年者何？君之始年也。**注：變一爲元，元者，氣也。王者當繼天奉元，善成萬物。

杜氏預曰：凡人君即位，欲其體元居正，故不言一年一月也。

**蕙田案：書「月正元日」，則日亦稱元也。**

呂氏大圭曰：不書即位，禮之不舉也。新君踰年即位，由阼階三揖而後升，謂之踐阼。禮不舉，故不書也。桓、宣得國之初，必有以正其朝廟，臨群臣之禮，故書之定元年。春不書即位，而于夏之六月書之，蓋于是時始得以正其朝廟，臨群臣之禮耳。

蕙田案：新君踐阼朝廟而臨群臣，蓋即虞書「受終」、「受命」之禮是也。

紀元表：壬戌，桓王元年。是年，宋殤公與夷元。二年，衛宣公晉元。三年，晉哀侯光元。五年秦寧公、晉曲沃武公、滕宣公嬰齊元。六年，蔡桓侯封人元。九年，魯桓公軌元。十年，宋莊公馮、燕宣侯元。十二年，晉小子侯元。十四年，陳厲公躍元。十六年，晉侯湣元。楚熊通僭稱王。十七年，秦出公、杞靖公元。十九年，曹莊公射姑元。二十年，鄭厲公突元。二十一年，衛惠公朔、陳莊公林元。二十三年，齊襄公諸兒、秦武公、燕桓侯、許穆公新臣元。在位二十三年，子佗立。乙酉，莊王元年。是年，鄭昭公忽元。二年，衛黔牟元。三年，蔡哀侯獻舞、鄭子亹元。四年，魯莊公同、鄭子儀元。五年，陳宣公杵臼元。六年，宋閔公捷元。七年，燕莊公元。八年，楚文王熊貲元。九年，衛惠公朔後元。十二年，齊桓公小白元。在位十五年。子胡齊立。庚子，釐王元年。是年，宋桓公御説元。三年，鄭厲公突後元。四年，晉武公稱滅晉侯湣，以其寶賂王，列爲諸侯。在位五年，子閬立。乙巳，惠王元年。是年，晉獻公詭諸、楚熊囏元。二年，秦宣公元。三年，蔡穆侯肸元。五年，鄭文公捷、杞惠公元。六年，楚成王熊惲元。七年，曹僖公夷元。九年，衛懿公赤元。十二年，邾文公蘧除元。十四年，秦成公元。十六年，魯閔公啓方、曹昭公班元。　十七年，衛戴公申元。　十八年，魯僖公申、秦穆公任好、衛文公燬元。　二十年，燕襄公元。　二十二年，許僖公業元。　二十三年杞成公元。　在位二十五年，子鄭立。　**庚午，襄王元年。**二年，晉惠公夷吾、宋襄公茲父元。　五年，陳穆公款元。　七年，蔡莊侯甲午元。　十年，齊孝公昭元。　十六年，晉懷公圉、宋成公王臣、杞桓公姑容元。　十七年，晉文公重耳元。　十八年，衛成公鄭元。　二十年，齊昭公潘元。　二十一年，陳共公朔元。　二十五年，晉襄公驩、鄭穆公蘭元。　二十六年，魯文公興元。　二十七年，楚穆王商臣元。　三十一年，許昭公錫我元。　三十二年，晉靈公夷皋、秦康公罃元。　三十三年，宋昭公杵臼元。　在位三十三年，子壬臣立。　**癸卯，頃王元年。**二年，曹文公壽、燕桓公元。　六年，楚莊王旅、陳靈公平國、邾定公貜且元。　在位六年，子班立。　**己酉，匡王元年。**是年，齊懿公商人元。　二年，蔡文侯申元。　三年，宋文公鮑元。　五年，魯宣公倭、齊惠公元。　秦共公稻元。　在位六年，弟瑜立。　**乙卯，定王元年。**是年，晉成公黑臀元。　二年，鄭靈公夷元。　三年，秦桓公榮元、鄭襄公堅元。　六年，燕宣公元。　八年，晉景公獳、衛穆公遫、滕文公繡元。　九年，齊頃公無野、陳成公午元。　十三年，曹宣公廬元。　十六年，蔡景侯固、許靈公寧元。　十七年，魯成公黑肱、楚共王審元。　十九年，宋共公固、衛定公臧元。　二十一年，鄭悼公費、燕昭公元。　在位二十一年，子夷立。　**丙子，簡王元年。**是年，吴壽夢元，始僭稱王。　二年，鄭成公睔元。　五年，齊靈公環元。　六年，晉厲公州蒲元。　九年，曹成公負芻元。　十年，秦景公后、衛獻公衎、莒犁比公密州元。　十一年，宋平公成元。　十三年，燕武公、邾宣公牼元。　十四年，魯襄公午、晉悼公周元。　在位十四年，子泄心立。　**庚寅，靈王元年。**二年，鄭僖公髡頑元。　四年，陳哀公弱元。　六年，杞孝公匄元。　七年，鄭簡公嘉元。　十二年，吴王諸樊元。　十三年，楚康王昭元。　十四年，衛殤公元。　十五年，晉平公彪元。　十七年邾悼公華元。　十八年，曹武公勝、燕文公元。　十九年，齊莊公光元。　二十一年庚戌冬十一月，孔子生。　二十三年，杞文公益姑元。　二十四年，燕懿公元。　二十五年，齊景公杵臼、吴王餘祭元。　二十六年衛獻公衎後、許悼公買元。　在位二十七年，子貴立。　**丁巳，景王元年。**是年，楚郟敖麇、燕惠公款元。　二年，衛襄公惡、吴王夷眛元。　三年，蔡靈侯般元。　四年，魯昭公稠元。　五年，楚靈王虔、邾莊公穿元。　七年，滕悼公寧元。　九年，秦哀公元。　十年，蔡悼公、杞平公鬱元。　十一年，衛靈公元元。　十四年，晉昭公夷、宋元公佐元。　十六年，陳惠公吴、蔡平侯廬、鄭定公寧元。　十七年，楚平王熊居、燕共公元。　十八年，曹平公須莒、共公庚輿元。　十九年，吴王僚元。　二十年，晉頃公去疾元。　二十二年，燕平公、曹悼公元。　二十三年，許公斯元。　二十四年，蔡悼侯東國元。　在位二十五年，子猛立，是爲悼王。　悼王崩，弟丐立。　**壬午，敬王元年。**二年，蔡昭侯申、莒郊公元。　三年，杞悼公成元。　四年，宋景公欒元。　五年，楚昭王軫元。　六年，曹聲公野、吴王闔閭元。　七年，鄭獻公蠆、滕頃公元。　九年，晉定公午元。　十年，薛襄公定元。　十一年，魯定公宋、曹隱公元。十六年，燕簡公元。十七年，許元公成元。十九年，陳閔公、曹伯陽元。二十年，秦惠公、鄭聲公元。二十三年，薛伯比元。二十四年，越王句踐、薛惠公夷元。二十五年，吳王夫差元。二十六年，魯哀公蔣元。二十八年衛出公輒、燕獻公元。二十九年，秦悼公元。三十年，蔡成侯朔元。三十一年，齊安孺子荼元。三十二年，齊悼公陽生、楚惠王章元。三十三年，宋景公滅曹。三十四年，杞閔公維、邾子革元。三十六年，齊簡公壬元。三十九年，魯西狩獲麟，孔子作春秋。四十年，齊平公驁元。四十一年，衛莊公蒯聵元。四十三年，衛君起元。四十四年，秦厲共公元。衛出公輒後元年。在位四十四年，子仁立。**丙寅，元王元年。**二年，晉出公錯元。三年，越滅吳。四年，邾隱公益後元年。五年，蔡聲侯產元。六年，邾子何元。七年，杞哀公閼路元。在位七年，子介立。**癸酉，貞定王元年。**是年，宋昭公得、衛悼公黚元。二年，魯悼公寧元。五年，燕孝公、越王鹿郢元。七年，鄭哀公易元。八年，杞出公敕元。十一年，越王不壽元。十三年，晉哀公驕、蔡元侯元。十四年，齊宣公積元。十五年，鄭共公丑元。十九年，衛敬公、蔡侯齊元。二十年，燕成公載元。二十一年，越王翁元。二十二年，楚惠王滅蔡。二十七年，秦躁公元。在位二十八年，子去疾立，是爲哀王。三月，弟叔自立，是爲思王。五月，少弟嵬弑思王自立，是爲考王。**辛丑，考王元年。**三年，晉出公柳元。八年，燕閔公元。十年，楚簡王仲元滅莒。衛昭公糾元。十一年，魯元公嘉元。十三年，秦懷公元。在位十五年，子午立。西周君封小子班于鞏，是爲東周。東、西周分之始。

**丙辰，威烈王元年。**是年，衛懷公亹元。　二年，秦靈公、鄭幽公已元。　四年，鄭繻公駘元。　五年，晉烈公止元。　十二年，秦簡公悼子、衛慎公頽元。　十五年，越王翳元。　十七年，魯穆公顯元。　十九年，楚聲王當元。　二十二年，齊康公貸元。　二十三年初，命韓、趙、魏爲諸侯。　二十四年，燕僖公莊元。　在位二十四年，子驕立。

**集成曰：史記六國表：威烈王二年，載魏文侯元年。十八年，載韓景侯、趙烈侯元年。是時，三晉雖專國政，實則大夫，不可列于諸侯。綱目于二十三年下，始注韓、趙、魏爲諸侯，今從綱目例書。**

**庚辰，安王元年。**是年，楚悼王類元。　三年，秦惠公、韓烈侯取、趙武公元。　七年，宋休公田、鄭康公乞元。　八年，晉孝公頎元。　十六年，齊太公元。田和初受王命爲諸侯。秦出公、韓文侯、趙敬侯章、魏武侯擊元。　十八年，田齊桓公午、秦獻公師隰元。　二十二年，楚肅王臧元。　二十四年，田齊威王因齊元。　二十五年，晉靖侯俱酒元。　在位二十六年，子喜立。

**丙午，烈王元年。**是年，越王之侯元。　韓哀侯滅鄭。　二年，趙成侯種元。　四年，宋辟公辟兵、衛聲公訓、燕桓公元。　六年，韓懿侯、魏惠侯罃元。　七年，宋公剔成、楚宣王良夫元。　在位七年，弟扁立。

**癸丑，顯王元年。**八年，衛成公遫、秦孝公渠粱、燕文公元。　十一年，韓昭侯元。　十三年，越王無彊元。　十五年，魯康公屯元。　十九年，秦孝公徙都咸陽。　二十年，趙肅侯語元。　二十三年，衛公貶號曰侯。　二十四年，魯景公偃元。　三十年，楚威王商元。　三十二年，秦惠文公駟元。　三十五年，齊魏僭稱王。　魏惠王罃後元年。　三十六年，蘇秦合從。　三十七年，衛平侯、田齊宣王辟彊、韓宣惠侯、燕易公元。　四十一年，宋元公偃、楚懷王槐元。　四十四年，趙武靈王雍元，僭稱王。　秦僭稱王。　四十五年，衛嗣侯元、秦惠文王駟後元年。　四十六年，韓、燕僭稱王，不改元。　在位四十八年，子定立。　**辛丑，慎靚王元年。**是年，燕王噲元，衛侯貶號曰君。　二年，張儀連衡。　三年，魏襄王嗣元，宋僭稱王。　五年，魯平公叔元。　在位七年，子延立。　**丁未，赧王元年。**二年，田齊閔王地元。　四年，韓襄王倉元。　燕昭王平元。　五年，秦武王蕩元。　九年，秦昭襄王稷元。　十七年，趙惠文王何、楚頃襄王橫元。　十九年，魯湣公賈元。　二十年，韓僖王咎、魏昭王遬元。　二十九年，齊、楚、魏共滅宋。　三十二年，田齊襄王法章元。　三十三年，衛懷君元。　三十七年，燕惠王元。　三十九年，魏安釐王圉元。　四十二年，魯頃公讎元。　四十三年，韓桓惠王元。　四十四年，燕武成王元。　五十年，趙孝成王丹元。　五十三年，楚考烈王完元。　五十八年，燕孝王元。　五十九年，秦人入寇，王入秦，盡獻其地，周民東亡就鞏。　東周君傑保遺民，奉周宗廟社稷。　**丙午，東周君元年。**二年，燕王喜元。　五年，衛元君元。　六年，秦孝文王柱元。　七年，東周君爲秦所滅。

**右周**

## 秦

壬子，秦莊襄王楚元。楚滅魯。　甲寅，漢高帝劉邦生。　乙卯，秦王政元。　丁巳，趙悼襄王偃元。　己未，魏景閔王增元。　癸亥，韓王安元。　甲子，楚幽王悍元。　辛未，秦滅韓。　壬申，衛君角元。　甲戌，魏王假、代王嘉、楚王負芻元。　丙子，秦滅魏。　戊寅，秦滅楚。　己卯。秦滅燕、趙。

庚辰，秦始皇帝二十六年并天下，稱皇帝。是年，齊亡。共在位三十七年，子胡亥立。

壬辰，二世皇帝元年。是年，衛亡。楚隱王陳勝、趙王武臣、魏王咎、燕王韓廣、齊王田儋元。項梁起兵于吳，漢高帝起兵于沛，自立爲沛公。　二年，楚懷王、韓王成、趙王歇、魏王豹元。　在位三年。趙高弑帝立子嬰。　乙未，王子嬰元年。是年，沛公入關，至霸上。王子嬰降，西楚霸王項羽、漢王劉邦、雍王章邯、塞王司馬欣、翟王董翳、魏王豹、河南王申陽、殷王司馬卬、代王趙歇、常山王張耳、九江王英布、衡山王吴芮、臨江王共敖、膠東王田市、齊王田都、濟北王田安、韓王鄭昌、齊王田榮元。

右秦

## 漢

丙申，西楚霸王弑義帝于江中。代王陳餘、齊王田廣元。　丁酉。齊王田橫元。

漢書高祖本紀：五年，諸侯王及太尉長安侯臣綰等三百人與博士稷嗣君叔孫通謹擇良日二月甲午，上尊號。漢王即皇帝位于汜水之陽。括地志：漢高祖即位壇在曹州濟陰縣界。　在位十二年，太子盈立。

紀元表：丁未，惠帝元年。在位七年，太子立，是爲少帝。太后臨朝稱制。　甲寅，高皇后呂氏元。　丁巳，太后廢少帝，立恒山王義爲帝，更名宏。太后仍臨朝稱制。　壬戌。太后崩，高帝子代王恒立。

史記孝文本紀：孝文皇帝，高祖中子也。高后八年，諸呂欲爲亂，大臣共誅之，謀召立代王，使人迎代王。乘傳詣長安，至渭橋，群臣拜謁稱臣。代王下車拜。太尉勃跪上天子璽符。代王謝曰：「至代邸而議之。」丞相陳平、太尉周勃、大將軍陳武、御史大夫張蒼、宗正劉郢、朱虛侯劉章、東牟侯劉興居、典客劉揭皆再拜言曰：「子弘等皆非孝惠子，不當奉宗廟。臣謹請與陰安侯列侯頃王后與瑯琊王、宗室、大臣、列侯、吏二千石議曰：『大王高帝長子，宜爲高帝嗣。』願大王即天子位。」代王曰：「奉高帝宗廟，重事也。寡人不佞，不足以稱宗廟。願請楚王計宜者，寡人不敢當。」群臣皆伏固請。代王西鄉讓者三，南鄉讓者再。丞相平等皆曰：「臣伏計之，大王奉高帝宗廟最宜稱，雖天下諸侯萬民以爲宜。臣等爲宗廟社稷計，不敢忽。願大王幸聽臣等。臣謹奉天子璽符再拜上。」代王曰：「宗室將相王列侯以爲莫宜寡人，寡人不敢辭。」遂即天子位。群臣以禮次侍。即日夕入未央宫。下詔書，赦天下，賜民爵一級，女子百户牛酒，酺五日。元年十月辛亥，皇帝即阼，謁高廟。

漢書文帝紀：即皇帝位于代，入未央宫，還坐前殿。十月辛亥，見于高廟。在位二十三年，太子啓立。

通鑑：胡三省注：如淳曰：讓群臣也。或曰賓主位東，西面；君臣位南，北面；故西鄉坐三讓不受，群臣猶稱宜，乃更南鄉坐，示變即君位之漸也。余謂如説以爲代王南鄉坐爲即君位之漸，恐非代王所以再讓之意。蓋王入代邸，而漢庭群臣繼至，王以賓主禮接之，故西鄉。群臣勸進，王凡三讓，群臣遂扶王正南面之位，王又讓者再，則南鄉非王之得已也，群臣扶之使南鄉耳。遽以爲南鄉坐，可乎？

文獻通考：馬氏曰：「古之受終革命者，必告于天地、祖宗。堯、舜之禪讓，湯、武之征伐，未之有改也。漢承秦後，典禮隳廢。以古人所以郊祀天地者，施之五時之淫祠，而未嘗有事天地之禮。高皇帝平秦滅項，諸侯王推戴即皇帝位于氾水之陽，亦不聞有燔燎告天之事，于義闕矣。至文帝以後，則凡嗣君即位，必謁見高廟，亦受命祖宗之意。」

通鑑：十六年秋九月，新垣平言：「臣候日再中。」於是始更以十七年爲元年。

蕙田案：此帝王有後元年之始，後世改元皆本此。

七年六月丁未，太子即皇帝位。

鄭氏樵曰：漢大斂畢，三公奏：「尚書顧命，太子即日即天子位于柩前。請太子即皇帝位，皇后爲皇太后。」奏可。群臣皆出，吉服入，會如儀。太尉升自阼階，當柩，御坐北面，稽首。讀册畢，以傳國玉璽綬，東面跪授，皇太子即皇帝位，告令群臣。群臣皆伏稱萬歲，或大赦天下。群臣百僚罷。入成喪服，如禮。

蕙田案：此禮即倣尚書顧命、康王之誥二篇爲之，後世即位禮，史雖不詳，大略同此。

紀年表：乙酉，景帝元年。壬辰，中元年。戊戌，後元年。在位十六年，太子徹立。

史記孝武本紀：有司言元宜以天瑞命，不宜以一二數。一元曰建元，二元以長星曰元光，三元以郊得一角獸曰元狩。有司言寶鼎出爲元鼎，以今年爲元封元年。改曆，以正月爲歲首，因爲太初元年。

胡氏三省曰：自古帝王未有年號，始起于此。貢父曰：封禪書云：「其後三年，有司言：『元宜以天瑞命，不宜以一二數推。』」所謂「其後三年」者，蓋盡元狩六年至元鼎三年也。然元鼎四年方得寶鼎，又無緣先三年稱之。以此而言，自元鼎以前之年皆有司所追命，其實年號之起在元鼎，故元封改元，則始有詔書也。

蕙田案：胡氏説是。

紀元表：辛丑，武帝建元元年。六。丁未，元光元年。六。癸丑，元朔元年。六。己未，元狩元年。六。乙丑，元鼎元年。六。辛未，元封元年。六。丁丑，太初元年。四。辛巳，天漢元年。四。乙酉，太始元年。四。己丑，征和元年。四。癸巳，後元元年。二。在位五十四年，改元十一。太子弗陵立。乙未，昭帝始元元年。六。辛丑，元鳳元年。六。丁未，元平元年。一。在位十三年，改元三。武帝曾孫病已立，更諱詢。

漢書宣帝本紀：元平元年，昭帝崩〔一〕，毋嗣。大將軍霍光奏議曰：「禮，人道親親故尊祖，尊祖故敬宗。大宗無嗣，擇支子孫賢者爲嗣。孝武皇帝曾孫病已，可以嗣孝

〔一〕「崩」，諸本脱，據漢書宣帝本紀補。

昭皇帝後。」奏可。遣宗正德至曾孫尚冠里舍，洗沐，賜御府衣。太僕以軨獵車奉迎曾孫，就齊宗正府。庚申，入見未央宮，見皇太后，封爲陽武侯。已而群臣奏上璽綬，即皇帝位，謁高廟。

紀元表：戊申，宣帝本始元年。四。壬子，地節元年。四。丙辰，元康元年。四。庚申，神爵元年。四。甲子，五鳳元年。四。戊辰，甘露元年。四。壬申，黃龍元年。一。在位二十五年，改元七。太子奭立。癸酉，元帝初元元年。五。戊寅，永光元年。五。癸未，建昭元年。五。戊子，竟寧元年。一。在位十六年，改元四。太子驁立。己丑，成帝建始元年。四。癸巳，河平元年。四。丁酉，陽朔元年。四。辛丑，鴻嘉元年。四。乙巳，永始元年。四。己酉，元延元年。四。癸丑，綏和元年。二。在位十六年，改元七。定陶共王子欣立。乙卯，哀帝建平元年。四。己未，元壽元年。二。在位六年，改元二。中山孝王子衎立。辛酉，平帝元始元年。五。封王莽爲安漢公，秉政，在位五年，改元一。宣帝曾孫嬰立，號曰孺子。安漢公王莽居攝踐阼。丙寅，孺子嬰元年。王莽僭稱假皇帝，安衆侯劉崇起兵。二年丁卯，東郡太守翟義起兵。戊辰，初始元年。王莽廢孺子嬰爲定安公，篡位，國號新，僭稱皇帝。己巳，新莽始建國元年，徐鄉侯劉快起兵。甲戌，新莽天鳳元年。四年，臨淮瓜田儀，瑯琊呂母，新市王匡、王鳳，南郡馬武、王常、成丹，南郡張霸，江夏羊牧俱起兵。五年，赤眉樊崇、東海刁子都起兵。庚辰，王莽地皇元年。二年，南郡秦豐、平原女子遲昭平起兵。三年，景帝六世孫齊武王縯及弟光武帝秀起兵舂陵，興復漢室。平林陳牧、廖湛起兵。癸未，漢兵誅新莽。淮陽王劉聖公稱帝，號更始元年，殺齊武王縯，以光武爲破虜大將軍，行大司馬事。梁王劉永起兵睢陽，稱元年。王郎僭稱漢帝。元年，隗囂起兵，成紀彭寵起兵。漁陽公孫述起兵成都。甲申，立光武爲蕭王，公孫述僭稱蜀王。元年，張步起兵瑯琊。

右漢

後漢

後漢書世祖本紀：建武元年，命有司設壇場于鄗之南千秋亭五成陌。注：壇謂築土，場謂除地。秦法，十里一亭。南北爲阡，東西爲陌。其地在今趙州柏鄉縣。六月己未，即皇帝位。燔燎告天，禋于六宗，續漢志：平帝元始中，謂六宗爲易卦六子水、火、雷、風、山、澤也。光武中興，未改。望于群神。其祝文曰：「皇天上帝，后土神祇，眷顧降命，屬秀黎元，爲人父母，秀不敢當。群下百辟，不謀同辭，咸曰：『王莽篡位，秀發憤興兵，破王尋、王邑于昆陽，誅王郎、銅馬于河北，平定天下，海内蒙恩。上當天地之心，下爲元元所歸。』讖記曰：『劉秀發兵捕不道，卯金修德爲天子。』秀猶固辭，至于再，至于三。群下僉曰：『皇天大命，不可稽留。』敢不敬承。」于是建元爲建武，大赦天下。

祭祀志：建武元年，光武即位于鄗，爲壇營於鄗之陽。祭告天地，采用元始中郊祭故事。六宗群神皆從，未以祖配。天地共犢，餘牲尚約。

蕙田案：即位燔燎告天，禋六宗，望群神，三代後始見于此。蓋是時經術大明，修復唐虞之迹也。

紀元表：乙酉，後漢光武帝建武元年。三十一。是年春正月，方望以前，定安公嬰稱帝于臨涇，更始遣兵擊斬之。九月，赤眉入長安，更始奔高陵。辛未，詔封更始爲淮陽王。冬十月，淮陽王降于赤眉。十二月，赤眉殺淮陽王，梁劉永僭稱帝，元年。成公孫述龍興元年，僭稱帝。赤眉以劉盆子僭稱帝，號建世元年。盧芳僭稱漢帝，元年。河西竇融起兵。三年，赤眉平梁，劉永子紆僭稱王，元年。燕彭寵僭稱王，元年。淮西董憲僭稱王，元年。齊張步僭稱王，元年。淮南李憲僭稱帝，元年。五年，彭寵奴殺寵以降，禽梁王紆，竇融降張步，平。九年，隴西隗囂子純元年。十年，隴西隗純降。十二年，成公孫述死，成都平。十三年，盧芳亡入匈奴。十六年，盧芳降。十七年，盧芳復奔匈奴。

丙辰，中元元年。二。在位三十三年，改元二。太子莊立。

戊午，明帝永平元年。十

八。在位十八年，改元一，太子炟立。丙子，章帝建初元年。八。甲申，元和元年。三。丁亥，章和元年。二。在位十四年，改元三。太子肇立。己丑，和帝永元元年。十六。乙巳，元興元年。一。在位十七年，改元二。太子隆立。丙午，殤帝延平元年。八月崩，清河孝王子祐立。

後漢書安帝本紀：延平元年，鄧太后特詔留帝清河邸。八月，太后與兄車騎將軍鄧騭定策禁中。其夜，使騭持節，以王青蓋車迎帝，齋于殿中。皇太后御崇德殿，百官皆吉服，群臣陪位，引拜帝爲長安侯。太后詔：「以祐爲孝和皇帝嗣，奉承祖宗，案禮儀奏。」又作策命，讀策畢，太尉奉上璽綬，即皇帝位。太后猶臨朝。九月庚子，謁高廟。辛丑，謁光武廟。

紀元表：丁未，安帝永初元年。七。甲寅，元初元年。六。庚申，永寧元年。一。辛酉，建光元年。一。壬戌，延光元年。四。四年三月崩，在位十九年，改元五。閻皇后臨朝，立濟北惠王子北鄉侯懿爲嗣。十月，北鄉侯薨。十一月，中黄門孫程等迎立安帝子濟陰王保入即帝位。

後漢書順帝本紀：帝諱保，安帝之子也。母李氏，爲閻皇后所害。永寧元年，立爲皇太子。延光三年，安帝乳母王聖、大長秋江京、中常侍樊豐譖太子乳母，殺之，太子數爲歎息。王聖等懼禍，搆陷太子，廢爲濟陰王。明年三月，安帝崩，北鄉侯立，薨，車騎將軍閻顯及江京，與中常侍劉安、陳達等白太后，秘不發喪，而更徵立諸國王子，乃閉宫門，屯兵自守。十一月，中黄門孫程等斬江京、劉安、陳達等，迎濟陰王于德陽殿西鍾下，即皇帝位，年十一。近臣尚書以下，從輦到南宫，登雲臺，召百官。尚書令劉光等奏言：「陛下正統，當奉宗廟，而姦臣交搆，遂令陛下龍潛藩國，天命有常，北鄉不永，漢德盛明，福祚孔章。近臣建策，左右扶翼，内外同心，稽合神明。陛下踐阼，奉遵洪業，爲郊廟主。而即位倉卒，典章多缺，請條案禮儀，分别具奏。」制曰：「可。」乃召公卿百僚，使虎賁、羽林士屯南、北宫諸門。閻顯兄弟率兵入，郭鎮斬顯弟衛尉景。戊午，遣使者入省，奪得璽綬，乃幸嘉德殿，收閻顯等。己未，開門，罷屯兵。壬申，謁高廟。癸酉，謁光武廟。

蕙田案：順帝被譏見廢，即位自屬變禮。據史，即位倉卒，典章多闕，則其餘諸帝典章無闕可知也。後漢即位禮，其詳不可得聞。

紀元表：丙寅，順帝永建元年。六。壬申，陽嘉元年。四。丙子，永和元年。六。壬午，漢安元年。二。甲申，建康元年。一。在位十九年，改元五。太子炳立。乙酉，沖子志立。

帝永嘉元年。正月崩，渤海孝王子纘立。丙戌，質帝本初元年。閏六月，梁冀弒帝，蠡吾侯翼

亭，將妻以女弟。會質帝崩，遂與兄冀定策禁中。閏月庚寅，使冀持節，以王青蓋車

後漢書桓帝本紀：帝諱志，肅宗曾孫。襲爵爲侯。本初元年，梁太后徵帝到夏門

迎帝入南宮，其日即皇帝位。秋七月乙卯，葬質帝。辛巳，謁高廟、光武廟。

蕙田案：桓帝閏六月庚寅即位，七月乙卯，葬質帝。辛巳，謁廟，凡五十二

日。是後漢制以二十七日除服後既葬而謁廟也。

紀元表：丁亥，桓帝建和元年。三。庚寅，和平元年。一。辛卯，元嘉元年。二。

癸巳，永興元年。二。乙未，永壽元年。三。戊戌，延熙元年。九。二年，梁冀伏誅。丁

未，永康元年。一。在位二十一年，改元七。解瀆亭侯萇子宏立。

後漢書靈帝本紀：帝諱宏，襲侯爵。桓帝崩，無子，皇太后與父城門校尉竇武定

策，使劉儵持節，左右羽林至河間奉迎。建寧元年春正月，帝到夏門亭，使竇武持節，

以王青蓋車迎入殿中。庚子，即皇帝位。二月辛酉，葬桓帝。庚午，謁高廟。辛未，

謁世祖廟。

蕙田案：靈帝即位而葬桓帝，後謁廟，與桓帝同。

紀元表：戊申，靈帝建寧元年。四。壬子，熹平元年。六。戊午，光和元年。六。甲子，中平元年。黄巾賊張角等始作亂。二年，黑山張燕起兵。六年，帝崩。在位二十一年，改元四。皇子辯立，是爲少帝。何太后臨朝，改元光熹。八月，又改元昭寧。九月，董卓廢帝爲弘農王，弟協立，是爲獻帝，改元永漢。十二月，詔除光熹、昭寧、永漢三號，復還中平。六年，曹操起兵。庚午，獻帝初平元年。是年，關東州郡起兵討董卓，推袁紹爲盟主。董卓以帝遷都于長安。孫堅起兵討卓。二年，孫堅卒，子策嗣。三年，董卓伏誅。甲戌，興平元年。是年，孫策據江南。丙子，建安元年。是年，曹操遷帝于許。二年，袁術稱帝于壽春。四年，漢宗室昭烈帝備起兵討曹操。五年，孫策卒，弟權立。七年，袁紹卒。九年，曹操滅袁氏。十八年，封曹操爲魏公。十九年，昭烈取成都。二十一年，進封曹操爲魏王。二十三年，昭烈帝稱漢中王。庚子，延康元年。是年春正月，魏王曹操薨。太子丕立。冬十月，獻帝禪位于魏。魏封帝爲山陽公。在位三十二年，改元四。魏文帝黄初元年，代神元帝拓拔力微元年，是爲北魏始祖。

右後漢

蜀漢

三國志蜀先主傳：章武元年，即皇帝位于成都武擔之南，爲文曰：「惟建安二十六年四月丙午，皇帝備敢用玄牡，昭告皇天上帝后土神祇：漢有天下，歷數無疆。曩者王莽篡盜，光武皇帝震怒致誅，社稷復存。今曹操阻兵安忍，戮弑主后，滔天泯夏，罔顧天顯。操子丕，載其凶逆，竊居神器。群臣將士以爲社稷墮廢，備宜修之，嗣武二祖，龔行天罰。備雖否德，懼忝帝位。詢于庶民，外及蠻夷君長，僉曰『天命不可以不答，祖業不可以久替，四海不可以無主』。率土式望，在備一人，備畏天明命，又懼漢邦將湮于地，謹擇元日，與百寮登壇，受皇帝璽綬。修燔瘞，告類于天神，惟神饗祚于漢家，永綏四海。」

蕙田案：陳壽作三國志，魏主稱「紀」，而蜀主稱「傳」。蓋典午得統于魏，當時不得不以魏爲正統，而後之論者往往譏之。今觀先主傳中詳載告天之文，而魏、吴即位俱從其闕。蓋隱然以正統與之，亦可以稍諒其心矣。

觀承案：陳史紀魏傳蜀，似乎以魏爲統也。然不直云魏書，而曰三國志，則魏一國耳，何統之有？先主告天文出自丹誠，上規誥誓，足垂不朽，備載之直筆也。乃隱含帝蜀，彷彿春秋之旨意深哉！稱爲良史才，信矣。

紀元表：辛丑，漢昭烈帝即皇帝位，建元爲章武元年。是年，封孫權爲吴王。吴黄武元年。即帝位，三年崩，改元一。太子禪立。

三國志蜀後主傳：章武三年夏四月，先主殂于永安宫。五月，後主襲位于成都，大赦改元。

蕙田案：繼嗣之君以即位之明年改元，此古今通禮也。後主以章武三年即位即改其年，五月以後爲建興元年。先儒所謂崩年改元，亂世之事，蓋始于此。

觀承案：崩年改元，實乖舊典，遂貽後世口實。然先主既東挫於吴，又即崩於永安，岌岌殆哉！則建號改元，有萬不得已者。故曰東漢人，才可與立；三國人，才可與權。

紀元表：癸卯，漢後主建興元年。四年，魏文帝崩，太子叡立，是爲明帝。五年，魏明帝太和元。七年，吴黄龍元，吴王稱帝。十年，吴嘉禾元。十一年，魏青龍元。十五年，魏景初元。戊午，漢延熙元年。二十。是年，吴赤烏元。二年，魏明帝崩，太子芳立。三年，魏齊王芳正始元。十二年，魏嘉平元。十四年，吴太元元。十五年二月，吴改元神鳳。四月，孫權薨，子亮立，十七年，魏司馬師廢其主芳爲齊王，迎立高貴鄉公髦，改元爲正元。吴五鳳元。十九年，魏甘露元。吴太平元。**戊寅，漢景耀元年。**五。是年，魏封司馬昭爲晉公。吴孫綝廢其主亮，立琅琊王休，改元永安。三年，司馬昭弒其主髦，迎立常道鄉公奂，改爲景元。**癸未，漢炎興元年。**十月，爲魏所滅。在位四十一年，改元四。

右蜀漢

晉

**甲申，魏咸熙元年。**進封司馬昭爲晉王。二年十二月，禪位于晉王太子司馬炎，晉封爲陳留王。

晉書武帝本紀：泰始元年冬十二月丙寅，設壇于南郊，百僚在位及匈奴南單于四裔會者數萬人，柴燎告類于上帝曰：「皇帝臣炎敢用玄牡明告于皇皇后帝：魏帝稽協皇運，紹天明命以命炎。昔者唐堯，熙隆大道，禪位虞舜，舜又以禪禹，邁德垂訓，多歷年載。暨漢德既衰，太祖武皇帝撥亂濟時，扶翼劉氏，又用受命于漢。粤在魏室，仍世多故，幾于顛墜，實賴有晉匡拯之德，用獲保厥肆祀，弘濟於艱難，此則晉之有大造於魏也。誕惟四方，罔不祇順，廓清梁岷，包懷揚越，八紘同軌，祥瑞屢臻，天人協應，無思不服。肆予憲章三后，用集大命于茲。炎維德不嗣，辭不獲命。於是群公卿士，百辟庶僚，黎獻陪隸，暨于百蠻君長，僉曰：『皇天鑒下，求人之瘼，既有成命，固非克讓所得距違。天序不可以無統，人神不可以曠主。』炎虔奉皇運，寅畏天威，敬簡元辰，升壇受禪，告類上帝，永答衆望。」禮畢，即洛陽宮幸太極前殿。

紀元表：乙酉，晉武帝泰始元年。十。是年，吴甘露元。二年，吴寶鼎元。五年，吴建衡元。八年，吴鳳凰元。乙未，咸寧元年。五。是年，吴天册元。二年，吴天璽元。三年，吴天紀元。五年，以匈奴劉淵爲左部帥。庚子，太康元年。十。是年，吴主孫皓降，吴亡。

晉書孝惠帝紀：太熙元年四月己酉，武帝崩。是日，皇太子即皇帝位，大赦，改元爲永熙。永平元年春正月乙酉朔，臨朝，不設樂。詔曰：「朕夙遭不造，淹恤在疚。賴祖宗遺靈，宰輔忠賢，得以眇身托于群后之上。昧于大道，不明於訓，戰戰兢兢，夕惕若厲。乃者哀迷之際，三事股肱，惟社稷之重，率遵翼室之典，猶欲長奉先皇之制，是以有永熙之號。然日月踰邁，已涉新年，開元易紀，禮之舊章。其改永熙二年爲永平元年。」

蕙田案：晉惠帝亦以武帝崩年改元，旋以非禮。至明年又改元，故有此詔。

又案：紀元表書「庚戌，惠帝永熙元年」，不書武帝太熙之號，非也。當云：

庚戌，太熙元年。四月，帝崩，太子即位，改元爲永熙元年。

紀元表：庚戌，惠帝永熙元年。一。是年四月，武帝崩，在位二十六年，改元三。太子衷立。六月，改元爲永熙元年。辛亥，惠帝永平元年，三月改元爲元康元年。九。庚申，永康元年。一。辛酉，永寧元年。一。正月，趙王倫篡位，改爲建始元年。四月，帝復位，前涼張軌初爲涼州刺史，後蜀李特據蜀。壬戌，太安元年。二。二年後，蜀李特建初元。特死，弟流自稱益州牧，張昌據江夏反，稱神鳳元。甲子，春正月，改元永安。秋七月，改元建武。十一月，復改元爲永安。十二月，改爲永興元年。二。是年，前趙劉淵元熙元，僭稱王，國號漢。後蜀李特子雄建興元，僭稱成都王。丙寅，光熙元年。一。是年，後蜀李雄太武元。僭稱帝，國號成。在位十七年，太弟熾立。丁卯，懷帝永嘉元年。六。是年，前燕慕容廆據棘城，自稱鮮卑大單于。二年，代穆帝拓跋猗盧元。前趙劉淵永鳳元，僭稱帝。三年，前趙劉淵河瑞元。四年，封拓跋猗盧爲代公。前趙劉淵卒，長子和立。一月，和弟聰弑和自立，改爲光興元年。前涼張軌都督隴右。在位六年，改元一。武帝孫秦王業立。癸酉，愍帝建興元年。四。二年，前涼張軌爲涼州牧，卒，子寔立。三年，封拓跋猗盧爲代王。前趙劉聰建元元。四年，劉曜陷長安，愍帝蒙塵。宣帝曾孫琅琊王睿承制江東，是爲元帝。前趙劉聰麟嘉元。丁丑，晉元帝建武元年四月，即晉王位。

晉書禮志〔一〕：元帝爲琅琊王，將即極位告廟。王導書問賀循云：「或謂宜祭壇，拜受天命者；或謂直當稱億兆群情，告四祖之廟而行者。若爾當立行廟主〔二〕，今固辭尊號，俯順群情，還依魏、晉故事，然魏、晉皆禀命而行，不知今進璽當云何？」循答曰：「愚謂告四祖之廟而行，蜀書劉先主初封漢王，時群臣共奏，上勳德承以即位。今雖事不正同，然議可方論。」導又書曰：「得刁僕射書曰，如此，京兆是宣帝祖，章郡是父也。至惠帝爲七廟，至懷帝〔三〕，京兆府君應落，想足下亦是識。刁侯不欲告惠、懷二帝，不知於禮云何？」循答曰：「古禮及漢氏之初皆帝帝異廟，即位大事，謁于太祖。故晉文朝于武宮，漢文謁于高廟也。至光武之後，惟有祖宗

〔一〕「晉書禮志」，下文所引不見於晉書禮志，見通典卷五五告禮。
〔二〕「主」，通典卷五五作「王」。
〔三〕「懷帝」，諸本作「懷德」，據通典卷五五改。

兩廟而已。祖宗兩廟，昭穆皆共堂別室。魏、晉依之，亦惟立一廟，則一廟之中苟在未毀。恐有事之日不得偏有不告。然人不詳太廟定議，不敢必據，欲依古禮，惟告宣帝一廟。人意以祖宗非一，且太廟合共，事與古異，不得以古禮爲斷。」

蕙田案：宗廟同堂異室，徧告爲是。

紀元表：戊寅，晉元帝太興元年三月，即皇帝位。四。　是年，前趙劉聰子粲立，改元漢昌。一月，爲靳準所弒，淵族子曜立，改元爲光初。　二年，前趙劉曜始改國號曰趙。後趙石勒僭稱趙王，元年。　三年，前涼張寔弟茂立，仍稱建興八年。　四年，代惠帝拓跋賀傉元。壬午，永昌元年。一。　在位六年，改元三。子紹立。　癸未，明帝太寧元年。三。　是年，前涼張茂仍稱建興十一年。　在位三年，改元一。太子衍立。　丙戌，成帝咸和元年。九。　三年，後趙石勒太初元。四年，代烈帝拓跋翳槐元。後趙滅前趙。　五年，後趙石勒建平元年，僭稱帝。　八年，前燕慕容廆子皝立。　九年，後趙石勒子宏延熙元，僭稱帝。後蜀李特孫班立。五月，雄子越弒之，立雄第四子期，僭稱帝。乙未，咸康元年。八。　是年，代煬帝紇那後元年。後趙石勒從子虎建武元，僭稱天王。後蜀李期五恒元。　三年，代烈帝翳槐後元年。前燕慕容皝僭稱王。　四年，代高祖拓跋什翼犍建國元。後蜀李特姪壽漢興元，改國號漢。　在位十七年，改元二。弟琅琊王岳立。　癸卯，康帝建元元年。二。　是年，前涼張駿仍稱建興三十年。　在位二年，改元一。太子聃立。

晉書禮志〔二〕：康帝立，準禮將改元。尚書下侍御史、太常主者：「殿中屬應告廟，其敕禮官并太史擇吉日，撰祝文，及諸應所用備辦，符到奉行。」博士徐禪議曰：「案魯文公之書即位也，僖公未葬，蓋改元之道，宜其親告，不以喪闕。昔代祖受終亦在諒闇，既正其位於天郊，必告成命于父祖。事莫大于正位，禮莫盛于改元。傳曰：『元，始也，首也，善之長也。故君道重焉。』」謂應告。尚書奏：「案惠帝起居注，改永熙二年爲永平元年，使持節太尉石鑒造于太廟。前朝明準，不應革易，如禪議。」

蕙田案：徐禪議是。

紀元表：乙巳，穆帝永和元年。十二。　是年，前涼張駿仍稱建興三十三年。　二年，後蜀李勢嘉寧元。前涼張駿子重華立。　三年，後蜀降。前涼張重華仍稱建興三十五年。　四年，前燕慕容皝子儁立。　五年，後趙石虎大寧元。　正月，僭稱帝。夏四月，虎卒，幼子世立。一月，庶長子

〔二〕「晉書禮志」，下文所引不見於晉書禮志，見通典卷五五告禮。

遵弑世自立。十一月，冉閔弑遵，立虎子鑒，改元爲青龍。前燕慕容儁元。六年，後趙石虎族子祗僭稱帝于襄國，改元永寧。冉閔永興元，僭稱帝，國號魏。前秦苻洪僭稱三秦王。七年，後趙石祗爲其將劉顯所弑，後趙亡。前秦苻洪子健皇始元。僭稱天王，國號秦。八年，前燕慕容儁元璽元，僭稱帝，滅閔。前秦苻健僭稱帝。九年，前涼張重華子曜靈立。二月，國人廢之，立駿子祚。十年，前涼張祚和平元，僭稱王，尋爲國人所殺。重華子玄靚立。十一年，前秦苻健子生壽光元，僭稱帝。前涼張玄靚復稱建興四十三年。**丁巳，升平元年。**五。是年，前燕慕容儁光壽元。前秦苻洪季子堅永興元。三年，前秦苻堅甘露元。四年，前燕慕容儁子暐建熙元。在位十七年，改元二。成帝長子瑯琊王丕立。**壬戌，哀帝隆和元年。**一。**癸亥，興寧元年。**三。是年，前涼張玄靚子天錫立。在位三年，改元二。弟東海王奕立，後廢。**丙寅，廢帝太和元年。**六。**辛未十一月，帝廢元帝子，會稽王昱立，是爲簡文帝，改元爲咸安元年。**二年，簡文帝崩，太子曜立。**癸酉，孝武帝寧康元年。**三。**丙子，太元元年。**二十一。是年，前涼張天錫降于前秦。九年，後秦姚萇白爵元，僭稱王。後燕慕容垂燕元元，僭稱王。西燕慕容泓燕興元，僭稱王。十年，前秦苻堅子丕太安元，僭稱帝。右丞相竇衝叛，自稱秦王，改元元光。西秦乞伏國仁建義元，秦封爲苑川王，是爲西秦。西燕慕容暐弟沖更始元。十一年，北魏道武帝拓跋珪登國元年，即代王位，改國號魏。前秦苻堅族孫登太初元。後秦姚萇建初元，僭稱帝。後燕慕容垂建興元，僭稱帝。西燕慕容沖爲其將韓延所殺，延立沖將段隨爲燕王，改元昌平。伏誅，立慕容顗爲燕王〔二〕，改元建明。慕容韜殺顗，立沖子瑶爲帝，改元建平。慕容永殺瑶，立泓子忠爲帝，改元建武。立三月，武衛將軍刁雲等殺之，推永爲主，改元中興。自二月至六月，凡五改元。後涼呂光大安元，僭稱酒泉公。　十三年，後涼呂光麟嘉元，僭稱三河王。　十九年，前秦苻堅子崇延初元，國亡。後秦姚萇長子興皇初元，僭稱帝。西燕滅于後燕。　二十一年，北魏皇始元，始建天子旌旗。後燕慕容垂子寶永康元。後涼呂光龍飛元，僭稱天王，國號涼。　在位二十四年，太子德宗立。**丁酉，安帝隆安元年。**五。　是年，後燕慕容寶永康二年。慕容皝曾孫詳自立，改元建始，垂少子麟殺之自立，尋又立皝少子德，是爲南燕。寶奔尚書蘭汗，汗弒寶自立，改元青龍。南涼禿髮烏孤太初元，僭稱西平王。北涼段業神璽元，僭稱建康公。　二年，北魏天興元年。南燕慕容德元，僭稱燕王。後燕慕容寶子盛建平元，篡三年。後秦姚興弘始元。後涼呂光嫡子紹立。五日，紹庶兄纂弒紹自立，改元咸寧。北涼段業天璽元，僭稱涼王。後燕慕容盛長樂元。　四年，南涼禿髮烏孤弟利鹿孤建和元，僭稱涼王。西涼李暠庚子元，僭稱涼公。南燕慕容德建平元，僭稱帝。　五年，後涼呂光弟隆神鼎元。後燕慕容垂子熙光始元。北涼沮渠蒙遜永安元。殺段業，僭稱張掖公。**壬寅，元興元年。**三。　是年，南涼禿髮烏孤第三弟

〔二〕「慕容顗」，原作「慕容覬」，據光緒本改。

傉檀弘昌元。桓玄舉兵反，稱大亨元。　二年，玄篡位，更號楚，改元建始，又改爲永始。　三年，北魏天賜元，帝復位。南涼禿髮傉檀畏秦强，去弘昌年號。**乙巳，義熙元年。**十四。　是年，南燕慕容德兄子超太上元。西涼李暠建初元。　三年，北燕高雲正始元，僭稱天王，滅後燕。　四年，南涼禿髮傉檀復改爲嘉平元。北魏道武太子明元帝永興元。西秦乞伏乾歸更始元。北燕馮跋太平元，僭稱天王。八年，西秦乞伏乾歸子熾磐永康元。北涼沮渠蒙遜元始元，僭稱河西王。　九年，夏赫連勃勃鳳翔元。　十年，北魏神瑞元。　十二年，北魏泰常元。後秦姚興長子泓永和元。　十三年，西涼李暠子歆嘉興元。　在位十四年，弟瑯琊王德文立。　**己未，恭帝元熙元年。**二。　是年，夏赫連勃勃真興元。　二年，禪位于宋。

**右晉**

# 五禮通考卷一百二十九

## 嘉禮二

### 即位改元

宋

宋書武帝本紀：永初元年六月丁卯，設壇南郊，即皇帝位，柴燎告天。策曰：「皇帝臣裕，敢用玄牡，昭告皇天后帝。晉帝以卜世告終，歷數有歸，欽若景運，以命于裕。夫樹君司民〔一〕，天下爲公，德充帝王，樂推攸集。越俶唐、虞，降暨漢、魏，靡不以

〔一〕「司民」，宋書武帝本紀作「宰世」。

上哲格文祖，元勳陟帝位，故能大拯黔黎，垂訓無窮。晉自東遷，四維不振，宰輔憑依，爲日已久。難棘隆安，禍成元興，遂至帝主遷播〔一〕，宗祀湮滅。裕雖地非齊、晉，衆無一旅，仰憤時難，俯悼横流，投袂一援〔二〕，則皇祀剋復〔三〕。及危而能持，顛而能扶，姦宄具殲，僭僞必滅。誠興廢有期，否終有數。至於大造晉室，撥亂濟民，因藉時來，實尸其重。加以殊俗慕義，重譯來庭，正朔所暨，咸服聲教。乃至三靈垂象，山川告祥，人神協祉，歲月滋著〔四〕。是以群公卿士，億兆夷人，僉曰皇靈降鑒於上，晉朝款誠于下，天命不可以久淹，宸極不可以暫曠。遂逼群議，恭兹大禮。猥以寡德，託於兆民之上，雖仰畏天威，略是小節，顧深永懷，祗懼若賓。敬簡元辰，升壇受禪，告類上帝，用酬萬國之情。克隆天保，永祚于有宋。惟明靈是饗。」禮畢，備法駕幸建康宫，臨太極前殿。詔赦天下。

〔一〕「主」，原作「王」，據光緒本、宋書武帝本紀改。
〔二〕「援」，宋書武帝本紀改作「麾」。
〔三〕「祀」，原作「祚」，據光緒本、宋書武帝本紀改。
〔四〕「滋」，諸本作「兹」，據宋書武帝本紀改。

元。

紀元表：庚申，宋武帝永初元年。三。　是年，西秦乞伏熾磐建弘元。西涼李歆弟恂永建元。　三年，武帝崩，太子義符立。　癸亥，少帝景平元年。二。　二年，北魏太武帝始光元。在位二年，弟義隆立。　乙丑，文帝元嘉元年。三十。　二年，夏赫連勃勃子昌承光元。　五年，北魏神䴥元。西秦乞伏熾磐子暮末永洪元。夏赫連昌弟定勝光元。北涼沮渠蒙遜承元元。　八年，沮渠蒙遜義和元。北燕馮跋弟弘太興元。　九年，北魏延和元。　十年，沮渠蒙遜子牧健永和元，一作承光。　十二年，北魏太延元。　十七年，北魏太平真君元。　二十八年，北魏正平元。　二十九年二月，北魏太武帝崩，南安王余立，改元永平。　冬十月，皇孫濬立，是爲文成帝，改元興安。　三十年，宋元凶劭太初元。　帝在位三十年，子駿立，改元一。　甲午，孝武帝孝建元年。三。　是年，北魏興光元。　二年，北魏太安元。　丁酉，大明元年。八。　四年，北魏和平元。　帝在位八年，太子子業立，尋廢。文帝子湘東王彧立。　乙巳，廢帝永光元年。八月，改爲景和元年。十一月，明帝立，改爲泰始元年。七。　是年，北魏文成帝崩，太子弘立，是爲獻文帝。　二年，北魏獻文帝天安元。　三年，北魏皇興元。　七年，北魏禪位于太子宏，是爲孝文帝，改元延興。　帝在位七年，改元一。太子昱立五年，廢爲蒼梧王。　癸丑，後廢帝元徽元年。五。　在位五年，改元一。　明帝子安成王準立。　丁巳，順帝昇明元年。三。　是年，北魏太和元。　帝在位三年，封蕭道成爲齊王，禪位，封帝爲汝陰王。

右宋

南齊

齊書高帝紀：建元元年夏四月甲午，上即皇帝位於南郊，設壇柴燎告天曰：「皇帝臣道成，敢用玄牡，昭告皇皇后帝。宋帝陟鑒乾序〔一〕，欽若明命，以命于道成。夫肇自生民，樹以司牧，所以闡極則天，開元創物，肆兹大道。天下惟公，命不于常。昔在虞、夏，受終上代，粤自漢、魏，揖讓中葉，咸炳諸典謨，載在方册。宋德既微〔二〕，仍世多故，實賴道成匡拯之功，以宏濟于厥艱。大造顛墜，再構區宇，宣禮明刑，締仁緝義。晷緯凝象，川岳表靈，誕惟天人，罔弗和會。乃仰協歸運，景屬與能，用集大命于兹。辭德匪嗣，至于累仍，而群公卿士，庶尹御事，爰及黎獻，至于百戎，僉曰『皇天眷

〔一〕「宋帝」，原脱「帝」字，據光緒本、南齊書高帝紀補。
〔二〕「宋」，南齊書高帝紀作「水」。

命，不可以固違，人神無託，不可以曠主。』畏天之威，敢不祇從鴻曆。敬簡元辰，虔奉皇符，升壇受禪，告類上帝，以永答民衷，式敷萬國，惟明靈是饗！」

紀元表：己未，南齊高帝建元元年。四。在位四年，改元一。太子賾立。癸亥，武帝永明元年。十一。在位十一年，改元一。太孫昭業立，後廢爲鬱林王。甲戌，鬱林王隆昌元年。七月，弟昭文立，改爲延興元年。十月，高帝從子西昌侯立，是爲明帝，改爲建武元年。四。戊寅，永泰元年。一。帝在位四年，太子寶卷立，後廢爲東昏侯。

齊書禮志：永泰元年，有司議應廟見不？尚書令徐孝嗣議：「嗣君即位，並無廟見之文，蕃支纂業，乃有虔謁之禮。」左丞蕭琛議：「竊聞祗見厥祖，義著商書，朝于武宮，事光晉册。豈有正位居尊，繼業承天，而不虔覲祖宗，格于太室。毛詩周頌篇曰：『烈文，成王即政，諸侯助祭也。』鄭注云：『新王即政，必以朝享之禮祭於祖考，告嗣位也。』又篇曰：『閔予小子，嗣王朝廟也。』鄭注云：『嗣王者，謂成王也。除武王之喪，將始即政，朝于廟也。』則隆周令典，焕炳經記，體嫡居正，莫若成王。又二漢由太子而嗣位者，西京七主，東都四帝，其昭、成、哀、和、順五君，並皆謁廟，文存漢史，其惠、景、武、元、明、章六君〔一〕，前史不載謁事，或是偶有闕文，理無異説。議者乃云先在儲宮，已經致敬，卒哭之後，即親奉時祭，則是廟見，故無别謁之禮。竊以爲不然。儲后在宮，亦從郊祀，若謂前虔可兼後敬，開元之始，則無假復有配天之祭矣。若以親奉時祭，仍爲廟見者，自漢及晉，支庶嗣位，並皆謁廟，既同有烝嘗，何爲獨修繁禮？且晉成帝咸和元年改號以謁廟，咸康元年加元服，又更謁。夫時非異主，猶不疑二禮相因，況位隔君臣，而反以一謁兼敬。宜遠纂周、漢之盛範，近黜晉、宋之乖義，展誠一廟，駿奔萬國。」奏可。

梁書蕭琛傳：東昏初嗣立，時議以無廟見之典，琛議據周頌烈文、閔予皆爲即位朝廟之典，于是從之。

紀元表：己卯，東昏侯永元元年。三。是年，北魏孝文帝崩，太子恪立，是爲宣武帝。

二年，北魏宣武帝景明元。在位三年。明帝子南康王寶融即位于江陵。辛巳，和帝中興元年。

〔一〕「元」，原脱，據光緒本、南齊書禮志補。

二。　在位二年，封蕭衍爲梁王，禪位，封帝爲巴陵王。

右南齊

## 梁

梁書武帝紀：天監元年夏四月丙寅，高祖即位於南郊。設壇柴燎，告類于天曰：「皇帝臣衍，敢用玄牡，昭告于皇天后帝：齊氏以曆運斯既，否終則亨，欽若天應，以命于衍。夫任是司牧，惟能是授；天命不于常，帝王非一族。唐謝虞受，漢替魏升，爰及晉、宋，憲章在昔。咸以君德馭四海，元功子萬姓，故能大庇甿黎，光宅區宇。齊代云季，世主昏凶，狡焉群慝，是崇是長，肆厥姦回暴亂，以播虐于我有邦，俾溥天惴惴，將墜于深壑。九服八荒之内，連率岳牧之君，蹶角頓顙，匡救無術，卧薪待然，援天靡訴。衍投袂星言，摧鋒萬里，厲其掛冠之情，用拯兆民之切。銜膽誓衆，覆鋭屠堅，建立人主，克翦昏亂。遂因時來，宰司邦國，濟民康世，實有厥勞。而晷緯呈祥，川岳效祉，朝夕坰牧，日月郊畿。代終之符既顯，革運之期已萃，殊俗百蠻，重譯獻款，人神遠邇，罔不和會。于是群公卿士，咸致厥誠，並以皇乾降命，難以謙拒。齊帝脱屣萬邦，授以神器。衍自惟匪德，辭不獲許，仰迫上玄之睠，俯惟億兆之心，宸極不可久曠，民神不可乏主，遂藉樂推，膺此嘉祚。以兹寡薄，臨御萬方，顧求夙志，永言祗惕。敬簡元辰，恭兹大禮，升壇受禪，告類上帝，克播休祉，以弘盛烈，式傳厥後，用永保于我有梁。惟明靈是饗。」

范雲傳：高祖受禪，柴燎于南郊，雲以侍中參乘。禮畢，高祖升輦，謂雲曰：「朕之今日，所謂凜乎若朽索之馭六馬。」雲對曰：「亦願陛下日慎一日。」

紀元表：壬午，梁高祖武帝天監元年。十八。　三年，北魏正始元。　五年，秦州主簿呂苟兒反，號建明元。　涇州陳瞻聖明元，僭稱王。　七年北魏永平元。　魏京兆王愉僭稱帝，號建平元。　十一年，北魏延昌元。　十五年，北魏孝明帝熙平元。　十七年，北魏神龜元。　庚子，普通元年。七。　是年，北魏正光元。　五年，沃野鎮人破落汗拔陵反，號真王元。　秦州城人莫折念生天建元，僭稱天子。　六年，北魏孝昌元。　徐州刺史元法僧天啓元，僭稱宋王。　柔玄鎮人杜洛州反于上谷，號真王元。　山胡劉蠡斤神嘉元，僭稱天子。　丁未，大通元年。二。　是年，永州刺史蕭寶寅反，號隆緒元。　陳郡民劉獲、鄭辨同反于西華，號天授元。　二年，北魏武泰元。　二月，孝明帝崩，胡太后立臨洮王世子釗，是爲幼主，太后臨朝稱制。　夏四月，尒朱世隆立長樂王子攸，是爲孝莊帝，改元建義。　九月，改爲永安元。河間邢杲反于青州〔一〕，號天統元。魏北海王顥爲魏王，號孝基元。己酉，中大通元年。六。是年，北海王顥建武元。二年，北魏尒朱世隆與尒朱兆立長廣王曄，改爲建明元年。三年，北魏尒朱世隆更立廣陵王恭，改元普泰，後廢。十一月，高歡立渤海太守朗于信都，改元中興，後廢。四年，北魏前廢帝普泰二年，後廢帝中興二年夏四月，高歡廢其主恭及朗，立平陽王修，是爲出帝，改元太昌。十二月，改元永興，以同太宗號，復改爲永熙元。六年，北魏出帝入關，高歡奉清河王亶子善見即位於洛陽，是爲東魏孝靜帝，改元天平。乙卯，大同元年。十一。是年，北魏宇文泰立南陽王寶炬於關西，是爲西魏文帝，改元大統。鄱陽鮮于琛反，號上願元。二年，汾胡王迢觸、二龍號平都元。四年，東魏元象元。五年，東魏興和元。九年，東魏武定元。丙寅，中大同元年。一。丁卯，太清元年。三。二年，侯景立臨賀王正德爲帝，號正平元。帝在位四十八年，改元七。太子綱立。庚午，簡文帝大寶元年。三。是年，湘東王繹起兵討侯景，稱太清四年。北齊文宣帝天保元。二年，侯景廢簡文帝，立豫章王棟，改元天正。十月，景篡位自立，改爲太始元。西魏太子欽立，是爲廢帝。三年，湘東王稱太清。六年夏四月，平侯景。十一月，即位於江陵，是爲元年，改元承聖。武陵王紀稱帝於成都，號天正元。西魏廢帝元。壬申，元帝承聖元年。三。三年十一月，

〔一〕「邢杲」，諸本作「邢彔」，據魏書、北史等改。

西魏陷江陵，元帝被執遇害。王僧辨、陳霸先奉元帝子晉安王方智承制，是爲敬帝。西魏廢帝三年爲宇文泰所廢，子齊王廓立，是爲恭帝元。　在位三年，改元一。　**乙亥，敬帝紹泰元年。**一。　是年二月，即皇帝位於潯陽。王僧辨立貞陽王淵明于建康，改元天成。梁王蕭詧稱帝于江陵，是爲後梁，建元大定。**丙子，太平元年。**二。　二年九月，封陳霸先爲陳公。冬十月，進爵爲王，敬帝禪位于陳。陳封帝爲江陰王。　在位三年，改元二。

**右梁**

## 陳

陳書高祖本紀：永定元年冬十月乙亥，高祖即皇帝位于南郊，柴燎告天曰：「皇帝臣霸先，敢用玄牡昭告於皇皇后帝：梁氏以圮剥荐臻，歷運有極，欽若天應，以命霸先。夫肇有烝民，乃樹司牧，選賢與能，未常厥姓。放勳、重華之世，咸無意於受終，當塗、典午之君，雖有心于揖讓，皆以英才處萬乘，高勳御四海，故能大庇黔首，光宅區縣。有梁末運，仍葉遘屯，獯醜憑陵，久移神器，承聖在外，非能祀夏，天未悔禍，復罹寇逆，嫡嗣廢黜，宗枝僭詐，天地蕩覆，紀綱泯絶。霸先爰初投袂，大拯横流，重舉義兵，實戡多難，廢王立帝，實有厥功，安國定社，用盡其力。是謂小康，方期大道。既而煙雲表色，日月呈祥，緯聚東井，龍見譙邦，除舊布新，既彰玄象，遷虞事夏，且協謳歌，九域八荒，同布衷款，百神群祀，皆有誠願。梁帝高謝萬邦，授以大寶，霸先自惟菲薄，讓德不嗣，至於再三，辭弗獲許。僉以百姓須主，萬機難曠，皇靈眷命，非可謙拒。畏天之威，用膺嘉祚，永言夙志，能無慙德。敬簡元辰，升壇受禪，告類上帝，用答民心，永保于我有陳。惟明靈是饗！」

紀元表：丁丑，陳高祖武帝永定元年。三。是年，西魏封宇文覺爲周公，禪位，北周孝閔帝元。正月即位，尋廢。子寧都公毓立，是爲明帝元。二年，梁丞相王琳奉永嘉王蕭莊稱帝於江州，改爲天啓元。三年，北齊文宣帝崩，太子殷立，後廢。北周武成元，始稱皇帝。在位三年，改元一。兄子臨川王蒨立。庚辰，文帝天嘉元年。六。是年，北齊廢帝乾明元。常山王演廢其主殷爲濟陰王，自立爲孝昭帝，改元爲皇建。北周廢帝弟魯國公邕立，是爲武帝。二年，北齊孝昭帝崩，弟長廣王湛立，是爲武成帝，改元爲太寧。北周武帝保定元。三年，北齊河清元。後梁蕭詧子巋天保元。六年，北齊武成帝禪位于太子緯，是爲後主，改元爲天統。丙戌，天康元年。一。是年，北周天和元。帝在位六年，改元二。太子伯宗立，後廢。丁亥，廢帝光大元年。二。二年，安成王頊廢帝爲臨海王自立。帝在位二年，改元一。**己丑，宣帝太建元年。**十四。二年，北齊武平元。四年，北周建德元。八年，北齊隆化元。齊人立文襄帝子安德王延宗于晉陽，改元德昌，尋被執于周。九年，北齊後主禪位于太子恒，是爲幼主，改爲承光元，被執于周。十年，北周宣政元。武帝崩，太子斌立，是爲宣帝。十一年，北周宣帝天成元年。二月，改爲大象元。禪位于太子衍，是爲靜帝。十二年，北周宣帝崩。十二月，封楊堅爲隋王。十三年，北周靜帝大定元年春正月，禪位于隋。隋封帝爲介國公。隋文帝開皇元。十四年，宣帝崩，太子叔寶立。帝在位十三年，改元一。**癸卯，後主至德元年。**四。四年，後梁蕭巋子琮廣運元。**丁未，禎明元年。**三。三年，後主降隋。隋封爲長城公。在位七年，改元二。

右陳

## 隋

隋書高祖本紀：開皇元年二月甲子，上自相府常服入宮，備禮即皇帝位于臨光殿。設壇于南郊，遣使柴燎告天。大赦改元。

禮儀志：周大定元年，靜帝遣兼太傅、上柱國、杞國公椿，大宗伯、大將軍、金城公哭，奉皇帝璽綬策書，禪位于隋。司録虞慶則白，請設壇于東第。博士何妥議，以爲受禪登壇，以告天也。故魏受漢禪，設壇于繁昌，爲在行旅，郊壇乃闕。至如漢高在汜，光武在鄗，盡非京邑所築壇。自晉、宋揖讓，皆在都下，莫不並就南郊，更無別築之義。又後魏即位，登朱雀觀，周帝初立，受朝于路門，雖自我作古，皆非禮也。今即府爲壇，恐招後誚。議者從之。

紀元表：辛丑，隋高祖文帝開皇元年。二十。辛酉，仁壽元年。四。四年，帝崩，太子廣立。在位二十四年，改元二。乙丑，煬帝大業元年。十三。九年，杜伏威起兵掠江淮。扶風向海明白烏元，僭稱帝。十年，延安劉迦論善世元，僭稱皇王。十二年，鄱陽操天成始興元，僭稱元興王。楚林士弘太平元，僭稱帝。十三年，恭帝侑立，遥尊煬帝爲太上皇，改元義寧，封大丞相李淵爲唐王。夏，竇建德丁丑元，僭稱長樂王。魏李密永平元，僭稱公。劉武周天興元，號定揚可汗。梁師都永隆元，僭稱帝。郭子和正平元〔一〕，僭稱永樂王。梁蕭銑鳴鳳元，僭稱帝。西秦薛舉秦興元，僭稱帝。桂陽曹武徹通聖元。在位十三年，改元一。丁丑，恭帝義寧元年。二。二年二月，宇文化及

〔一〕「正平」，原作「丑平」，據光緒本改。

弑煬帝于江都，立秦王浩，尋弑之，自稱帝，國號許，改元天壽。五月，恭帝侑禪位于唐王。王世充立恭帝侗，改元皇泰。

右隋

唐

唐書高祖本紀：武德元年五月甲子，即皇帝位于太極殿。命蕭造兼太尉，告於南郊，大赦，改元。

紀元表：戊寅，唐高祖武德元年。九。是年夏竇建德五鳳元，僭稱王。燕高開道始興元，僭稱王。涼李軌安樂元，僭稱帝。楚朱粲昌達元，僭稱帝。懷戎浮屠法輪元，僭稱大乘皇帝。在位九年，禪位于太子世民，改元一。

唐書太宗本紀：武德九年，以太宗爲皇太子。八月甲子，即皇帝位于東宫顯德殿，遣裴寂告于南郊。

紀元表：丁亥，太宗貞觀元年。二十三。帝在位二十三年，太子治立，改元一。

唐書高宗本紀：貞觀十七年，立爲皇太子。二十三年，太宗有疾，詔皇太子聽政于金液門。四月，從幸翠微宮。太宗崩，以羽檄發六府甲士四千，衛太子入于京師。六月甲戌，即皇帝位于柩前。

紀元表：庚戌，高宗永徽元年。六。丙辰，顯慶元年。五。辛酉，龍朔元年。三。甲子，麟德元年。二。丙寅，乾封元年。二。戊辰，總章元年。二。庚午，咸亨元年。四。甲戌，上元元年。二。丙子，儀鳳元年。三。己卯，調露元年。一。庚辰，永隆元年。一。辛巳，開耀元年。一。壬午，永淳元年。一。癸未，弘道元年。一。帝在位三十四年，太子顯立，改元十四。甲申，中宗嗣聖元年。二十一。是年二月，武后廢帝爲廬陵王，立豫王旦爲皇帝，是爲睿宗，改元文明。武后臨朝稱制。夏四月，遷帝于房州，又遷于均州。九月，武后改元光宅。二年，武后垂拱元。六年，武后永昌元。七年，武后載初元。九月，改元天授。武后自稱皇帝，改國號周，以睿宗爲太子，賜姓武氏。九年，武后如意元。九月，改元長壽。十一年，武后延載元。十二年，武后證聖元。九月，改元天册萬歲。十三年，武后萬歲登封元。三月，改元萬歲通天。十四年，武后神功元。十五年，武后聖曆元。九月，武后復以帝爲太子，還東都，賜姓武氏，以睿宗爲相王。十七年，武后久視元。十八年，武后大足元。十月，改元長安。乙巳，神龍元年。二。是年，帝復位，復國號曰唐。神龍本武后年號，中宗復位因之。丁未，景龍元年。四。四年六月，韋后弒中宗于神龍殿，立温王重茂，改爲唐隆元。睿宗即皇帝位，廢重茂復爲温王，改元。在位五年，改元三。

庚戌，睿宗景雲元年。二。壬子，太極元年。一。是年五月，改爲延和元。八月，睿宗禪位于太子隆基，改元先天。在位二年，改元二〔一〕。

唐書玄宗本紀：睿宗即位，立爲皇太子。景雲二年，監國。延和元年，星官言：「帝座前星有變。」睿宗曰：「傳德避災，吾意決矣。」七月壬辰，制皇太子宜即皇帝位。太子惶懼入請，睿宗曰：「此吾所以答天戒也。」皇太子乃御武德殿，八月庚子，即皇帝位。十月庚子，享于太廟，大赦。

通鑑：太平公主使術者言于上曰：「帝座前星皆有變，皇太子當爲天子。」上曰：「傳德避災，吾志決矣。」太子聞之，馳入見，自投于地，叩頭請曰：「臣以微功，不次爲嗣，懼弗克堪，未審陛下遽以大位傳之，何也？」上曰：「社稷所以再安，吾之所以得天下，皆汝力也。今帝座有災，故以授汝，轉禍爲福，汝何疑耶？」太子固辭。上曰：「汝爲孝子，何必待柩前然後即位耶？」太子流涕而出。壬辰，制傳位于

〔一〕「二」，原作「四」，據味經窩本、乾隆本、光緒本改。

太子。太子上表固辭。太平公主勸上，雖傳位猶宜自總大政。上乃謂太子曰：「朕雖傳位，豈忘家國！其軍國大事，當兼省之。」八月庚子，即皇帝位，尊睿宗爲太上皇。

紀元表：癸丑，玄宗開元元年。二十九。七年，渤海王武藝仁安元。十六年，渤海王欽茂大興元。壬午，天寶元年。十五。三年正月，改年曰「載」。十五載，帝幸蜀，太子亨即位于靈武，尊帝爲上皇天帝，改元。安禄山反，僭稱帝，國號燕，改爲聖武元。在位四十四年，改元二。

唐書肅宗本紀：天寶十五載，玄宗避賊，行至馬嵬，父老遮道請留太子討賊，玄宗許之，遣壽王瑁及内侍高力士諭太子，太子乃還。七月辛酉，至于靈武。壬戌，裴冕等請皇太子即皇帝位。甲子，即皇帝位于靈武，尊皇帝曰上皇天帝，大赦，改元至德。

紀元表：丙申，肅宗至德元載。三。二載春正月，安禄山爲子慶緒所殺，慶緒即僞位，改元載初。十月，又改爲天和元載。十二月，上皇還京師。三年，改載曰年。戊戌，乾元元年。二。二年，史思明應天元，殺安慶緒。夏四月，更國號曰大燕，改元順天，僭稱帝。庚子，上元元年。二。二年，去上元號，稱元年。史思明爲子朝義所殺，朝義即僞位，改元顯聖。壬寅，寶應元年。一。是年，帝崩，太子豫立。在位七年，改元四。癸卯，代宗廣德元年。二。是年，吐番入寇，帝幸陝州。郭子儀復京師，帝還京。乙巳，永泰元年。一。丙午〔二〕，大曆元年。十四。十四年，南詔異牟尋見龍元，後又改上元。在位十八年，改元三。太子适立。庚申，德宗建中元年。四。四年冬十月，涇原兵亂，帝幸奉天。朱泚應天元，僭稱秦帝。甲子，興元元年。一。是年，李懷光反，帝幸梁州。李晟等收復京師，帝還京。李希烈應天元，僭稱帝。朱泚天皇元，更號漢。乙丑，貞元元年。二十一。十二年初，渤海王欽茂卒，子宏臨早死，族弟元義立。一歲，國人殺之。宏臨子華嶼立，改元中興。華嶼卒，欽茂少子嵩臨立，改元正曆。在位二十六年，改元三，太子誦立。

唐書順宗本紀：貞元二十一年正月癸巳，德宗崩。丙申，即皇帝位于太極殿。二月癸卯，朝群臣于紫宸門。永貞元年八月庚子，立皇太子爲皇帝，自稱曰太上皇。辛丑，改元。降死罪以下。

蕙田案：順宗以德宗崩年即位，本不改元，至八月内禪，乃改爲永貞元年。與蜀後主、晉惠帝之改元有别。

〔二〕「丙午」，原作「丙子」，據味經窩本、乾隆本、光緒本改。

紀元表：乙酉，順宗永貞元年。一。　是年正月立，八月禪位于太子純。在位一年，改元一。　丙戌，憲宗元和元年。十五。　三年，沙陀來降，以其酋長執宜爲陰山兵馬使，爲後唐之始。南詔王尋閣勸應道元。　四年，渤海王元瑜永德元。南詔王勸龍晟龍興元。　八年，渤海王言義朱雀元。　十一年，南詔王勸利全義元。　十三年初，渤海王言義卒。弟明忠立，改元太始，一歲卒。從父仁季立，改元建興。至是，遣使入朝告哀，詔以仁秀嗣渤海王。　在位十五年，太子恒立，改元一。　辛丑，穆宗長慶元年。四。　三年，南詔王豐祐保和元。後又改元天啓。　在位四年。太子湛立，改元一。　乙巳，敬宗寶曆元年。二。　在位二年，爲宦官劉克明所弒，弟江王昂立，改元一。　丁未，文宗太和元年。九。　四年，渤海王彝震咸和元。　丙辰，開成元年。五。　在位十四年，太弟瀍立，改元二。　辛酉，武宗會昌元年。六。　在位六年，太叔忱立，改元一。　丁卯，宣宗大中元年。十三。　十三年，南詔王酋龍建極元。　在位十三年。子鄆王漼立，改元一。　庚辰，懿宗咸通元年。十四。　在位十四年，子普王儇立，改元一。　甲午，僖宗乾符元年。六。二年，黄巢作亂。　五年，黄巢王霸元。　庚子，廣明元年。一。　是年，黄巢陷長安，帝幸興元。黄巢金統元，僭稱齊帝。　辛丑，中和元年。四。　是年，帝幸成都。　二年，賊將朱温降，以爲河中招討使，賜名全忠，爲後梁之始。　三年，李克用破黄巢，復長安。　乙巳，光啓元年。三。　是年三月，帝還京。十二月，蒲、晉、邠、寧四鎮搆兵，帝幸鳳翔。秦宗權稱帝。一年，南詔王驃信舜化中興元。二年，帝幸興元。邠寧朱玫，以肅宗元孫襄王熅監國，尋稱帝，改元建貞。**戊申，文德元年。**一。是年，僖宗還京。在位十年。太弟傑立，改元五。**己酉，昭宗龍紀元年。**一。**庚戌，大順元年。**二。二年，前蜀王建鎮蜀。**壬子，景福元年。**二。是年，吴楊行密鎮淮南。二年，吴越錢鏐節度鎮海軍。**甲寅，乾寧元年。**四。二年，邠、寧二鎮犯闕，帝幸石門鎮。李克用以車駕還京。三年，李茂貞犯闕，帝幸華州。閩王潮節度威武軍，楚馬殷節度湖南。四年，閩王潮弟審知節度威武軍。**戊午，光化元年。**三。是年，帝還京。三年，宦官劉季述等廢帝，立太子裕。**辛酉，天復元年。**三。是年春正月，帝復位，黜太子裕爲德王。十一月，韓全誨等刼帝幸鳳翔。南漢劉隱節度清海。**甲子，天祐元年。**四。是年，朱全忠弑帝，太子柷立，是爲昭宣帝。二年，昭宣帝仍稱天祐。吴楊行密卒，子渥立。四年，昭宣帝禪位于梁。昭宗在位十六年，改元七。昭宣帝嗣立三年，未改元。

右唐

後梁

五代史梁本紀：太祖開平元年夏四月壬戌，更名晃。甲子，皇帝即位。戊辰，大

**赦，改元，國號梁。**

紀元表：**丁卯，後梁太祖開平元年。**四。　是年，遼太祖耶律億即皇帝位，始稱元年。晉王李克用、岐王李茂貞、吴楊渥俱稱唐。天祐四年，前蜀王建稱唐。天復七年，吴越錢鏐據杭州，閩王審知據閩，南平高季興節度荆南，楚馬殷據湖南，南漢劉隱據嶺南。　二年，前蜀王建武成元，僭稱帝。吴越錢鏐天寶元。通鑑綱目：吴越至唐明宗天成元年改元寶正。十國春秋：吴越在梁開平二年已稱天寶，後改寶大，尋又改寶正。　三年，晉王李存勗、吴楊渥弟隆演俱稱唐天祐六年。**庚午，乾化元年。**四。　是年，前蜀王建永平元。南漢劉隱庶弟龑節度清海，燕劉守光應天元。　二年，子均王友貞立，是爲末帝。　三年，末帝仍稱乾化。晉王李存勗、吴楊隆演、岐李茂貞俱稱唐天祐十年。　在位六年。爲其子郢王友珪所弑，改元二。**甲戌，末帝貞明元年。**六。　二年，遼太祖神册元。前蜀王建通正元。　三年，前蜀王建天漢元，改國號漢。南漢劉龑乾亨元，僭稱帝，國號越。　四年，前蜀王建光天元。復國號蜀。南漢劉龑改國號漢。　五年，吴楊隆演武義元，僭稱吴王。前蜀王建子衍乾德元。**辛巳，龍德元年。**三。　是年，吴楊隆演子溥順義元。　二年，遼天贊元。吴越錢鏐始建國稱王。　三年，晉王存勗伐梁，末帝自殺。

右後梁

後唐

五代史唐本紀：莊宗同光元年夏四月己巳，皇帝即位，大赦，改元，國號唐。

紀元表：癸未，後唐莊宗同光元年。四。　三年，前蜀王衍咸康元，降唐。南漢劉龑白龍元。南平高季興封南平王。後蜀孟知祥節度西川。閩王審知長子延翰僭稱王，國號閩。吳越錢鏐王，寶正元。四年，莊宗被弒于郭從謙，養子嗣源立，改元一。

五代史唐本紀：明宗天成元年四月丁亥，莊宗崩。己丑，入洛陽。甲午，監國，朝群臣于興聖宫。丙午，始奠於西宫，皇帝即位于柩前。易斬縗以衮冕。甲寅，大赦，改元。

徐氏無黨曰：曰始奠，見其緩也。自己丑入洛，至此二十日矣。柩前即位，嗣君之禮也。反逆之臣自立而用嗣君之禮，書從其實而不變文者，蓋先已書反，正其罪矣。此書其實者，見其猶有自愧之心，而欲逃大惡之名也。

紀元表：丙戌，明宗天成元年。四。　二年，遼太宗德光立，仍稱天顯二年。遼史太宗本紀：天贊二年五月，改元天顯。七月，太祖崩。太宗本紀：天顯二年十一月即位。有司請改元，不許。據此，則太宗未改太祖天顯年號，故天顯有十五年。而五代契丹附録德光立三年，改元天顯，計在唐明宗天成元年。通鑑載契丹改元天顯又在天成二年，彼此互異。今從遼史。吳楊溥乾貞元，僭稱帝。閩王審知次子鏻弑延翰自立。楚馬殷封楚國王。　三年，南漢劉龑大有元。南平高季興長子從誨立。　四年，吳楊溥太和元。**庚寅，長興元年。**四。　是年，後蜀孟知祥據西川。楚馬殷次子希聲立。　三年，楚馬殷第四子希範立。　四年，閩王鏻龍啓元，僭稱帝，國號閩。吳越錢鏐長子元瓘立。　在位八年。子從厚立，改元二。**甲午，閔帝應順元年。潞王從珂清泰元年。**三。　是年，後蜀孟知祥明德元。閏五月，僭稱帝，國號蜀。六月，子昶立，仍稱明德。　二年，吳楊溥天祚元。閩王鏻永和元。三年，石敬塘陷洛陽，帝自焚死。契丹立敬塘爲帝。　在位三年，改元一。

右後唐

後晉

**五代史晉本紀：高祖天福元年十一月丁酉，皇帝即位，國號晉。己亥，大赦，改元。**

**紀元表：丙申，晉高祖天福元年。**八。　二年，南唐李昪昪元元，篡吳僭稱帝，國號齊。三年，遼會同元。後蜀孟昶廣政元。南唐李昪改國號唐。　四年，閩王審知少子曦永隆元。　七年，南漢劉龑長子玢光天元。吳越錢元瓘長子佐立。　八年，南唐李昪子璟保大元。南漢劉龑次子晟改元應乾，又改元乾和。閩王審知子延政天德元，改國號殷。　在位七年。兄子齊王重貴立，是爲出帝，仍稱天福八年。　甲辰出帝開運元年。三。　二年，封劉知遠爲北平王。閩王延政復國號閩，降于南唐。

三年，契丹入寇，帝被執。　在位三年，改元一。

右後晉

後漢

紀元表：丁未，後漢高祖建國即位，稱晉。天福十二年戊申，改乾祐元年。三。

天福，晉高祖年號，天福止八年，改元開運。至此四年，漢雖易代，仍稱晉年號，舍開運而追稱天福爲十二年。是年六月以前，仍稱晉，六月始改國號漢。　是年，遼大同元，建國號曰遼。太宗崩，永康王烏雲立，是爲世宗，改元天禄。楚馬希範同母弟希廣立。　二年，吴越錢佐弟俶立，南平高從誨第三子保融立。　在位二年。子周王承祐立，是爲隱帝。仍稱乾祐二年，以郭威爲樞密使。宋太祖趙匡胤應幕居帳下。　三年，郭威廢帝自立，楚馬希萼殺其弟希廣自立。

五代史漢本紀贊：嗚呼！人君即位稱元年，常事爾，古不以爲重也。孔子未修春秋，其前固已如此，雖暴君昏主，妄庸之史，其記事先後遠近，莫不以歲月一二數之，乃理之自然也。其謂一爲元，亦未嘗有法，蓋古人之語爾。古謂歲之一月，亦不云一，而曰正月。國語言六吕曰元間大吕，周易列六爻曰初九。大抵古人言數多不言一，不獨謂年爲元也。及後世曲學之士，始謂孔子書「元年」爲春秋大法，遂以改元爲重事。自漢以後，又名年以建元，而正僞紛雜，稱號遂多，不勝其紀也。五代，亂世也，其事無法而不合於理者多矣，皆不足道也。至於年號乖錯以惑後世，則不可以不明。初，梁太祖以乾化二年遇弒，明年，末帝已誅友珪，黜其鳳曆之號，復稱乾化三年，尚爲有說。至漢高祖建國，黜晉出帝開運四年，復稱天福十二年者，何哉？蓋以其愛憎之私爾，方出帝時，漢高祖居太原，嘗憤憤下視晉，而晉亦陽優禮之，幸而未見其隙。及契丹滅晉，漢未嘗有赴難之意。出帝已北遷，方陽以兵聲言追之，至土門而還。及其即位改元，而黜開運之號，則其用心可知矣。蓋其于出帝無復君臣之義，而幸禍以爲利者，其素志也，可勝歎哉！夫所謂有諸中必形于外者，其見於是乎！

蕙田案：歐陽氏論後漢黜開運之號是矣，以稱元爲未嘗有法，未敢信也。

右後漢

後周

五代史周本紀：太祖廣順元年春正月丁卯，皇帝即位，大赦，改元，國號周。

紀元表：辛亥，周太祖廣順元年。四。　是年，遼世宗崩，太宗子壽安王舒嚕立，是爲穆宗。改元應曆。楚馬殷世子希崇立，一月，爲南唐所滅。北漢劉旻僭稱帝，仍稱乾祐四年。在位四年，改元一，養子柴榮立。

五代史周本紀：周世宗顯德元年正月丙申，皇帝即位於柩前。

紀元表：甲寅，世宗顯德元年。七。　是年，北漢劉旻子鈞仍稱乾祐八年。四年，北漢劉鈞天會元。五年，南漢劉晟長子鋹大寶元。南唐李璟中興元，又改元交泰，盡去帝號，奉周正朔。六年，世宗崩，子梁王宗訓立，是爲恭帝，不改元。七年，恭帝禪位于殿前都檢點趙匡胤，宋封帝爲鄭王。

徐氏無黨曰：五代亂世，以嗣君即位者五，而改元不依古者四。梁末帝、晉出帝即位踰年，宜改元而不改，又明年然後改。漢隱帝、周恭帝皆仍稱先帝，年號終其世不改。書其實，自見其失也。

右後周

宋

宋史太祖本紀：周顯德七年春，軍士宣言策點檢爲天子，羅拜，呼萬歲，擁宰相范質等至，降階列拜，翰林承旨陶穀出周恭帝禪位制書于袖中，宣徽使引太祖就庭，北面拜受已，乃掖太祖升崇元殿，服衮冕，即皇帝位。建隆元年春正月乙巳，大赦，改元，定有天下之號曰宋。己酉，遣官祭告天地社稷。

文獻通考：告天地、社稷、群祀祝文曰：「維大宋建隆元年，歲次庚申，正月辛丑朔某日，嗣天子臣匡胤謹遣某官某，敢昭告于昊天上帝、皇地祇：天命不常，惟德是輔。神器大寶，猥集眇躬。欽眷命而不違，勵小心而昭事，靈貺下屬，群情樂推。今月四日已即皇帝位，改國號爲大宋，乃改元建隆元年〔一〕，不敢不告。尚享。」又遣宗正少卿郭玘以即位告周高祖、世宗廟。

紀元表：庚申，宋太祖建隆元年。三。　是年，南平高寶融卒，弟保勗立。　二年，南唐李璟子煜立。　三年，南平高保勗卒，保融子繼沖立。　癸亥，乾德元年。五。　是年，南平高繼沖入宋，國除。　三年，後蜀孟昶降于宋。　戊辰，開寶元年。九。　是年，北漢劉鈞養子繼恩立，二月，爲供奉官侯霸所殺。劉繼元立，改元廣運。　二年，遼穆宗崩，世宗子賢立，是爲景宗，改元爲保寧。　三

〔一〕「改元」，原脱「元」字，據光緒本、文獻通考卷八九補。

年，南漢劉鋹降于宋。　九年，太祖崩，弟晉王光義立。　在位十七年，改元三。　**丙子，太宗太平興國元年。**八。　三年，吳越錢俶降于宋。　四年，北漢劉繼元降于宋。　七年，遼景宗崩，長子隆緒立，是爲聖宗。　八年，遼聖宗統和元，復國號曰大契丹。　**甲申，雍熙元年。**四。　四年，李繼遷爲夏國王。西夏之禍始此。　**戊子，端拱元年。**二。　是年，命李繼捧鎮夏州，賜姓名趙保忠。　**庚寅，淳化元年。**五。　二年，李繼遷降，賜姓名趙保吉。　趙保忠叛降契丹。　**乙未，至道元年。**三。　三年，太宗崩，在位二十二年，改元五。　太子恒立。　**戊戌，真宗咸平元年。**六。　六年，夏趙保吉死，子德明嗣。　**甲辰，景德元年。**四。　**戊申，大中祥符元年。**九。　五年，遼開泰元。　**丁巳，天禧元年。**五。　五年，遼太平元。　**壬戌，乾興元年。**一。　是年，真宗崩，在位二十六年，改元五。太子受益立。　**癸亥，仁宗天聖元年。**九。　九年，遼聖宗崩，太子宗真立，是爲興宗，改元景福。　**壬申，明道元年。**二。　是年，遼重熙元。　夏趙德明死，子元昊嗣，避父諱，稱顯道元。　**甲戌，景祐元年。**四。　是年，夏趙元昊反，改元開運，又改爲廣運。　三年，夏趙元昊大慶元。　**戊寅，寶元元年。**二。　是年，夏趙元昊改元天授禮法延祚，僭稱帝，國號夏，更名曩霄。　**庚辰，康定元年。**一。　**辛巳，慶曆元年。**八。　四年，册元昊爲夏國王。　八年，夏曩霄子諒祚延嗣寧國元。　**己丑，皇祐元年。**五。　二年，夏諒祚天祐垂聖元。　五年，夏諒祚福聖承道元。　**甲午，至和元年。**

二。　二年，遼興宗崩，長子洪基立，是爲道宗，改元爲清寧。**丙申，嘉祐元年。**八。　八年，仁宗崩，在位四十二年，改元九。太宗曾孫宗實立。**甲辰，英宗治平元年。**四。　是年，夏諒祚拱化元。　二年，遼咸雍元。　四年，英宗崩，在位五年，改元一。太子頊立。**戊申，神宗熙寧元年。**十。　是年，夏秉常乾道元。　二年，王安石用事，行新法。交趾李日尊自稱帝，國號大越，改元寶象，又改元神武。　三年，夏秉常天賜禮盛國慶元。　八年，遼太康元，夏秉常大安元。**戊午，元豐元年。**八。　八年，遼大安元。　在位十九年，改元二。太子煦立。**丙寅，哲宗元祐元年。**八。　是年，夏秉常天安禮定元。　二年，夏秉常子乾順天儀治平元。　六年，夏乾順天佑民安元。**甲戌，紹聖元年。**四。　是年，章惇、蔡京等用事。　二年，遼壽隆元。**戊寅，元符元年。**三。　二年，夏乾順永安元。　三年，哲宗崩，在位十五年，改元三。弟端王佶立。**辛巳，徽宗建中靖國元年。**一。　是年，遼道宗崩，孫燕國王延禧立，是爲天祚帝，改元乾統。**壬午，崇寧元年。**五。　二年，夏乾順貞觀元。**丁亥，大觀元年。**四。**辛卯，政和元年。**七。　是年，遼天慶元。渤海高永昌僭號，稱隆基元。　四年，金太祖稱帝元年。　七年，金天輔元。**戊戌，重和元年。**一。**己亥，宣和元年。**七。　二年，夏乾順元德元。　三年，遼保大元。　四年，遼保大二年，金克中京，天祚帝奔雲中。三月，燕京留守李處温等立秦晉王淳爲帝，遥廢天祚帝爲湘陰王，建元建福。六月，遼主淳殂，蕭幹等迎立秦王定爲帝，蕭后稱制改元德興。十二月，金克燕京，蕭后奔天德。五年，遼天祚帝奔夏。都統蕭迪里等立帝第二子梁王雅里爲帝，改元神曆。冬十月，天祚帝復渡河東還，雅里殂，蕭迪里等復立聖宗孫珠拉爲帝。十一月，珠拉爲亂兵所害。知北院樞密事奚和哩布自稱爲奚帝，改元天復。都統蕭幹自稱爲奚帝，改元天嗣。金太祖崩，弟晟立，是爲太宗，改元天會。六年，耶律達實稱帝于奇爾瑪勒，是爲西遼，改元延慶。七年，遼天祚帝爲金所執，遼亡。在位二十五年，改元六。傳位于太子桓。丙午，欽宗靖康元年。二。是年，西遼耶律達實康國元。二年，徽宗、欽宗北狩，康王構即位于南京，是爲高宗。

宋史欽宗本紀：宣和七年十二月，徽宗詔皇太子嗣位，趣太子入禁中，被以御服。涕泣固辭，因得疾。又固辭，不許。辛酉，即皇帝位，御垂拱殿見群臣，改元。

高宗本紀：建炎元年，至應天府。皇后手書告中外，俾帝嗣統。詔有司備法駕儀仗。群臣勸進，命有司築壇府門之左。五月庚寅，帝登壇受命，禮畢慟哭，遥謝二帝，即位于府治。改元建炎。

通考：高宗建炎元年五月一日登極，告於昊天上帝，册文曰：「維靖康二年，歲次丁未，五月庚寅朔，嗣天子臣構敢昭告于昊天上帝：金戎亂華，二帝北狩，天支戚屬，混於穹居。宗社罔所憑依，夷夏罔知攸主。臣構以道君皇帝之子，奉宸旨以總六師，握大元帥之權，唱義旅而先諸將，冀清京邑，迎復兩宮。而百辟卿士萬邦黎獻，謂人思宋德，天眷趙宗，宜以神器屬臣。構辭之再四，懼不克負荷，貽羞於來世。九州四海，萬口一辭，咸曰不可稽皇天之寶命。慄慄震惕，敢不欽承，尚祈陰相，以中興于宋祚。」

紀元表：丁未，高宗建炎元年。四。　是年，帝幸揚州。　二年，夏乾順正德元。　三年，帝幸杭州。　苗傅、劉正彥作亂，立皇子旉，改元明受。　四月，傅、正彥伏誅，帝復位，還越州。　辛亥，紹興元年。三十二。　是年，金立劉豫爲齊帝，改元阜昌。　二年，帝還臨安。　五年，徽宗崩于金五國城。金太宗崩，太祖孫亶立，是爲熙宗。　六年，夏乾順大德元。　西遼感天皇后蕭氏稱制，改元咸清。　八年，帝定都臨安。　金天眷元。　十年，夏乾順子仁孝大慶元。　十一年，金皇統元。　十三年，西遼達實子伊立紹興元。　十四年，夏仁孝人慶元。　十八年，夏仁孝大盛元。　十九年，金熙宗崩，遼王宗幹子亮立，後廢，改元天德。　二十三年，金貞元元，遷都于燕。　二十五年，西遼承天太后富僧額稱制，改元崇福。　二十六年，欽宗崩于金。　金正隆元。　三十一年，金曹國公雍即位于遼陽，是爲世宗，改元大定。　廢帝被弒，尋追廢爲海陵庶人。　世宗入燕。　在位三十六年，內禪于太子昚。　改元二。

宋史孝宗本紀：高宗久有禪位之意。紹興三十二年五月乙亥，內降御札：「皇太子可即皇帝位。朕稱太上皇帝，退處德壽宮。」丙子，遣中使召帝入禁中面諭之，帝又推遜不受，即趨側殿門，欲還東宮，高宗勉諭再三，乃止。於是高宗出御紫宸殿，輔臣奏事畢，高宗還宮。百官移班殿門外，拜詔畢，復入班殿庭。頃之，內侍掖帝至御榻前，側立不坐，內侍扶掖至七八，乃略就坐。宰相率百僚稱賀，帝遽興。輔臣升殿固請，帝愀然曰：「君父之命，出于獨斷。然此大位，懼不敢當。」班退，太上皇帝即駕之德壽宮，帝服袍履，步出祥曦殿門，冒雨掖輦以行，及宮門弗止。上皇麾謝再三，且令左右扶掖以還，顧曰：「吾付託得人，吾無憾矣。」左右皆呼萬歲。

宋史禮志：高宗內禪。紹興三十二年六月十日御札：「皇太子可即皇帝位，朕稱太上皇帝，退處德壽宮，一應軍國事並聽嗣君處分。」十一日行內禪禮。有司設仗紫宸殿，宰臣、文武百僚立班，皇帝出宮，鳴鞭，禁衛諸班直、親從儀仗并內侍省執骨朵使臣等並迎駕，自贊常起居。皇帝升御座，知閤門官以下並內侍都知、御帶以下一班起居，次管軍一班起居，次宰執以下常起居訖，左僕射陳康伯、知樞密院事葉義問、參知政事汪澈、同知樞密院事黃祖舜升殿奏曰：「臣等不才，輔政累年，罪戾山積，乃蒙容貸，不賜誅責。今陛下超然獨斷，高蹈堯、舜之舉，臣等心實欽仰。但自此不獲日望清光，犬馬之情，不勝依戀。」因再拜辭，相與泣下，幾至號慟。帝亦爲之流涕曰：「朕在位三十六年，今老且病，久欲閒退，此事斷自朕心，非由臣下開陳，卿等當悉力以輔嗣君。」康伯等復奏曰：「皇太子仁聖，天下所共知，似聞謙遜太過，未肯便御正殿。」帝曰：「朕前此固嘗與之言，早來禁中又面諭之，即步行徑趨側殿門，欲還東宮，已再三敦勉邀留，今在殿後矣。」宰執降階，皇帝降坐，鳴鞭還内。宰臣文武百僚並退，立班，聽宣詔訖，再拜，舞蹈，三稱萬歲，再拜訖，班權退，復追班入，詣殿下立班〔一〕。少頃，新皇帝服履袍，涕泣出宫，禁衛諸班直、親從儀仗等迎駕，起居，鳴鞭。内侍扶掖皇帝至御榻，涕泣再三，不坐，内侍傳太上皇帝聖旨，請皇帝升御座，皇帝升御座東側坐。知閤門官以下一班起居、稱賀，次管軍官一班起居、稱賀，次文武百僚横行北面立，舍人當殿文武百僚宰臣陳康伯以下起居、稱賀，皇帝降御座，側身西向不坐。俟宰臣以下再拜〔二〕，舞蹈，三稱萬歲，起居，稱賀畢，康伯等升殿奏：「臣等言：

〔一〕「詣」，諸本作「請」，據宋史禮志十三改。
〔二〕「俟」，諸本作「後」，據宋史禮志十三改。

願陛下即御坐，以正南面，上副太上皇帝傳授之意。」帝愀然曰：「君父之命出于獨斷，此大位，懼不敢當，尚容辭避。」康伯等再奏：「玆者伏遇皇帝陛下應天順人，龍飛寶位，第以駑下之材，恐不足以仰輔新政，然依乘風雲千載之遇，實與四海蒼生不勝慶幸。」再拜賀畢，奏事而退。宰執下殿，皇帝還内，鳴鞭。宰執文武百僚赴祥曦殿，候太上皇帝登輦，至德壽宫而退。淳熙十六年，孝宗内禪；紹熙五年，光宗内禪，並如紹興三十二年故事〔一〕。

紀元表：癸未，孝宗隆興元。二。　乙酉，乾道元年。九。　四年，西遼伊立子珠勒呼元禧元。　甲午，淳熙元年。十六。　十四年，高宗崩。　十六年，金大定二十九年，世宗崩，太孫璟立，是爲章宗。　在位二十七年，改元三，禪位于太子惇〔二〕。

宋史光宗本紀：淳熙十六年正月辛亥，兩府奏事，孝宗諭以倦勤，欲禪位皇太子，退就休養以畢高宗三年之制，因令周必大進呈詔草。二月壬戌，孝宗吉服御紫宸殿，

〔一〕「三十二年」，原作「二十三年」，據光緒本、宋史禮志十三改。
〔二〕「惇」，諸本作「淳」，據宋史光宗本紀改。

行内禪禮，應奉官以次稱賀。内侍固請帝坐，帝固辭。内侍扶掖至七八，乃微坐，復興。次丞相率百僚稱賀，禮畢，樞密院官升殿奏事，帝立聽。班退，孝宗反喪服御後殿，帝侍立。尋登輦，同詣重華宫，帝還内。

文獻通考：淳熙十六年二月五日，光宗即位，以皇帝登極奏告天地、宗廟、社稷、景靈宫、諸宫觀、諸陵、攢宫。

紀元表：庚戌，光宗紹熙元年。五。　是年，金章宗明昌元。契丹德壽托精等據信州反，建元身聖。　四年，夏仁孝子純祐天慶元。

宋史光宗本紀：紹熙五年，壽皇聖帝崩。七月甲子，太皇太后以皇帝疾未能執喪，命皇子嘉王即皇帝位于重華宫之素幄。

寧宗本紀：紹熙五年六月戊戌，孝宗崩，光宗以疾不能出。宰臣奏云：「皇子嘉王〔一〕，仁孝夙成，宜正儲位，以安人心。」從之。擬旨以進。御批云：「歷事歲久，念欲退閑。」宰臣等以禪位嘉王之意請於太皇太后，太皇太后諭曰：「好爲之！」知樞密院

〔一〕「皇子」，原作「皇太子」，據光緒本、宋史寧宗本紀删「太」字。

事趙汝愚命殿帥郭杲夜分兵衛南北内[一]。翌日禫祭，汝愚率百官詣大行柩前，太皇太后垂簾，汝愚率同列再拜，奏：「皇帝疾，不能執喪。」乃奉御批八字以奏。太皇太后曰：「既有御筆，卿當奉行。」汝愚曰：「内禪事重，須議一指揮。」太皇太后允諾。汝愚袖出所擬以進，云：「皇帝以疾，未能執喪，曾有御筆，欲自退閑，皇子嘉王擴可即皇帝位。尊皇帝爲太上皇，皇后爲太上皇后。」太皇太后覽畢曰：「甚善。」汝愚出，以旨諭帝，帝固辭曰：「恐負不孝名。」汝愚曰：「天子當以安社稷、定國家爲孝，今中外憂亂，萬一變生，置太上皇何地。」衆扶入素幄，被黄袍，方却立未坐，汝愚率同列再拜。帝詣几筵殿，哭盡哀。須臾立仗訖，催百官班，帝衰服出，就重華殿東廡素幄立，内侍扶掖，乃坐。百官起居訖，乃入行禫祭禮。詔建泰安宫，以奉太上皇、太上皇后。以即位告于天地、宗廟、社稷。

蕙田案：光宗内禪寧宗即位之禮，與高宗内禪儀稍别，蓋因時制宜，不得不爾。當時宰臣趙汝愚等不愧爲大臣也。

---

[一]「内」，諸本脱，據宋史寧宗本紀補。

王圻續通考：宋寧宗慶元元年，吏部員外郎李謙言：「事莫重于登極，禮莫急于告廟。蓋即位必告廟，示敬親也。告廟必于歲首，大其事也。舜正月上日受終于文祖，禹正月朔旦受命于神宗，皆行告廟之禮也。然禮以變而或殊，事隨時而亦異，有不可以一例觀者。議禮之家各持一説，不致其辯，禮意無自而明。夫嘉禮之與凶禮，不可以並行。舉一必廢一，故在禮經『喪三年不祭，惟祭天地、社稷爲越紼而行事。』蓋不敢以卑而廢尊也。夫天地以尊而不廢，宗廟以親，豈獨可廢乎？況王制『三年不祭』之説，諸儒之論亦自不同。杜預之説以爲既祔以後，宗廟得四時常時祭，蓋杜氏之意不以三年不祭宗廟爲是也。今姑置常祭之説，而論即位踰年告廟之禮，庶幾禮簡而易明。虚言無證，則論不定，請質事以明之。且太甲之元祀十有二月乙丑，伊尹奉嗣王祗見厥祖，百官猶總己以聽冢宰，則是太甲居仲壬之喪而告廟也。漢呂后以八年七月即世，九月，大臣迎立代王。元年十月辛亥，文帝即祚，謁高廟，即是文帝居呂后之喪而告廟也。唐代宗以大曆十四年即世，德宗建中元年正月庚午朝享于太廟。其後，穆宗長慶之元年、敬宗寶曆之元年、武宗會昌之元年、懿宗咸通之元年，皆以正月朝享于太廟。徧觀歷代之制，雖小節不同，大概居喪雖權住祭，踰年正月，必告于廟，載諸經史，可考而知。漢昭、宣、元、成、哀、平六世，皆以即位謁廟，不待踰年，則失之速；唐太宗貞觀三年正月，方事于太廟，馬周得以爲言，則失之緩；皆非禮之正也。以歷代之事而求其當，其惟踰年正月告廟乎？恭惟陛下，自登極以來，已享帝矣，大行梓宫，發引在即，來年正月，盍行告廟之禮。禮官未見申明者，豈非以王制爲據乎？竊謂即位之後，已曾謁廟，國有大故，故可以未祭，與居喪之後即位未經謁廟者事體不同。考歷代已行之事，宜於來年正月一日，陛下躬行告廟之禮，庶幾立一王之制，示萬世之規，乞下禮官指定施行。」詔令禮部太常寺討論聞奏。至是，禮寺看詳，乞俟皇帝從吉日討論典禮施行。從之。

通考：馬氏端臨曰：國朝會要告禮門總序稱：「祖宗以來，登位則有告祭。而所記累朝排年告祭之禮，則惟昌陵受禪創業，思陵南京中興有之。此後則惟孝宗、光宗、寧宗登極有告祭之禮，而太宗以下皆無之。豈軼其記耶？或孝、光、寧三帝以受内禪故行之，而累朝以諒闇不克行耶？又即位之後，即親見于宗廟，行饗祀禮，亦惟孝、光二帝行之，累朝則皆以諒闇闕其禮云。」

紀元表：乙卯，寧宗慶元元年。六。辛酉，嘉泰元年。四。是年，金泰和元。西遼末主珠勒呼爲奈曼奇徹勒所擒，西遼亡。**乙丑，開禧元年。**三。　二年，蒙古主却特特穆津即皇帝位于鄂諾河，是爲元太祖，稱元年。　三年，夏乾順孫安全應天元。**戊辰，嘉定元年。**十七。　是年，金章宗崩，衛王永濟立，後廢。　二年，金後廢帝大安元。　三年，夏安全皇建元。　四年，夏安全族子遵頊光定元。　五年，金崇慶元。　六年，金至寧元。右副元帥呼沙呼廢帝，立昇王珣，是爲宣宗，改元貞祐。耶律瑠格自立爲遼王，改元元統。　八年，張致據錦州反，僭稱漢興皇帝，建元興隆。　遼東布希萬努反，國號大真，建元天泰。　十年，金興定元。　十五年，金元光元。　十六年，金宣宗崩，太子守緒立，是爲哀宗。夏遵頊子德旺乾定元。　十七年，金哀宗正大元。　在位三十一年。史彌遠矯詔立沂王子貴誠，更諱昀。

**宋史理宗本紀：嘉定十七年閏八月丁酉，寧宗崩于福寧殿。史彌遠入白楊皇后，命子昀嗣皇帝位，同聽政。改明年爲寶慶元年。**

**紀元表：乙酉，理宗寶慶元年。**三。　二年，夏德旺弟晛立，稱元年。　三年，夏晛爲元所滅。元太祖崩。**戊子，紹定元年。**六。　是年，元太祖第四子圖類監國一年。　二年，元太祖第三子諤格德依立，是爲太宗，稱元年。　五年，金開興元。四月，又改元天興。**甲午，端平元年。**三。　是年，金哀宗傳位于宗室承麟。宋會元兵滅金，哀宗自縊死。承麟爲亂兵所殺，金亡。**丁酉，嘉熙元年。**四。**辛丑，淳祐元年。**十二。　是年，元太宗崩，后奈曼氏稱制，一年至五年。　六年，元太宗長子庫裕克立，是爲定宗，稱元年。八年，元定宗崩，皇后烏拉海額實稱制，一年至三年。十一年，元睿宗長子孟克立，是爲憲宗，稱元年。**癸丑，寶祐元年。**六。**己未，開慶元年。**一。**庚申，景定元年。**五。是年，元睿宗第四子和必賚立，是爲世祖，建元爲中統元年。五年，元至元元年入都于燕。在位四十一年，改元八。太子禥立。**乙丑，度宗咸淳元年。**十。在位十年，改元一。子瀛國公㬎立。**乙亥，恭帝德祐元年。**二。二年三月，元入臨安。以瀛國公北去。夏五月，弟益王昰即位于福州，改元景炎。在位二年，改元一。**丙子，端宗景炎元年。**二。是年十一月，奔惠州。三年，益王殂于碙州，度宗子衛王昺即位改元。在位三年，改元一。**戊寅，帝昺祥興元年。**二。二年二月，左丞相陸秀夫負衛王赴海，殂，宋亡。在位二年，改元一。

右宋

## 元

**紀元表：己卯，元世祖至元十六年。**三十一。十六年，宋亡。二十年，廣州新會縣桂林芳、趙良鈐等聚衆反，國號平羅，建元延康。三十一年崩，在位三十五年，改元二。太孫特穆爾立。**乙未，成宗元貞元年。**二。**丁酉，大德元年。**十一。在位十三年，改元二。順宗子懷寧王哈尚立。　戊申，武宗至大元年。四。在位五年，改元一，弟阿裕爾巴里巴特喇立。

元史仁宗本紀：至大四年三月庚寅，即皇帝位。四月戊申，以即位告天地於南郊。戊午，告於太廟。

紀元表：壬子，仁宗皇慶元年。二。甲寅，延祐元年。七。在位九年，改元二。太子碩迪巴拉立。

元史英宗本紀：延祐七年三月丙午，有事於南郊，告即位。四月庚戌，有事於太廟，告即位。戊午，祀社稷，告即位。

紀元表：辛酉，英宗至治元年。三。在位三年，改元一。顯宗子晉王伊蘇特穆爾立。甲子，泰定帝泰定元年。四。戊辰，致和元年。一。是年，帝崩于上都。在位五年，改元二。皇太子喇實晉巴即位于上都，改元天順。武宗次子懷王圖卜特穆爾入京師。九月，即帝位。

元史文宗本紀：天曆元年十月辛卯，有司言：「即位之始，當告祭郊廟、社稷。」丁未，告祭于南郊。十一月壬申，遣官告祭社稷。

紀元表：戊辰，文宗天曆元年。二。二年，武宗長子周王和實拉稱帝于和寧之北，是爲明宗，立文宗爲太子。八月，明宗崩，未改元。文宗復即位于上都。

元史明宗本紀：文宗天曆二年四月癸卯，遣使如京師，卜日命中書左丞相特穆爾布哈攝告即位于郊廟、社稷。五月壬午，攝告南郊。六月丁亥朔，告於宗廟、社稷。

文宗本紀：八月己亥，帝復即位。十月甲午，以登極恭謝，遣官代祀於南郊、社稷。

紀元表：庚午，文宗至順元年。三。在位五年，三年八月崩，改元二。十月，明宗第二子鄜王伊埒哲伯立，是爲寧宗。十一月崩，未改元。

元史寧宗本紀：至順三年十月庚子，即位。庚戌，修郊祀法服。乙卯，以即位告祭南郊。己未，告祭太廟。

紀元表：癸酉，順帝元統元年。二。帝爲明宗長子，名托歡特穆爾。是年六月，即位于上都。十月，始改元。乙亥，至元元年。六。三年，廣州增城縣民朱光卿反，國號大金，建元赤符。辛巳，至正元年。二十八。八年，方國珍起台州。十一年，天完徐壽輝治平元，僭稱帝。十三年，周張士誠天祐元，僭稱王。十五年，明太祖朱元璋起兵濠州。宋韓林兒龍鳳元，僭稱帝，又號小明王。十六年，明太祖稱吴公一年。二十年，漢陳友諒弒徐壽輝，僭稱帝，國號漢，改元大義。二十三年夏〔一〕，明

〔一〕「二十三年」，原作「三十三年」，據味經窩本顧廣圻校語改。

玉珍天統元，僭稱帝。　二十四年，明太祖即吳王位。漢陳友諒子理德壽元，降吳。　二十七年，明太祖稱吳元年，平方國珍、張士誠。夏，明玉珍子明昇開禧元。　二十八年閏七月，明兵入通州，順帝奔上都。八月，明兵入京城，元亡。

元史禮樂志皇帝即位受朝儀：前期三日，習儀于萬安寺。前二日，陳設于殿上〔一〕。前一日，設宣詔位于闕前。至期大昕，侍儀使引導從護尉，各服其服，至皇太子寢閣前，捧牙牌跪報外辦。內侍傳旨曰「可」，侍儀使俛伏興。皇太子出閣，侍儀使前導，由崇天門入，升大明殿。引進使引導從至皇太子妃閣前，跪報外辦。內侍出傳旨曰「可」，引進使俯伏興，前導由鳳儀門入。俟諸王以國禮扶皇帝登寶位畢，鳴鞭三。尚引引點檢以下，皆公服入就起居位。起居贊拜，如元正朝儀。兩班點檢、宣徽將軍、宿直、尚厩、管旗，各供事。俟后妃、諸王、駙馬以次賀獻禮畢，參議中書省事四人，以篚奉詔書，由殿左門入，至御榻前。參議中書省事跪奏詔文，俛伏興，以詔授典瑞使押寶畢，置于篚，對舉由正門出，樂作，至闕前，以詔置於案。文武百僚各公服就

〔一〕「上」，元史禮樂志一作「庭」。

位北面立。侍儀使稱有制，宣贊唱曰「拜」，通贊贊曰「鞠躬」，曰「拜」，曰「興」，曰「拜」，曰「興」，曰「平身」，曰「班首稍前」，典引引班首至香案前。通贊贊曰「跪」，曰「在位官皆跪」，司香贊曰「搢笏」，通贊贊曰「上香」，曰「上香」，曰「三上香」，曰「出笏」，曰「就拜」，曰「興」，曰「復位」，宣贊唱曰「拜」，通贊贊曰「鞠躬」，曰「拜」，曰「興」，曰「拜」，曰「興」，曰「平身」。侍儀使以詔授左司郎中，郎中跪受，同譯史稍西，陞木榻，東向宣讀。通贊贊曰「在位官皆跪」。讀詔，先以國語宣讀，隨以漢語譯之。讀畢，降榻，以詔授侍儀使，侍儀使置於案。通贊贊曰「就拜」，曰「興」，曰「拜」，曰「興」，曰「拜」，曰「興」，曰「搢笏」，曰「鞠躬」，曰「三舞蹈」，曰「跪左膝，三叩頭」，曰「山呼」，曰「山呼」，曰「再山呼」，曰「出笏」，曰「就拜」，曰「興」，曰「拜」，曰「興」，曰「拜」，曰「興」，曰「平立」，典引引丞相以下皆公服入起居位〔一〕。起居拜舞，祝頌，進酒，獻表，賜宴，並同元正受朝儀。宴畢，鳴鞭三〔二〕，侍儀使導駕，引進使導后，入寢殿，如來儀。

〔一〕「典引引」，原作「興引」，據光緒本、元史禮樂志一改。
〔二〕「三」，原脱，據光緒本、元史禮樂志一補。

次日，以詔頒行。

右元

明

明史太祖本紀：至正二十七年十二月，李善長帥百官勸進，表三上，乃許。甲子，告于上帝。洪武元年春正月乙亥，祀天地于南郊，即皇帝位。建元洪武。

明集禮：洪武元年正月四日，皇帝即位，合祀天地。祝文曰：「惟我中國人民之君，自宋運告終，帝命真人，于沙漠入中國，爲天下主。其君父子及孫，百有餘年。今運亦終，其天下土地、人民，豪傑分爭。惟臣帝賜英賢李善長、徐達等爲臣之輔，遂戡定采石水寨曼濟哈雅、方山陸寨陳額森、袁州歐祥、江州陳友諒、潭州王忠信、新淦鄧明龍、泉州彭時中、荆州江珏、濠梁孫德崖、廬州左君弼、安豐劉福、贛州熊天瑞、辰州陳文貴、永新周安、萍鄉易華、平江王世明、沅州李勝、蘇州張士誠、慶元方國珍、沂州王宣、益都老保等處狂兵，息民於田里，今地周圍二萬里廣。諸臣下皆曰恐民無主，必欲推尊帝號，臣不敢辭，亦不敢不告上帝皇祇。是用吴二年正月四日，于鍾山之陽設壇備儀，昭告上帝皇祇，簡在帝心，尚享。」

明史禮志：登極儀，漢高帝即位汜水之陽，其時緜蕝之禮未備。魏、晉以降，多以受禪改號。元世祖履尊既久，一統後，但舉朝賀。明興，太祖以吳元年十二月將即位，命左相國李善長等具儀。善長率禮官奏。即位日，先告祀天地。禮成，即帝位於南郊。丞相率百官以下及都民耆老，拜賀舞蹈，呼萬歲者三。具鹵簿導從，詣太廟，上追尊四世册寶，告祀社稷。還，具衮冕，御奉天殿。百官上表賀。先期，侍儀司設表案于丹墀内道之西北，設丞相以下拜位于内道東西。每等異位重行，北面。捧表、展表、宣表官位于表案西，東向。糾儀御史二人於表案南，東西向。宿衛鎮撫二人于東西陛下，護衛百户二十四人于其南，稍後。知班二人，于文武官拜位北，東西向。通贊、贊禮二人于知班北，通贊西，贊禮東。引文武班四人于文武官拜位北，稍後，東西向。引殿前班二人于引文武班南。舉表案二人于引文武班北。舉殿上表案二人西陛下，東向。丹陛上設殿前班指揮司官三人，東向。宣徽院官三人〔一〕，西向。儀鸞

〔一〕「三人」，諸本作「二人」，據明史禮志七改。

司官于殿中門之左右，護衛千户八人于殿東西門，俱東西向。鳴鞭四人于殿前班之南，北向。將軍六人于殿門左右，天武將軍四人于殿上四隅〔一〕，俱東西向。殿上，尚寶司設寶案于正中，侍儀司設表案于寶案南。文武侍從兩班于殿上東西，文起居注、給事中、殿中侍御史、尚寶卿，武懸刀指揮，東西向。受表官于文侍從班南，西向。内贊二人于受表官之南，捲簾將軍二人于簾前，俱東西向。是日，拱衛司陳鹵簿，列甲士于午門外，列旗仗，設五輅于奉天門外。侍儀舍人二，舉表案入。鼓初嚴，百官朝服立午門外。通贊、贊禮、宿衛官、諸侍衛及尚寶卿侍從官入。鼓三嚴，丞相以下入。皇帝衮冕陞御座，大樂鼓吹振作。樂止，將軍捲簾，尚寶卿置寶于案。拱衛司鳴鞭，引班導百官入丹墀拜位。初行樂作，至位樂止。知班贊班，贊禮贊拜。樂作，四拜，興。樂止。捧表以下官由殿西門入。内贊贊進表。捧表官跪捧。受表官搢笏，跪受，置于案。出笏，興，退立，東向。内贊贊宣表。宣表官前，搢笏，跪，展表官搢笏，同跪。宣訖，展表官出笏，以表復於案，俱退。宣表官俯伏興。俱出殿西門。復位。

〔一〕「殿」，明史禮志七作「陛」。

贊禮贊拜。樂作，四拜，樂止。搢笏，鞠躬三〔二〕，舞蹈。拱手加額，呼萬歲者三。出笏，俯伏興。樂作，四拜，賀畢。遂遣官册拜皇后，册立皇太子，以即位詔告天下。

紀元表：戊申，明太祖洪武元年。三十一。在位三十一年，建元一，太孫允炆立。己卯，惠宗建文元年。四。是年七月，燕王棣起兵，號「靖難」。四年六月，靖難兵入京城，惠宗遜位。在位四年，改元一。成祖即位，革建文年號。萬曆二十三年復年號。

明史成祖本紀：建文四年六月丙寅，諸王群臣上表勸進。己巳，王謁孝陵。群臣備法駕，奉寶璽，迎呼萬歲。王升輦，詣奉天殿即皇帝位。七月壬午朔，大祀天地于南郊，詔：「今年以洪武三十五年爲紀，明年爲永樂元年。」

紀元表：癸未，成祖永樂元年。二十二。在位二十二年，改元一。崩于榆木川，太子高熾立。

明史仁宗本紀：永樂二十二年八月丁巳，即皇帝位。

禮志：成祖即位倉猝，其儀不詳。仁宗即位，先期，司設監陳御座於奉天門，欽天監設定時鼓，尚寶司設寶案，教坊司設中和韶樂，設而不作。是日早，遣官告天地宗

〔二〕「鞠躬」，諸本脱，據明史禮志七補。

社，皇帝具孝服告几筵。至時，鳴鐘鼓，設鹵簿。皇帝衮冕，御奉天門。百官朝服，入午門。鴻臚寺導執事官行禮，請陞御座。皇帝由中門出，陞座，鳴鞭。百官上表，行禮，頒詔，俱如儀。宣宗以後，儲宮嗣立者並同。

紀元表：乙巳，仁宗洪熙元年。一。在位一年，改元一，太子瞻基立。丙午，宣宗宣德元年。十。在位十年，改元一。太子祁鎮立。丙辰，英宗正統元年。十四。七年，慶元葉宗留反，僭稱大王，國號太平，建元泰定。十四年，英宗北狩，郕王祁鈺立。庚午，景帝景泰元年。七。七年，代宗廢，英宗復辟。丁丑，英宗天順元年。八。帝前後在位二十二年，改元二。太子見深立。乙酉，憲宗成化元年。二十三。在位二十三年，改元一。太子祐樘立。戊申，孝宗弘治元年。十八。在位十八年，改元一。太子厚照立。丙寅，武宗正德元年。十六。在位十六年，改元一。興獻王長子厚熜立。

明史世宗本紀：正德十六年丙寅，武宗無嗣，慈壽皇太后與大學士楊廷和等定策，以遺詔迎王于興邸。四月，至京師，止於郊外。禮官具儀，請如皇太子即位禮。王顧長史袁宗臯曰：「遺詔以我嗣皇帝位，非皇子也。」大學士楊廷和等請如禮臣所具儀，由東安門入居文華殿，擇日登極。不允。會皇太后趣群臣上箋勸進，乃即郊外受箋。是日，日中，入自大明門，遣官告宗廟社稷，謁大行皇帝几筵，朝皇太后，出御奉天殿，即皇帝位。以明年爲嘉靖元年。

禮志：正德十六年，世宗入承大統。先期造行殿于宣武門外，南向。設帷幄御座，備翼善冠服及鹵簿大駕以候。至期，百官郊迎。駕入行殿，行四拜禮。明日，由大明門入。省詔草，改年號，素服詣大行几筵謁告。畢，設香案奉天殿丹陛上。皇帝衮冕，行告天地禮。詣奉先殿、奉慈殿謁告，仍詣大行几筵、慈壽皇太后、莊肅皇后前各行禮，遂御華蓋殿。百官朝服入。傳旨免賀，五拜三稽首。鴻臚寺官請陞殿，帝由午門出御奉天殿〔一〕。鳴鞭，贊拜，頒詔，如制。

蕙田案：明世宗登極時，不允行皇子即位禮，其繼統不繼嗣之意已早決矣。大禮之議，所由不可回也。璁、蕚輩特窺其隱而將順之耳。

紀元表：壬午，世宗嘉靖元年。四十五。在位四十五年，改元一。子裕王載垕立。丁卯，穆宗隆慶元年。六。在位六年，改元一，太子翊鈞立。癸酉，神宗萬曆元年。四十

〔一〕「午門」，明史禮志七改作「中門」。

八。　在位四十八年。八月，太子常洛立，是爲光宗。八月，改爲泰昌元年。九月崩。皇長子由校立。

辛酉，熹宗天啓元年。七。　在位七年，光宗子信王由檢立。　戊辰，莊烈帝崇禎元年。

十六。　在位十六年，明亡。

右明

# 五禮通考卷一百三十

## 嘉禮三

### 上尊號

蕙田案：尊號起於唐武后、中宗之世，始以即位，繼以拜洛受圖，後乃往往以符瑞行之。玄宗開元、天寶以來，殆數數矣，然其儀不傳。宋每遇大禮，群臣輒上表請，至於再三。自太祖、太宗以還，沿爲故事。宋史著其儀，爲嘉禮第一。至神宗、哲宗，乃毅然止之。遼始於太祖，厥後相繼不絕。金初猶舉之，逮章宗，堅却不受，其事乃罷。元上尊號者，五帝而已。自明以來，蓋無聞焉。今於「即位儀」後附及之。

唐

唐書則天后本紀：光宅元年二月甲子，皇帝率群臣上尊號於武成殿。

通鑑：太后御武成殿，皇帝帥王公以下上尊號。

蕙田案：上尊號始此。

垂拱四年五月乙亥，加尊號爲聖母神皇。

通鑑：武承嗣使鑿白石爲文曰：「聖母臨人，永昌帝業。」末紫石雜藥物填之。使雍州人唐同泰奉表獻之，稱獲之於洛水。太后喜，命其石曰「寶圖」。擢同泰爲遊擊將軍。五月戊辰，詔當親拜洛，受「寶圖」；有事南郊，告謝昊天；禮畢，御明堂，朝群臣。命諸州都督、刺史及宗室、外戚以拜洛前十日集神都。乙亥，太后加尊號爲聖母神皇。

天授元年九月，改國號周，大赦，改元。乙酉，加尊號曰聖神皇帝。長壽二年九月乙未〔一〕，加號金輪聖神皇帝。

〔一〕「長壽」，原脱，據光緒本、新唐書則天皇后本紀補。

延載元年五月甲午，加號越古金輪聖神皇帝〔一〕。

天册萬歲元年正月辛巳，加號慈氏越古金輪聖神皇帝。

久視元年五月癸巳，大赦，改元，罷「天册金輪大聖」號。

蕙田案：罷尊號始此。

長安五年，皇帝復於位。丁未，徙后於正陽宮。戊申，上后號曰則天大聖皇帝。

中宗本紀：神龍元年十一月戊寅，上尊號曰應天皇帝，皇后曰順天皇后。

景龍元年八月丙戌，上尊號曰應天神龍皇帝，皇后曰順天翊聖皇后。

玄宗本紀：開元元年十一月戊子，群臣上尊號曰開元神武皇帝。十二月庚寅〔二〕，大赦，改元。　二十七年二月己巳〔三〕，群臣上尊號曰開元聖文神武皇帝，大赦。免今歲稅。賜文武官階爵〔四〕。

〔一〕「號」，原脱，據光緒本、新唐書則天皇后本紀補。

〔二〕「十二月庚寅」，諸本脱，據新唐書玄宗本紀補。

〔三〕「己巳」，諸本脱，據新唐書玄宗本紀補。

〔四〕「爵」下，諸本衍「版」字，據新唐書玄宗本紀删。

通鑑：群臣請加尊號曰聖文。二月己巳，許之，因赦天下，免百姓今年田租。

天寶元年正月甲寅，陳王府參軍田同秀言：「玄元皇帝降於丹鳳門通衢。」二月丁亥，群臣上尊號曰開元天寶聖文神武皇帝。辛卯，享玄元皇帝於新廟。大赦。

通鑑：田同秀上言：「見玄元皇帝於丹鳳門之空中，告以『我藏靈符，在尹喜故宅。』」上遣使於故函谷關尹喜臺旁求得之。壬辰，群臣上表，以函谷靈符，潛應年號；先天不違，請於尊號加「天寶」字。從之。

十三載二月壬申，朝獻太清宮，加上玄元皇帝號曰大聖祖高上大道金闕玄元天皇大帝。甲戌，群臣上尊號曰開元天地大寶聖文神武證道孝德皇帝，大赦。

至德三載，上號曰太上至道聖皇天帝。

肅宗本紀：乾元元年正月戊寅，上皇天帝御宣政殿，授皇帝傳國、受命寶符，册號曰光天文武大聖孝感皇帝。

通鑑：上皇御宣政殿，授册〔一〕，加上尊號。上固辭「大聖」之號，上皇不許。上

〔一〕「授」，原作「受」，據光緒本、資治通鑑卷二二〇改。

尊上皇曰太上至道聖皇天帝。

二年正月己巳，群臣上尊號曰乾元大聖光天文武孝感皇帝。

通鑑：乾元二年二月，壬子，月食，既。先是百官請加皇后尊號曰「輔聖」，上以問中書舍人李揆，對曰：「自古皇后無尊號，惟韋后有之，豈足爲法！」上驚曰：「庸人幾誤我！」

上元二年九月壬寅，大赦，去「乾元大聖光天文武孝感」號。

通鑑：壬寅，制去尊號，但稱皇帝；去年號，但稱元年。

代宗本紀：廣德元年七月壬寅，群臣上尊號曰寶應元聖文武孝皇帝。壬子，大赦改元。

通鑑注：以楚州所獻十三寶爲上登極之符應也。

德宗本紀：建中元年正月丁卯，改元。群臣上尊號曰聖神文武皇帝。

興元元年正月癸酉，大赦，改元。去「聖神文武」號。

順宗本紀：永貞元年八月庚子，立皇太子爲皇帝，自稱太上皇。元和元年正月，皇帝率群臣上尊號曰應乾聖壽太上皇。

通鑑：百官請上尊號曰文武大聖孝德皇帝。上許上上皇尊號而自辭不受。

憲宗本紀：元和三年正月癸巳，群臣上尊號曰睿聖文武皇帝。十四年七月己丑，群臣上尊號曰元和聖文神武法天應道皇帝，大赦。

穆宗本紀：長慶元年七月壬子，群臣上尊號曰文武孝德皇帝。

敬宗本紀：寶曆元年四月癸巳〔一〕，群臣上尊號曰文武大聖廣孝皇帝，大赦，賜文武官階、勳、爵。

蕙田案：敬宗弟文宗在位十四年，未上尊號。

武宗本紀：會昌二年四月丁亥，群臣上尊號曰仁聖文武至神大孝皇帝。大赦，賜文武官階、勳、爵。

宣宗本紀：大中二年正月甲子，群臣上尊號曰聖敬文思和武光孝皇帝。大赦，賜文武官階、勳、爵。

懿宗本紀：咸通三年正月庚午，群臣上尊號曰睿文明聖孝德皇帝。大赦。十

〔一〕「四月」，原作「正月」，據光緒本、新唐書敬宗本紀改。

一年正月甲寅，群臣上尊號曰睿文英武明德至仁大聖廣孝皇帝，大赦。

僖宗本紀：乾符元年十一月庚寅，改元。群臣上尊號曰聖神聰睿仁哲明孝皇帝。光啓元年五月，群臣上尊號曰至德光烈皇帝。

昭宗本紀：大順元年正月戊子，群臣上尊號曰聖文睿德光武弘孝皇帝，大赦，改元。

蕙田案：上尊號自武后始，後遂奉爲故事。唐一代之君循行之，其不行者，一二帝而已。

右唐

宋

宋史太祖本紀：乾德元年十一月甲子，有事南郊，大赦，改元。百官奉玉册上尊號曰應天廣運仁聖文武至德皇帝。即建隆四年。

宋史禮志：尊號之典，唐始載於禮官。宋每大祀，群臣詣東上閤門，拜表請上尊號，或三上，或五上，多謙抑弗許；如允所請，即奏命大臣撰册文及書册寶。其受册多用祀禮畢日，御正殿行禮，禮畢，有司以册寶詣閤門奉進入内。建隆四年，群臣三上表上尊號，詔俟郊畢受册。前三日，遣官奏告天地、宗廟、社稷，遂爲定制。其儀：有司宿設崇元殿仗衛，文武百官並集朝堂之次，攝太尉奉册於案，吏部侍郎一員押，司徒奉寶於案，禮部侍郎一員押，以五品、六品清資官充舉册、舉寶官，皆承之以匣，覆之以帊，俱詣殿門外之東、太尉之前。大樂令帥工人入就位，諸侍衛官及宰執、兩制、供奉等官立於殿階下香案前左右，如常入閤儀。侍中奏中嚴外辦，所司承旨索扇，扇上，皇帝衮冕，御輿出自西房，樂作，即御坐，扇開，樂止。符寶郎奉寶如常儀，禮直官、通事舍人分引太尉以下文武群官應北面位者，各就横行位，太常卿於册案前導至丹墀西階上少東，北面置訖。太尉、司徒、吏部禮部侍郎各入本班立定，典儀贊百官再拜，舞蹈，三稱萬歲，又再拜起居訖，又再拜，分班序立。禮直官引太常卿隨行，吏部侍郎押册案以次序行，太尉從之，禮部侍郎次押寶案行，司徒從之，詣西階，至解劍褥位。其讀册中書令、讀寶侍中，候册案將至，先升於前楹間第一柱北對立。太尉解劍，脱舄訖，吏部侍郎押册案先升，太尉從升，當御坐前。太尉搢笏，北面奉册案稍前跪置訖，俛伏，興，少退，東向立；中書令進當册案前，讀册訖，俛伏，興，又搢笏，奉册於褥，東向册函，北向進跪置御坐前，與舉册官降還侍立位，太尉亦降，納舄、帶劍。禮部侍郎押寶案升，司徒隨升，北面跪置，侍中讀寶訖，置册之南，俱復位，其納舄、帶劍、俛伏，一如上儀。典儀贊在位官皆再拜，禮直官、通事舍人引太尉至西階下，解劍、舄升，當御坐前跪賀，其詞中書門下撰。賀訖，復位，皆再拜，如讀册寶儀。侍中升至御坐前承旨，退臨階西向稱「有制」，典儀贊再拜訖，宣曰：「朕以鴻儀昭舉，保命會昌，迫於群情，祗膺顯號。退循寡昧，惕懼增深。所賀知。」宣訖，復位，典儀贊再拜，舞蹈，三稱萬歲，又再拜訖，侍中升階奏禮畢，降復位。扇上，樂作，帝降坐，御輿入自東房，扇開，樂止。侍中版奏解嚴，中書侍郎帥奉案官升殿，跪奉册置於案，次門下侍郎奉寶如奉册禮，通事舍人贊引詣東上閤門狀進，所司承旨放仗，百官再拜訖，退，如常儀。自後受册皆如之。禮畢，賜百官食於朝堂。

太祖本紀：開寶元年十一月癸卯，有事南郊，改元開寶。宰相普等奉玉册、寶，上尊號曰應天廣運大聖神武明道至德仁孝皇帝。

太宗本紀：太平興國三年八月甲戌，群臣請上尊號曰應運統天聖明文武皇帝。十一月丙申，祀天地於圜丘，大赦。改元，御乾元殿受尊號。六年冬十月癸酉，群臣三奉表上尊號曰應運統天睿文英武大聖至明廣孝皇帝。十一月辛亥，祀天地於圜丘，大赦。御乾元殿受尊號，内外文武加恩。

雍熙元年九月壬戌，群臣表三上尊號曰應運統天睿文英武大聖至仁明德廣孝皇帝，不許；宰相叩頭固請，終不許。

蕙田案：宋却尊號，自太宗始也。

端拱二年十二月庚申，詔令四方所上表祗稱皇帝。群臣請復尊號，不許。辛酉，上法天崇道文武皇帝，詔去「文武」二字，許之。

淳化三年九月乙卯，群臣上尊號曰法天崇道明聖神孝文武皇帝，凡五表，終不許。

至道元年十二月甲戌，群臣奉表加上尊號曰法天崇道上聖至仁皇帝〔一〕，凡五上，不許。

真宗本紀：咸平二年八月乙卯，群臣上尊號曰崇文廣武聖明仁孝皇帝。十一月

〔一〕「崇」，諸本作「榮」，據宋史太宗本紀改。

丙戌，祀天地於圜丘。御朝元殿受尊號册。丁亥，賜群臣帶服、鞍馬、器幣有差。大中祥符元年六月，天書再降於泰山醴泉北。壬寅，迎天書於含芳園。辛亥，群臣表上尊號曰崇文廣武儀天尊道寶應章感聖明仁孝皇帝。十二月辛卯，御乾元殿受尊號。

蕙田案：宋上尊號，多在即位郊天之後。是年十月封禪。辛卯，駕發京師。十一月丁丑，至自泰山，奉天書還宫，遂行受尊號之禮，不關郊祀也。

五年冬十月丙子，群臣上尊號曰崇文廣武感天尊道應真佑德上聖欽明仁孝皇帝。

天禧三年七月壬申，群臣上尊號曰體仁御極感天尊道應真寶運文德武功上聖欽明仁孝皇帝。十一月辛未，祀天地於圜丘，大赦。丁丑，御天安殿受尊號。

乾興元年正月，改元。二月，大赦。癸卯，上尊號曰應天尊道欽明仁孝皇帝。

仁宗本紀：天聖二年十一月丁酉〔一〕，祀天地於圜丘，大赦。百官上尊號曰聖文睿

〔一〕「十一月」，原作「十二月」，據光緒本、宋史仁宗本紀改。

武仁明孝德皇帝。

明道二年二月丁未，祀先農於東郊，躬耕籍田，大赦。百官上尊號曰睿聖文武體天法道仁明孝德皇帝。

蕙田案：耕籍成，上尊號，史所謂「大禮後故事」也。

景祐二年十一月乙未，祀天地於圜丘。上尊號曰景祐體天法道欽文聰武聖仁孝德皇帝。四年十一月庚戌，祀天地於圜丘。百官上尊號曰寶元體天法道欽文聰武聖仁孝德皇帝。

皇祐二年三月戊子朔，詔：季秋有事於明堂。己丑，以大慶殿爲明堂。戊戌，詔：明堂禮成，群臣毋上尊號。

蕙田案：是年九月，始大享明堂。三月之詔，蓋預止之也。

嘉祐四年六月己巳，群臣請加尊號曰「大仁至治」，表五上，不許。

英宗本紀：治平二年七月己卯，群臣五上尊號，不允。四年春正月，群臣上尊號曰體乾膺曆文武聖孝皇帝。

神宗本紀：熙寧元年七月己卯，群臣三表請上「奉元憲道文武仁孝」之號，不許。

禮志：熙寧元年，宰臣曾公亮等上表請加尊號，詔不允。先是，翰林學士司馬光言：「尊號起唐武后、中宗之世，遂爲故事。先帝治平二年，辭尊號不受，天下莫不稱頌聖德。其後佞臣建言，國家與契丹常有往來書，彼有尊號而中國獨無，足爲深恥。於是群臣復以非時上尊號，論者甚爲朝廷惜之。今群臣以故事上尊號，臣愚以爲陛下聰明睿智，雖宜享有鴻名，然踐阼未久，又在亮陰之中，考之事體，似未宜受。陛下誠能斷以聖意，推而不居，仍令更不得上表請，則頌嘆之聲將洋溢四海矣。」詔賜光曰：「覽卿來奏，深諒忠誠。朕方以頻日淫雨，甲申地震，天威彰著，日虞傾禍，被此鴻名，有靦面目，況在亮陰，亦難當是盛典。今已批降指揮，可善爲答辭，使中外知朕至誠慙懼，非欺衆邀名。」其後，宰臣數上表請，終不允。

徐氏乾學曰：神宗此舉，可謂賢矣。然非司馬光之疏忠懇切至，有以啓沃之於前，則諛佞之言，未有不爲之動者也。蓋好諛惡直，人之常情。倘神宗移用王安石之心以任光，豈非宋室之令主哉！

二年四月丁酉朔，群臣再上尊號，不許。四年六月庚申，群臣三上尊號曰紹天法古文武仁孝皇帝，不許。七年七月癸卯，群臣五上尊號曰紹天憲古文武仁孝皇帝，不許。十年七月辛酉，群臣五上尊號曰奉天憲古文武仁孝皇帝，不許。

元豐三年七月甲戌，詔：自今遇大禮，罷上尊號。

哲宗本紀：元祐四年三月己丑〔一〕，詔自今大禮，毋上尊號。

蕙田案：自神宗、哲宗罷上尊號，終宋之世，未嘗舉行。

右宋

遼

遼史太祖本紀：元年春正月即位，群臣上尊號曰天皇帝，后曰地皇后。

神册元年春二月丙戌朔，上在龍化州，德呼勒部額爾奇木耶律赫嚕等率百僚請上尊號，三表乃允。丙申，群臣及諸屬國築壇州東，上尊號曰大聖大明天皇帝，后曰應天大明地皇后。大赦，改元。初，闢地爲壇，得金鈴，因名其地曰金鈴岡。壇側滿林曰册聖林。

太宗本紀：天顯元年十一月壬申，御宣政殿，群臣上尊號曰嗣聖皇帝。大赦。

〔一〕「三月」，原脱，據光緒本、宋史哲宗本紀補。

會同元年十一月丙寅，皇帝御宣政殿，劉煦、盧重册上尊號曰睿文神武法天啓運明德章信至道廣敬昭孝嗣聖皇帝。大赦，改元。

穆宗本紀：天禄五年九月丁卯，即皇帝位，群臣上尊號曰天順皇帝，改元應曆。五年二月庚申，漢遣使請上尊號，不允。

景宗本紀：應曆十九年二月即皇帝位，百官上尊號曰天贊皇帝，大赦，改元保寧。

聖宗本紀：乾亨四年九月癸丑，即皇帝位，時年十二，皇后攝政。十月己未朔，帝始臨朝。辛酉，群臣上尊號曰昭聖皇帝，大赦。

統和元年，群臣上皇帝尊號曰天輔皇帝。五年，群臣上皇帝尊號曰至德廣孝昭聖天輔皇帝。二十四年十月庚午〔一〕，群臣上皇帝尊號曰至德廣孝昭聖天輔皇帝，大赦。

開泰元年十月甲子朔〔二〕，文武百官加上尊號曰弘文宣武尊道至德崇仁廣孝聰睿

〔一〕「二十四年」，原作「二十三年」，據光緒本、遼史聖宗本紀改。
〔二〕「十月甲子」，遼史聖宗本紀作「十一月甲午」。

昭聖神贊天輔皇帝。大赦，改元。　九年九月，文武百僚奉表上尊號，不許；表三上，迺從之。

太平元年十一月癸未，上御昭慶殿，文武百僚奉册上尊號曰睿文英武尊道至德崇仁廣孝功成治定昭聖神贊天輔皇帝。大赦，改元。

興宗本紀：太平十一年六月，即皇帝位，群臣上皇帝尊號曰文武仁聖昭孝皇帝，大赦，改元重熙。

重熙十一年冬十一月丁亥，群臣加上尊號曰聰文聖武英略神功睿哲仁孝皇帝，册蕭氏曰貞懿宣慈崇聖皇后，大赦。　十二年，高麗國以加上尊號，遣使來賀。

道宗本紀：清寧二年十一月甲辰，文武百僚上尊號曰天祐皇帝，后曰懿德皇后。咸雍元年春正月辛酉朔，文武百僚加上尊號曰聖文神武全功大略廣智聰仁睿孝天祐皇帝。改元，大赦。

天祚帝本紀：壽隆七年正月即位，群臣上尊號曰天祚皇帝。二月，改元乾統，大赦。　三年十一月丙申，文武百官加上尊號曰惠文智武聖孝天祚皇帝，大赦。

遼史禮志皇帝受册儀：前期一日，尚舍奉御設幄於正殿北墉下，南面設御坐；奉禮郎設官僚、客使幕次於東西朝堂；太樂令設宮懸於殿庭，舉麾位在第二重西階上，東向；乘黄令陳車輅；尚輦奉御陳輿輦；尚舍奉御設解劍席於東西階。設文官六品以上位横街南東方，西向；武官五品已上位横街南西方，東向。皆北上重行，每等異位。將士各勒所部六軍仗屯諸門。金吾仗、黄麾仗陳於殿庭。至日，押册官引册自西便門入，置册案西階上。通事舍人引侍從班入，就位。侍中東階下，解劍履，上殿，欄外俛伏跪，奏「中嚴」；下殿，劍履，復位立。閤使西階上殿，欄外跪請木契；西殿鞠躬，奏「奉敕唤仗」。殿中監、少監、殿中丞等押金吾四色仗入，位臣僚後。協律郎入，就舉麾位。符寶郎詣閤奉迎。通事舍人引文官四品至六品、武官三品至五品，就門外位。皇帝御輦至宣德門。宣徽使押内諸司班起居，引皇帝至閤，服衮冕。侍中東階下，解劍履，上殿，版奏外辦。太常博士引太常卿，太常卿引帝。内諸司出。協律郎舉麾，太樂令令撞黄鐘之鐘，左五鐘皆應，工人鼓柷，樂作；皇帝即御坐，宣徽使贊扇合，樂止；贊簾捲，扇開。符寶郎奉寶進，左右金吾報平安。通事舍人引文官三品、武官二品以上入門，樂作；就相向位畢，樂止。通事舍人引侍從班、南班文官三品、武官二品以上合班，北向。東班西上，西班東上，起居，七拜。分班，各復位。通事舍人引押册官押册自西階下，至丹墀，當殿置香案册案。置册訖，樂作；就位，樂止。捧册官近後，東西相對立。舍人引侍從班并南班合班，北向如初。贊再拜，在位者皆再拜；舞蹈，五拜。分班，各復位如初。捧册官就西階下解劍席，解劍履，捧册西階上殿，樂作；置册御坐前，東西立，北向。捧册官西牖下立，北上，樂止。讀册官出班，當殿立，贊再拜，三呼「萬歲」。就西階下解劍席，解劍履，西階上殿，欄内立，當御坐前。侍中取册，捧册官捧册匣至讀册官前跪，相對捧册。讀册官俛伏跪；讀訖，俛伏興。捧册官跪左膝，以册授侍中。侍中受册，以册授執事者，降自西階，劍履訖，復當殿位。贊再拜，三呼「萬歲」，復分班位。舍人引侍從班、南班合班，北向如初。贊拜，在位者皆拜；舞蹈、鞠躬如初。通事舍人引班首西階下，解劍履。上殿，樂作；就欄内位，樂止。俛伏跪，通全銜臣某等致詞稱賀訖，俛伏興。降西階下，帶劍，納舃，樂作；復位，樂止。贊拜，在位者皆再拜，舞蹈，五拜，鞠躬。侍中臨軒西向，稱「有制」，皆再拜。侍中宣答訖，贊皆再拜，舞蹈，五拜，分班各復位。三品以上出，樂作；出門畢，樂止。侍中當御坐俛伏跪，通全銜奏「禮畢」，俛伏興。退，東階下殿，帶劍，納履，復位。宣徽使贊扇合，下簾。太常博士、太常卿引皇帝起，樂作，至閤，樂止。舍人引文官四品、武官三品以下出門外，分班立；次引侍從班出，次兵部、吏部出，次金吾出，次起居郎、舍人出，次殿中監、少監押金吾細仗出，仍位臣僚後。次東西上閤門使於丹墀内鞠躬，奏衙内無事〔一〕，捲班出。閤門使丹墀内鞠躬，揖「奏敕放仗」。出，門外文武班中間立，唤承受官。承受官聲喏，至閤門使後，鞠躬，揖。閤門使鞠躬，稱「奉敕放仗」。承受聲喏，鞠躬，揖，平身立，引聲「奉敕放仗」。聲絶，趨退。文武合班，再拜。舍人一員攝詞令官，殿前鞠躬，揖，稱「奉敕放黄麾仗」，出。放金吾仗亦如之。翼日，文武臣僚入問聖躬。

太平元年，行此儀，大略遵唐、晉舊儀。又有上契丹册儀，以蘇爾威汗行柴册禮合唐禮雜就之也。又有上漢册儀，與此儀大同小異，加以上寶儀耳。

右遼

金

金史太祖本紀：收國二年，群臣上尊號曰大聖皇帝。

〔一〕「内」，諸本作「門」，據遼史禮志五改。

熙宗本紀：皇統元年正月庚戌，群臣上尊號曰崇天體道欽明文武聖德皇帝。初御衮冕，大赦，改元。十一月己酉，高麗國賀受尊號。十二月，夏國賀受尊號。

金史禮志受尊號儀：皇統元年正月二日，太師宗幹率百僚上表，請上皇帝尊號，凡三請，詔允。七日，遣上京留守奭告天地社稷，析津尹宗强告太廟。十日，帝服衮冕御元和殿，宗幹率百僚恭奉册禮。册文云云，「臣等謹奉玉册、玉寶，上尊號曰崇天體道欽明文武聖德皇帝」。是日，皇帝改服通天冠，宴二品以上官及高麗、夏國使。十二日，恭謝祖廟，還御宣和門，大赦，改元。

○大定七年，恭上皇帝尊號。前三日，遣使奏告天地宗廟社稷。前二日，諸司停奏刑罰文字。百官習儀於大安殿庭。兵部帥其屬，設黄麾仗於大安殿門之内外。宣徽使帥儀鸞司，於前一日設受御册寶壇於大安殿中間，又設御榻於壇上，又設册寶幄次於大安殿門外，及設皇太子幕次於殿東廊〔一〕，又設群官次於大安門外。大樂令與協律郎前一日設宫懸於殿庭，又設登歌樂架於殿上，立舞表於殿下。符寶郎即其日

〔一〕「幕」，諸本作「幄」，據金史禮志九改。

俟文武群官入，奉八寶置於御座左右，候上册寶訖〔一〕。復舁寶還所司。

○其日質明，奉册太尉、奉寶司徒、讀册中書令、讀寶侍中以次應行事官，並集於尚書省，俟册寶興〔二〕，乘馬奉迎。册寶至應天門，下馬由正門步導入，至大安殿門外，置册寶於幄次。舁册寶牀弩手人等分立於左右。文武群官並朝服入次。攝太常卿與大樂令帥工人入就位，協律郎各就舉麾位。舁册寶案官由西偏門先入，置案於殿東西間褥位，置訖，各退於西階册寶位後。捧册官、捧寶官、舁册匣官、舁寶盝官由西偏門先入，至殿西階下册寶褥位之西，東向立，俟閤門報。通事舍人引攝侍中版奏「中嚴」，訖，典儀、贊者各就位。閤門官引文武百僚分左右入，於殿階下磚道之東西，相向立。符寶郎奉八寶由西偏門分入，升置殿上東西間相向訖，分左右立於寶後。通事舍人引攝侍中版奏「外辦」，扇合，服衮冕以出，曲直華蓋、侍衛警蹕如常儀〔三〕。殿上鳴鞭，訖，殿下亦鳴鞭。初索扇，協律郎跪，俛伏，興，舉麾。工鼓柷，奏乾寧之

〔一〕「册寶」，諸本誤倒，據金史禮志九、批校乙正。

〔二〕「俟」，諸本作「候」，據金史禮志九、批校改。

〔三〕「常」，諸本脱，據金史禮志九、批校補。

曲。出自東房，即座，儀鸞使副添香〔一〕，爐烟升，扇開，簾捲。協律郎偃麾，戛敔，樂止。

○太常博士、通事舍人自册寶幄次分引册，太常卿前導，吏部侍郎押册而行，奉册太尉、讀册中書令、舉册官於册後以次從之。次太常博士、通事舍人二員分引寶，禮部侍郎押寶而行，奉寶司徒、讀寶侍中、舉寶官於寶後以次從之。由正門入，宫縣奏歸美揚功之曲。太常卿於册牀前導，至第一墀香案南，藉册寶褥位上少置。太常卿與舉册寶官退於册寶稍西，東向立。博士、舍人立於其後，舁册寶牀弩手、繖子官等又於其後，皆東向。太尉、司徒、中書令、侍中皆於册後，面北以次立。吏部侍郎、禮部侍郎次立於其後。立定，樂止。閤門舍人分引東西兩班群官合班，轉北向立，中間少留班路。俟立定，太常博士、通事舍人四員分引太尉、司徒、中書令、侍中、吏部禮部侍郎以次各復本班，訖，博士、舍人退以俟。初引時，樂奏歸美揚功之曲，至位立定，樂止。典儀曰「拜」，贊者承傳，太尉以下應在位官皆舞蹈，五拜。班首出班起居

〔一〕「鸞」，諸本脱，據金史禮志九補。

訖，又贊「再拜」，如朝會常儀。

〇太常博士、通事舍人四員再引太尉、司徒、中書令、侍中、吏部禮部侍郎復進至册寶所稍南，立定。舁册寶牀弩手、繖子官並進前，舉册寶牀輿。太常博士、通事舍人二員分引册，太常卿前導，吏部侍郎押册而行，奉册太尉、讀册中書令、舉册官於册後以次從之。册初行，樂奏肅寧之曲。次通事舍人、太常博士又二員分引寶，禮部侍郎押寶而行，奉寶司徒、讀寶侍中、舉寶官於寶後以次從之，詣西階下，至册寶褥位少置，册北，寶南。樂止。舁册寶牀弩手、繖子官等退於後稍西，東向立。捧册官與舁册官並進前，取册匣升。太常博士、通事舍人分引册，太常卿側身導册先升，奉册太尉、讀册中書令、舉册官、捧册官於册後以次從升。册初行，樂奏肅寧之曲。進至殿上，博士舍人分左右於前楹立以俟，讀册中書令於欄子外前楹稍西立以俟，舉册官、捧册官立於其後。奉册太尉從升，至褥位，搢笏，少前跪置訖，執笏，俛伏，興，樂止，退於前楹稍西立以俟。太常博士立於後。太常卿少退東向立。舁册官立於其後，皆東向。捧册官先入，舉册官次入，讀册中書令又次入。捧册官四員皆搢笏雙跪捧。舉册官二員亦搢笏，兩邊單跪對舉。中書令執笏進，跪稱「中書令臣某讀册」。讀訖，俛伏，興。中書令俟册興，先退。通事舍人引，降自東階，復本班。訖，太常卿降復寶牀前，舁册官並進，與捧册官等取册匣興，置於殿東間褥位案上，西向。捧舉册官等降自東階，還本班。舁册官亦退。太常博士引奉册太尉降自西階，東向立以俟。

○次捧寶官與舁寶官俟讀册中書令讀訖，出，並進前，取寶盝升。太常博士、通事舍人分引寶，太常卿側身導寶，先升。奉寶司徒、讀寶侍中、舉寶官、捧寶官於寶後以次從升。寶初行，樂奏肅寧之曲，進至殿上，博士舍人俱退不升，並於前楹稍西立以俟。讀寶侍中於欄子外前楹間稍西立以俟。舉寶官、捧寶官立於其後。奉寶司徒從升，至褥位，搢笏，少前跪置，訖，執笏，俛伏，興，樂止。司徒退於前楹西，立以俟。太常卿少退，東向立。舁寶官立於其後，皆東向。捧寶官先入，舉寶官次入，讀寶侍中又次入。捧寶官四員皆搢笏雙跪捧。舉寶官二員亦搢笏兩邊單跪對舉。侍中執笏進，跪稱「侍中臣某讀寶」，讀訖，俛伏，興。侍中俟寶興，先退，通事舍人引，降自西階，復本班；訖，舁寶官進前，與捧寶、舉寶官等取寶盝興，置於殿之西間褥位案上，東向。捧寶、舉寶官等與太常卿俱降自西階，及吏部侍郎皆復本班。舁寶官亦退。太常博士引奉寶司徒次奉册太尉，東向，立定。

○博士舍人贊引太尉司徒進，詣第一墀香案南褥位立定，博士舍人稍退。典儀曰「拜」，贊者承傳，在位官皆再拜，訖，博士舍人二員引太尉詣東階升，宮縣奏純成享上之曲，至階，止。閤門使二員引太尉進至前，立定，樂止。閤門使揖贊太尉拜跪賀，殿下閤門揖百僚躬身，太尉稱「文武百僚具官臣等言」，致賀詞云云，俛伏，興，退至階下。博士舍人分引太尉降自東階，初降，宮縣作肅寧之曲，復香案南褥位立定，樂止。博士舍人少退。典儀曰「拜」，贊者承傳，太尉、司徒及在位群官俱再拜，舞蹈，三稱萬歲，又再拜。訖，通事舍人引攝侍中升自東階，進詣前楹間，躬承旨，退臨階西向，稱「有制」。典儀曰「拜」，贊者承傳，太尉、司徒及在位群官俱再拜，躬身宣詞云云，宣訖，通事舍人引侍中還位。典儀曰「拜」，贊者承傳，階上下應在位群官俱再拜，舞蹈，三稱萬歲，又再拜。訖，博士舍人分引太尉、司徒就百僚位。初引，宮縣作肅寧之曲，至位立定，樂止。閤門舍人分引應北面位群官，各分班東西相向立定。通事舍人引攝侍中升自東階，當前楹間，跪奏「禮畢」，俛伏，興，引降還位。扇合，簾降。協律郎偃伏，興，舉麾，工鼓柷，奏乾寧之曲。降座，入自東房，還後閤，進膳，侍衛警蹕如儀。扇開，樂止。捧册官帥舁册牀人，捧寶官帥舁寶牀人，皆升殿取匣、盝、蓋，訖，置於牀前。引進司官前導，通事舍人贊引，詣東上閤門上進。通事舍人分引文武百僚等以次出，歸幕次，賜食，以俟上壽。上册寶禮畢，有司供辦御牀及與宴群臣位，並如曲宴儀。

○攝太常卿與太樂令帥宫人入，并協律郎各就舉麾位，俟舍人報。通事舍人引三師以下文武百僚親王宗室等分左右入，至殿階下稍南，東西相向立。通事舍人先引攝侍中版奏「中嚴」，少頃，又奏「外辦」。扇合，鳴鞭。協律郎跪，俛伏，興，工鼓柷，宫縣奏乾寧之曲。服通天冠、絳紗袍，即座，簾捲。内侍贊「扇開」，殿上下鳴鞭，戛敔，樂止。儀使副等添香，爐烟升。通事舍人引班首以下合班，樂奏肅寧之曲，至北向位，重行立定，中間少留班路。通事舍人引攝侍中詣東階升，至殿上少立。閤門舍人引禮部尚書出班前，北向俛伏，跪奏，稱「禮部尚書臣某言，請允群臣上壽」，俛伏，興，躬身。通事舍人引攝侍中少退。舍人贊「禮部尚書再拜」，訖，贊「祗候」，復本班。内侍局進御牀入。次良醞令於殿下横街南酹酒，訖，典儀曰「拜」，贊者承傳，在位官皆再拜，隨拜三稱「萬歲」，訖，平立。太常博士、通事舍人分引攝上公由東階升。初升，宫縣奏肅寧之曲。殿上，舍人少退，二閤使揖上公進，至進酒褥位，樂止。宣徽使以爵授上公，上公搢笏，受爵，詣榻前跪進。受爵訖，上公執盤授宣徽使，訖，二閤使揖上公入欄子內。贊「拜」，跪。殿下，閤門揖百僚皆躬身。通事舍人揖攝侍中進，詣前楹間，躬承旨，退臨階西向稱「有制」，典儀曰「拜」，贊者承傳，上公及在位群官皆再拜，隨拜三稱「萬歲」，訖，躬身宣曰：「得公等壽酒，與公等內外同慶。」閤門舍人贊宣諭訖，上公與百僚皆舞蹈五拜，訖，閤門舍人引百僚分班東西序北向立。博士、舍人再引上公自東階升，宮縣奏肅寧之曲，至進酒褥位，樂止。上公搢笏，宣徽使授上公盤，上公詣欄子內褥位，跪舉酒，宮縣奏景命萬年之曲，飲訖，上公進受虛爵訖，復褥位，以爵授宣徽使，訖，二閤使揖上公退，內侍局舁御牀出。博士舍人並進前分引，降自東階，宮縣作肅寧之曲。閤門舍人分引東西兩班，隨上公俱復北向位，立定，樂止。典儀曰「拜」，贊者承傳，在位官皆再拜，三稱「萬歲」，訖，平立。殿上，通事舍人揖攝侍中進，詣前楹間，躬承旨，退臨階西向。閤門官先揖，百僚躬身，侍中稱「有制」，典儀曰「拜」，贊者承傳，在位官皆再拜，訖，躬身宣曰「延王公等升殿」，典儀曰「拜」，贊者承傳，在位官皆再拜，訖，搢笏，舞蹈，又再拜。訖，太常博士、通事舍人引王公以下合赴宴群臣，分左右升殿，不與宴群臣分左右捲班出，宮縣奏肅寧之曲。百僚至殿上座後立，樂止。

○内侍局進御牀入。依尋常宴會，再進第一爵酒，登歌奏聖德昭明之曲，飲訖，樂止。執事者行群臣酒，宮縣作肅寧之曲，文舞入，觴行一周，樂止。尚食局進食，執事者設群官食，宮縣奏保大定功之舞，三成，止，出。又進第二爵酒，登歌奏天贊堯齡之曲，飲訖，樂止。執事者行群官酒，宮縣作肅寧之曲，武舞入，觴行一周，樂止。尚食局進食，執事者設群官食，宮縣奏萬國來同之舞，三成，止，出。又進第三爵酒，登歌奏慶雲之曲，飲訖，樂止。執事者行群官酒，宮縣作肅寧之曲，觴行一周，樂止。尚食局進食，執事者設群官食，宮縣奏肅寧之曲，食畢，樂止。閤門官分揖侍宴群臣起，立於席後。通事舍人引攝侍中詣榻前，俛伏，興，跪奏「侍中臣某言，禮畢」。俛伏，興。閤門舍人分引群官俱降東西階，内侍局舁御牀出，宮縣作肅寧之曲，至北向位立定，樂止。典儀曰「拜」，贊者承傳，在位官皆再拜，訖，搢笏，舞蹈，又再拜，訖，再分班東西序立。扇合，簾降，殿上下鳴鞭。協律郎俛伏，跪，舉麾，興，工鼓柷，奏乾寧之曲。降座，入自東房，還後閤，侍衛如來儀。内侍贊「扇開」，戛敔，樂止。通事舍人引攝侍中版奏「解嚴」，所司承旨放仗，在位群官皆再拜以次出。

廢帝海陵本紀：天德二年二月戊辰，群臣上尊號曰法天膺運睿武宣文大明聖孝皇帝。七月戊戌，夏國遣使賀即位及受尊號。十二月癸卯朔，詔去群臣所上尊號。正隆元年正月己酉，群臣奉上尊號曰聖文神武皇帝。二年三月，高麗遣使賀受尊號。

世宗本紀：大定元年十一月甲申，群臣上尊號曰仁明聖孝皇帝。三年十一月庚戌，百官請上尊號，不允。四年三月壬寅，百官復請上尊號，不允。五年三月壬申，群臣奉上尊號曰應天興祚仁德聖孝皇帝。八月癸巳，宋、夏遣使賀尊號。十二月，高麗遣使賀尊號。七年正月壬子，上服衮冕御大安殿，受尊號册寶禮。十一年十一月，群臣奉上尊號曰應天興祚欽文廣武仁德聖孝皇帝。乙未，詔中外。

章宗本紀：明昌四年夏四月，自己亥至癸卯，百官三表請上尊號，上曰：「祖宗古先有受尊號者，蓋有其德，故有其名。比年五穀不登，百姓流離，正當戒懼修身之日，豈得虛受榮名耶？」不許，仍斷來章。八月己亥，樞密使襄帥百僚再請上尊號，不許。十月庚寅，右丞相爪爾佳清臣等表請上尊號，不允。壬寅，右丞相清臣復請上尊號，國子祭酒劉璣亦率六學諸生上表陳請，不允。甲子，親王百官各奉表上尊號，不允。

四年三月庚午，親王百官請上尊號，不允。

蕙田案：章宗堅却尊號，與宋神宗同。然神宗尚有司馬温公之諫，章宗則内斷於心，不爲衆論所動，難也！

右金

元

元史太祖本紀：元年，即皇帝位，諸王群臣共上尊號曰青吉斯皇帝。

世祖本紀：中統二十一年正月乙卯，帝御大明殿，右丞相和爾郭遜率百官奉玉册玉寶，上尊號曰憲天述道仁文義武大光孝皇帝，諸王百官朝賀如朔旦儀，赦天下。

武宗本紀：至大二年正月辛卯，皇太子、諸王、百官上尊號曰統天繼聖欽文英武大章孝皇帝。乙未，恭謝太廟。丙申，詔天下。

英宗本紀：至治元年十一月戊寅，御大明殿，群臣上尊號曰繼天體道敬文神武大昭孝皇帝。己卯，以受尊號詔天下。

文宗本紀：至順元年五月戊午，帝御大明殿，雅克特穆爾率文武百官及僧道、耆老，奉玉册、玉寶，上尊號曰欽天統聖至德誠功大文孝皇帝。是日，改元至順，詔天下。

蕙田案：元上尊號，凡五。太祖以登極，文宗以改元，餘皆不審所以。大概習爲常事，非甚盛舉，故世祖尚有大赦，武宗後，僅詔天下而已。

元史禮樂志群臣上皇帝尊號禮成受朝賀儀：前期二日，儀鸞司設大次於大明門外，又設進册案於殿内御座前之西，進寶案於其東，設受册案於御座上之西，受寶案於其東。侍儀司設册案於香案南，寶案又於其南。禮儀使位於前，册使、册副位於庭中，北面。引册、奉册、舉册、讀册、捧册官位於右，引寶、奉寶、舉寶、捧寶、讀寶官位於左，以北爲上。百官自金玉府迎册寶，奉安中書省，如常儀。前期一日，右丞相率公卿朝服，儀衛音樂，導册寶二案出自中書，至闕前，控鶴舁案，方輿中道。册使等奉隨入大次内，方輿舁案。侍儀使引册使以下，由左門以出，百官趨退。至期大昕，右丞相以下百官，各公服集闕廷，儀仗護尉就位。侍儀使、禮儀使引導從導皇帝升大明殿，引進使引導從導皇后升殿。尚引引殿前班入起居位，起居山呼拜舞畢，宣贊唱曰「各恭事」。太子、諸王、后妃、公主以次升殿，鳴鞭三。侍儀使、引册、引寶導册寶由正門入，樂作。奉册使、右丞相率册官由右門入，奉寶使、御史大夫率寶官由左門入，至殿下，置册案於香案南，寶案又奠於其南，樂止。侍儀使引册使以下就起居位，典引引群臣入就位。通班舍人唱曰「文武百僚具官臣某以下起居」，典引贊曰「鞠躬」，曰「平身」，引至丹墀拜位。宣贊唱曰「拜」，通贊贊拜、舞蹈、山呼，如常儀。畢，承奉班都知唱曰「奉册使以下進上册寶」。侍儀司引册使以下進就位。樂作。掌儀贊曰「奉册寶官稍前，搢笏，捧册寶」。侍儀使前導，由中道升正階，立宇下。俟奉册使諸册官由右階躋，奉寶使諸寶官由左階躋畢，俱由左門入，奉册寶至御榻褥位前，册西寶東。樂止。掌儀贊曰「捧册寶官稍前，以册寶跪置於案」，曰「出笏」，曰「就拜」，曰「興」，曰「平身」，曰「復位」，曰「奉册使以下皆跪」，曰「舉册官興，俱至案前跪」，曰「搢笏，取册於匣，置於盤，對舉」，曰「讀册官興，俱至案前跪」，曰「讀册」，讀册官稱臣某謹讀册。讀畢，舉册官納册於匣，興，以授典瑞使，出笏，立於册案西南，典瑞使置於受册案。掌儀贊曰「舉寶官興，俱至案前跪」，曰「搢笏，取寶於盝，對舉」，曰「讀寶官興，俱至案前跪」，曰「讀寶」。讀寶官稱臣某謹讀寶。讀畢，舉寶官納寶於盝，興，以授典瑞使，出笏，立於寶案東南，典瑞使置於受寶案。掌儀贊曰「奉册使以下皆就拜」，曰「興」，曰「平身」。參議中書省事四人，以箧奉詔書，由殿左門入，至御榻前，跪讀詔文，如常儀。授典瑞使押寶畢，置於箧，對舉，由正門出，至丹墀北，置於詔案。册使以下由南東門出，就位聽詔，如儀。儀鸞使四人，舁進册寶案，由左門出。侍儀使引班首由左階躋，前行樂作，至宇下，樂止，舞旋至露階立。班首入殿，宣徽使奉隨，班首跪，宣徽使西北向立。班首致詞曰：「册寶禮畢，願上皇帝、皇后萬萬歲壽。」宣徽使應曰：「如所祝。」樂作。通贊唱曰「分班」。進酒畢，班首由南東門出，降階，復位。樂止〔一〕。通贊唱曰「合班」。奉進表章禮物，贊拜、舞蹈、山呼、錫宴，並如元正之儀。

右元

〔一〕「樂止」，諸本作「樂作」，據元史禮樂志一改。

# 五禮通考卷一百三十一

## 嘉禮四

### 朝禮

蕙田案：古朝禮有二。書：「日覲四岳、群牧。」又曰：「肆覲東后。」周禮大行人掌朝、宗、覲、遇、會、同、聘、問之事，乃賓禮也。周禮宰夫：「掌治朝之法。」太宰：「王眡治朝，則贊聽治。」爲天子日視朝之正，乃嘉禮也。秦、漢以還，有常朝，有正至聖節朝賀，與古不同。惟常朝爲周治朝之意，餘皆起於後世。今以朝、宗、覲、遇等別爲賓禮，而屬之嘉禮者，統名之曰朝禮。先經後史，各以類列，庶古今之沿革，瞭若指掌焉。

天子諸侯三朝

周禮秋官小司寇：掌外朝之政。注：外朝，朝在雉門之外者也。賈疏：外朝之職，朝士專掌。但小司寇既爲副貳長官，亦與朝士同掌之耳。外朝在雉門之外，則亦在庫門之外也。

蕙田案：天子五門，則外朝在庫門外。諸侯三門，則外朝在雉門外。

朝士：掌建邦外朝之法，左九棘，孤卿大夫位焉，群士在其後。右九棘，公侯伯子男位焉，群吏在其後。面三槐，三公位焉，州長衆庶在其後。左嘉石，平罷民焉。右肺石，達窮民焉。注：鄭司農云：「外朝在路門外，内朝在路門内。」玄謂：「王五門，雉門爲中門。闔人幾出入者，窮民蓋不得入也。然則外朝在庫門之外，皋門之内與？周天子諸侯皆有三朝，外朝一，内朝二，内朝之在路門内者，或謂之燕朝。」

其位：王南鄉，三公及州長、百姓北面，群臣西面，群吏東面。注：群臣，卿大夫士也〔一〕。群吏，府史也〔二〕。其孤不見者，孤從群臣。卿大夫在公後。

蕙田案：康成駁先鄭説，極是。

〔一〕「士」，諸本脱，據周禮注疏卷三五補。
〔二〕「史」，諸本作「吏」，據周禮注疏卷三五改。

又案：以上外朝。

周禮天官宰夫：掌治朝之法，以正王及三公、六卿、大夫、群吏之位，掌其禁令。注：治朝，在路門之外。其位，司士掌焉，宰夫察其不如儀。疏：燕朝在路寢庭，外朝在庫門外，其事希簡，非常治政之所。此云治朝，是常治事之朝，故知是路門外。宰夫與司士俱是下大夫，非贊治朝。經云「禁令」，知直察其不如儀式者也。

夏官司士：正朝儀之位，辨其貴賤之等。王南向；三公北面，東上；孤東面，北上；卿大夫西面，北上；王族故士、虎士在路門之右，南面，東上；太僕、太右、太僕從者在路門之左，南面，西上。注：此王日視朝事於路門外之位。疏：「此王日視朝事於路門外之位」者，對彼太僕職「路寢庭有燕朝」，朝士職「庫門外有外朝」而言也。

王氏詳説曰：天子有三朝：外朝、治朝、燕朝是也。庫門之外爲外朝，則路寢門外與路寢門内之朝，皆爲内朝矣。但以日眡事，則曰治朝；退適路寢之庭聽政，則曰燕朝。内外之朝，本無定名，以燕朝爲内朝，則治朝爲外朝矣；庫門之朝爲外朝，則治朝又爲内朝矣。玉藻曰：「朝服以日眡朝於内朝，退適路寢。」云「退適路寢」者，是内朝之内又有内朝也，是燕朝也。文王世子曰：「其朝於公，内朝則東面，北上，以齒；其在外朝，則以官，司士爲之。」夫司士所掌之朝，治朝也。玉藻以路寢之外爲内朝，而文王世子又以司士所掌之朝爲外朝，治朝可以兼内外之名也。

太僕：建路鼓於大寢之門外，而掌其政。注：大寢，路寢也。其門外，則内朝之中，如今宮殿端門下矣。疏：「大寢，路寢也」者，欲見在路寢門外正朝之處。云「其門外，則内朝之中」者，案玉藻云「視朝於内朝，群臣辨色始入」。彼諸侯禮，天子亦然。若據文王世子，亦得謂之外朝，故文王世子云：「其朝於公内朝，臣有貴者以齒，其在外朝，則以官。」彼以路門外爲外朝者，對路寢庭朝爲外朝，其實彼外朝亦内朝耳。以其天子諸侯皆内朝二，外朝一。既以三槐九棘朝爲外朝一，明此二者皆内朝也。

天官冢宰：王眡治朝，則贊聽治。注：治朝在路門外，群臣治事之朝。疏：王有三朝，必知此是路門外朝者，但外朝是斷疑獄之朝，路寢庭朝圖宗人、嘉事，二者並於事簡，非正朝，故知治朝是路門外，司士所掌者也。

郝氏敬曰：治朝，中朝，在路門外。

蕙田案：中朝，於經無文。

地官師氏：居虎門之左，司王朝。注：虎門，路寢門也。王日視朝於路寢門外，畫虎焉以明勇猛，於守宜也。疏：虎門是路寢門者，其路寢庭朝及庫門外之朝，非常朝之處，司士所掌路門外是常朝，日所朝之所。經云「司王朝」，明據此朝，故鄭以路寢門外解之。

朱子曰：正義謂「路寢庭朝及庫門外之朝，非常朝」。此是常朝，故知在路門外。蓋路寢朝在路門之裏，議政事則在此。外朝在庫門之外，國有大事、詢衆庶則在此，非常朝也。每日常朝，王立於寢門外，與群臣相揖而已。王又先揖，群臣就位，王使入，揖亦有高下不同，如「天揖同姓」是也。胡明仲常云：「近世朝禮，每日拜跪，乃是秦法，周制元不如此。」

地官稾人：掌共外内朝冗食者之食。注：外朝，司寇斷獄弊訟之朝也。今司徒府中，有百官朝會之殿，云天子與丞相舊決大事焉，是外朝之存者與？內朝，路門外之朝也。冗食者，謂留治文書，若今尚書之屬，諸直上者。

蕙田案：此以治朝爲内朝，對小司寇、朝士所掌外朝而言。

冬官匠人：外有九室，九卿朝焉。注：外，路門之表也。九室，如今朝堂諸曹治事處。疏：九卿之九室，在門外正朝之左右爲之。

蕙田案：賈疏所云正朝謂治朝也。

儀禮聘禮：管人布幕於寢門外。注：寢門外，朝也。疏：「寢門外，朝也」者，謂路門外，即正朝之處也。

蕙田案：此以治朝爲外朝，對燕朝而言。

宰入告具於君〔一〕，君朝服出門左，南面。注：入告，入路門而告。疏：朝在路門外，故知「入路門」，至路寢而告君，以其在路寢聽政處故也。

官載其幣，舍於朝。

使者載旜，帥以受命於朝。注：孤卿建旜，至於朝門，使者北面，東上。疏：「至於朝門」者，凡諸侯三門：皋、應、路。路門外有常朝位。下文君臣皆朝列位，乃使卿進使者，使者乃入至朝，則此朝門者，皋門外矣。

蕙田案：「官載幣，舍于朝」及「受命于朝」，皆治朝也。諸侯當在雉門內，疏以爲皋門外，似非。

禮記月令：賞公卿大夫於朝。注：朝，大寢門外。

玉藻：諸侯朝服以日視朝於内朝。注：此内朝，路寢門外之正朝也。天子、諸侯皆三朝。疏：「天子、諸侯皆三朝」者，太僕云「掌燕朝之服位」，注云「燕朝，朝於路寢之庭」，是一也。司士

〔一〕「告具」，原誤倒，據光緒本、儀禮注疏卷一九乙正。

「正朝儀之位」，云「此王日視朝事於路門外」，是二也。朝士云「掌外朝之法」，注云「外朝在庫門之外，皋門之内」，是三也。「諸侯三朝」者，文王世子云「公族朝於内朝」，路寢朝，是一也。世子又云：「其在外朝，司士爲之。」與此「視朝於内朝」，皆謂路寢門外，每日視朝，是二也。此但云「内朝」，對中門外朝，謂爲「内」也。文王世子云「外朝」者，對路寢庭爲外。此據路寢門外而稱「内朝」，明知中門之外，别更有朝也。諸侯三門，是中門外大門内又有外朝，是三朝也。

蕙田案：此以治朝爲内朝，對外朝而言。

文王世子：庶子之正於公族者，其在外朝，則以官，司士爲之。其在宗廟之中，則如外朝之位。注：外朝，路寢門之外庭。疏：案周禮司士掌路寢門外之朝。「司士爲之」者，謂司士之官主爲朝位之次，外朝位既司士主之，則内朝庶子主之也。此對路寢庭朝爲外朝，若對庫門外朝，朝士所掌三槐九棘之朝，則此路門外朝，亦爲内朝也。故玉藻云「朝於内朝」。其朝位，天子之朝：三公北面，東上；孤東面，北上；卿大夫西面，北上；其士，門西東面，北上。若諸侯之朝，案大射「卿西面，北上；大夫北面，東上；士門西東面，北上」。與天子不同。

外朝以官，體異姓也。注：體，猶連結也。

蕙田案：此外朝指治朝，對内朝而言，下同。

國語：天子及諸侯合民事於外朝，合神事於内朝。注：神事，祭祀也。内朝，在路門内也。

蕙田案：韋昭注以「内朝在路門内」，則外朝亦指治朝而言。

又案：以上治朝。

周禮夏官大僕：王眡燕朝，則正位，掌擯相。注：燕朝，朝於路寢之庭。王圖宗人之嘉事，則燕朝。疏：以其路寢安燕之處，則謂之燕朝。以其與賓客享食在廟，燕在寢也。但與賓客及臣下燕時亦有朝。必以王圖宗人嘉事爲燕朝者，以其因燕而朝賓臣。燕禮已有成文。圖宗人嘉事者，朝不見，故鄭特見之。宗人冠、昏嘉禮之等，皆曰嘉事。

禮記文王世子：庶子之正於公族者，其朝於公，内朝則東面，北上，臣有貴者以齒，庶子治之。注：内朝，路寢庭。

鄭氏鍔曰：王有三朝，而燕朝乃安燕之地。親族所聚，正其位而且擯之相之，則王之見之也以禮，而宗人之見王也，不敢恃恩以犯分。

公族朝於内朝，内親也。雖有貴者以齒，明父子也。

周禮夏官射人：掌國之三公、孤、卿、大夫之位，三公北面，孤東面，卿、大夫西面。注：位，將射，始入見君之位。不言士者，此與諸侯之賓射，士不與也。燕禮曰：「公升，即位於席，西鄉，小臣納卿大夫，卿大夫皆入門右，北面，東上。士立於西方，東面，北上。」大射亦云。則凡朝燕及射，臣見於君之禮同。疏：引燕禮者，欲見天子諸侯朝、燕、射三者位同之義。云「凡朝燕及射，臣見於君之禮同」者，以儀禮内，諸侯有燕朝有射朝，不見正朝。周禮内，天子有射朝與正朝〔一〕，不見燕朝。諸侯射朝與燕朝位同，則天子燕朝亦與射朝位同，則諸侯正朝亦與射朝位同，是天子諸侯三朝各自同。

蕙田案：此賓射之位，與燕朝之位同。

春秋成公六年左氏傳：韓獻子將新中軍，且爲僕大夫。注：兼太僕。公揖而入，獻子從，公立於寢庭。注：路寢之庭。疏：禮玉藻云：「君日出而視朝，退適路寢聽政。」知寢庭，路寢之庭也。沈氏云：「太僕職云『王視燕朝，則正位，掌擯相』，鄭注云：『燕朝，朝於路寢之庭。』韓獻子既爲僕大夫，故知寢庭，路寢之庭也。」

蕙田案：此諸侯之燕朝。

又案：以上燕朝。

陳氏禮書：周官太僕掌燕朝之服位，宰夫掌治朝之法，司士掌朝儀之位，朝士掌外朝之法。文王世子公族朝於内朝，庶子掌之；其在外朝，司士掌之。玉藻：「朝服以日視朝於内朝，退適路寢聽政。」然則文王世子與玉藻所謂「朝」者，諸侯之

〔一〕「天子」，原作「諸侯」，據光緒本、周禮注疏卷三〇改。

朝也。蓋天子庫門之外，外朝也，朝士掌之；路門之外，治朝也，宰夫、司士掌之；路寢，燕朝也，太僕掌之。諸侯亦有路寢，有外朝，則文王世子所謂「内朝」者，玉藻所謂「路寢」也；玉藻所謂「内朝」者，文王世子所謂「外朝」也。玉藻於「路寢」之外言「内朝」，則又有「外朝」，明矣。諸侯内朝，司士掌之，其官與天子同；燕朝，庶子掌之，其官與天子異。魯語曰：「天子及諸侯合民事於外朝，合神事於内朝；自卿以下，合官職於外朝，合家事於内朝。」然則卿大夫亦二朝也。王燕朝之位，雖太僕掌之，然其位之所辨，不可以考。文王世子曰：「公族朝於内朝，東面，北上，臣有貴者以齒。」則王之燕朝，宜亦然也。太僕「建路鼓於大寢之門外〔一〕，而掌其政，以待達窮者與遽令」，鄭氏曰：「路寢門外，則内朝之中。」蓋窮者達其情於外朝之肺石，朝士又達窮者之情於内朝之路鼓。遽令，傳遽之令也。行人「掌邦國傳遽之小事」〔二〕，則遽令非行人之所掌者而已。鄭康成以公食大夫拜賜於朝，不言賓入；聘

〔一〕「建」，原作「掌」，據光緒本、禮書卷三八改。
〔二〕「行人」，原作「行夫」，據光緒本、禮書卷三八改，下句「行人」同。

禮以柩造朝，不言喪入，則謂諸侯之朝在大門外。然大門外則經涂耳，非朝位也。

吴氏紱曰：大門外，或尚寬闊，非即經涂。

葉氏時曰：周有三朝，一曰燕朝，一曰治朝，一曰外朝。外朝之位：左孤、卿大夫，群士在其後；右公、侯、伯、子、男，群吏在其後；面三公、州長，衆庶在其後。此朝士所掌之朝法也。及致萬民而詢之，則小司寇掌其政。王位南向，三公及州長、百姓北面，群臣西面，群吏東面，其位亦如朝士之儀。其建朝也，左嘉石，以平罷民；右肺石，以達窮民。職聽國、郊、野、都獄訟者，必聽於此；兩造束矢平劑鈞金者，必入於此；凡得獲貨賄、人民、六畜者，必委於此。雖有帥屬鞭呼趨辟之儀，有慢朝錯立族談之禁，其儀非不肅也。而卿大夫以大詢之時，帥六鄉之衆庶而致於朝，百姓、衆庶得外與公、卿、侯、伯、群士、群吏相先後於階陛之間，則其政誠爲平易近民矣。治朝之位，王南向，三公北面，孤東面，卿大夫西面，王族故士、虎士在路門右，太僕、太右、太僕從者在路門左，此司士所正之朝儀也。及掌叙群吏之治，則宰夫掌其法，以正王及三公、六卿、大夫、群吏之位，而察其不如儀。其眂朝也，太僕則前正位，師氏則司王朝，冢宰則贊聽治，雖有虎賁士族之衛，有僕御右從之位，其儀非不嚴也。而太僕掌建路鼓於大寢門外，以待達窮者與遽令，聞鼓聲，則速逆御僕與御庶子，而受其事以聞。又況宰夫掌庶民之逆，得與賓客之治、諸臣之復同，徹於冕旒之前，則其朝又未嘗以禁嚴爲限矣。至於燕朝之法，雖在太僕只曰「王視燕朝，則正位，掌擯相」而已，然曰「王眡朝，則前正位而退，入亦如之」，是正燕朝，亦如正治也。小臣「正王之燕位」，御僕「掌王之燕令」，此皆燕朝之臣，其儀亦非不重也。而諸侯之復逆，則掌於太僕、三公；孤卿之復逆，則掌於小臣；群吏之逆，庶民之復，則又掌於御僕〔一〕。復者，下之報上；逆者，下之迎於上，皆上書報奏之名。庶民之復，得與諸侯、公、卿、群吏之復逆，又皆聞達於燕處之時〔二〕，則其地亦未嘗以邃深而爲間隔矣。觀外朝之政而及萬民之詢，治朝之治而及萬民之逆，燕朝之令而及庶民之復，則知成周盛時，户庭無壅，其疏通洞達何如哉。然而三朝分掌，外朝雖掌於秋官之屬，而三公、孤卿皆在焉，則是太宰與聞外朝之政矣。

〔一〕「僕」，原脱，據光緒本、禮經會元卷一補。
〔二〕「聞」，諸本作「同」，據禮經會元卷一改。

治朝之法，雖曰司士正之，屬於夏官，而宰夫掌其禁令。王眡治朝，冢宰贊之，則是太宰與聞治朝之事矣。燕朝之臣，亦夏官之屬也，然而所掌群臣之復逆，實與宰夫所掌相關焉。而况太僕雖正燕朝之位，而建鼓則在路門外，治朝則在路門左。王眡治朝，則前正位；王不眡朝，則辭於三公及孤卿。是燕朝之臣，實與治朝相通，則太宰亦與聞乎燕朝之政矣。以此見周人之法，宫中、府中實爲一體，而無内外之分也。

蕙田案：天子五門，曰臯、庫、雉、應、路。諸侯三門，曰庫、雉、路；皆三朝：一曰外朝，一曰治朝，一曰燕朝。外朝，天子在庫門外，諸侯在庫門内。周禮小司寇朝士所掌，有三槐、九棘、嘉石、肺石。國有大事，致萬民而詢則御之，非常朝之處。治朝在路門外，周禮宰夫掌治朝之法，司士正朝儀之位，太宰贊聽治，有路鼓，有屏，有宁，乃每日常朝聽治處。燕朝在路門内，路寢之庭。周禮太僕「掌擯相」。文王世子「庶子正公族，公族朝於内朝」，鄭康成謂「王圖宗人嘉事則燕朝」，亦非常朝處。治朝又兼内外之名，對外朝而言，亦曰内朝。玉藻「朝服以視朝於内朝」，鄭康成謂「外朝一，内朝二」是也。對燕朝而言，亦曰外朝。文王世子「其在外朝則以官，司士爲之」是也。路門當道設屏。禮緯：「天子外屏，諸侯內屏。」爾雅邢疏：「天子外屏，在路門之外；諸侯內屏，在路門之內。」爾雅：「門屏之間謂之宁。」當宁而立，諸公東面，諸侯西面曰朝。孔疏：「天子受朝於路門外之朝，於門外而宁立以待諸侯之至，故云當宁而立。」據此，則天子諸侯雖有五門、三門，惟路門外有屏、有宁，非每門皆有之也。至其朝儀，周禮：「司士擯，孤卿特揖，大夫以其等旅揖，士旁三揖，王還揖門左，揖門右。太僕前，王入，內朝皆退。」玉藻：「朝，辨色始入。君日出而視之，退適路寢聽政。使人視大夫，大夫退，然後適小寢。」周禮：宰夫掌諸臣之復逆。蓋古者常朝，惟在路寢門。當宁而立，三揖而退，其禮甚簡。聽政則在路寢之堂，諸臣不從入，有奏事，然後因宰夫以入，升路寢之堂。論語「過位」、「升堂」即此。過位，過當宁之位；升堂，升路寢之堂。無事，則朝畢而退，不用過位，亦不用升堂。朱子訓「過位」，謂：「門屏之間，人君宁立之處，所謂宁也。」萬充宗謂：「禮器云『天子諸侯臺門』，足知君門崇廣，可即此朝見臣民。又玉藻云『閏月，則闔門左扉，立於其中』，益足證君門可以莅衆，不必更有朝堂矣，後世『御門聽政』即此意。」

附：辨通典「天子四朝」：

通典：周制，天子有四朝。一曰外朝，秋官朝士掌之。二曰中朝，夏官司士正其位，辨其貴賤之等。三曰内朝，亦謂路寢之朝。四曰詢事之朝，小司寇掌其政。諸侯三朝：路寢爲内朝，中朝在路門外，外朝在應門外。諸侯社稷與中朝正相當，故傳云「間於兩社，爲公室輔」者也。

蕙田案：天子三朝，一曰外朝，一曰治朝，一曰燕朝。其外朝，周官小司寇及朝士共掌之。賈疏謂：「外朝之職，朝士專掌，但小司寇既爲副貳長官，亦與朝士同掌之。」今案：「致萬民而詢」，其事大，故掌於小司寇；九棘、三槐，聽獄之位，其事小，故掌於朝士，其實一朝也。杜君卿通典誤分朝士、小司寇所掌爲兩朝，於三朝之外又添一詢事之朝，遂有四朝之説。文獻通考亦仍其誤。其實止有三朝，無所謂四朝也。杜又謂「詢事之朝，非常朝之限」，及以治朝爲中朝，以燕朝爲群公常日於此朝見君位，皆與注疏不合，今不録。

右天子諸侯三朝

卿大夫私朝附

禮記玉藻：揖私朝，煇如也。注：私朝，自大夫家之朝也。疏：私朝，大夫自家之朝也。

春秋襄公三十年左氏傳：鄭伯有爲窟室，而夜飲酒，擊鐘。朝至，未已。朝者曰：「公焉在？」其人曰：「吾公在壑谷。」皆自朝布路而罷。

論語：冉子退朝。

朱子注：朝，季氏之私朝也。

國語魯語：公父文伯之母如季氏，康子在其朝，與之言，弗應，從之及寢門，弗應而入。康子辭於朝而入見，曰：「肥也不得聞命，無乃皐乎？」曰：「子不聞乎？天子及諸侯，合民事於外朝，合神事於内朝。自卿以下，合官職於外朝，合家事於内朝；寢門之内，婦人治其業焉。上下同之。夫外朝，子將業君之官職焉；内朝，子將庀季氏之政焉，皆非吾所敢言也。」

陳氏祥道曰：據此，則卿以下有二朝矣。韋昭謂「外朝，君之公朝；内朝，家朝」，非是。

萬氏斯大與應撝謙書：向奉書，辨大夫、士正寢之外無私朝，玉藻所謂私朝即正寢。答教不以爲然。更援魯語外朝内朝，證鄙言之失。某以爲，先王之制，荒遠難稽，不得不憑諸傳記，第傳記多後人所述，有就古初之正禮以爲言者，有就衰時之變禮以爲言者，讀者要當擇善而從，不可不慎也。又禮文參錯，一事之本末，往往互見於他書，苟非會通，以考其詳，則一隅之見，或不無病於偏執，此又言禮者所當知也。魯語云：「自卿以下，合官職於外朝，合家事於内朝。」先生據以爲别有私朝之證，必謂敬姜賢婦，素稱知禮，其語可信也。亦知康子之時，何時乎？魯自季武子專政以來，禄去公室，君若贅旒，公廟立矣，昭公出矣，中軍作舍矣。禮樂征伐，惟其所出，何有於私朝？至康子時，僭踰既久，子孫臣庶，視爲固然，莫有覺其非度，因遂有非禮之禮以相傳，如敬姜之語康子者。使先王之制，卿大夫果得有外朝，以業君之官職，則冉有之謀政於私朝，乃其常分，孔子曷爲以其事抑之？是以知敬姜之語，從僭後爲言，而非先王之制也。先王之制〔一〕，合官職於公朝，合家事於私室。覿玉藻云：「朝，辨色始入，君日出而視之，退適路寢聽政。使人視大夫，大夫退，然後適小寢，釋服。」據此則知聽政路寢之時，卿大夫各治官職於外。考工記云：「外有九室，九卿朝焉。」曲禮云：「在官言官。」玉藻云：「君命召，在官不俟屨。」據此則知，公門外，旁皆有卿大夫治事之所。迨其後，諸侯微，大夫僭政，莫在公，而私家遂有内朝、外朝之號。然其内朝當即正寢，其外朝當亦於門，蓋君有臺門旅樹，以爲治朝。而郊特牲云：「臺門而旅樹，大夫之僭禮。」知衰世大夫之門皆儼然公門以爲外朝，不獨季氏爲然矣。惟晏子近市之宅，湫隘囂塵，不可以居。若是者，知其必不僭爲私朝也。夫然玉藻所謂私朝，疑亦就僭禮爲文，何以言之？玉藻言「朝服以縞，自季康子始」，康子卒，于哀公二十七年死而後謚，則記玉藻者，在康子死後，其時之有私朝也久矣。天子、諸侯路寢之外，别無朝堂，安得據敬姜之言，謂大夫士正寢之外，别有私朝

〔一〕「制」，諸本作「職」，據儀禮商附録改。

也哉？

蕙田案：玉藻：「揖私朝，煇如也。」鄭注：「私朝，大夫家之朝。」論語：「冉子退朝。」朱注：「朝，季氏之私朝。」蓋卿大夫有家臣，則必有朝。家臣處有家事，則必有合家事處，其有私朝宜也。大夫二門，則私朝當在大門之内，寢門之外。魯語敬姜曰：「自卿以下，合官事於外朝，合家事於内朝。夫外朝，子將業君之官職焉；内朝，子將庀季氏之政焉。」陳用之謂：「據此，則卿以下有二朝。」而萬充宗則謂此衰時之變禮，敬姜之語，從僭後爲言，而非先王之制。案：萬説最當。敬姜並舉天子、諸侯及自卿以下有二朝，上下同之，且謂「寢門之内，婦人治其業」，則是寢門之外，有内外二朝矣。有二朝，則又有二門，通寢門，爲三門，是以大夫而上，擬諸侯之制，其爲僭無疑也。韋昭謂「外朝，爲君之公朝；内朝，家朝」，蓋亦知其非禮而强爲之説，非敬姜語本義。敬姜但明婦人之不可干外，而不知私家之不可干公，故其説如是。至萬氏，謂大夫、士正寢之外無私朝，并謂玉藻所謂私朝，亦就僭禮爲文，則非是。私朝，卿大夫自有之，但不得兼内外兩朝如敬姜所云耳。

觀承案：禮，天子諸侯三朝，無卿大夫二朝之文，萬氏説最當。陳氏據魯語，疑「大夫有二朝」，非也。蓋「朝」者，以下事上之通稱，内則子事父母，亦曰「昧爽而朝」。惟天子諸侯得備其制。故其朝也，有地、有時、有器、有官而朝之，典綦重下。此則聽其自相朝，而不爲之制，卿大夫、士，貴賤有等矣。士冠禮鄭注云「大夫、士服玄端深衣而聽私朝」，則大夫、士同一聽朝之法，其與内則昧爽之朝何異？不獨此也。門與寢，内外朝之所也。天子五門，諸侯三門，卿大夫士二門；天子諸侯之寢四注，卿大夫之室，夏屋兩下，皆天子、諸侯一制，卿大夫、士一制。大夫而有内外朝也，士亦有内外朝乎？士之不得有内外朝，則凡禮之兼大夫、士者，皆可例觀，何獨疑於大夫？大率大夫、士，隨其時與地，與其下相見即謂之朝，非當宁之比。義疏曰：「大夫、士無宁，兩塾之間非宁也。」此可見矣。即魯語而論，使康子而僭爲當宁之制，必將有夙戒之期，何文伯之母硜硜守不言之義，獨不知其朝而避之？康子又不自重，從而與之語，不應又辭其衆而即之。則所謂朝者，正兩塾之間，偶與衆接，故文伯之母不知避，而康子可得辭也。其言「合官職於外朝」，卿以下之官職，即天子諸侯之民事。韋昭謂「外朝，君之公朝」，甚合。且曰「自公卿以下」，亦括士在内。則魯語原自分明，何以爲二朝之據乎？惟大夫之朝與内則之朝無異，則有其名而不干其制，故冉子退朝，夫子不以爲非。玉藻著大夫登車之美，而先言其揖私朝之煇如。不然，設服離衛，當時即有「美矣君哉」之刺，况朝之大者乎？然則季氏雖僭，實未亢然而有二朝。萬氏概以僭當之，亦求其説不得而爲之辭。

右卿大夫私朝附

后夫人内宫之朝附

春秋成公十八年左氏傳〔一〕：齊侯使士華免以戈殺國佐於内宫之朝。注：内宫，夫人宫。疏：於夫人之宫有朝群妾之處，故云「内宫之朝」，蓋齊侯召入與語而殺之。

陳氏禮書：王后、夫人朝。左氏曰：「齊侯使華免殺國佐於内宫之朝。」則后、夫人治家事於内，猶天子諸侯治邦事於外。故内宫亦有朝。

〔一〕「十八年」，原作「十六年」，據光緒本、春秋左傳正義卷二八改。

觀承案：周禮内宰「以陰禮教六宫」，鄭注：「后象王立六宫而居之，亦正寢一，燕寢五。」蓋王六寢，小寢五，正寢一。正寢，即燕朝之所也。然則王后、夫人之朝，其在六宫之正寢乎？諸侯之寢三，正寢一、小寢二，君夫人亦如之。則所謂内宫之朝者，其即後宫之正寢乎？

右后夫人内宫之朝附

天子五門諸侯三門

詩大雅緜：廼立臯門，臯門有伉。傳：王之郭門曰臯門。　箋：諸侯之宫，外門曰臯門，朝門曰應門，内有路門。天子之宫，加以庫、雉。　疏：明堂位云：「庫門，天子臯門。雉門，天子應門。」是則名之曰庫、雉，制之如臯、應。魯以周公之故，成王特褒之，使之制二兼四，則其餘諸侯不然矣。襄十七年傳宋人稱臯門之晳，諸侯有臯門也。諸侯法有臯、應，太王自爲諸侯之制，非作天子之門矣。明堂位云：「天子臯門，天子應門。」顧命云：「二伯率諸侯入應門。」是天子亦有臯、應，故爲天子之宫，加之以庫、雉也。家語衛亦有庫門者，家語言多不經，未可據信，或以康叔賢，亦蒙褒賞故也。

蕙田案：春秋傳「澤門之晳」，杜注：「澤門，宋東城南門也。」然則澤門乃國門，非朝門。孟子所云「垤澤之門」即此。陸德明釋文云「澤門，本或作臯門」者，誤也。孔氏援以證諸侯有臯門，是不然矣。陳氏祥道曰：左傳曰「魯人之臯」，杜氏曰：「臯，緩也。」臯鼓、臯舞，皆以臯爲緩，則門之遠者謂之臯，宜矣。毛氏以臯門爲郭門，非也。

朱子曰：書「天子有應門」，春秋書「魯有雉門」，禮記云「魯有庫門」，家語云「衛有庫門」，皆無云「諸侯有臯、應」者，則臯、應爲天子之門明矣。意者，太王之時，未有制度，特作二門，其名如此。及周有天下，遂尊以爲天子之門，而諸侯不得立也。

禮記明堂位：庫門，天子臯門。注：天子五門：臯、庫、雉、應、路。魯有庫、雉、路，則諸侯三門與？臯之言高也。疏：言魯之庫門，制似天子臯門。

蕙田案：以上臯門。

禮記檀弓上：君復於庫門、四郊。

徐氏師曾曰：天子曰臯門，諸侯曰庫門。

檀弓下：既卒哭，宰夫執木鐸以命於宮曰：「舍故而諱新。」自寢門至於庫門。

注：百官所在。庫門，宮外門〔一〕。　疏：寢門、路門、庫門，是魯之外門也，百官及宗廟所在之次，至庫門，咸使知之也。魯三門，故至庫門耳。若天子五門，則至皋門也。

軍有憂，則素服哭於庫門之外。

魯莊公之喪，既葬，而絰不入庫門。疏：庫門，周之皋門也。魯有三門：庫、雉、路，庫門最在外，以從外來，故至庫門。去絰，絰既不入，衰亦不入，可知矣。

郊特牲：孔子曰：「繹之於庫門内〔二〕，失之矣。」疏：繹祭之禮，當於廟門外之西堂，今乃於庫門内，故言「失之矣」。

獻命庫門之内，戒百官也。注：庫門在雉門之外，入庫門，則至廟門之外矣。

家語：公西赤問衛莊公之反國，改舊制，變宗廟。高子臯問於孔子曰：「周禮『繹祭於祊』，祊在宗廟之西，今衛君更之，如何？」孔子曰：「繹之於庫門内，祊之於東方，失之矣。」

陳氏祥道曰：曲禮曰：「在府言府，在庫言庫。」天文東壁爲文府，西奎爲武庫。漢書于府言「財

〔一〕「外門」，原誤倒，據光緒本、禮記正義卷一〇乙正。
〔二〕「内」，原脱，據光緒本、禮記正義卷二五補。

物之府」，于庫言「武庫」。則庫門，兵庫在焉。

蕙田案：以上庫門。

春秋定公二年：夏五月，雉門及兩觀災。冬十月，新作雉門及兩觀。注：雉門，公宮之南門。兩觀，闕也。疏：明堂位云：「庫門，天子皋門。雉門，天子應門。」是魯之雉門，公宮南門之中門也。

陳氏祥道曰：春秋書：「新作雉門及兩觀。」公羊傳曰：「五板爲堵，五堵爲雉，蓋城雉之制在是也。」何休曰：「天子外闕兩觀，諸侯内闕一觀。」然天子外闕，於經無見。

周禮天官閽人：掌守王宮中門之禁。注：中門，於外内爲中。鄭司農云：「王有五門，外曰皋門，二曰雉門，三曰庫門，四曰應門，五曰路門。路門一曰畢門。」玄謂雉門，三門也。春秋傳曰：「雉門災，及兩觀。」疏：雉門外有皋、庫，内有應、路，故云「於外内爲中」也。玄謂雉門爲三門者，破先鄭「雉門爲二門」。必知雉門爲中門者，凡平諸侯三門，有皋、應、路，詩云「乃立皋門，皋門有伉。乃立應門，應門將將」者是也。若魯三門則有庫、雉、路，故明堂位説魯制三兼四，云「庫門，天子皋門」，則庫門向外兼皋門矣。又云「雉門，天子應門」，則雉門向内兼應門矣。既云庫門向外兼皋門，雉門向内兼應門，則天子五門，庫門在雉門外明矣。又引春秋傳者，證魯有三門，雉門有兩觀爲中門，則知天子五門，雉門亦爲中門有兩觀矣。

蕙田案：鄭仲師以雉門爲二，庫門爲三。康成以庫門爲二，雉門爲三。今以明堂位「庫門，天子皋門。雉門，天子應門」觀之，則庫門在外，雉門在内。康成之説，不可易矣。疏謂「平諸侯有皋、應、路」，非是。諸侯有庫、雉、路，無皋、應。

又案：以上雉門。

詩大雅綿：乃立應門，應門將將。傳：王之正門曰應門。

書康王之誥：王出在應門之内，太保率西方諸侯，入應門左；畢公率東方諸侯，入應門右。傳：出畢門，立應門内之中庭，南面。

蔡傳：外朝在路門外，則應門之内，蓋内朝所在也。

蔡氏德晉曰：外朝在庫門外皋門内，内朝在路門外應門内。蔡傳云「外朝在路門外」，蓋因鄭仲師之誤。然路門外即應門内，既云外朝在此，又云内朝亦在，豈内外朝並在一處者乎？

禮記明堂位：九采之國，應門之外，北面，東上。注：正門謂之應門。疏：「正門謂之應門」者，以明堂更無重門，非路門外之應門，以爾雅釋宫云：「正門謂之應門。」李巡云：「宫中南向大門，應門也。」以當朝正門，故謂之應門。但天子宫内有路寢，故應門之内有路門。明堂既無路寢〔一〕，故無路門及以外諸門，但有應門耳。

雉門，天子應門。疏：言魯之雉門，制似天子應門。

周禮考工記：應門二徹三个。注：二徹之内，八尺；三个，二丈四尺。

爾雅：正門謂之應門。注：朝門。疏：李巡云：「路門之外受朝，正門一名應門。」以正朝在應門内，故謂應門爲朝門也。

陳氏祥道曰：應門，發政以應物也。明堂位南門之外，亦曰應門。蓋明堂之南門猶路門，故南門之外門，亦謂之應門。

蕙田案：以上應門。

周禮春官小宗伯：縣衰冠之式於路門之外。

夏官司士：正朝儀之位，王族故士、虎士在路門之右，太僕、太右、太僕從者在路門之左。注：此王日視朝事於路門外之位。

〔一〕「明堂」下，諸本衍「位」字，據禮記正義卷三一删。

太僕：建路鼓於大寢門外。注：大寢，路寢也。其門外，則内朝之中，如今宫殿端門下矣。

冬官考工記：路門不容乘車之五个。注：路門者，大寢之門。乘車，廣六尺六寸。五个，三丈三尺。言不容者，是兩門乃容之，兩門乃容之，則此門半之，丈六尺五寸。

地官師氏：居虎門之左。注：虎門，路寢門也。王日視朝於路寢門外，畫虎焉，以明勇猛，於守宜也。

李氏叔寶曰：虎門，畫虎以示威武之象。至於中門爲雉門，亦畫雉，以象文明。文明著於外，威武潛乎内，則王之威，亦德威而已。

春秋昭公十年左氏傳〔一〕：子良伐虎門，晏平仲端委立於虎門之外。疏：鄭玄以虎門爲路寢門，此亦當然。或以虎門非路寢門，當是宫之外門。

書顧命：二人雀弁執惠，立於畢門之内。傳：路寢門〔二〕，一名畢門。疏：天子五門：皋、庫、雉、應、路也。下云：「王出在應門之内。」出畢門，始至應門之内，知畢門即是路寢之門，一名畢門也。

〔一〕「十年」，原作「十三年」，據光緒本、春秋左傳正義卷四五改。
〔二〕「路」，諸本脱，據尚書正義卷一八補。

陳氏祥道曰：路，大也。王之路車、路馬、路寢、路鼓，皆曰路，則大寢之門謂之路門宜矣。路門，書謂之畢門，師氏謂之虎門。春秋之時，齊晏子端委於虎門，鄭子良伐虎門，蓋末世諸侯之門，亦放其名耳。

蕙田案：諸侯三門，曰庫、雉、路，無虎名。陳氏謂末世諸侯放之，極是。至伐虎門者，齊高彊，字子良，非鄭子良也，誤。

又案：以上路門。

禮記月令：田獵，罝罘、羅網、畢翳、餧獸之藥，毋出九門。注：天子九門者，路門也、應門也、雉門也、庫門也、皋門也、城門也、近郊門也、遠郊門也、關門也。

九門磔攘，以畢春氣。

陳氏禮書：月令曰：「毋出九門。」先儒謂天子外門四：關門，遠、近郊門，國門也。内門五：皋、庫、雉、應、路也。諸侯外門四與天子同，内門三則庫、雉、路，而與天子異。詩以天子之禮，追太王之事；明堂位以魯之門，取天子之制，皆稱皋門、應門。又書康王之誥、周禮考工記、爾雅互稱應門、路門。郊特牲王聽誓命庫門之内，戒百官也。則天子之門，謂之皋、庫、應、路，著矣。特雉門之設，不見於經。然周禮掌中門之禁，則中門豈雉門歟？雉門謂之中門，猶應門，書謂之南門，爾雅謂之正門；路門，書謂之畢門，師氏謂之虎門。蓋中於五門，謂之中門；前於路門，謂之南門；發政以應物，謂之應門；門畢於此，謂之畢門；畫虎於此，謂之虎門。則門之名，豈一端而已哉？皐門之內，外朝也。朝士建其法，小司寇掌其政，列三槐與九棘，設嘉石與肺石，而朝諸侯、聽訟、詢大事在焉。應門之內，治朝也，司士正其位，宰夫掌其法，太僕正王之位，而王日視朝在焉。路門之內，燕朝也，太僕正其位，掌擯相，而族人朝焉。玉藻曰：「朝服以視朝，退適路寢聽政。」然則王日視於治朝，而退聽政於燕朝矣。雉門之外縣治象，所以待萬民。應門之外，設宗廟社稷，所以嚴神位。路門之外則九室，九卿朝焉；路寢之內亦九室，九嬪居焉。明堂位曰：「庫門，天子皐門。」故魯莊公既葬，而絰不入庫門，衞莊公繹於庫門之內。檀弓曰「君復於庫門、四郊」，又曰「卒哭而諱，宰夫執木鐸以命於宮，自寢門至於庫門」，又曰「軍有憂，哭於庫門之外」，則諸侯之公門，庫門也。魯公，周公之故，猶不可以稱皐門、應門，特爲皐、應之制而已，況非魯乎？閽人「掌王宮之中門之禁。喪服凶器不入宮，潛服賊器不入宮」。司寇凡民之有獄訟，入束矢、鈞金於朝。朝士凡得獲貨財、人民、六畜者，委於朝。是禁施於雉門之内，而不於雉門之外，故庶民得以造外朝，而奇服怪民得以入皋門、庫門。若然，縣法於中門宜矣。禮運曰：「仲尼與蜡賓，事畢，出遊於觀之上。」穀梁曰：「女嫁，父送之，不下堂，母不出祭門，諸母不出闕門。」諸侯之廟在闕門内，則天子可知。鄭氏釋閽人謂廟在中門之外，其説無據。

蕙田案：古者建國，必先立爲門制。天子五門，曰皋、庫、雉、應、路。禮記明堂位天子有皋門。郊特牲：「王立於澤，親聽誓命，獻命庫門之内。」是天子有庫門。周禮天官閽人「掌守王宫中門之禁」，賈疏謂：「外有皋、庫，内有應、路，雉門爲中門。」是天子有雉門。書康王之誥：「王出，在應門之内。」考工記：「應門二徹三个。」爾雅：「正門謂之應門。」是天子有應門。路門，一名寢門，一名虎門，一名畢門。春官小宗伯：「縣衰冠之式於路門之外。」夏官司士：「王族、故士在路門之右，太僕、太右在路門之左。」太僕「建路鼓於大寢門外而掌其政」，鄭注：「大寢，路寢也。」地官師氏「居虎門之左，司王朝」，鄭注：「虎門，路寢門也。」顧命「二人雀弁執惠，立於畢門之内」，孔傳：「路寢，一名畢門。」是天子有路門。此五門之制也。皋者，高也，遠也，門最高而在外，故曰皋。庫者，藏也，府庫在焉，故曰庫。雉，取其文明也，畫雉于門，故曰雉門。居五門之中，故又曰中門。應，居此以應治也，應治出政，故又曰正門。路，大也，王之路車、路馬、路鼓皆曰路，故寢門謂之路門。寢，正寢也，畫虎於門，以示勇猛於守，故又曰虎門。門於此終矣，故又曰畢門。此五門之義也。諸侯三門，曰庫、雉、路。檀弓：「魯莊公之喪，既葬，而經不入庫門。」春秋定二年：「雉門及兩觀災。」魯頌閟宫：「路寢孔碩。」家語：「衛有庫門。」左傳昭十年：「晏平仲端委立於虎門之外。」列國無有稱皋、應者。況明堂位云：「庫門，天子皋門。雉門，天子應門。」則皋、應爲天子之門，明矣。大雅緜之篇曰：「迺立皋門，皋門有伉。迺立應門，應門將將。」朱子謂：「太王時未有制度，特作二門，其名如此。及周有天下，遂尊以爲天子之門，而諸侯不得立焉。」其説是也。是庫、雉、路，諸侯之門也。儀禮士冠禮：「賓如主人服，贊者玄端從之，立於外門之外。」鄭注：「外門，大門外。」士昏禮：「陳三鼎於寢門外，東方。」是大門、寢門，大夫、士之門也。曲禮孔疏云：「天子五門，諸侯三門，大夫、士二門。」其言信矣。

右天子五門諸侯三門

## 臺門

禮記禮器：天子諸侯臺門。家不臺門。注：闍者，謂之臺。疏：兩邊築闍爲基，基上起屋曰臺門。諸侯有保捍之重，故爲臺門。而大夫輕，故不得也。「闍者，謂之臺」，爾雅釋宫文。

徐氏師曾曰：臺門，門之兩旁築土爲臺，而起屋於其上，諸侯之禮也。

郊特牲：臺門，大夫之僭禮也。

方氏慤曰：門之有臺，所以壯國體。故家不臺門，而以爲大夫之僭也。

春秋定三年左傳：邾子在門臺臨廷。注：門上有臺。

萬氏斯大曰：天子五門，諸侯三門，門皆直入，無堂室相間。路門内爲路寢，即内朝。治朝、外朝，就門而立。左傳「邾子在門臺臨廷」，即視朝時也。然則天子諸侯，路寢之外，别無朝堂。

蕙田案：韓詩外傳云：「吾君有治事之臺。」即臺門也。君日視朝於此門之外則廷，故古人稱朝廷，不稱朝堂也。

右臺門

禮記郊特牲：旅樹，大夫之僭禮也。注：旅，道也。屏謂之樹，樹所以蔽行道。管氏樹塞門，塞猶蔽也。禮，天子外屏，諸侯内屏，大夫以簾，士以帷。疏：樹，立也。人君當門道立屏，蔽内外爲敬也。旅，道也，所行處，故以爲道也。引「管氏樹塞門」者〔一〕，據經「旅樹」之義。云「禮，天子外屏，諸侯内屏，大夫以簾，士以帷」，禮緯文。或云大夫以帷，士以簾〔二〕，誤也。

雜記：管仲旅樹而反坫。注：旅樹，門屏也。

論語：邦君樹塞門，管氏亦樹塞門。解：鄭曰：人君别内外於門，樹屏蔽之。不在顓臾，而在蕭墻之内。解：鄭曰：蕭之言肅也。墻，謂屏也。君臣相見之禮，至屏而加肅敬焉，是以謂之蕭墻。

爾雅釋宫：屏謂之樹。注：小墻當門中。疏：屏，蔽也。樹，立也。立墻當門，以自蔽也。李巡曰：垣當門自蔽，名曰樹。諸侯内屏在路門之内，天子外屏在路門之外，而近應門者矣。

荀子大略篇：天子外屏，不欲見外也。諸侯内屏，不欲見内也。

〔一〕「樹」，原脱，據光緒本、禮記正義卷二五補。

〔二〕「帷」、「簾」，原誤倒，據光緒本、禮記正義卷二五乙正。

陳氏禮書：古者門皆有屏，天子設之於外，諸侯設之於内。禮，臺門而旅樹。旅，道也。當道而設屏，此外門之屏也。治朝，在路門之外，天子當宁而立，宁在門屏之間，此路門之屏也。國語：「吴王背屏而立，夫人向屏。」此寢門内之屏也。魯廟疏屏，天子之廟飾，此廟門之屏也。月令：「天子田獵，整設於屏外。」此田防之屏也。疏屏，疏通之也。爾雅云：「屏謂之樹。」語曰：「吾恐季孫之憂在蕭墻之内。」則屏謂之樹，又謂之蕭墻。漢之時，東闕罘思災〔一〕。鄭康成釋明堂位曰：「屏若今浮思。」釋匠人曰：「城隅角浮思。」孔穎達謂：「浮思，小樓也。城隅及闕皆有之，而屏亦然。」則屏又謂之浮思。孔子以管仲樹塞門，爲不知禮。禮記以旅樹爲大夫之僭，而禮緯謂大夫以簾，士以帷，於理或然。天文屏四星，在端門之内近右執法。然則先王設屏，非苟然也。

右門屏

〔一〕「闕」，原作「關」，據光緒本、禮書卷三七改。

## 宁

禮記曲禮下：天子當宁而立，諸公東面，諸侯西面，曰「朝」。疏：「天子當宁而立」者，此爲春夏受朝時也。宁者，爾雅云「門屏之間謂之宁」〔一〕。謂天子受朝於路門外之朝，於門外而宁立以待諸侯之至，故云「當宁而立」也。

詩齊風：俟我于著乎而。傳：門屏之間曰著。疏：孫炎曰：門内屏外，人君視朝所宁立處也。著與宁，音義同。

爾雅釋宫：門屏之間謂之宁。注：人君視朝所宁立之處。疏：謂路門之外，屏樹之内，人君視朝宁立之處，因名曰宁。

論語：過位，色勃如也，足躩如也，其言似不足者。解：包曰：「過君之空位。」疏：君之空位，謂門屏之間人君宁立之處。君雖不在此位，人臣過之，宜敬也。

朱子集注：位，謂君之虚位，謂門屏之間，人君宁立之處，所謂宁也。君雖不在，過之必敬，不敢以虚位而慢之也。禮：將升堂，兩手摳衣，使去地尺，恐躡之而

〔一〕「云」，諸本作「中」，據禮記正義卷五改。

傾跌失容也。

語類：位，君之虚位，謂門屏之間，如今人廳門之内，屏門之外，似周禮所謂外朝也。　問：「『過位，色勃如也。』『位，謂門屏之間，人君宁立之處。』」曰：「古今之制不同，今之朝儀，用秦制也。古者朝會，君臣皆立，故史記謂『秦王一旦捐賓客，而不立朝』。君立於門屏之間。屏者，乃門間蕭墻也，今殿門亦設之。三公九卿以下〔一〕，設位於庭中，故謂之三槐、九棘者，廷中有樹處，公卿位當其下。」

附：辨論語「過位」諸説不同：

饒氏魯曰：門屏之間，謂治朝也。但天子外屏，其屏在路門外。諸侯内屏，其屏在路門内。諸侯當在屏外門内，此爲不同爾。

蕙田案：天子、諸侯雖有外屏、内屏之别，而宁立之處，皆在路門之外，門屋之内，當扉之中。不得泥「門屏之間」四字，而謂諸侯宁立之處在路門内也。

林氏希元曰：此是外朝，人君聽治之所，故又爲治朝，入則爲内朝矣。下文「攝齊升堂」則内朝也。

〔一〕「三公九卿以下」，原脱，據光緒本、朱子語類卷三八補。

蕙田案：林説是。

汪氏份曰：諸侯三朝，庫門内之外朝，非君所常御。路寢即燕朝，群臣不從君入。蓋群臣日所常朝之地，乃在治朝。此章記夫子在朝之容，則所謂「攝齊升堂」者，必當在此。存疑誤以過位爲治朝，而以升堂爲路寢之内朝。案：朱注「位，君之虚位」，若以此爲治朝，則群臣方日視朝於此，何緣人君乃有虚位？何緣不行朝禮而反過之？况朱子語類引周禮所謂外朝，不引文王世子所謂外朝，且言三公九卿以下有三槐九棘云云，此非最外之外朝而何？既知此爲最外之外朝，則過此所升之堂，雖先儒無明文，可以知爲治朝，無疑也。

蕙田案：論語「過位」，過治朝門屏間，君所宁立之位也。「升堂」，升路寢之堂也。「復其位」，復治朝中庭左右臣所立之位也。或疑「治朝爲君日視朝之所，何以有虚位？夫子何以不行朝禮而過之？」不知過位升堂，皆既朝以後事。入雉門，遂行朝禮，君當宁而立，諸大夫立於中庭左右，君三揖。禮畢，退適路寢聽政，諸大夫不得從入。有宰夫、小臣掌諸臣復逆，諸大夫有所啓奏，乃得因之以入。於是有過位升堂之事。蓋君既退入路寢，門屏間宁立之地，已爲虚位也。或以過位之位爲朝士所掌外朝之位，升堂之堂爲治朝之堂。不知治朝，君立於門屏間，無堂可升；外朝，非常朝之所，無當宁之位。爾雅：「門屏之間謂之宁。」

疏云：「天子外屏在路門外，諸侯内屏在路門内。」朝士所掌外朝，在庫門内雉門外，無屏亦無宁也。或以復其位之位即在堂下，不知路寢之庭，惟宗族朝於此，異姓之臣惟燕得列位於此。尋常朝位，皆在路門外，有所啓奏乃入，奏畢，即出堂下，固無位也。或又以復其位之位在外朝，不知尋常朝位，俱在治朝。夫子不應舍治朝之正位，而遠至外朝。饒氏及林氏俱以過位爲治朝之位，升堂爲路寢之堂。汪氏非之，反多謬解矣。

附：辨釋宫門之内兩塾之間謂之宁：

朱子釋宫：聘禮：賓問卿大夫，迎於外門外及廟門，大夫揖入，擯者請命，賓入三揖，並行。鄭注：「大夫揖入者，省内事也。既而俟於宁也。」凡至門内霤，爲三揖之始，上言揖入，下言三揖，並行，則俟於霤南門内兩塾間，可知矣。李巡曰「宁，正門内兩塾間」，義與鄭同。謂之宁者，以人君門外有正朝，視朝則於此宁立故耳。

欽定儀禮義疏：大夫、士本無所謂宁者，注家强以門内兩塾當之，非其實也，即天子諸侯宁立之處，亦不在此。周官司士正朝儀之位，天子之治朝也。聘禮夕幣及受命于朝，諸侯之治朝也。皆立於路門之外，未有在門内者。若在門内兩塾之間，則何以偏揖群臣乎？天子外屏，屏在路門之外，天子負之而立，屏近而門稍遠。諸侯内屏，屏在路門之内，諸侯在門外，遥負之以立，門近而屏稍遠。曰「門屏之間謂之宁」者，猶言門屏相近之處，未可執二者之中間以求之也。若泥於二者之間，内屏者，宁在門之内，則不便於揖群臣；外屏者，宁在屏之外，則直幾於面墻矣，而可乎？曲禮疏謂「天子外屏，屏在路門之外，而近應門」，亦慮面墻之不可，而又泥間字耳。若近應門，則仍是内屏，不必舍近求遠，取節於路門，而曰外屏矣。覲禮侯氏肉袒，告聽事，出自屏南，適門西，先出而後屏南〔一〕，則屏在門外，而距門不遠，可見也。廟門如此，路門可推。

蕙田案：曲禮云「天子當依而立」，又云「天子當宁而立」。依在室户牖間，當之即負之也，則宁亦即在門屏間，天子負之而立，可知兩「當」字自屬一例，注家訓爲兩塾之間者，殊未確也。義疏分辨極明。

右宁

〔一〕「先出而後屏南」，原脱，據光緒本、欽定儀禮義疏卷首下補。

# 五禮通考卷一百三十二

## 嘉禮五

### 朝禮

#### 朝服

禮記玉藻：天子玄端而聽朔於南門之外。注：端，當爲「冕」字之誤也。玄衣而冕，冕服之下。疏：知「端」當爲「冕」者，凡衣服，皮弁尊，次以諸侯之朝服，次以玄端。案下「諸侯皮弁聽朔，朝服視朝」，是視朝之服卑於聽朔。今天子皮弁視朝，若玄端聽朔，則是聽朔之服卑於視朝，與諸侯不類。且聽朔大，視朝小，故知「端」當爲「冕」，謂玄冕也。

周禮春官司服注：玄者衣無文，裳刺黻而已，是以謂玄焉。凡冕服皆玄衣纁裳。疏：易繫辭：「黄帝、堯、舜垂衣裳，蓋取諸乾坤。」乾爲天，其色玄，坤爲地，其色黄，但土無正位，托於南方，火赤色，赤與黄即是纁色，故以纁爲名也。

夏官弁師注：玄衣之冕三斿，用玉七十二。

聶氏崇義曰：玄冕三旒，五采藻十二就，每旒亦貫五采玉十二，計用玉七十二。

方氏慤曰：經有曰玄冕，有曰玄冠，有曰玄端，何也？蓋玄端者，祭服、燕服之總名。衣玄衣而加玄冕，則爲祭服；衣玄衣而加玄冠，則爲燕服。或冠、冕通謂之端，玄端而朝日，則是玄冕者也；玄端而居，則是加玄冠者也。聽朔亦玄冕者，敬朔事如祭故也。

蕙田案：玄冕者，五冕之下。天子玄冕，五采繅十有二就，前後三斿，每斿貫五采玉十二，凡用玉七十二。其諸侯、孤卿大夫從王視朔，亦服玄冕，繅就各如其命數。諸公繅九就，用玉五十四；侯伯繅七就，用玉四十二；子男繅五就，用玉三十。繅、玉皆三采。三采者，朱、白、蒼也。天子之三公繅八就，用玉四十八；卿繅六就，用玉三十六；大夫繅四就，用玉二十四。繅、玉亦皆三采。士無冕，以爵弁代之。其諸侯之大夫從王朝視朔，繅就亦各從其命數。

又案：以上玄冕。

周禮春官司服：眂朝，則皮弁服。注：視朝，視内外朝之事。皮弁之服，十五升白布衣，積素以爲裳。疏：案禮記雜記云：「朝服十五升。」士冠禮云：「皮弁素積。」故知義然也。

**夏官弁師：王之皮弁，會五采玉璂，象邸，玉笄。**注：故書「會」作「膾」。鄭司農云：「讀如馬會之會，謂以五采束髮也。士喪禮曰：『檜用組，乃笄。』檜讀與膾同，書之異耳。説曰：『以組束髮乃著笄，謂之檜。』沛國人謂反紒爲膾。璂讀如薄借綦之綦。綦，結也。」玄謂會讀如大會之會。會，縫中也。璂讀如綦車轂之綦。皮弁之縫中，每貫結五采玉十二以爲飾，謂之綦。詩云「會弁如星」，又曰「其弁伊綦」是也。邸，下抵也，以象骨爲之。疏：天子以十二爲節，約同冕旒也。引詩「會弁如星」者，詩彼注云：「會，謂弁之縫中，飾之以玉，皪皪而處，狀似星也。」與經義合，故爲證也。

**諸侯及孤卿大夫之冕、韋弁、皮弁，各以其等爲之，而掌其禁令。**注：各以其等，繅斿玉璂如其命數也。皮弁則侯伯璂飾七，子男璂飾五，玉亦三采。孤則璂飾四，三命之卿璂飾三，再命之大夫璂飾二，玉亦二采。士皮弁之會無結飾。

**儀禮士冠禮：皮弁服：素積，緇帶，素韠。**注：此與君視朔之服也。皮弁者，以白鹿皮爲冠，象上古也。積，猶辟也，以素爲裳，辟蹙其要中。皮弁之衣，用布亦十五升，其色象焉。

**素積白屨，以魁柎之，緇約繶純，純博寸。**注：魁，蜃蛤。柎，注也。疏：以蛤灰塗注於上，使色白也。

周禮司服疏：天子、諸侯白舄，大夫、士白屨，皆施於皮弁。

蕙田案：士冠禮稱皮弁服緇帶、白屨，皆士之制也。若天子視朝，則素帶、朱裏、朱緑終辟、白舄；諸侯視朔，則素帶、玄華終辟、白舄；其素積、素韠，則上下同之。

禮記玉藻：天子皮弁以日視朝，遂以食。疏：天子既著皮弁視朝，遂以皮弁而朝食，所以敬養身體。

君衣狐白裘，錦衣以裼之。注：君衣狐白毛之裘，則以素錦爲衣覆之，使可裼也。袒而有衣曰「裼」。必覆之者，裘褻也。詩云：「衣錦絅衣，裳錦絅裳。」然則錦衣復有上衣明矣。天子狐白之上衣，皮弁服與？凡裼衣，象裘色也。疏：君，謂天子。引詩者，證錦衣之上，更有衣覆之。必知狐白上加皮弁服者，以狐白既白，皮弁服亦白，錦衣白，三者相稱，皆爲白也。云「凡裼衣，象裘色也」者，狐白裘用錦衣爲裼，狐青裘用玄衣爲裼，羔裘用緇衣爲裼，是裼衣與裘色相近也。天子視朝服皮弁服，則天子皮弁之下有狐白錦衣也。諸侯於天子之朝亦然，故秦詩云：「君子至止，錦衣狐裘。」此經云「君」，則天子兼諸侯也。凡在朝，君臣同服。然則三公在天子之朝，執璧與子、男同，則皮弁之下，狐白錦衣與子、男同也。其天子卿大夫及諸侯卿大夫在天子之朝，亦狐白裘，以下云「士不衣狐白」，則卿大夫得衣狐白也。其裼則不用錦衣，故下注云「非諸侯則不用錦衣爲裼」。熊氏云：「當用素衣爲裼。」其天子之士，及諸侯之士，在天子之朝，既不用狐白，熊氏云「用麛裘素裼也」。諸侯朝天子，受皮弁之裼，歸來嚮國，則亦錦衣狐裘以告廟，則秦詩云「君子至止，錦衣狐裘」是也。告廟之後則不服之，其在國視朔，則素衣麛裘。卿大夫士亦皆然，故論語注云「素衣麛裘，視朔之服」是也。

**諸侯皮弁以聽朔於太廟。**注：皮弁，下天子也。疏：以天子用玄冕，諸侯用皮弁，故云「下天子也」。

**論語：素衣麛裘。**疏：素衣麛裘，諸侯在國視朔之服也，卿大夫、士亦皆然。故鄭玄注此云「素衣麛裘，視朔之服」是也。

聶氏三禮圖説：士冠禮：「皮弁服素積，緇帶，素韠。」注云：「以白鹿皮爲冠，象上古也。」此明上古未有布帛，衣其羽皮也。又云：「積，猶辟也。以素爲裳，辟蹙其要中也。」亦用十五升布爲衣，以象弁色。」蓋天子素帶、素韠、朱裏、朱緑終辟，佩白玉，白舄、青約繶純。又弁師云：「王之皮弁，會五采玉璂，象邸，玉笄。」注云：「會，縫中也。璂，讀爲綦。綦，結也。邸，謂下抵。」梁正、張鎰圖云：「弁縫十二。」賈疏引詩「會弁如星」，謂於弁十二縫中結五采玉，落落而處，狀似星也。又於弁内頂上，以象骨爲抵。至三王重質不變，故王服之，以日視朝，燕諸公，甥舅，視學，祭菜，皆服焉。賈疏云：「皮弁、韋弁同，但色異耳。」

陳氏禮書：周禮弁師「王之皮弁，會五采玉璂，象邸，玉笄。諸侯及孤卿大夫之皮弁，各以其等爲之。」鄭康成曰：「皮弁者，以白鹿皮爲之。」蓋皮弁存毛，順物性而制之，文質具焉。韋弁去毛，違物性而又染之，文而已。凡在下者爲基，可以托宿者爲邸。玉璂，則縫中貫玉而施於下者也。象邸，則下抵用象，而託以皮者也。諸侯及孤卿大夫之皮弁，各以其等。鄭康成曰：「侯、伯璂飾七，子、男璂飾五，玉亦三采；孤璂飾四，三命之卿璂飾三，再命大夫璂飾二，玉亦二采。」於理或然。推此，則公之玉九，天子之玉十有二，又可知也。詩曰「會弁如星」，言其玉也。又曰「其弁伊騏」，書曰「綦弁執戈」，言其文也。蓋綦者，陰陽之雜，故禮以綦組纓爲士之齊冠，綦組綬爲世子佩，詩以綦巾爲女巾，皆其未成德者之服也。則士弁以綦宜矣。康成讀玉璂爲綦，以綦爲結，是臆説也。記曰「三王共皮弁素積」，語曰「素衣麑裘」，則素衣其衣也，素積其裳也。士冠禮「皮弁素積、緇帶」，禮記「雜帶，君朱緑，大夫玄華，士緇辟」，則士之皮弁緇帶，與君、大夫皮弁之帶異矣。士冠禮：「皮弁笄，爵弁笄，緇組紘，纁邊。」弁師：「王朱紘。」禮記：「天子朱紘，諸侯青紘。」則士皮弁緇組紘，與天子、諸侯皮弁之紘亦異矣。蓋皮弁，天子以視朝、以宴、以聽郊報、以舞大夏；諸侯以聽朔、以巡牲、以卜；夫人、世婦以迎王之郊勞、以待聘賓；卿大夫以王命勞侯氏、以聘於鄰國、以卜宅；士以冠學，士以釋菜。凡大夫士之朔月，皆皮弁服。則皮弁之所施者衆矣。蓋人爲者多變，自然者不易，皮弁因其自然而已。此所以三王共皮弁素積，而周天子至士共用之也。然喪服小記諸侯弔必皮弁錫衰，郊特牲大蜡皮弁素服、葛帶，榛杖以送終，則弁雖與吉禮同，而服與吉服不同。

蕙田案：天子諸侯有冕服，有弁服。弁有三等，皮弁其一也。天子皮弁以眡朝，諸侯皮弁以聽朔。弁師：「王之皮弁，會五采玉璂，象邸，玉笄。」鄭注：「璂讀如綦，皮弁之縫中，每貫結五采玉十二以爲飾，謂之綦。」詩：「其弁伊騏。」箋云：「騏當作璂，以玉爲之。」陸德明釋文亦云：「説文作璂，云弁飾也。」然則璂與璂、璂與綦，一字而互變其文耳。内則云「偪屨著綦」，又云「屨綦」，鄭注：「綦，屨繫也。綦之訓結，内則有之。」陳用之譏鄭爲臆説，非也。弁師云：「諸侯及孤卿大夫之皮弁，各以其等。」則天子眡朝，諸臣之在王朝者，三公璂飾八，卿璂飾六，大夫璂飾四。其諸侯入爲王卿士者，上公璂飾九，侯、伯璂飾七，子、男璂飾五，各如其命數，可知也。士皮弁無結飾，則但以白鹿皮爲之而已。天子皮弁之服，素衣素裳，素帶朱裏，朱緑終辟，佩白玉，素韠，白舄，其裘則以狐白，錦衣以裼之。知者，司服注：「皮弁之服，十五升白布衣。」士冠禮注：「皮弁之衣，用布十五升，其色象焉。」又論語「素衣麑裘」，鄭注：「視朔之服。」諸侯以素衣視朔，明天子以素衣眡朝，故知素衣矣。士冠禮：「皮弁服，素積。」注：「積，猶辟也，以素爲裳，辟蹙其要中。」又冠禮記、郊特牲、明堂位、祭義並有「皮弁素積」之文。案：積訓爲辟，即論語之帷裳也，以素爲之，故云素裳矣。玉藻：「天子素帶朱裏，終辟。而素帶，終辟，大夫素帶，辟垂，士練帶，率下辟。雜帶，君朱緑，大夫玄華，士緇辟二寸，再繚四寸。」注：「士裨垂之下，外内皆以緇，是謂緇帶。」案：士冠禮爵弁、皮弁、朝服、玄端四等，皆用緇帶。士以緇，則天子以朱緑可知。故云「素帶朱裏、朱緑終辟」矣。玉藻「天子佩白玉而玄組綬」，以君子玉不去身，知常佩之，故云佩白玉矣。士冠禮「皮弁服，素韠」，玉藻注：「凡韠，以韋爲之，必象裳色，皮弁服皆素韠。」正義謂君與大夫、士皮弁皆然，故云素韠矣。士冠禮：「素積白屨，以魁柎之。緇約繶純，純博寸。」周禮司服疏：「天子、諸侯白舄，大夫、士白屨，皆施於皮弁。」屨人疏：「白舄配韋弁、皮弁，故云白舄矣。」玉藻：「君衣狐白裘，錦衣以裼之。」注：「君衣狐白毛之裘，則以素錦爲衣覆之，使可裼也。詩云：『衣錦絅衣，裳錦絅裳。』然則錦衣之上，復有上衣明矣。天子狐白之上衣，皮弁服與？」案：皮弁服者，素衣也。錦衣加狐白之上，素衣又加錦衣之上，中庸謂「惡其文之著」者以此。凡在朝，君臣同服，故三公、諸侯在天子之朝，亦狐白錦衣。詩秦風「錦衣狐裘」是也。卿大夫亦衣狐白，但以素衣裼，不用錦衣，鄭注玉藻云「非諸侯，則不用錦衣爲裼」是也。士麛裘，以素衣裼，玉藻「士不衣狐白」是也。諸侯視朔之服，皮弁素衣、素裳、素韠、白舄，與天子同。其皮弁之璂飾，各如其命數，素帶、朱緑、終辟，佩山玄玉，與天子異。其裘則麛裘，素衣以裼之。卿大夫亦麛裘素衣，論語「素衣麛裘」是也。禮，君用純色，臣下之。則大夫士視朔之裘，青豻褎與？凡裼衣象裘色，玉藻「絞衣以裼」，與論語「素衣」不同。熊氏云：「臣用絞，君用素。」皇氏云：「素衣爲正，記者亂言絞耳。」二説不同，皇氏近之。

又案：以上皮弁服。

周禮春官司服：冠弁服。注：冠弁，委貌，其服緇布衣，亦積素以爲裳，諸侯以爲視朝之服。

詩國風曰：「緇衣之宜兮」。

**儀禮士冠禮：主人玄冠，朝服，緇帶，素韠。**注：玄冠，委貌也。朝服者，十五升布衣而素裳也。衣不言色者，衣與冠同也。天子與其臣，玄冕以視朔，皮弁以日視朝。諸侯與其臣，皮弁以視朔，朝服以日視朝。凡染黑，五入爲緅，七入爲緇，玄則六入與？疏：六入、七入，深淺不同。而鄭以衣與冠同，以緇與玄同色者，大同小異，皆是黑色，故云同也。

**蕙田案：士之朝服、緇帶，諸侯則素帶、朱緑終辟；大夫則素帶、玄華辟垂。**

**儀禮燕禮記：燕，朝服於寢。**注：朝服者，諸侯與其群臣日視朝之服也。謂冠玄端，緇帶，素韠，白屨也。疏：案屨人注：「天子諸侯，吉事皆舄。」諸侯朝服，素裳素韠，應白舄而云白屨者，引士冠禮成文。其實諸侯當白舄，其臣則白屨也。

周禮屨人注：王吉服有九，舄有三等。赤舄爲上，冕服之舄。詩云：「王錫韓侯，玄衮赤舄。」則諸侯與王同。下有白舄、黑舄。疏：赤舄，舄中之上，六冕之舄也。冕服皆玄上纁下而畫以衮龍。赤舄者，象纁裳故也。下有白舄、黑舄者，白舄配韋弁、皮弁，黑舄配冠弁服。冠弁服，諸侯視朝之服。燕禮記云：「燕，朝服。」鄭云：「諸侯與其群臣日視朝之服也。謂冠玄端，緇帶，素韠，白屨也。」白屨即與皮弁素積白屨同，今以黑舄配之，不與裳同色者，朝服與玄端，大同小異，皆玄端、緇布衣，而裳有異耳。若朝服，則素裳白屨。若玄端之裳，則玉藻云：「韠，君朱，大夫素，士爵韋。」是韠從裳色，則天子諸侯朱裳，大夫素裳，皆不與裳同色者，但天子諸侯舄有三等，玄端既不得與祭服同赤舄，若與韋弁、皮弁同白，則黑舄無所施，故從上士玄裳爲正而黑舄也〔一〕。大夫玄端素裳，亦從玄裳黑屨矣〔二〕。

蕙田案：天子諸侯白舄，以配韋弁、皮弁、冠弁；黑舄以配玄端，但司服所掌九服，别無玄端，故康成於「冠弁」之下注云：「王卒食以居則玄端。」以玄端與冠弁大同小異，因附見之耳。賈疏泥於注中「三等舄配九服」之文，因謂黑舄配冠弁服，既又知其非也，復多方以通之。竊謂不如云「黑舄配玄端」之直捷也。

又案：玄端之服與朝服同，惟裳與屨、舄異。朝服，君素裳白舄，臣素裳白屨；玄端，則天子、諸侯朱裳黑舄，大夫素裳黑屨；上士玄裳，中士黄裳，下士雜裳，同用黑屨。其大夫玄端素裳，與朝服不異，賈公彦謂禮窮則同。然朝服之屨以素，玄端服以黑，則亦有别矣。

特牲饋食禮記：其服皆朝服，玄冠，緇帶，緇韠。注：皆者，謂賓及兄弟。朝服者，諸侯之臣與其君日視朝之服，大夫以祭命賓、兄弟，緣孝子欲得嘉賓尊客以事其祖禰，故服之。緇韠者，下大夫之臣。

〔一〕「爲」，諸本作「無」，據周禮注疏卷八改。
〔二〕「玄」，諸本脱，據周禮注疏卷八補。

蕙田案：朝服，素裳，素韠，上下同之。此記云「緇韠」，與士冠禮異，疑「緇」當爲「素」，因上有「緇帶」之文而誤耳。鄭氏以爲下大夫之臣緇韠，於他書無所考。

禮記玉藻：諸侯朝服以日視朝於內朝。注：朝服，冠玄端素裳也。疏：案王制云：「周人玄衣而養老。」注：「玄衣素裳，天子之燕服，爲諸侯朝服。」彼注云「玄衣」，則此「玄端」也。若以素爲裳，則是朝服。此朝服素裳，皆得謂之玄端，故論語云「端章甫」，注云：「端，玄端，諸侯朝服。」若上士以玄爲裳，中士以黃爲裳，下士以雜色爲裳，天子、諸侯以朱爲裳，則皆謂之玄端，不得名爲朝服也。

玉藻疏：皇氏云：「畿內諸侯朝服用緇衣，畿外用玄衣。狐青，是畿外諸侯朝服之裘。」熊氏以爲「內外諸侯朝服皆緇衣，以羔爲裘，不用狐青也」。案王制直云「玄衣而養老」，不辨內外之異。又詩唐風「羔裘豹袪」，卿大夫之服。檜風云「羔裘逍遥」，鄭玄云：「朝、燕之服也。」論語云「緇衣羔裘」，注云：「諸侯之朝服羔裘者，必緇衣爲裼。」唐、檜、魯，非畿內之國，何以並云羔裘？若此玄衣爲畿外諸侯，則鄭注此何得云「大夫、士也」？

陳氏澔曰：諸侯以玄冠、緇衣、素裳爲朝服，凡在朝，君臣上下同服。

蕙田案：朝服，緇衣也，亦可稱玄端者，緇與玄雖淺深不同，而皆黑色，從其相近而名之也。玄端而不素裳，則不得云朝服，賈、孔三禮疏析之當矣。

孔子曰：「朝服而朝，卒朔然後服之。」注：謂諸侯與群臣也。諸侯視朔皮弁服。　疏：朝服，緇衣、素裳。而朝，謂每日朝君。「卒朔然後服之」者，卒朔謂卒告朔之時；服皮弁告朔，禮終，脱去皮弁而後服朝服也。

陳氏澔曰：聽朔重於視朝。諸侯之朝服玄端素裳，而聽朔則皮弁，故卒聽朔之禮，然後服朝服而視朝也。

朝服之以縞也，自季康子始也。注：亦僭宋王者之後。　疏：案王制云，殷人「縞衣而養老」，燕服則爲朝服。宋是殷後，故朝服以縞。

方氏慤曰：朝服以布不以純，以緇不以縞，後世反之，始乎季康子之失禮。

陳氏澔曰：朝服之布十五升，先王之制也。季康子始用生絹，後人因之，故記者原其所自。

雜記：朝服十五升。

詩周南羔羊：羔羊之皮，素絲五紽。傳：大夫羔裘以居。　疏：謂居於朝廷，非居於家也。論語曰：「狐貉之厚以居。」注云：「在家所以接賓客，則在家不服羔裘矣。」論語注又云：「緇衣羔裘，諸侯視朝之服，卿大夫朝服亦羔裘，惟豹袪與君異耳。」明此爲朝服之裘，非居家也。

鄭風緇衣：緇衣之宜兮。傳：緇，黑色。卿士聽朝之正服也。　箋：緇衣者，居私朝之服也。天子之朝服，皮弁服也。　疏：此緇衣，即士冠禮所云「主人玄冠，朝服，緇帶素韠」是也。諸侯與其臣服之，以日視朝，故禮通謂此服爲朝服，美武公善爲司徒。而經云「緇衣」，則緇衣，卿士所服也。而天子與其臣皮弁以日視朝，則卿士旦朝於王服皮弁，不服緇衣，故知是卿士聽朝之正服。謂既朝於王，退適治事之館，釋皮弁而服以聽其所朝之政也。又云：退適治事之處爲私，對在天子之庭爲公，此私朝在天子宫内，即下句「適子之館兮」是也。舜典云「闢四門」者，注云：「卿士之職，使爲己出，政教於天下。言四門者，亦因卿士之私朝在國門，魯有東門襄仲，宋有桐門右師，是後之取法於前也。」彼言私朝者在國門，謂卿大夫；夕治家事，私家之朝耳，與此不同，何則？玉藻説視朝之禮曰：「君既視朝，退適路寢，使人視大夫，大夫退，然後適小寢，釋服。」君使人視其事盡，然後休息。則知國之政教事，在君所斷之，不得歸適國門私朝，明國門私朝，非君朝矣。玉藻云：「天子皮弁以日視朝。」是天子之朝服皮弁，故退適諸曹服緇衣也。

羔裘：羔裘如濡，洵直且侯。箋：緇衣羔裘，諸侯之朝服也。

朱子集傳：蓋美其大夫之辭。

羔裘豹飾，孔武有力。傳：豹飾，緣以豹皮也。疏：禮，君用純物，臣下之，故袖飾異皮。

唐風羔裘：羔裘豹袪，自我人居居。箋：羔裘豹袪，在位卿大夫之服也。

羔裘豹褎，自我人究究。

檜風羔裘：羔裘逍遥，狐裘以朝。傳：羔裘以遊燕，狐裘以適朝。國無政令，使我心勞。

箋：諸侯之朝服，緇衣羔裘，大蜡而息民，則有黄衣狐裘，今以朝服燕，祭服朝，是其好潔衣服也。

蘇氏軾曰：錦衣狐裘，所以朝天子之服也。

嚴氏粲曰：狐裘，有青、有白、有黄，此詩不指何色。鄭氏以爲黄衣狐裘，謂檜君以祭服而朝也；蘇氏以爲狐白，謂檜君以朝天子之服，而聽其國之朝也，二説不同。狐青爲臣下之服，非檜君所服。檜君好潔衣，服亦必不服狐黄，當從蘇氏，以爲狐白。

蕙田案：朱子集傳從蘇氏説。

**羔裘翱翔，狐裘在堂。**疏：上言以朝，謂日出視朝。此云在堂，謂正寢之堂。人君日出視朝，乃退適路寢，以聽大夫所治之政。二者於禮，同服羔裘。今檜君皆用狐裘，故二章各舉其一。

**論語：緇衣羔裘。**疏：緇衣羔裘，謂朝服也。士冠禮云：「主人玄冠朝服，緇帶，素韠。」注云：「玄冠，委貌。朝服者，十五升布衣而素裳。不言色者，衣與冠同色。」是朝服色玄，玄即緇，色之小別，此説孔子之服云「緇衣羔裘」，玉藻亦云「羔裘緇衣以裼之」，是羔裘裼用緇衣，明其上正服亦緇色也。下文又曰「羔裘玄冠不以弔」，是羔裘所用，配玄冠，羔裘之上，必用緇布衣爲裼，裼衣之上正服，亦是緇色，又與玄冠相配，故知緇衣羔裘，是諸侯君臣日視朝之服也。

**吉月必朝服而朝。**注：孔曰：「吉月，月朔也。朝服，皮弁服。」疏：皮弁服，與君視朔之服也。

魯自文公不行視朔之禮，孔子恐其禮廢，故每於月朔，必衣此視朔之服而朝於君，所謂「我愛其禮」也。

蕙田案：儀禮、禮記所謂皮弁服與朝服，其用不一，然皮弁自皮弁服，朝服自朝服，未有以皮弁爲朝服者，何也？蓋皮弁，天子視朝之服；玄端，卿大夫視私朝之服，二者似皆可稱朝服。而不然者，以在朝君臣同服，而皮弁綦飾，有五采三采之不同。玄端服則有玄裳、黄裳、雜裳之别。獨冠、弁，爲諸侯君臣之朝服，上下同之。其不同者，惟諸侯白舄，大夫、士白屨。諸侯之羔裘純色，大夫羔裘豹袖，二端無大分别，故謂之朝服也。玉藻稱孔子曰：「朝服而朝，卒朔然後服之。」夫告朔之服，皮弁服也。必卒朔而視朝，然後脱皮弁而服朝服，則朝服非皮弁服。禮記所載甚明，孔氏、邢氏之説，非也。

聶氏三禮圖説：張鎰圖云：「緇、玄二服，素韠素帶，朱緑終裨，佩山玄玉，白舄，青絇繶純。天子之卿服以從燕諸侯，諸侯之孤、卿大夫服以朝君。」

蕙田案：素帶，朱緑終裨，佩山玄玉，白舄，專據諸侯而言，卿大夫與君不同。

蕙田案：諸侯朝服以視朝。朝服，周禮司服謂之「冠弁服」，鄭注：「冠弁，委貌也。」冠弁，亦謂之玄冠。士冠禮「主人玄冠朝服」，注「玄冠，委貌」是也。其名委貌者，鄭氏云：「委，猶安也，言所以安正容貌也。」亦謂之委。左氏傳劉定公曰：「吾與子弁冕端委以治民，臨諸侯。」又「晏子端委立於虎門」，國語「晉侯端委以入武宫」，董安于曰：「臣端委以隨宰人。」諸所云「端」者，朝服之玄端；所云「委」者，委貌也。其制，經無明文。聶崇義三禮圖委貌有四式：其一，舊圖云「委貌，進賢冠其遺象」是也；其二，漢志云「委貌與皮弁冠同制」是也；其三，張鎰圖云「諸侯朝服之玄冠、士之玄端之玄冠、諸侯之冠弁，此三冠與周天子委貌形制相同」是也；其四，則梁正因阮氏之本而圖委貌，與前三法形制又殊。聶氏疑不敢定，而以張氏爲得之，誠然。但張氏亦略有語病，蓋諸侯朝服之玄冠，即冠弁，亦即委貌，本無二制。其天子、諸侯、卿大夫、士之玄端服，惟裳制有異，其冠則皆玄冠，與朝服之玄冠亦無二制也。張氏之説，似猶歧而視之矣。諸侯之朝服，緇衣，素裳，素帶，朱緑終辟，佩山玄玉，素韠，白舄，其裘則以羔，緇衣以裼之。知者，詩鄭風「緇衣之宜兮」，鄭武公以諸侯入爲周卿士，在私朝則服緇衣。是緇衣爲諸侯朝服也。緇衣之布，亦十五升，雜記「朝服十五升」是也。緇衣，亦謂之玄衣。王制「周人玄衣而養老」，注：「玄衣素裳，天子之燕服，爲諸侯朝服。」士冠禮疏云：「玄爲六入，緇爲七入，深淺不同。鄭以緇與玄同色者，大同小異，皆是黑色，故云同也。」亦謂之玄端，論語注：「玄端，諸侯朝服。」蓋端者，端正之義，以朝服用正幅爲之，故云端矣。知素裳、素韠者，司服注：「冠弁服，亦積素以爲裳。」玉藻注：「朝服，冠玄端，素裳也。」又士冠禮：「朝服素韠。」韠與裳同色，故云素裳、素韠矣。素帶，朱緑終辟，佩山玄玉，張鎰圖亦云然，蓋以玉藻文推得之。燕禮記：「燕，朝服。」注：「朝服，謂冠玄端，緇帶，素韠，白屨也。」賈疏以爲諸侯朝服應白舄，而云白屨者，引士冠禮成文。其實諸侯當白舄，其臣則白屨也。諸侯朝服羔裘，詩「羔裘如濡」，箋云「緇衣羔裘，諸侯之朝服」是也。其臣亦羔裘而豹褎，詩「羔裘豹飾，羔裘豹袪，羔裘豹褎」，玉藻「羔裘豹飾，緇衣以裼之」，皆大夫士之禮也。孔穎達曰：「禮，君用純物，臣下之，故袖飾異皮。」陳用之乃以天子視朝服，麛裘青豻褎，諸侯視朝服，羔裘豹飾，上下同之，其不然乎？裼裘之制，漢唐注疏家以爲，裘之上有裼衣，裼衣之上又有正服，故邢叔明疏論語云：「羔裘，裼用緇衣，明其上正服，亦緇色也。」陳用之則謂袒而見裘曰裼，揜而充裘曰襲。素衣麛裘，則麛裘之上素衣，其正服也。緇衣羔裘，則羔裘之上緇衣，其正服也。黄衣狐裘，錦衣狐裘，蓋亦若此。詩曰：「衣錦尚褧。」蓋惟錦加褧，以惡文著，餘衣固不然也。此説似亦有理，並存之以俟考。

又案：以上冠弁服。

儀禮士冠禮：玄端，玄裳、黄裳、雜裳可也。緇帶，爵韠。注：此莫夕於朝之服。玄端即朝服之衣，易其裳耳。上士玄裳，中士黄裳，下士雜裳。雜裳者，前玄後黄。玉藻曰：「韠，君朱，大夫素，士爵韋。」疏：「此莫夕於朝之服」者，當是莫夕於君之朝服也。案玉藻云：「君朝服以日視朝於内朝。」「夕深衣，祭牢肉。」是君朝服，朝服、夕服，深衣矣。下又云「朝玄端，夕深衣」，朝時所服，與君不同，故鄭注云謂大夫士也。則彼朝玄端、夕深衣，是大夫、士家私朝也。若然，大夫、士既服玄端、深衣以聽私朝矣。此服注云「莫夕於朝之服」，是士向莫之時夕君之服。必以莫爲夕者，朝禮備，夕禮簡，故以夕言之也。若卿大夫莫夕於君，當亦朝服矣。云「玄端即朝服之衣，易其裳」者，上云「玄冠，朝服，緇帶，素韠」，此玄端亦緇帶。彼云朝服，即此玄端也。但朝服亦得名端，故論語云「端章甫」，鄭云：「端，諸侯視朝之服耳。」皆以十五升布爲緇色，正幅爲之同名也。云「易其裳」者，彼朝服素韠，韠同裳色，則裳亦素。此既易其裳以三等，裳同爵韠，則亦易之矣。不言者，朝服言素韠，不言裳，故須言易。彼言素韠，此云爵韠，於文自明，故不言易也。云「君朱，大夫素，士爵」者，韠之韋色也。云「君朱」者，見五等諸侯，則天子亦朱矣。韠同裳色，則天子諸侯朱裳。士言爵，則此經爵、韠亦一也。以其裳有三等，爵亦雜色，故同爵韠。

若然，大夫素裳則與朝服不異者，禮窮則同也。

玄端黑屨，青絇繶純，純博寸。注：屨者，順裳色。玄端黑屨，以玄裳爲正也。絇之言拘也，以爲行戒，狀如刀衣鼻，在屨頭。繶，縫中紃也。純，緣也。三者皆青。博，廣也。疏：玄端有玄裳、黄裳、雜裳，經惟云玄端黑屨，與玄裳同色，不取黄裳、雜裳，故云「以玄裳爲正也」。

周禮屨人賈疏：繶，是牙底相接之縫，綴條於其中。絇謂屨頭以條爲鼻。純謂以條爲口緣。

特牲饋食禮：主人冠端玄。注：冠端玄，玄冠、玄端。下言玄者，玄冠有不玄端者。疏：「玄冠有不玄端」者，不玄端則朝服也。對文則玄端有纁裳、玄裳、黄裳、雜裳，若朝服，緇布衣而素裳。但六入爲玄，七入爲緇。大判言之，緇衣亦名玄，是以散文言之，朝服亦名玄端。論語云「端章甫」，鄭云：「端，玄端也。諸侯日視朝之服。」以端是正幅，非直服名端，六冕亦有端稱。禮記魏文侯曰：「吾端冕而聽古樂。」是冕服正幅亦名端也。

禮記玉藻：朝玄端，夕深衣。注：謂大夫、士也。疏：大夫、士以視私朝，故服玄端。若朝君之時，則朝服也。朝服，其衣與玄端無異，但其裳以素耳。若大夫莫夕蓋亦朝服，其士則用玄端。故士冠禮注云「玄端，士莫夕於朝之服」是也。其私朝及在家，大夫、士夕皆深衣也。

聶氏三禮圖：司服云：「齋有玄端。」張鎰圖云：天子齊，玄衣，玄冠，玄裳，黑韠，素帶，朱緑終辟，佩白玉，黑舄，赤絇繶純。諸侯惟佩山玄玉，爲别燕居，朱裳，朱韠，赤舄、黑絇繶純。卿大夫素裳，上士玄裳，中士黄裳，下士雜裳，前玄後黄。大夫以上，朝夕服之，惟士夕服之。夕者，若夕晡上視事耳。

蕙田案：大夫、士朝，朝於君，皆朝服。其夕見君，大夫則朝服，士則玄端。若大夫、士夕視事於私朝，亦服深衣，不服玄端也。今如禮圖所云，大夫以上燕居，朝夕服玄端，既與玉藻「夕深衣」之文違牾，又云「惟士夕服之」，則士朝所服者，又何衣耶？

陳氏禮書：玄端，齊服也，諸侯與士以爲祭服。玉藻「玄端以祭」，特牲「冠端玄」是也。大夫、士以爲私朝之服，玉藻「朝玄端」是也。天子至士，亦以爲燕服，玉藻「天子卒食，玄端以居」，内則「事父母，端、韠、紳」是也。然則端衣所用，固不一矣。若夫「朝服，天子以素，諸侯以緇」，未聞以玄端也。玄端，皆玄裳或黄裳、雜裳可也，未聞以素裳也。鄭氏釋儀禮謂「玄端即朝服之衣，易其裳耳」；釋玉藻曰「朝服，冠玄端，素裳」，此説無據。

蕙田案：玄端之名，見於三禮者不一。其以爲齊服者，周禮司服云「齊服有玄端、素端」是也。其以爲祭服者，特牲饋食禮「主人冠端玄」是也。天子諸侯祭服皆冕，雜記：「大夫冕而祭於公，弁而祭於己；士弁而祭於公，冠而祭於己。」然則玄端以祭，惟士則然。玉藻「諸侯玄端以祭」，鄭氏破端爲冕，其説原不可易，陳用之據此謂諸侯祭服有玄端，真大惑矣。其以爲朝服者，大夫、士私朝爲然，玉藻「朝玄端」是也。若士夕見君，則亦服之。以夕禮簡於朝，士卑於大夫，故不服朝服，而服玄端，鄭注儀禮謂「莫夕於朝之服」是也。其以爲燕服者，玉藻「天子卒食，玄端以居」，内則「子事父母，端、韠、紳」，是天子以至士，皆得服之。但天子燕居，則朝夕並服玄端；諸侯以下，皆夕深衣，則惟朝服之爲不同耳。朝服之緇衣，與玄端同制。蓋緇之與玄，猶纁之與黄，緇衣可稱玄衣，纁裳亦可云黄裳，其色相近故也。朝服，君臣皆素裳。玄端服之裳，則天子諸侯以朱，大夫以素，士有以玄、以黄、以雜之别。其玄端，衣與朝服同。鄭皆推校禮經諸文而得之，陳氏以爲無據，亦非。

又案：以上玄端服。

右朝服

## 朝車

周禮春官巾車：象路，朱，樊纓七就，建大赤，以朝。注：象路，以象飾諸末。象路無鉤，以朱飾勒而已。其樊及纓以五采罽飾之而七成。大赤，九旗之通帛。以朝，以日視朝。疏：「以日視朝」者，謂於路門外常朝之處乘之。此雖據常朝而言，至于三朝皆乘之。

夏官道僕：掌馭象路以朝夕、燕出入。注：朝夕，朝朝莫夕。

吴氏澄曰：朝見群臣曰朝，莫見曰夕。燕謂自内外朝乘象路以還燕寢。

禮記玉藻：大夫齊車，鹿幦豹犆，朝車，鹿幦豹犆。注：幦，覆苓也。犆讀如「直道而行」之「直」。直，謂緣也。臣之朝車與齊車同飾。

蕙田案：巾車，金路以封同姓，象路以封異姓，革路以封四衛，木路以封蕃國。賈疏：「凡五等諸侯所得路，惟祭祀及朝天子乘之，若齊弔及朝，并朝夕燕出入，可降一等。」然則諸侯視朝所乘之車，同姓以象路，異姓以革路，四衛以下皆乘木路可知也。卿大夫以下朝車，經無明文。玉藻紀大夫朝車，有「鹿幦豹犆」之文，亦未詳何車，但以巾車「孤乘夏篆，卿乘夏縵，大夫乘墨車，士乘棧車」考之，則卿大夫朝車，應即此四等之車也。

右朝車

## 聽朔

周禮春官太史：頒告朔於邦國。注：天子頒朔於諸侯，諸侯藏之祖廟，至朔，朝於廟，告而受行之。疏：案禮記玉藻「諸侯皮弁聽朔於太祖」。太祖，即祖廟也。諸侯約天子，故縣之於中門，而日斂之〔一〕，藏之於祖廟，月朔用羊，告而受行之。此經及論語稱告朔，玉藻謂之聽朔，春秋謂之視朔。視朔者，人君入廟視之。告者，使有司讀祝以言之。聽者，聽治一月政令。所從言之異耳。

蕙田案：玉藻「皮弁以聽朔於太廟」，賈疏引作「太祖」，小異。

閏月，詔王居門終月。注：門，謂路寢門也。鄭司農云：月令十二月分在青陽、明堂、總章、玄堂左右之位，惟閏月無所居，居於門，故於文「王」在「門」謂之閏。疏：明堂、路寢及宗廟，皆有五室、十二堂、四門，十二月聽朔於十二堂，閏月各於時之門，故太史詔告王居路寢門。若在明堂告事之時，立行祭禮，無居坐之處。若在路寢堂與門聽事之時，各居一月，故云「居門終月」〔二〕。

禮記月令：孟春之月，天子居青陽左个。注：所以順時氣也。青陽左个，大寢東堂北偏。疏：北偏，近北也。然則此是明堂北偏，而云大寢者，欲明明堂與大廟、大寢制同，故兼明於明堂聽朔

〔一〕「而」，諸本作「市」，據周禮注疏卷二六改。
〔二〕「云」，諸本作「立」，據孫詒讓十三經注疏校勘記改。

竟，次還大廟，次還大寢也。然云東堂，則知聽朔皆堂，不於五角之室中也。

**仲春之月，天子居青陽大廟。**注：青陽大廟，東堂當大室。

**季春之月，天子居青陽右个。**注：青陽右个，東堂南偏。

**孟夏之月，天子居明堂左个。**注：明堂左个，大寢南堂東偏。

**仲夏之月，天子居明堂大廟。**注：明堂大廟，南堂當大室。

**季夏之月，天子居明堂右个。**注：明堂右个，南堂西偏。

**中央土，天子居大廟大室。**注：大廟大室，中央室也。疏：案考工記云「周人明堂」，「東西九筵，南北七筵」〔一〕，「凡室二筵」，則五室並皆二筵，無大小也。今中央室稱大室者，以中央是土室，土爲五行之主，尊之故稱大。以夏后世室〔二〕，則四旁之室，皆南北三步，東西三步三尺；中央土室，南北四步，東西四步四尺。則周之明堂，亦應土室在中央，大於四角之室也，但文不具耳。

**孟秋之月，天子居總章左个。**注：總章左个，大寢西堂南偏。

**仲秋之月，天子居總章大廟。**注：總章大廟，西堂當大室。

〔一〕「七筵」，諸本作「九步」，據禮記正義卷一六改。
〔二〕「世」，諸本作「大」，據禮記正義卷一六改。

季秋之月，天子居總章右个。注：總章右个，西堂北偏。

孟冬之月，天子居玄堂左个。注：玄堂左个，北堂西偏。

仲冬之月，天子居玄堂大廟。注：玄堂大廟，北堂當大室。

季冬之月，天子居玄堂右个。注：玄堂右个，北堂東偏。

蕙田案：明堂與大寢不同制，辨詳吉禮「明堂」門。

玉藻：天子玄端聽朔於南門之外，閏月則闔門左扉，立於其中。注：南門，謂國門也。天子廟及路寢，皆如明堂之制。明堂在國之陽，每月就其時之堂而聽朔焉。卒事，反宿於路寢，亦如之。閏月，非常月也。聽其朔於明堂門中，還處路寢門，終月。凡聽朔，必以特牲，告其帝及神，配以文王、武王。疏：云「每月就其時之堂而聽朔焉」者，月令孟春「居青陽左个」，仲春「居青陽大廟」，季春「居青陽右个」。以下所居，各有其處，是每月就其時之堂也。云「閏月，非常月也」者，案文六年云「閏月不告月，猶朝於廟」，公羊云：「不告月者何？不告朔也。曷爲不告朔？天無是月也，閏月矣。何以謂之天無是月？是月非常月也。」何休云：「不言朔者，閏月無告朔禮也。」穀梁之義，與公羊同。左氏則閏月當告朔。案異義：「公羊說：『每月告朔朝廟，至於閏月不以朝者，閏月，殘聚餘分之月，無正，故不以朝。經書閏月猶朝廟，譏之。』左氏說：『閏以正時，時以作事，事以厚生。生民之道，於是乎在。不告閏朔，棄時政也。』許君謹案：從左氏說，不顯朝廟、告朔之異，謂朝廟而因告朔。」故鄭駁之，引堯典「以閏月定四時成歲」，閏月當告朔。又云：「説者不本於經，所譏者異其是與非，皆謂朝廟而因告朔，似俱失之。朝廟之經在文六年冬『閏月不告月，猶朝於廟』，辭與宣三年春『郊牛之口傷，改卜牛，牛死，乃不郊，猶三望』同。言『猶』者，告朔然後當朝廟，郊然後當三望。今廢其大，存其細，是以加『猶』譏之。論語曰：『子貢欲去告朔之餼羊。』周禮有朝享之禮祭。然則告朔與朝廟祭異，亦明矣。」如此言從左氏説，又以先告朔而後朝廟。鄭以公羊閏月不告朔爲非，以左氏告朔爲是。二傳皆以先朝廟而因告朔，二者皆失，故鄭云：「其是與非，皆謂朝廟而因告朔，俱失之也。」鄭必知告朔與朝廟異者，案天子告朔於明堂，其朝享從祖廟下至考廟，故祭法云「曰考廟，曰王考廟，皆月祭之」是也。又諸侯告朔在太廟，而朝享自皇考至考，故祭法云：「諸侯自皇考以下，皆月祭之。」是告朔與朝廟不同。又天子告朔以特牛，諸侯告朔以羊，其朝享各依四時常禮，故用太牢。故司尊彝朝享之祭用虎彝、蜼彝、大尊、山尊之等，是其別也。云「聽其朔於明堂門中，還處路寢門，終月」者，以閏非常月，無恒居之處，故在明堂門中。案太史云：「閏月，詔王居門終月。」是「還處路寢門，終月」，謂終竟一月所聽之事，於一月中耳，於尋常則居燕寢也。故鄭注太史云：「於文『王』在『門』謂之閏。」是閏月聽朔於明堂門，反居路寢門。皇氏云：「明堂有四門，即路寢亦有四門。閏月各居其時當方之門。」義或然也。云「凡聽朔，必以特牲，告其帝及神，配以文王、武王」者，論語云「告朔之餼羊」，注云：「天子特牛與，以其告朔禮略，故用特牛。」案月令每月云其帝、其神，故知告帝及神，以其在明堂之中，故知配以文王，武王之主亦在明堂，以汎配五帝。或以武王配五神於下，其義非也。

張子曰：據玉藻「天子聽朔於明堂」，諸侯則於太廟，就藏朔之處告祖而行。

馬氏晞孟曰：告朔於廟，明其受之於祖也。聽朔於南門之外，明其受之於天也。

**諸侯皮弁以聽朔於太廟。**注：皮弁，下天子也。疏：以天子用玄冕，諸侯用皮弁，故云「下天子」也。此諸侯聽朔於太廟。熊氏云：「周之天子，於洛邑立明堂，惟大享帝就洛邑耳。」其每月聽朔，當在文王廟也，以文王廟爲明堂制故也。此聽朔於太廟，穀梁傳云：「諸侯受乎禰廟，與禮乖，非也。」凡每月以朔告神，謂之告朔。即論語云「告朔之餼羊」是也。則於時聽治此月朔之事，謂之「聽朔」，此玉藻文是也。聽朔，又謂之「視朔」，文十六年「公四不視朔」是也。告朔，又謂之告月，文六年「閏月不告月」是也。行此禮，天子於明堂，諸侯於太祖廟。訖，然後祭於諸廟，謂之朝享，司尊彝云「朝享」是也。又謂之「朝廟」，文六年云「猶朝於廟」是也。又謂之「朝正」，襄二十九年「釋不朝正於廟」是也。又謂之「月祭」，祭法云「皆月祭之」是也。

方氏慤曰：天子聽朔於南門，示受之於天也。諸侯聽朔於太廟，示受之於祖也。諸侯受朔於天子，而云受之於祖者，以已得受朔於天子，由祖故也。玄冕，祭服也。皮弁，朝服也。天子以祭服受之於天，故神之。諸侯以朝服受之於祖，故明之。

**春秋僖公五年左傳：春，王正月辛亥朔，日南至。公既視朔，遂登觀臺以望，而書，禮也。**注：視朔，親告朔也。疏：公既告廟受朔，即聽視此朔之政。

**文公十六年：夏五月，公四不視朔。**注：諸侯每月必告朔聽政，因朝於廟。今公以疾闕，不得視二月、三月、四月、五月朔也。春秋十二公，以疾不視朔，非一也。義無所取，故特舉此，以表行事，因明公之實有疾，非詐齊。　疏：天子頒朔於諸侯，諸侯受而藏之於祖廟。每月之朔，以特羊告廟，受而施行之，遂聽治此月之政，謂之視朔。因以其日，又以朝享之禮祭皇考以下，謂之朝廟。此年公疾，自二月至於五月，已經四月，不得視朔，故書「公四不視朔」。告朔，謂告於祖廟。視朔，謂聽治月政。視朔由公疾而廢，其告朔或有司告之，不必廢也。論語云：「子貢欲去告朔之餼羊」，必是廢其禮而羊在。蓋從是以後，更有不告朔者，故欲去其羊耳。六年，「閏月不告月」。書經以譏之。在後若不告朔，不復書之者，蓋以閏月不告，其譏已明，故於後不復譏之。

公羊何注：「視朔」說在六年。不舉不朝廟者，禮，月終，於廟先受朝政乃朝，明王教尊也。朝廟，禮也，故以不視朔爲重，常以朔者始重也。

文六年「閏月不告月」何注：禮，諸侯受十二月朔政於天子，藏於太祖廟，每月朔朝廟，使大夫南面奉天子命，君北面而受之。比時，使有司先告朔，禮之至也。受於廟者，孝子歸美先君，不敢自專也。言朝者，緣生以事死。親在，朝朝莫夕；已死，不敢渫鬼神。故事必於朔者，感月始生而朝。

**蕙田案：告朔與朝廟無二禮。何邵公注公羊，其説甚明。鄭康成乃别以司尊彝之朝享當朝廟，殊誤。詳見吉禮「告朔」門。**

**左傳：「公四不視朔，疾也。」公羊傳：「公曷爲四不視朔？公有疾也。何言乎公**

有疾不視朔？自是公無疾，不視朔也。然則曷爲不言公無疾不視朔？有疾，猶可言也；無疾，不可言也。」注：言無疾，大惡，不可言也。是後，公不復視朔，政事委任公子遂。

家語：季康子朝服以縞。曾子問於孔子曰：「禮乎？」孔子曰：「諸侯皮弁以告朔，然後服之以視朝，若此禮者也。」

荀悦申鑒曰：天子南面聽天下，嚮明而治，蓋取諸離，天之道也。月正聽朝，國家之大事也。宜正其儀，以明舊典。

杜氏預春秋釋例：人君者，設官分職，以爲民極。遠細事，以全委任之責；從諸下，以盡知力之用；總成敗，以效能否執八柄以明誅賞。故自非機事，皆委任焉。誠信足以相感，事實盡而不擁，故受位居職者，思效忠善，日夜自進，而無所顧忌也。天下之細事無數，一日二日萬端，人君之明有所不照，人君之力有所不堪，則不得不借問近習，有時而用之。如此，則六鄉六遂之長，雖躬履此事，躬造此官，當皆移聽於内官，回心於左右，政之粃亂，常必由此。聖人知其不可，故簡其節，敬其事，因月朔朝廟，遷坐正位，會群吏而聽大政，考其所行而決其煩疑，非徒議將然也，乃所以考已然。又惡其密聽之亂公也，故顯聚以斷之。是以上下交泰，官人以理，萬民以察，天下以治也。每月之朔，必朝於廟，因聽政事，事敬而禮成，故告以特牛。然則朝廟、朝正、告朔、視朔，皆同日之事，所從言異耳。

右聽朔

臣將適君所

周禮天官宰夫：掌治朝之法，叙群吏之治，以待賓客之令，諸臣之復，萬民之逆。

注：恒次叙諸吏之職事。三者之來，則應使辦理之。鄭司農云：「復，請也。逆，迎受王命者。宰夫主諸臣萬民之復逆，故詩人重之，曰『家伯維宰』。」玄謂：復之言報也，反也。反報於王，謂於朝廷奏事。自下而上曰逆，逆謂上書。疏：復，謂群臣受王命，使臣行之，訖，反報於王，故云「朝廷奏事」也。自上而下曰「順」，故自下而上曰「逆」也。言上書者，則今之上表也。若然，據夏官諸侯、諸臣、萬民皆復逆並有，則此亦皆有上書、奏事耳。

吴氏澄曰：令者，賓客有求於朝也。復者，諸臣反命於上也。逆者，萬民有言於上也。待之有叙，則下得以致其情於上；待之無叙，則上無以審擇於其下。故賓客之令有輕重，諸臣之復有先後，萬民之逆有緩急，宰夫皆叙群吏之治以待之，則賓客臣民俱順矣。

丘氏濬曰：案：天官卿冢宰，其貳則少宰，少宰之次，又有宰夫，王眡朝則冢宰贊聽治，而宰夫掌其治之法。所謂「敘群吏之治」，即今百司各奏所治之事也。「待賓客之令」，即今鴻臚引見藩府所遣使及外夷也。「諸侯之復、萬民之逆」，即今通政司所奏事也。正公卿大夫群吏之位，正之爲言，疏謂「察其不如儀者」，即前代殿中御史之職，今輪御史糾儀也。古今委任之職不同，而所當爲之令，所當禁之法，則一而已。

夏官太僕：掌正王之服位，出入王之大命。掌諸侯之復逆。建路鼓於大寢之門外而掌其政，以待達窮者與遽令，聞鼓聲，則速逆御僕與御庶子。注：服，王舉動所當衣也。位，立處也。出大命，王之教也。入大命，群臣所奏行也。鄭司農云：「復謂奏事也，逆謂受下奏。窮謂窮冤失職，則來擊此鼓，以達於王，若今時上變事擊鼓矣。遽，傳也。若今時驛馬軍書當急聞者，亦擊此鼓，令聞此鼓聲，則速逆御僕與御庶子也。太僕主令此二官，使速逆窮遽者。」玄謂達窮者，謂司寇之屬朝士，掌以肺石達窮民，聽其辭以告於王。遽令，郵驛上下程品。御僕、御庶子，直事鼓所者。太僕聞鼓聲，則速逆此二官，當受其事以聞。

吴氏澄曰：建路鼓於大寢門之外，非惟以鼓爲朝事早晚之節也，蓋亦如後世之登聞鼓焉。窮，謂窮冤失職者。遽令，謂事當急聞者之政令也。御僕、御庶子二官，皆直事於鼓所者。若聞鼓聲，則太僕即速迎此二官而受其事也。

小臣：掌三公及孤卿之復逆。疏：諸侯是賓客，其復逆，太僕尊官掌之。三公孤卿是臣在朝廷，故小臣掌也。

御僕：掌群吏之逆及庶民之復，以序守路鼓。注：群吏，府史以下。序，更。疏：太僕掌諸侯復逆，小臣掌三公孤卿復逆，此所云群吏，對庶民是府史以下。言「以下」，兼胥徒。若然，不見大夫士者，小臣孤卿中兼之矣。序更者，即太僕鄭云「直事鼓所」者也。

蕙田案：内豎「掌内外之通令，凡小事」，注云：「内外以大事聞王，則俟朝而自復。」然則宰夫、太僕、小臣、御僕所掌諸臣之復逆，皆以大事聞於王者也。諸臣復逆，大率在路寢聽政之時，不必正當眂朝。而於此可以想見先王之勤政事，通下情，舜之好察邇言，大禹之稽於衆，皆由此道也，故先著於此。

又案：以上復逆。

禮記玉藻：將適公所，宿齊戒，居外寢，沐浴。史進象笏，書思對命。既服，習容，觀玉聲，乃出。揖私朝，煇如也，登車則有光矣。注：思，所思念將以告君者也。對，所以對君者也。命，所受君命者也。書之於笏，爲失忘也。私朝，自大夫家之朝也。揖其臣乃行。

陳氏澔曰：既服，著朝服畢也。容觀，容貌儀觀也。玉聲，佩玉之聲也。揖私朝，與其家臣揖而往朝於君也。

論語：孔子沐浴而朝。

朱子集注：沐浴齊戒以告君，重其事而不敢忽也。

右臣將適君所

臣入門

禮記玉藻：朝，辨色始入。注：群臣也。入，入應門也。辨，猶正也，别也。

蕙田案：此諸侯之禮。諸侯有庫、雉、路三門，則所入者，雉門也。鄭誤以平諸侯有皋、應、路，故云「應門」。

詩齊風雞鳴：雞既鳴矣，朝既盈矣。傳：朝盈而君作。

論語：入公門，鞠躬如也。如不容，立不中門，行不履閾。

朱子集注：公門高大，而若不容，敬之至也。中門，中於門也，謂當棖闑之間，君出入處也。閾，門限也。

右臣入門

## 君出視朝

禮記玉藻：君日出而視之。

陳氏澔曰：臣入常先，君出常後，尊卑之禮然也。視朝而見群臣，所以通上下之情。

詩齊風雞鳴：東方明矣，朝既昌矣。毛傳：朝已昌盛，則君聽朝。

蕙田案：雞鳴而朝盈，玉藻所謂「辨色始入」也。東方明而聽朝，所謂「君日出而視之」也。及其衰也，朝廷興居無節，東方未明，而顛倒衣裳，違視朝之常期，則詩人刺之。

東方未明：東方未明，顛倒衣裳。顛之倒之，自公召之。箋：挈壺氏失漏刻之節。東方未明，而以爲明，故群臣促遽，顛倒衣裳。群臣之朝，别色始入。自，從也。群臣顛倒衣裳而朝，人又從君所來而召之，漏刻失節，君又早興。

蕙田案：小雅庭燎一篇，蘇氏詩傳以爲，王將起視朝，不安於寢，而問夜之早晚。朱子集傳亦因之。然案之周禮秋官司烜，邦之大事，則供墳燭庭燎，蓋惟諸侯來朝設之。其日，視朝不設庭燎也。當從箋義，以爲諸侯來朝，故不載。

宗元案：古人習勤，子事父母，皆雞初鳴而盥漱，況人君聽朝有不於其時者乎？雖人臣之入朝猶辨色，君之視朝俟日出。然櫛洗衣冠，必於色未辨，日未出時，方能及時朝會，其餘執事侍御之臣，尤當早集於朝門，此庭燎之所以不可不設。今據司烜氏「國有大事，共墳燭庭燎」，然亦未嘗指定常朝之非大事也。且墳燭與庭燎並言，或常朝但有庭燎，而不設墳燭；或庭燎爲數差減，不比諸侯來朝時之多，亦未可定歟！

論語：君在，踧踖如也，與與如也。馬曰：君在，視朝也。踧踖，恭敬之貌。與與，威儀中適之貌。

孟子：朝將視朝。

右君出視朝

揖

周禮夏官司士：司士擯，孤卿特揖，大夫以其等旅揖，士旁三揖，王還揖門左，揖門右。注：特揖，一一揖之也。旅，衆也。大夫爵同者衆揖之。公及孤卿大夫始入門右，皆北面，東上，王揖之，乃就位。群士及故士、太僕之屬，登在其位。群士位東面，王西南鄉而揖之。三揖者，士有上中下。王揖之，皆逡遁，既，復位。

丘氏濬曰：天子視朝之際，臣下入朝之初，大臣則逐位而拜，群臣則逐列而拜，小臣則即其位而旁拜，左右侍從之臣則方有事而未暇也。故王於大臣，則答以特揖之禮；於群臣，則答以旅揖之禮；於小臣，則於再揖之後，向其旁而答之焉。聽政既畢，王將還内，而侍衛於門之左右者，始行拜禮。王於是隨其所在，而左右揖之。可見隆古盛時，以禮爲治，位有尊卑，而禮無不答也。秦不師古，始尊君卑臣，而此禮廢矣。

禮記禮器：諸侯視朝，大夫特，士旅之。注：大夫特，士旅之，謂君揖之。疏：視朝，謂日出視諸臣之朝者也。特，猶獨也。旅，衆也。君行日出路門視諸臣之朝，若大夫，則君人人揖之；若士，則不問多少，而君衆共一揖之也。是大夫貴，故人人得揖；士賤，故衆共得一揖。是以少爲貴也。此諸侯所尊者少，故大夫特、士旅之。若天子之朝，所尊者多，故司士云「孤卿特揖，大夫以其等旅揖，士旁三揖」是也。

王制：七十不俟朝。注：大夫、士之老者，君揖則退，故不俟朝。疏：此謂大夫、士老年而聽致仕者，朝君之時，入門至朝位，君出揖之，即退，不待朝事畢也。

右揖

正位

夏官司士：太僕前。注：前正王視朝之位。

太僕：王眡朝，則前正位而退，入亦如之。注：前正位而退，道王，王既立，退居路門左，待朝畢。疏：太僕本位在路門之左，今進前正位訖，還退在本位，故云退居路門左也。王退入路寢聽事時，亦前正王位，却位立也。

右正位

聽治

天官冢宰：王眡治朝，則贊聽治。注：王視之，則佐王平斷。

蕙田案：聽治一節，當在太僕正王位之後。冢宰職之「凡邦之小治，則冢宰聽之」，則此眡朝所聽之治，乃國家大事也。

右聽治

退朝

夏官司士：王入，内朝皆退。注：王入，入路門也。王入路門内朝，朝者皆退，反其官府治處也。

玉藻：退適路寢聽政，使人視大夫，大夫退，然後適小寢，釋服。注：小寢，燕寢也。釋服，服玄端。

周禮宫人賈疏：辨色始入者，謂群臣昧爽至門外，辨色始入應門。云「君日出而視朝」者，尊者體盤，故日出始出路門而視朝。「退適路寢聽政」者，謂路門外朝罷，乃退適路寢以聽政。朝罷，君退適路寢之時，大夫各鄉治事之處。

陳氏澔曰：聽事而適路寢，所以決可否之計。釋服，釋朝服也。

蕙田案：古者，視朝之禮甚簡，既朝而退，君適路寢聽政，臣適諸曹治事。諸臣治事之所，即匠人所謂「外九室」是也，其室在路門外治朝之左右，如今午門朝房矣。鄭康成箋詩，以治事之所爲私朝，蓋以卿大夫議朝政於此，故亦得名朝。曲禮云：「在朝言朝。」論語：「朝，與下大夫言，與上大夫言，其在朝廷，便便言。」皆指治事之朝而言也。

陳氏禮書：朝，辨色始入，所以防微；日出而視之，所以優尊。詩曰「夜向晨」，「言觀其旂」，臣辨色始入之時也。又曰「東方明矣，朝既盈矣」，君日出而視之之時也。蓋尊者體盤，卑者體蹙，體蹙者常先，體盤者常後。故視學衆至，然後天子至。燕禮：「設賓筵，然後設公席。」則朝禮，臣入然後君視之。皆優尊之道也。然朝以先爲勤，以後爲逸；退以先爲逸，以後爲勤。朝而臣先於君，所以明分守；退而君後於臣，所以防怠荒，此所以「使人視大夫，大夫退然後適小寢，釋服」也。然則公卿諸侯之朝王，其有先後乎？詩云：「三事大夫，莫肯夙夜。邦君諸侯，莫肯朝夕。」夫夙先於朝，夜後於夕，則公卿朝常先至，夕常後退；諸侯朝常後至，夕常先退。

丘氏濬曰：人君每日出視治朝，見群臣，以通上下之情；退適路寢，聽政治，以決可否之計。蓋視朝之時，百官班次以列，趨蹌以進，漏下無幾刻耳。奏對之際，機務雜沓，未易一一詳悉也。故於退朝之後，再御燕寢，取其事務之急且切者，重聽之。與夫左右臣工，所謂股肱心膂者，委曲講究，必罄竭其本末終始。如此行之則便，不如此則弊，俾上心曉然於中，而奉行之臣亦灼然知其必如此而不可如彼，然後行下。如此，則朝廷所行之事，皆所當行；所禁之事，皆所不當行。行之萬世而無弊，太平之根本在此矣。

右退朝

## 在朝言語之節

禮記曲禮：在朝言朝。注：朝，謂君臣謀政事之處。

朝言不及犬馬。

輟朝而顧，不有異事，必有異慮。故輟朝而顧，君子謂之固。注：輟，猶止也。固，謂不達於禮。

在朝言禮，問禮，對以禮。

論語：其在朝廷，便便言，唯謹爾。

朝，與下大夫言，侃侃如也；與上大夫言，誾誾如也。

右在朝言語之節

## 視朝變禮

周禮地官師氏：凡祭祀、賓客、會同、喪紀、軍旅，王舉則從。聽治亦如之。注：舉，猶行也。謂王舉於野外以聽朝。疏：王所在，皆有朝以聽治之，故從王，亦如上虎門之左同。

朝在野外，則守内列。注：内列，謂蕃營之在内者也〔一〕。其屬亦帥四夷之隸守之，如守王宫。

天官冢宰：王眡四方之聽朝，則贊聽治。注：謂王巡守在外時。疏：此據依常者而言，征伐外亦有聽朝，以非常法，故不言也。

蕙田案：以上二條，天子在外之聽朝。

夏官太僕：王不眡朝，則辭於三公及孤卿。注：辭謂以王不視朝之意告之。春秋傳曰：「公有疾，不視朔。」

蕙田案：此條王不眡朝。

禮記曾子問：諸侯適天子，必告於祖，奠於禰。冕而出視朝。注：聽國事也。諸侯朝天子，必裨冕，爲將廟受也。裨冕者，公衮，侯伯鷩，子男毳。疏：諸侯視朝，當用玄冠、緇衣、素裳，今視朝而服裨冕之服者，案覲禮侯氏裨冕，天子受之於廟，故云「諸侯朝天子必裨冕，爲將廟受也」，言天子於廟受己之禮。今諸侯往朝天子，爲天子將欲於廟中受己之禮，故諸侯豫敬之，以冕服視朝也。

諸侯相見，必告於禰。朝服而出視朝。注：朝服，爲事故也。反必親告於祖禰，而后聽朝而入。疏：諸侯朝服，玄冠、緇衣、素裳，以上文諸侯朝天子，冕而出視朝，爲將廟受，尊敬天子，習

〔一〕「内」，原作「列」，據光緒本、周禮注疏卷一四改。

其禮，故著冕服。諸侯相朝，雖亦在廟受，降下天子，不敢冕服，惟著臨朝聽事之服，故云「朝服爲事故也」。熊氏又云：「此朝服，謂皮弁服，以天子用以視朝，故謂之朝服。」論語云「吉月必朝服而朝」，注云「朝服，皮弁服」是也。聘禮「諸侯相聘皮弁服」，則相朝亦皮弁服，此義爲勝也。

蕙田案：此二條，諸侯有事視朝。

右視朝變禮

夕見

春秋成十二年左氏傳〔一〕：百官承事，朝而不夕。注：不夕，言無事。疏：旦見君，謂之朝；莫見君，謂之夕。哀十四年傳稱「子我夕」，晉語稱「叔向夕」，皆謂夕見君也。人息事少，故百官承奉職事皆朝，朝而莫不夕，不夕，言無事也。儀禮士冠禮賈疏：「無事，亦無夕法。若夕有事須見君，則夕。」

昭十二年左傳：右尹子革夕。注：夕，莫見。

哀十四年左傳：子我夕。注：夕視事。

〔一〕「十二年」，諸本作「十三年」，據春秋左傳正義卷二七改。

蕙田案：杜預以子我夕爲視事，孔疏以爲夕見君。當從孔氏。

國語：叔向聞之，夕。注：夕至於朝。

右夕見

外朝詢事聽政

周禮秋官：小司寇之職，掌外朝之政，以致萬民而詢焉。一曰詢國危，二曰詢國遷，三曰詢立君。注：國危，謂有兵寇之難。國遷，謂徙都改邑也。立君，謂無冢適選於衆也。鄭司農云：「致萬民，聚萬民也。詢，謀也。詩曰『詢于芻蕘』，書曰『謀及庶人』。」疏：國危，謂鄰國來侵伐，與國爲難者也。國遷，謂王國遷徙，若殷之盤庚遷殷之類。若遷卿大夫都邑，不在詢限。立君，冢適雙言。案内則而言，謂適后所生，最長者爲冢。若無冢，適后所生次冢以下爲適，則適者非一。若無適，則於衆妾所生擇立之。衆妾所生非一，是以須與衆人共詢可否。此三者皆採衆心，衆同乃可依用也。

小司寇擯以叙進而問焉，以衆輔志而弊謀。注：擯，謂揖之使前也。叙，更也。輔志者，尊王賢明也。疏：「以叙進」者，案小宰六叙皆先尊後卑，則此言以叙進，謂先公卿，以次而下。此既在朝立定而問之，明擯者無别相見之禮，故知以次一一揖之使前問之。

地官鄉大夫：大詢於衆庶，則各帥其鄉之衆寡而致於朝。注：大詢者，詢國危、詢國遷、詢立君。鄭司農云：「大詢於衆庶，洪範所謂『謀及庶人』。」疏：國有大事，必順於民心，故與衆庶詢謀。則六鄉大夫各帥其鄉之衆寡而致於朝，謂外朝三槐九棘之所，共詢謀之。

書洪範：汝則有大疑，謀及乃心，謀及卿士，謀及庶人。

詩大雅：先民有言，詢于芻蕘。

蕙田案：以上外朝詢事之制。

孟子：昔者太王居邠，狄人侵之。事之以皮幣，不得免焉；事之以犬馬，不得免焉；事之以珠玉，不得免焉。乃屬其耆老而告之曰：「狄人之所欲者，吾土地也。吾聞之也，君子不以其所以養人者害人，我將去之。」

春秋哀元年左傳：吳之入楚也，使召陳懷公。懷公朝國人而問焉，曰：「欲與楚者右，欲與吳者左。陳人從田，無田從黨。」逢滑當公而進。

蕙田案：小司寇「致萬民而詢」，「詢國危」，居其一焉。鄭氏訓「國危」謂「有兵寇之難」。賈公彦以爲「鄰國來侵伐，與國爲難者也」。但天子詢國危，於古無考。孟子載太王爲狄人所侵，屬耆老而告之，則周先公已有行之者矣。左傳陳懷公事，乃諸侯詢國危之見於經者。又僖十五年，秦獲晉侯以歸，子金曰：「朝國人而以君命賞。」亦與詢危之事同。以其時君亡在外，諸大夫稱君命而行之，故不復載。

蕙田案：以上詢國危。

易益卦：六四，中行告公從，利用爲依遷國。

程傳：自古國邑，民不安其居則遷。遷國者，順下而動也。

書盤庚上：盤庚遷於殷，民不適有居，率籲衆慼出，矢言。盤庚斆於民，由乃在位以常舊服，正法度，曰：「無或敢伏小人之攸箴！」王命衆，悉至於庭。

蕙田案：古者建國，辨方正位，體國經野，以爲民極。必順乎人心之所同欲而後相宅焉。周公營洛邑，「四方民大和會，侯甸男邦采衛，百工播民和，見士於周」，則諸侯、百官、庶民咸與聞可知矣。至若不得已而有遷國之役，或迫於天災，如殷有河患是也。或逼於寇難，則君親御外朝，進百官兆姓而詢之，詢謀僉同，然後決之。所謂作大事必順於人心也。周衰，平王東遷，不聞詢之萬民，蓋此禮已廢。春秋晉遷新田，謀之諸臣而已；邾遷於繹，衛遷帝丘，決之卜筮而已；楚遷於鄀，決之正卿而已；其餘邢遷夷儀，蔡遷州來，許遷夷又遷白羽之類，迫於彊寇，捄亡而已，何足道哉！

又案：以上詢國遷。

書大禹謨：朕志先定，詢謀僉同。

春秋昭公二十有六年左傳：昔先王之命曰：「王后無適，則擇立長。年鈞以德，德鈞以卜。王不立愛，公卿無私，古之制也。」疏：何休難「年鈞以德」之言云：「人君所賢，下必從之，焉能使王不立愛也。」鄭玄答云：「周禮小司寇掌外朝之政，以致萬民而詢焉。其三曰詢立君。其位，王南鄉，三公及州長、百姓北面，群臣西面，群吏東面。小司寇以叙進而問焉。如此，則大衆之口，非君所掩，是王不立愛之法也。」

哀二年左傳：衛侯遊於郊，子南僕。公曰：「余無子，將立女。」不對。他日，又謂之，對曰：「郢不足以辱社稷，君其改圖。君夫人在堂，三揖在下，君命祇辱。」注：三揖，卿、大夫、士。言立適當以禮與内外同之，今君私命，事必不從適爲辱。疏：周禮司士云：「孤卿特揖，大夫以其等旅揖，士旁三揖。」鄭衆云：「卿、大夫、士，皆君之所揖，禮。」春秋傳所謂「三揖在下」，服虔云：「三揖，卿、大夫、士，士揖庶姓，時揖異姓，天揖同姓。」

孟子：謀於燕衆，置君而後去之。

惠氏士奇曰：春秋王子朝與敬王爭立，求助於晉，晉欲助之，而莫知適立也，乃使士景伯莅問於周。士伯立於乾祭而問介衆，由是遂絶子朝之使而戴敬王，君子曰禮。夫禮，立君必詢萬民也。堯年老而子不肖，舜有元德而在側微，帝聞之而岳牧不舉，於是，帝朝萬民而詢之。廷民之所舉，一如帝之所聞，而當乎帝心。於是史臣書之曰「師錫帝」，介衆曰師，以爲舜有天下也，衆錫之。曷爲不曰「天錫之」，而曰「衆錫之」？天遠而衆邇也。不孚於衆而合乎天，妄矣！且古者立君，問諸民，不問諸神。楚共王有寵子五人，未知誰立，乃大有事於群望而祈焉，密埋璧於庭，而使五人入拜，且曰：「當璧而拜者，神所立也。」既而，或跨之，或壓之，或加之，皆可以爲當璧。則神之所命，誰知之者？適以啓其覬覦之心。而前有蒲宫，後有奥主，臣强於君，末大於本，亂幾亡國。故古者立君，問諸民不問諸神。然則太卜曷爲而卜立君？卜立君者，先王先蔽志，而後命龜，謀及卿士，謀及庶人，乃參之以卜筮。未有不謀於卿士，不謀乎庶人，而專信卜筮之説者也。

蕙田案：鄭氏訓「立君」，謂國無冢適，選於衆。專指繼嗣，蓋舉其常而言。若孟子稱堯禪舜，則曰「暴之於民，而民受之」；尚書稱舜禪禹，則曰「詢謀僉同」。

是五帝官天下，必詢於民也。孟子論伐燕之役，云「謀於燕衆，置君而後去之」，是諸侯興滅繼絶，必詢於民也。惠氏謂古者立君，問諸民不問諸神，此説得之。

又案：以上詢立君。

丘氏濬曰：案王朝有三，有内朝，有治朝，有外朝。治朝，其常治事之位。内朝，則退居之處也。外朝不常御，惟國家有非常之事，然後御於此，致萬民而詢謀之焉。若夫常行之事，則在治朝，與群臣案古典而施行之也。洪範曰：「汝則有大疑，謀及乃心，謀及卿士，謀及庶人。」詩曰：「詢于芻蕘。」此所謂致萬民而詢焉。詢及萬民，則卿、大夫、士，皆在其中矣。國危則詢之，而求其所以安國之策；國遷則詢之，而求其所以徙國之方；立君則詢之，而求其所以嗣國之人。三者皆國之大政，必民心之所安，衆論以爲可，然後行之。苟非徧訪於人人，其不至於逆天理而拂人心也者幾希。然其詢之不於治朝而必於外朝者，以民之衆且微，治朝之嚴與狹，非獨不可使之褻入，亦恐不足以容之也。

周禮秋官朝士：掌建邦外朝之灋，左九棘，孤卿大夫位焉，群士在其後。右九棘，公侯伯子男位焉，群吏在其後。面三槐，三公位焉，州長衆庶在其後。左嘉石，平罷民焉。右肺石，達窮民焉。注：樹棘以爲位者，取其赤心而外刺，象以赤心三刺也。槐之言懷也，懷來人於此，欲與之謀。群吏，謂府史也。州長，鄉遂之官。

帥其屬而以鞭呼趨且辟。注：趨朝辟行人，執鞭以威之。

禁慢朝、錯立族談者。注：慢朝，謂臨朝不肅敬也。錯立族談，違其位僔語也。疏：違其位，解錯立。僔，亦聚也。聚語，解「族談」也。

丘氏濬曰：案外朝在庫門之外，最居外者也。人君不常御，國家有大禮典，則於此朝會，而朝士掌其法；有大疑難，則於此詢問，而小司寇掌其政。法者，經常之制；政者，權宜之事也。朝著之間，有上下之位，有前後之次，入者必循序漸進而不可參差，立者必肅容守次而不可錯亂，非奏對不言，無故不可聚而喧譁。故當人臣朝見之時，小司寇則擯而相之，使之次第而進，朝士則帥其屬而用鞭號呼以肅之，使之各趨其位而知所避焉。後世人君出警入蹕而鳴鞭以肅衆，其原蓋出於此。

蕙田案：以上外朝聽政之儀。

右外朝詢事聽政

# 五禮通考卷一百三十三

## 嘉禮六

### 朝禮

蕙田案：周制，天子三朝，惟路門外之朝曰「治朝」，王日眡朝于此，即後世所謂「常朝」也。古者，三公坐而論道，王眡朝則冢宰贊聽治，大僕正位，百官各從表著之位，上下之分至嚴，君臣之情至親，凡邦國之利病，政事之得失，民生之疾苦，無有壅于上聞者。秦漢以降，迄于南北朝，史志詳于朝會之儀注，而常朝闕如。自唐以後，其儀始備。唐常朝于太極殿，其在大明宮，則于宣政殿。貞觀初，每日臨朝；十三年，三日一朝；永徽中，五日一朝，仍有朔望朝。開元禮有朔日受朝，其後又有紫宸殿入閤；中葉以還，又有開延英召對。敬宗定以朔望入閤，昭、宣帝時，定一、五、九日開延英。後唐明宗始詔，群臣五日一詣内殿起居，仍復朔望入閤。宋制，文武官每日赴文明殿正衙，曰常參；五日一赴崇德殿或垂拱殿，曰起居，而外别有入閤之儀。但唐之入閤，御便殿也，其禮視正衙爲簡。宋之入閤，御前殿也，其禮視正衙爲繁，則非唐舊矣。熙寧以後，罷入閤儀，重定朔望御殿之制。政和新儀有文德殿月朔視朝、紫宸殿望參、垂拱殿四參、紫宸殿日參、垂拱殿日參、崇政殿假日起居。遼有常朝起居儀，太宗至燕，御元和殿入閤。金以朔望日爲朝參，餘日爲常朝。元惟宰執每日入延春閣，及别殿奏事。明常朝有御殿儀，有御門儀。每日晨興，御奉天門，至午晚，復出坐朝。其後，御殿之禮廢，午晚二朝亦廢。景泰、弘治始復午朝，未幾，旋罷。至世宗、神宗之世，常朝御門，數十年不一舉焉。常朝儀，宋志列之賓禮，今依通典、明集禮、會典，作嘉禮而繼周官朝禮之後，蓋視朝之正禮也。

## 秦至隋常朝

史記秦始皇本紀：三十五年，始皇以爲咸陽人多，先王之宫廷小，吾聞周文王都豐，武王都鎬，豐、鎬之間，帝王之都也。乃營作朝宫。聽事，群吏受決事，悉于咸陽宫。

二世二年，趙高説二世曰：「先帝臨制天下久，故群臣不敢爲非，進邪説。今陛下富于春秋，初即位，奈何與公卿廷決事？事即有誤，示群臣短也。天子稱朕，固不聞聲。」于是二世常居禁中與高決諸事。其後公卿希得朝見。

蕙田案：周制，王日眡朝。秦去古未遠，故始皇梁父刻石云：「既平天下，不懈于治，夙興夜寐，建設長利。」則猶知聽政之勤也。至二世，信趙高邪説，居禁中與高決事，而朝禮始廢矣。

漢書宣帝本紀：地節二年，上始親政事，五日一聽事。

續漢書禮儀志注：胡廣曰：舊儀，公卿以下，每月常朝，先帝以其頻，故省。惟六月、十月朔朝，後復以六月朔盛暑，省之。

三國魏志文帝本紀：黄初五年五月，有司以公卿朝朔望日，因奏疑事，聽斷大政，論辨得失。

魏志齊王本紀：景初元年正月即位，七月始親臨朝，聽公卿奏事。

宋書孝武帝本紀：孝建三年二月丁丑，始制朔望臨西堂接群下。

梁書武帝本紀：大同六年八月，辛未，詔曰：「經國有體，必詢諸朝，所以尚書置令、僕、丞、郎，旦旦上朝，以議時事，前共籌懷，然後奏聞。頃者不爾，每有疑事，倚立求決。古人有云，主非堯、舜，何得發言便是。是故放勳之聖，猶咨四岳，重華之叡，亦待多士。豈朕寡德，所能獨斷。自今尚書中有疑事，前于朝堂參議，然後啓聞，不得習常。其軍機要切，前須諮審，自依舊典。」

北魏書穆亮傳：高祖臨朝堂，謂亮曰：「三代之禮，日出視朝，自漢、魏已降，禮儀漸殺。晉令有朔望集公卿于朝堂而論政事，亦無天子親臨之文。今因卿等日中之集，中前則卿等自論政事，中後與卿等共議可否。」遂命讀奏案，高祖親自決之。

蕙田案：讀奏案，親自決之。今之御門，大學士進御前，內閣學士讀本請旨，即其意也。

前廢帝本紀：普泰元年四月，詔員外諫議大夫、步兵校尉、奉車都尉、羽林監、給事中、積射將軍、奉朝請，其七品以上，朔望入朝。

北齊書孝昭本紀：帝日昃臨朝，訪問左右，冀獲直言。

後周書武帝本紀：保定三年，五月甲子朔，避正寢不受朝，旱故也。

建德二年，秋七月，自春末不雨，至于是月。壬申，集百寮于大德殿，帝責躬罪己，問以政治得失。

隋書高祖本紀：上每旦臨朝，日昃忘倦。

右秦至隋常朝

## 唐常朝

唐六典：太極殿，朔望坐而視朝；兩儀殿，常日聽朝而視事。

唐書職官志：文武官職事九品以上及二王後，朝朔望。文官五品以上及兩省供奉官、監察御史、員外郎、太常博士，日參，號常參官。武官三品以上，三日一朝，號九參官；五品以上及折衝當番者，五日一朝，號六參官。弘文、崇文館、國子監學生，四時參。凡諸王入朝及以恩追至者，日參。九品以上，自十月至二月，袴褶以朝；五品以上有珂，蕃官及四品非清官則否。

文獻通考：貞觀元年十一月，梁州都督竇軌請入朝。上曰：「君臣共事，情猶父子，外官久不入朝，情或疑懼，朕亦須數見之，問以人間風俗。」許令入朝。

蕙田案：此外官入朝也。

貞觀十三年十月，尚書左僕射房玄齡奏：「天下太平，萬機事簡，請三日一臨朝。」許之。

通典：貞觀十五年正月，太宗謂侍臣曰：「古者，諸侯入朝，有湯沐邑，芻禾百車，待以客禮。漢家故事，爲諸州刺史、郡守，創立邸舍于京城。頃聞都督刺史充考使至京師，皆賃房，與商人雜居，既優禮之不足〔一〕，必是人多不便。」至十七年十月下詔，令就京城内閑坊，爲諸州朝集使各造邸第三百餘所，太宗親觀幸焉。

貞觀二十二年十月，令百僚朔望服袴褶以朝。

册府元龜：高宗以貞觀二十三年即位，九月十一日，太尉無忌等奏請視朝坐日。

〔一〕「優」，通典卷七四作「復」。

上報曰：「朕登大位，日夕孜孜，猶恐擁滯衆務，自今以後，每日常坐。」

永徽二年八月二十九日，詔：「來月一日，太極殿受朝。此後每五日一度太極殿視朝，朔望朝，即永爲常式。京官文武五品，依舊五日一參。」

顯慶二年，太尉長孫無忌等奏：「以天下無虞，請隔日視事。」許之。

文獻通考：中宗神龍元年初，令文武官五品以上，每朔望參日，升殿食。四月，上以時屬炎暑，制令，每隔日不坐。右拾遺靳恒上疏諫曰：「臣聞昔漢制，反支日亦通奏事。又光武在軍，躬自覽疏；明帝撫運，夜必讀書。豈以四氣炎寒，妨於政理？竊爲陛下不取。」

册府元龜：先天二年二月，太上皇誥：「正月十五日朝，改取十一日，每年皆然。」又非朔望，而同朔望受朝者，前後有誥非一。

文獻通考：先天二年，敕文武官朝參，應著袴褶珂繖者。其有不著入班者，各奪一月俸；若無故不到者，奪一季禄。其行香拜表不到，亦準此。頻犯者，量事貶降。其衣冠珂繖，仍許著到曹司。十月，敕諸蕃使都府管羈縻州，其數極廣，每州遣使朝集，頗成勞擾，應須朝賀，委當蕃都督，與上佐及管内刺史，自相通融，明爲次第。每年一蕃，令一人入朝，給左右不得過二人，仍各分領諸州貢物於都府點檢，一時録奏。

案本紀，先天二年十月，改開元〔一〕。

開元中，蕭嵩奏：「每月朔望，皇帝受朝於宣政殿，先列仗衛及文武四品以下於庭。侍中進『外辦』，上乃步自西序門出，昇御座。朝罷，又自御座起，步入東序門，然後放仗散。臣以爲宸儀肅穆，升降俯仰，衆人不合得而見之，乃請備羽扇於殿兩廂，上將出，所司承旨索扇，扇合，上座定，乃去扇。給事中奏無事。上將退，又索扇如初。」今以爲常。

蕙田案：開元禮朔日受朝儀與此略同而加詳。彼云「受朝於太極殿」，據在大内而言；此云「宣政殿」，據在大明宫而言也。

唐開元禮朔日受朝：其朔日讀時令，則不行此禮。前一日，尚舍奉御設御幄於太極殿北壁，南向。守宫設文官次於朝堂，如常儀。太樂令展宫懸於殿庭，設舉麾位於殿上西階之西，東向；一位於樂懸東南，西向，並如常儀。其日，典儀設文官三品以上位於

〔一〕「案本紀先天二年十月改開元」十二字，原脱，據味經窩本、乾隆本、光緒本補。

横街之南道東，設武官三品以上位於道西，俱每等異位重行，北面，相對爲首。設文官四品、五品位於懸東，六品以下於横街之南，每等異位重行，西面北上。設武官四品、五品位於懸西，六品以下於横街之南，當文官，每等異位重行，東面北上。設典儀位於樂懸東北，贊者二人在南，少退，俱西向〔一〕。奉禮設門外位：文官於東朝堂，西面；武官於西朝堂，東面；皆每等異位重行，北上。其日，依時刻，諸衛勒所部列仗屯門及陳於殿庭，如常儀。群官集朝堂〔二〕，俱就次，各服公服。吏部、兵部贊群官俱出次，通事舍人各引就朝堂前位。侍中版奏「請中嚴」，鈒戟近仗入陳於殿〔三〕。太樂令帥工人入，就位。協律郎入，就舉麾位。諸衛之官，各服其器服。符寶郎奉寶，俱詣閤奉迎。典儀司、贊者入就位。通事舍人引四品以下先入就位〔四〕。侍中版奏「外辦」，有司承旨索扇。皇帝弁服，絳紗衣，御輿以出，曲直華蓋警蹕侍衛如常儀。皇帝

〔一〕「俱西向」，諸本作「又」，據通典卷一二五、開元禮卷一〇九改。
〔二〕「集朝堂」，諸本作「朝集官」，據通典卷一二五、開元禮卷一〇九改。
〔三〕「殿」下，開元禮卷一〇九有「庭」字。
〔四〕「下」，諸本作「上」，據通典一二五、開元禮卷一〇九改。

將出，仗動，太樂令令撞黄鍾之鐘，右五鐘皆應。協律郎跪，俛伏，舉麾，鼓柷，奏太和之樂。皇帝出自西房，即御座，南向坐。符寶郎奉寶，置於御座，如常儀。協律郎偃麾，戛敔，樂止。通事舍人引三品以上，以次入就位。公初入門，舒和之樂作，至位，樂止。立定，典儀曰「再拜」，贊者承傳，在位者皆再拜。典儀又曰「再拜」，贊者承傳，群官在位者又再拜。舍人引群官北面位者以次出，公初行，樂作，出門，樂止。侍中前，跪奏稱：「侍中臣某言，禮畢。」俛伏，興，還侍位。有司承旨索扇，皇帝興，太樂令令撞蕤賓之鐘，左五鐘皆應，奏太和之樂。皇帝降座，御輿入自東房，侍衛警蹕如來儀。侍臣從至閤，樂止。舍人引東西面位者以次出。皇帝若御翼善冠，則群臣皆服袴褶，不設樂懸，去警蹕。

朝集使引見：奉辭附。前一日，尚舍奉御先奏，於御殿所設御座，如常儀。其日，依時刻，所司量加隊仗陳列，如常式。典儀於殿庭横街之南北設版位，如常儀。其日，朝集使夙興，並集朝堂，各服其服朝〔一〕。京官文武九品以上，並服袴褶。諸侍奉

〔一〕「其服朝」，開元禮卷一〇九作「朝服」。

官及京官文武四品以下[一]，就位如式。通事舍人引京官文武三品以上及朝集使，俱就所御殿門外，序立以次。侍中進奏「外辦」，皇帝常服，即御座，南向坐，侍衛如常儀。通事舍人分引京官文武三品以上，詣横街南相對北面位，立定，典儀曰「再拜」，群官在位者皆再拜。訖，通事舍人各引就街北東西班序立[二]。又通事舍人分引朝集使入北面位，東方、南方在東，西方、北方在西。立定。典儀曰「再拜」，朝集使等俱再拜。通事舍人承旨，詣朝集使東，北面立，稱「有制」，朝集使等皆再拜。舍人宣敕，訖，又再拜。答制，先定行首一人跪奏，舍人爲奏，聽進止。若承恩慰問，即舞蹈，訖，又再拜。舍人宣敕訖，侍中奏禮畢，皇帝還宫，如來儀。侍臣退，群官等以次退。其朝集使奉辭，皆準奉參之儀。其京官，但常參官列版位。其朝集使三品以上，引升殿賜食，四品以下，於廊下賜食，並臨時奏聽進止。

册府元龜：開元二十二年閏十一月，詔：諸州考使六品以下，朔望日朝，宜準例

[一]「下」，諸本作「上」，據通典卷一二五、開元禮卷一〇九改。
[二]「序」，諸本作「停」，據通典卷一二五、開元禮卷一〇九改。

賜食。

通典：天寶三載二月敕：百官朔望朝參，應服袴褶，并著珂繖。至閏二月一日，宜停。自今以後，每逢此閏，仍永爲恒式。

舊唐書玄宗本紀：天寶五載，夏五月庚申，敕今後每至旬節休假〔一〕，中書門下文武百僚，不須入朝，外官不須衙集。

通典：天寶六載九月敕：「自今以後，每朔望朝〔二〕，晚於常儀一刻〔三〕，進外辦。每坐喚仗，令朝官從容至閤門入，至障外，不須趨走。百司無事，至午後放歸。無爲守成，宜知朕意。」

蕙田案：入閤之禮，始於此。

文獻通考：入閤，唐制起於天寶，明皇以無爲守成，詔宴朝喚仗，百官從容至閤門入。蓋唐前含元殿非正、至大朝會不御次。宣政殿，謂之正衙，每坐朝，必立仗於正

〔一〕「假」，諸本作「暇」，據舊唐書玄宗本紀改。
〔二〕「朝」，諸本脱，據通典卷七四補。
〔三〕「晚」，諸本脱，據通典卷七四補。

衙。或御紫宸殿，即喚正衙仗自宣政殿兩門而入，是謂東西上閤門，故謂之入閤。其後遂爲常朝之儀。

宋史禮志：唐制：天子日御正衙以見群臣，必立仗。朔望薦食陵寢，不能臨前殿，則御便殿，乃自正衙喚仗由宣政兩門而入，是謂東、西上閤門，群臣俟於正衙者，因隨以入，故謂之入閤。五代以來，正衙既廢，而入閤亦希闊不講，宋復行之。

蕙田案：通考與宋志所載「入閤」之説不同，今以册府元龜考之，則通考爲得之矣。蓋唐制，正衙每日有立仗，玄宗以正衙體嚴，而御便殿，以接群下，喚仗入閤，示無爲守成之意。故不特朔望入閤，常日亦可入閤，何者？御便殿，原無常期也。册府元龜載，大曆中，間日坐朝，雙日不復入閤。然則入閤可間日行之，何必朔望耶？册府元龜又云：「故事，朔望日，皇帝御宣政殿，謂之大朝。此即開元禮所載。玄宗始以朔望陵寢薦食，不聽政，其後遂以爲常。」憲宗元和十年三月朔，御延英殿，召對宰臣，特以事召，非故事也。夫入閤接見群臣，所以聽政。曰：「不聽政，則并入閤亦廢之矣。」且入閤之儀，於紫宸殿行之，雖云便殿，固内朝之正殿也。延英則非正殿矣。朔望薦食，延英且不御，況御紫宸乎？竊意天寶以後，玄宗怠于政事，始則借爲守成之名，變正衙之朝而爲入閤，繼則借薦食陵寢之説，并朔望入閤亦廢之，其後習以爲常，有常日入閤，無朔望入閤矣。德宗以後，率於延英召對宰臣，而常日入閤，又復不講。至敬宗，復入閤之儀，則專於朔望行之，此禮之變也。宋志以朔望薦食不聽政亦起於玄宗，遂與入閤并爲一事，誤矣。

又案：宋張洎、宋庠、宋敏求皆以入閤爲唐隻日紫宸殿受常朝之儀，不云「朔望」，其説得之。

册府元龜：天寶六載正月，詔曰：「今勝殘在運，無事爲心，顧此朝儀，當符至理。既時非旰食，將致昇平，而廷設殺刑，何成在宥？其每日立仗食及杖鍉等，並宜停廢。」十一月辛卯朔，引朝集使及貢舉人見。十二月丙寅，仗下後，百官於尚書省閲貢物。

通典：天寶十二載十一月，御史中丞吉温奏請：「京官朔望朝參，著朱衣袴褶，五品以上著珂傘。」制曰「可」。

蕙田案：此「朱衣袴褶」之始。

文獻通考：肅宗乾元三年敕：「員外郎五品以上常參官，自今以後，非朔望日，許不入。賊平之後，依舊常參。」時安、史據河、洛。

通典：代宗廣德二年，敕：「常參官遇泥雨，準儀制令，例停朝參。今軍國事殷，若準式停，恐有廢闕，泥既深阻，許延三刻傳點，待道路通，依常式。以後亦宜準此。」

册府元龜：大曆九年十一月，是時四方無事，間日坐朝，雙日不復入閤。

十二年八月，以久雨有常參百寮，不許御史點班。

舊唐書德宗本紀：建中元年十一月辛酉朔，朝集使及貢士見於宣政殿。兵興以來，四方州府不上計、内外不會同者二十五年，至此始復舊典。州府計吏至者，一百七十有三。

文獻通考：建中二年，御史中丞竇參奏：「準儀制令，泥雨合停朝參。伏以軍國事殷，恐有廢闕，請令每司長官一人入朝，有兩員併副貳，亦許分日。其夜甚雨，至明不止，許令仗下到廊食。訖，入中書。其餘官及王府長官，並請停朝，任於本司勾當公事。泥雨經旬，亦望準此。」是年，舉故事，置武班朝。其廊下食等，亦宜加給。

册府元龜：貞元元年七月，關中蝗食禾稼，無孑遺。八月甲子，詔：「不御正殿，奏事悉於延英。」庚寅，視朝於延英殿，群臣列位於延英殿門外，申甲子之詔也。丁丑，雨。戊寅，中書門下上言：「陛下前以愆陽經時，避居正殿。凡在臣庶，無任兢惶。今至誠感通，嘉雨霑洽，兇渠授首，同類格心，臣等敢昧死請，自今以後，依常儀御正殿。」詔曰：「可。」

蕙田案：開延英殿，始見於此。

文獻通考開延英儀：内中有公事商量，即降宣頭付閤門開延英，閤門翻宣申中書，并榜正衙門。如中書有公事敷奏，即宰臣入榜子，奏請開延英。祇是宰臣赴對，閤門使奏：「宰臣某已下延英候對。」宣徽使殿上宣「通」，次閤門使奏「中書門下到」。次宣徽使唤，次閤門使傳聲唤，次通事舍人引宰臣當殿立，贊兩拜，搢笏，舞蹈，又三拜，奏「聖躬萬福」，又兩拜。金口宣「上來」，又兩拜。通事舍人引上殿，至御座前，又兩拜。問聖體，皇帝宣「安」，又兩拜，三呼萬歲。各分班，案前立定。兩樞密使在御榻兩面祇候，其餘臣僚並約赴外次。奏事訖，宣「賜茶」，又兩拜，三呼萬歲，賜坐，吃茶。對訖，下殿，兩拜，宣「賜酒食」，舞蹈，謝恩。訖，宣徽使喝「好去」，就中書喫食。延英畢，次兩省官轉對，閤門使當殿奏：「某已下轉對。」宣徽使殿上宣「通」，次閤門使奏：「某已下到。」次宣徽使喚，次閤門使傳聲喚，次通事舍人引當殿立定，贊兩拜，搢笏，舞蹈，又三拜。奏「聖躬萬福」，又兩拜，殿下奏事。訖，宣「賜酒食」。又兩拜，舞蹈，謝。訖，閤門使喝「好去」，南班揖殿出，於客省就食〔一〕。次對官，御史中丞、三司使、京兆尹，並各奏所司公事。次閤門使奏：「某祇候次對。」宣徽使殿上宣「通」，次閤門使奏：「某到。」次宣徽使喚，次閤門使傳聲喚，次通事舍人引當殿立定，贊兩拜，搢笏，舞蹈，三呼萬歲，又三拜。訖，奏「聖躬萬福」，又兩拜。奏所司公事，訖〔二〕，宣「賜酒食」，又兩拜，舞蹈，謝。訖，閤門使喝「好去」，南班揖殿出，於客省就食。合赴延英中謝官，文武兩班三品及御史中丞、左右丞、諸侍郎、諫議、給事、中書舍人，并諸道節度觀察、防禦團練使、刺史、兩縣令皆入謝，並通喚。文武四品以下及諸道行軍司馬、節度副使、兩使判官、書記、支使、推巡令録等，舊例并不對敭申謝〔三〕，祇於正衙朝謝。

〔一〕「客」，諸本脱，據文獻通考卷一〇七校勘記補。
〔二〕「訖」，諸本脱，據文獻通考卷一〇七補。
〔三〕「申」，諸本作「中」，據文獻通考卷一〇七改。

蕙田案：馬氏通考載開延英儀，於貞元二年敕之後。然閤門使、宣徽使、三司使，唐時無此官制，而宋又無開延英之儀，當是五代所定之儀，或昭、宣帝時，開延英有之，今不可定。以延英奏事始於貞元，故附見於此，并存疑以俟考。

舊唐書德宗本紀：貞元三年春三月庚寅，詔今年朝集使宜停。

文獻通考：貞元七年，詔：「常參官入閤，不得奔走。其有周以下喪者，禁襂服朝會，復衣綾袍、金玉帶。」初，金吾將軍沈房有弟喪，公服不衣，襂服入門。上問宰臣，董晉對曰：「準式，朝官，有周以下喪者，許服絁縵衣，不合淺色。」上曰：「南班何得有之？」對曰：「因循而然。」又曰：「在式，朝官皆以綾爲袍，五品以上，服金玉帶，取其文綵華飾，以奉上也。昔尚書郎含香，此意也。」

册府元龜：貞元十三年正月，御史臺奏：「諸司常參文官隔假三月以上〔二〕，並横行參假，其武班每日先配九參六參。比來或經冬至及歲首、寒食等三節假滿，不是本配入日，並不横行，事實乖闕。請從今以後，每經三節假滿，不是本配入日，其前件官

〔二〕「官」，原作「武」，據册府元龜卷一〇七改。

請依文官例横行參假，庶幾周行式序。」可之。五月，帝以累月天陰，街鼓聲暗，百官入朝多走馬奔馳，令宣示宰臣及百官曰：「卿等朝謁是常，或陰雨不聞鼓聲，則不免奔波走馬，忽有墜損，深軫朕懷。自今以後，縱鼓聲差池，亦不得走馬。并時暑稍甚，及雨雪泥潦，亦量放朝參。」宰臣等上表陳謝。

文獻通考：憲宗元和元年三月，準吏部、兵部尚書侍郎郎官，并禮部侍郎、御史中丞武元衡奏：「前件等司〔一〕，近起十月，至來年三月，稱在選舉限内，不奉朝參，令式無文，禮敬斯闕。一年之内，半歲不朝。去貞元十二年，中丞王顏奏敕釐革，載在明文，尋又因循，輒自更改。若以兵、吏、禮部舉選限内事繁，即中書門下、御史臺、度支、京兆府，公事至重，朝請如常。又況旬節，已賜歸休，常參又許分日，一月之内，才奉十日朝參，其間甚熱甚寒，皆蒙班放。臣以爲王顏舉奏甚詳，當時敕文甚備。請準貞元十一年四月敕旨〔二〕，自今以後，永爲常式。他年妄改條，請委臺司彈奏，庶使班行式

〔一〕「前件等司」，原脱，據光緒本、文獻通考卷一〇七補。
〔二〕「請」，諸本脱，據文獻通考卷一〇七校勘記補。

叙，典法無虧。」依奏。

舊唐書憲宗本紀：元和元年三月己未，武元衡奏，常參官兼御史大夫、中丞者，準檢校省官例，立在本品同類之上。

二年十二月癸亥，御史臺奏：「文武常參官準乾元元年三月十四日敕，如有朝堂相弔慰及跪拜、待漏行立失序，語笑喧嘩；入衙入閤，執笏不端，行立遲慢；立班不正，趨拜失儀，言語微喧，穿班穿仗，出入閤門，無故離位；廊下飲食，行坐失儀諠鬧；入朝及退不從正衙出入；非公事入中書等：每犯奪一月俸。班列不肅，所由指摘，猶或飾非，即具聞奏貶責。臣等商量，於舊條每罰各減一半，所貴有犯必舉。」從之。

册府元龜：元和二年二月己巳，宰臣延英罷對，起居舍人鄭隨次對，詔入，面受進止，令宣付兩省供奉官：「自今以後，有事即進狀來，其次對宜停。」初，貞元七年，詔每御延英，引見常參官二人，訪以政道，謂之次對官，所以廣視聽也。宰臣奏罷，時議非之。六月丁巳朔，百官初入待漏院，候禁門啓入朝。故事，建福、望仙等門，昏而闔，五更而啓，與諸里門同時。至德中，有吐蕃囚自金吾仗亡命〔一〕，因敕晚開，宰相待漏於太僕寺車坊。至是，始命有司各據班品置院於建福門外。

唐國史補：舊，百官早朝，必立馬於望仙、建福門外，宰相於光宅車坊以避風雨。元和初，始制待漏院。

蕙田案：此制待漏院之始。

册府元龜：元和六年十二月庚午，以苦寒放朝五日。七年四月壬子，開延英，對宰臣以下。八年十月丙辰，以大雪放朝三日。九年六月癸卯，以時暑甚，放百官五日參。十年三月壬申朔，御延英殿，召對宰臣。故事，朔望日，皇帝御宣政殿見群臣，謂之大朝。玄宗始以朔望陵寢薦食不聽政，其後遂以爲常。今之見宰臣，特以事召也。六月，敕御史臺，自今以後，常參官入朝，以見到人名銜進來，其朔望及雙日莫進。

舊唐書憲宗本紀：元和十四年，上謂宰臣曰：「天下事重，一日不可曠廢。若遇

〔一〕「囚」，諸本作「内」，據舊唐書憲宗本紀上改。

連假不坐，有事即詣延英請對。」崔群以殘暑方甚，目同列將退。上止之曰：「數日一見卿等，時雖暑熱，朕不爲勞。」久之方罷。

册府元龜：穆宗長慶二年八月，詔曰：「夏秋之間，常多水潦。如緣暮夜暴雨，道路不通車馬，宜便放其日朝參，委御史臺勾當，仍每日奏。如雨不至甚，即不在此例。」

敬宗以長慶四年正月即位，二月辛丑，御紫宸殿，群臣初展入閤之儀。

葉氏夢得曰：唐正衙，日見群臣，百官皆在，謂之常參。唤仗入閤，百官亦隨以入，則唐制天子未嘗不日見百官也。其後不御正衙，紫宸所見，惟大臣及内諸司。百官俟朝於正衙者，傳聞不坐即退，則百官無復見天子矣。敬宗再舉入閤禮，之後百官復存朔望兩朝。

唐書李渤傳：渤諫議大夫，時敬宗晏朝紫宸，入閤，帝久不出，群臣立屏外，至頓仆。渤見宰相曰：「昨論晏朝事，今益晚，是諫官不能移人主意，渤請出閤待罪。」會唤仗，乃止。退，上疏曰：「今日入閤，陛下不時見群臣，群臣皆布路跛倚。夫跛倚形諸外，則憂思結諸内。憂倦既積，災釁必生，小則爲旱爲孽，大則爲兵爲亂。禮：『三諫不聽，則逃之。』陛下新即位，臣至三諫，恐危及社稷。」又言：「左右常侍職規諫，循默不事，若設官不責實，不如罷之。」

舊唐書文宗本紀：太和元年六月辛卯朔，敕文武常參官朝參不到，據料錢多少，每貫罰二十五文。

册府元龜：開成元年正月己酉，詔：「以入閤日，次對官班退立於東階松樹下，須宰臣奏事畢，齊至香案前，各言本司事，左右起居又待次對官奏事畢，方出。」

舊唐書昭宣帝本紀：天祐二年十二月辛丑，敕：「漢宣帝中興，五日一聽朝，歷代通規，永爲常式。近代不循舊儀，輒隳制度〔一〕，既姦邪之得計〔二〕，致臨視之失常，須守舊規，以循定制。宜每月只許一、五、九日開延英，計九度。其入閤日，仍於延英日一度指揮；如有大段公事，中書門下具牓子奏請開延英，不計日數。付所司。」又敕：「宮嬪女職，本備内任，近年以來，稍失儀制。宮人出内宣命，寀御參隨侍朝，乃失舊

〔一〕「輒」，原作「輟」，據光緒本、舊唐書哀帝本紀改。
〔二〕「既」，原作「致」，據光緒本、舊唐書哀帝本紀改。

規，須爲永制。今後每遇延英坐朝日，只令小黄門祇候引從，宫人不得擅出内門，庶循典儀，免至紛雜。」

見聞録：唐會要天祐二年敕：「令後每遇延英坐朝日，只令小黄門祇候引從，宫人不得擅出内。」乃知杜詩「户外昭容紫袖垂，雙瞻御座引朝儀」者，真出殿引坐。而鄭谷入閤詩亦言：「導引出宫鈿。」蓋至天祐始罷。

三年六月壬寅，敕：「文武百寮，每月一度入閤於貞觀殿。朝廷正衙，遇至正之辰，受群臣朝賀。比來視朝〔一〕，未正規儀，今後於崇勳殿入閤，付所司。」

蕙田案：昭宣帝以天祐元年八月即位，不改元。四年而禪梁。册府元龜載此二敕，以爲昭宗天復二年、三年之事。文獻通考則云昭宗天祐二年、三年，不知昭宗崩在元年，皆誤也。今以舊唐書本紀爲正。

册府元龜：天祐二年四月，敕：「自今年五月一日後，常朝出入，取東上閤門，或遇奉慰，即開西上閤門，永爲定制。」

〔一〕「朝」，舊唐書哀帝本紀作「朔」。

蕙田案：冊府元龜載，天復三年，文武兩班官員遇一、五、九朝日，元帥朱全忠請排廊餐，賜詔奬飭，仍付所司。案一、五、九日開延英之制，既定於天祐二年，則此事亦當在天祐三年可知，今附見於此。

右唐常朝

## 五代常朝

冊府元龜：後唐莊宗同光元年十二月，中書門下奏：「每日常朝，百官皆拜，獨兩省官不拜。準本朝故事，朝退，於廊下賜食，謂之『廊餐』。百僚遂有謝食拜。惟兩省官本省有厨，不赴廊餐，故不拜。伏自僖宗幸蜀迴，以多事之後，遂廢廊餐。百官拜儀，至今未改，將五十載。禮恐難停，惟兩省官獨尚不拜，豈可終日趨朝，曾不一拜？獨於班列，有所異同。若言官是近臣，於禮尤宜肅敬。起今後，逐日常朝。宣不坐，除職事官押班不拜外，其兩省官與東西兩班並齊拜。」從之。

二年正月庚申，四方館奏：「常朝諸職員，多有參雜，今後除隨駕將校、外方進奉專使、文武兩班三品以上官，可於内殿對見，其餘並詣正衙，以申常禮。」從之。八月癸巳宣旨放三日朝參，以霖雨甚故也。

三年正月，以百官扈從之勞，放十九日至二十日朝參。六月癸酉，敕：「泥塗稍甚，放文武常參三日。」丁亥，以霖雨放朝。七月乙未敕：「霖雨未止，泥塗頗甚，宜放五日、六日朝參。」戊戌，敕：「泥塗頗甚，放八日、九日朝參。」丁亥，以霖雨放朝。八月己丑，敕：「如聞天津橋未通往來，百官以舟船濟渡，因滋傾覆，兼踣泥塗。自今，文武百官三日一趨朝，宰臣即每日中書視事。」

明宗天成元年五月丁巳，内出御劄一封，賜宰臣，曉示文武百僚：每日正衙常朝外，五日一度，赴内殿起居，宰臣百官班於文明殿庭謝。其中書非時有急切公事請開延英，不在此限。乙酉敕：「每月十五日，賜廊下食。」本朝承平時，常參官每日朝退〔一〕，賜食廊下，謂之「廊餐」。自乾符亂離已後，庶事草創，百司經費不足〔二〕，無每日之賜，但遇月旦入閤日賜食。帝初即位，始因諫官疏奏，請文武百寮五日一起居，

〔一〕「朝退」，原誤倒，據光緒本、册府元龜卷一〇八乙正。
〔二〕「百」，諸本作「有」，據册府元龜卷一〇八改。

見帝於便殿。李琪以爲非故事，以五日爲繁，請每月朔望日，皆入閤賜廊下食，罷五日起居之儀。至是，宣每月朔望皆入閤，依奏，五日一度起居，不得停廢，遂以爲常。

五代史李琪傳：唐末喪亂，朝廷之禮壞，天子未嘗視朝，而入閤之制亦廢。常參之官日至正衙者，傳聞不坐即退，獨大臣奏事，日一見便殿，而侍從内諸司，日再朝而已。明宗初即位，乃詔群臣，五日一隨宰相入見内殿，謂之起居。琪以爲非唐故事，請罷五日起居，而復朔望入閤。明宗曰：「五日起居，吾思所以數見群臣也，不可罷。而朔望入閤可復。」然唐故事，天子日御殿見群臣，曰常參；朔望薦食諸陵寢，有思慕之心，不能臨前殿，則御便殿見群臣，曰入閤。宣政，前殿也，謂之衙，衙有仗。紫宸，便殿也，謂之閤。其不御前殿而御紫宸也，乃自正衙喚仗，由閤門而入，百官俟朝於衙者〔一〕，因隨以入見，故謂之入閤。然衙，朝也，其禮尊；閤，宴見也，其禮殺。自乾符以後，因亂禮闕，天子不能日見群臣而見朔望，故正衙常日廢仗，而朔望入閤有仗，其後習見，遂以入閤爲重。至出御前殿，猶謂之入閤，其後亦

〔一〕「百」，原作「閤」，據光緒本、新五代史李琪傳改。

廢，至是而復。然有司不能講正其事。凡群臣五日一入見中興殿，便殿也，此入閤之遺制，而謂之起居；朔望一出御文明殿，前殿也，反謂之入閤，琪皆不能正也。琪又建言：「入閤有待制、次對官論事，而内殿起居，一見而退，欲有言者，無由自陳，非所以數見群臣之意也。」明宗乃詔起居日有言事者〔一〕，許出行自陳。又詔百官以次轉對。

五代會要：天成元年五月十九日敕：「本朝舊日趨朝官置待漏院，候子城門開，便入立班。如遇不坐，前一日晚，便宣『來日兩衙不坐』。其日纔明，閤門立班，便宣『不坐』。百官各退歸司。近年以來，雖遇不坐正殿，或是延英對宰臣，或是内殿親決機務，所司不循舊制，往往及辰巳之時，尚未放班，既日色已高，人心咸倦。今後若遇不坐日，未御内殿前，便令閤門使宣『不坐』，放朝班退。」

册府元龜：天成元年八月壬辰，以積雨泥甚，放百僚朝參。己亥，帝御文明殿，百官入閤，如月朔之儀，從新例也。九月丙辰，帝御文明殿，入閤新制次日例也。十月，

〔一〕「乃」，原作「又」，據味經窩本、乾隆本、光緒本、新五代史李琪傳改。

右拾遺曹珍上疏，内一件：「百寮朔望入閤，及五日一度内殿起居，請許三署寺監官輪次轉對奏事。」從之。

二年正月丙申，詔曰：「君使臣以禮，臣事君以忠，禮不可一日不修，忠不可一夕不念。二者全，則上下順；一途廢，則出入差。須振綱維，以嚴規矩。凡在策名之列，皆知辨色而朝，儻不夙興，是虧匪懈。君上思政，猶自求衣未明；爲下服勤，固合假寐待旦。宜令御史臺徧示文武兩班〔二〕，自此，每日早赴朝參，職司既得整齊，公事的無壅滯。如或尚兹懈怠，具録奏聞。」

文獻通考：三年，中書門下奏：「逐日常朝，宣『奉敕不坐』，兩省官與東西兩班並拜，押班宰臣不拜。或聞班行所論，承前有廊餐，百官謝食，兩省即各有常厨，從來不拜；或云有侍臣不拜。檢尋故實，不見明規。百官拜爲廊餐，即承旨合宣『有敕賜食』，供奉官不拜，亦恐非儀。且左右前後之臣，日面天顔，豈可不拜？臣等商量，今後常朝，押班宰臣亦拜，通事舍人亦拜，閤門外放仗亦拜。」從之。

〔二〕「徧」，原作「編」，據光緒本、册府元龜卷一〇八改。

冊府元龜：長興元年二月，郊祀畢。丙辰，敕：「宜放兩日朝參，以百官行事之勞故也。」五月庚寅，詔：「諸州得替防禦團練使、刺史，並宜於班行比擬。如未有員闕，可隨常參官逐日立班。」新例也。

二年八月癸酉，詔：「文武百官，五日内殿起居仍舊，其輪次對宜停。若有封事，許非時上表，朔望入閤，待制候對，一依舊制。」

三年三月乙酉，敕：「文武兩班，每遇入閤，從官並賜酒食。從前，臺官及諸朝官，皆在敷政門外兩廊下就食，惟北省官於敷政門内。既爲隔門，各不相見，致行坐不齊，難於整肅。今後，每遇入閤賜食，北省官亦宜令於敷政門外東廊下設席，以北爲首，待班齊，一時就坐。」六月己未，敕：「以霖雨經旬，街衢泥濘，文武兩班，宜放今月八日朝參。」甲子朔，敕：「放三日朝參，大雨故也。」

四年八月辛亥，以霖雨甚，宣旨放入閤。

五代史盧文紀傳：文紀拜中書侍郎、同中書門下平章事。是時，天下多事，廢帝數以責文紀。文紀因請罷五日起居，復唐故事，開延英，冀得從容奏議天下事。廢帝以爲五日起居，明宗所以見群臣也，不可罷，而便殿論事，可以從容，何必延英。因詔宰相有事，不以時詣閤門請對。

册府元龜：末帝清泰元年六月辛卯，御史中丞張鵬奏：「文武常參官入閤日〔二〕，廊下設食，每宣放仗，拜後就食，相承以爲謝食拜。臣以每日常朝，宣不坐後拜退，豈謝食之謂乎？如臣所見，自今宣放仗，拜後且就次候，將設食，别降使於敷政門外，宣賜酒食，群臣謝恩後食。」從之。十一月己巳，御史臺奏：「前任節度、防禦、團練使等，刺史、行軍副使近儀五日一度内殿起居，皆綴班序立，元係班簿，雖曰『便殿起居』，其遇全班起居時，亦合綴班。」從之。

二年三月庚戌，御文明殿，群臣入閤。刑法官劇可久、待制官李愼儀次對。

後晉高祖天福二年三月己未，御史臺奏：「唐朝定令式，南衙常參文武百僚，每日朝退，於廊下賜食，謂之堂食。自唐末亂離，堂食漸廢，仍於入閤起居日賜食。每入閤禮畢，閤門宣放仗，群官俱拜，謂之謝食。至僞主清泰元年中，入閤禮畢，更差中使至正衙門口宣賜食，百寮立班重謝，此則交失有唐堂食之意，於禮實爲太煩。臣恐因

〔二〕「日」，原作「内」，據光緒本、册府元龜卷一〇八改。

循漸失根本。起今後入閤賜食，望不差中使口宣，請準唐明宗朝事例處分。」從之。　四月丙午，御史臺奏：「文武百寮，每五日一度内殿起居。在京城時，百官於朝堂幕次，自文明殿門入，穿文明殿庭，入東上閤門，至天福殿序班。今隨駕百官自到行朝，每遇起居日，於幕次東出升龍門，與諸色人排肩雜進，自外繚繞，方入内門。臣竊見升龍門外，庭宇不寬，人徒大集，或是諸司掌事，或是諸道使臣方集貢輸，不可止約。若令與衣冠雜進，朝士並趨，則恐有壞天官，見輕朝序，權時之義，事理難安。起今後，每遇百官赴内殿起居日，請依在京事體，百官於幕次自正衙門入，東出横門，既協京國常儀，兼在行朝便穩。」從之。　庚戌，御史臺奏：「文武百寮，每月朔望入閤，禮畢，賜廊下食。在京時，祇於朝堂幕次兩廊下。今在行朝，於正衙門外，權爲幕次，房廊湫隘，間架絶少。伏恐五月一日朝會禮畢，準例賜食，即與幕次難爲排比。伏見唐明宗時，兩省官於文明殿前廊下賜食，今未審每遇入閤日，權於正衙門内兩廊下排比賜食，爲復别有處分者。」敕旨宜依明宗時舊規。　六月甲午，太妃將至行闕，放文武朝一日。　十一月〔一〕，中書

〔一〕「十一月」，諸本作「十一日」，據册府元龜卷一〇八改。

奏：「準唐貞元二年九月五日敕，文官充翰林學士及皇太子、諸王侍讀，武官充禁軍職事，並不常朝參。其在三館等諸職事者，並朝參。訖，各歸所務。自累朝以來，文武在内廷充職兼判三司，或帶職額及六軍判官等，例不赴常朝，元無正敕。準近敕，文武職事官未升朝者，案舊制，並赴朔望朝參。其翰林學士、侍讀、三館諸職事，望準元敕處分，其在内廷諸司使等，每受正官之時，來赴正衙，謝後不赴常朝，大會不離禁廷位次。三次職官免常朝，惟赴大朝會。其京司未升朝官員，祇赴朔望朝參，帶諸司職掌者，不在此例。文官除端明殿翰林學士、樞密院學士、中書省知制誥外，有兼官兼職者，仍各發遣本司供事。」可之。

四年七月壬寅朔，帝御崇元殿，百官入閤，如常禮。朔不入閤，日蝕故也。閏七月庚子朔，百官不入閤，雨霑服也。十二月丁酉朔，百官不入閤，大雪故也。

五年正月壬辰，馮道奏曰：「宰臣朝見，辭謝在朝堂横街之南，逮至餘官，則悉於崇元門内。夫表著之列，豈可踰之？故古先明王，必正其位服，此實事因偶爾，習以爲常。又，入閤禮畢之時，群官退於門外，定班如初，俟宣放仗。唯翰林學士、前任郡守等，不隨百辟，即時直出，二者禮僭序失，其使正之。」帝深然其言，於是下詔曰：「官爵之班，即分高下，見謝之位，豈有異同？宜格通規以爲定制。今後宰臣使相朝見、辭謝，並於崇元門内，與諸官重行異位，一時列班横行〔一〕，以從舊例。又入閤之義，序班爲重，宣唤則齊趨正殿，放仗則各出朝門〔二〕，何起居之禮即同，而進退之規有異？其翰林學士及前任郡守等，今後入閤退朝，宜依百官班制。」

七年五月己亥，中書門下奏：「時屬炎蒸，事宜簡省。應五日百官起居，即令押班宰臣一員押官班，其轉對官兩員封事付閤門使引進，本官起居後，隨百寮退，不用别出謝恩。其文武内外官寮乞假、寧親、移家及昏葬、病損，並門見門辭。諸道進奉物等，不用殿前排列，引進使引至殿前，奏云『某等進奉』。奏訖，其進奉物便出。其進奉專使，朝見日，班首一人致詞，都附起居。州刺史并行軍副使、諸道馬步軍都指揮使已下，差人到闕，並門見門辭。州縣官謝恩日，甲頭一人都致詞，不用逐人告官。其供奉官、殿直等，如是當直及於合殿前排立者，即入起居。如不當直排立者，不用

〔一〕「一時列班横行」，册府元龜卷一〇八作「一時列拜，假開横行」。
〔二〕「放仗則」，原脱，據光緒本、册府元龜卷一〇八補。

每日起居。委宣徽院專切點檢，常須整齊。」從之。

開運元年八月癸卯，倉部郎中知制誥陶穀奏：「內外臣寮，正衙辭謝。內則諸司小吏與宰相差肩，外則屬郡末寮共元戎接武，欲望宰臣、使相依舊押班。其郡牧、藩侯、臺省少監長吏等，不得令部內本司卑冗官員同班辭謝。」敕從其奏。

十一月乙亥，吏部侍郎張昭遠奏：「文武常參官每日於正衙立班。閤門使宣不坐後，百僚俱拜。舊制，惟押班宰相、押樓御史、通事舍人各緣提舉贊揚，所以不隨庶官俱拜。自唐天成末，議者不悉朝儀，遽違舊典，遂令押班之職，一例折腰，此則深忽禮文，殊乖故實。且宰相居庶寮之首，御史持百職之綱，嚴肅禁庭，糾繩班列，慮於拜揖之際，或爽進退之宜，於是凝立靜觀，檢其去就。若令旅拜旅揖，實恐非宜。況事要酌中，恭須近禮，人臣愛主，不在於斯。其通事舍人職司贊導，比者兩班進退，皆相其儀。今則在文班武班之前，居一品二品之上，端笏齊拜，禮實未聞。其押班相、押樓御史、通事舍人，並請依天成三年以前禮例施行，無至差忒。」殿中侍御史賈玄珪奏：「是非既異，沿革不同，舉之則雖有舊規，考之則全無故實。且夫酌人心而致禮，依神道而設教，此乃經國之大端也。況通事舍人居贊導之職，押樓御史當糾察之司，一則示於紀綱，一則防於謬誤，所以靜觀進退，詳視等威，實非抗禮於庭。所謂各司其局，俾令不拜，雅合其宜。伏以宰相押班，率千官而設拜，起居内殿，統百辟以致詞，儀刑文武之班，表式鵷鷺之列，不得比贊導之職，詎可同糾察之司？統冠群僚，所宜列拜。臣位居憲府，迹厠同班，言或庶其得中，罪難逃於多上。」帝從之。

蕙田案：御史司糾察，舍人主贊導。朝謁之時，不令一體列拜，所以肅朝儀也。宰相，百僚之師表，既云押班，自應率領諸司，一體跪拜。賈玄珪之議，允爲得中。

二年六月乙丑朔，帝御崇元殿，百官入閤。

後漢隱帝乾祐二年五月，中書舍人艾穎上言：「近制，一月兩度入閤，五日一度起居。近年以來，入閤多廢，每遇朔望，不面天顔。臣請今後朔望入閤，即從常禮。如不入閤，即請朔望日起居，冀面聖顔，以伸誠敬。」

周太祖廣順元年四月壬辰朔，帝御廣政殿，群臣起居。十月壬寅，雪尺餘，放朝。

二年十一月癸丑朔，入閤。

顯德元年八月壬寅朔，帝御崇元殿，文武百寮入閤，仗衛如儀。十一月辛未朔，帝御崇元殿，文武百官入閤，仗衛如儀。　二年四月己亥，帝御崇元殿，文武百官入閤，仗衛如儀。　八月丁酉朔，帝御崇元殿，百官入閤，如儀。

三年六月壬戌朔，帝御崇元殿，文武百官入閤，仗衛如儀。

四年二月辛酉，詔曰：「文武百寮，起今後每遇入閤日，宣賜廊餐。」此有唐之舊制也。自晉氏多故，寢而不行，上以寵待廷臣，故復有是命。　五月丁亥朔，帝御崇元殿視朝，太常樂懸，金吾仗衛如儀。　八月乙卯朔，帝御崇元殿，文武百官入閤如儀。　既罷，賜百官廊餐。　時帝御廣德殿西樓以觀焉，命中黄門閲視，酒饌無不腆。

右五代常朝

# 五禮通考卷一百三十四

## 嘉禮七

### 朝禮

宋常朝

宋史禮志：常朝之儀。唐以宣政爲前殿，謂之正衙，即古之内朝也。以紫宸爲便殿，謂之入閤，即古之燕朝也。外又有含元殿，含元非正、至大朝會不御。正衙則日見，群臣百官皆在，謂之常參，其後此禮漸廢。後唐明宗詔群臣每五日一隨宰相入見，謂之起居。宋因其制，皇帝日御垂拱殿。文武官日赴文德殿正衙曰常參，宰相一人押班。其朝朔望亦於此殿。五日起居則於崇德殿或長春殿，中書、門下爲班首。長春即垂拱也。

蕙田案：宋志謂「古之内朝」，即治朝也。

文獻通考：宋朝因唐與五代之制，文武官每日赴文明殿正衙常參，宰相一人押班。五日起居，即崇德、長春二殿，中書、門下爲班首。其長春殿常朝，則内侍省都知押班，率内供奉官以下并寄班等先起居，次閤門使〔一〕，次三班使臣，注：節度、觀察、防禦、團練、刺史等子弟充供奉官、侍禁、殿直，有旨令預内朝起居者。次内殿當直諸班，殿前指揮使、左右班都虞候以下、内殿直、散直、散指揮、散都頭、金槍班等。次長入祇候、東西班殿侍，次御前忠佐，次殿前都指揮使率軍校至副指揮使，次駙馬都尉，任刺史以上者綴本班。次諸王府僚，次殿前司諸軍使、都頭，次皇親將軍以下至殿直，次行門指揮使率行門起居。以上並内侍贊謁。如傳宣前殿不坐，即宰相與樞密使、文明殿學士、三司使、翰林樞密直學士、中書舍人、三司副使、知起居注、皇城内監庫藏朝官、諸司使副、内殿崇班、供奉

〔一〕「次閤門使」，文獻通考卷一〇七改作「次客省、閤門使以下」。

官、侍禁、殿直、翰林醫官、待詔等，同班入。中書舍人，乾德後始令赴内朝。三司判官，太平興國前赴内殿，其後罷之，止隨百官五日起居。中書舍人、知起居注，遇五日起居之時，亦各赴外朝〔一〕。次親王，次侍衛親軍馬步軍都指揮使率軍校至副指揮使，次使相，次節度使，次統軍，次兩使留後、觀察使，次防禦、團練使、刺史，次侍衛馬軍步軍使、都頭，起居畢，見、謝班入。如御崇德殿，即樞密使以下先就班，俟升坐。諸司使副以下至殿直，分東西對立，餘皆北向。長春殿皆北向。宰相、參知政事最後入。以上並閤門贊謁。日止再拜，朔望及三日假，即樞密使以下皆舞蹈。國初，近侍、執事之臣皆赴晚朝，後罷之。凡早朝，宰相、樞密、宣徽使起居畢，同升殿問聖體。宰相奏事，樞密、宣徽使退候。宰相對畢，樞密使復入奏事。次三司、開封府、審刑院，遇百官起居，即樞密、宣徽使侍立，俟左右巡使出，即退。其崇德殿，三司使、文明樞密直學士、内客省使仍侍立。舊三司使奏事，副使、判官同對，其後止副使司之。大中祥符九年，詔：「自今有大事，許判官同上之。」及群臣以次升殿。自兩省以上領務京師者有公事〔二〕，

〔一〕「赴」，諸本作「付」，據文獻通考卷一〇七改。

〔二〕「自」，原作「大」，據光緒本、文獻通考卷一〇七改。

許即請對。自餘受使出入要切者，欲面議奏事，則先聽進止。其見、謝、辭官，以次入於庭。出使閑慢，及未升朝官，或止拜於殿門外，自秘書監、上將軍、觀察使、内客省使以上，得拜殿前階上，及升殿，止拜御座前，餘皆庭中也。凡見者先之，謝次之，辭又次之。其班次：先宰相，次親王，次樞密副使、參知政事，次内職、内臣，次使、三司、學士、兩省御史臺文武班、節使以下，次將軍校，次雜班。惟宰相、親王、使相赴崇德殿，即宣徽使通唤，餘皆側立候通，再拜舞蹈；致辭〔一〕，即不舞蹈。見，即將相升殿問聖體。其賜分物酒食及收進奉物，皆舞蹈稱謝。凡收進奉物，皆入謝。幕職、州縣官謝、辭，即判銓官引對，兼於殿門外宣辭戒勵。凡國有大慶瑞、出師勝捷，樞密使率内職軍校入賀致詞，閤門使宣答。訖，當侍立者升殿，次百官入。宰相致詞，宣徽使宣答。賜酒，即預坐官後入，作樂送酒，如曲宴之儀。

凡視朝，退進食訖，易服，御崇政殿或承明殿，先群臣告謝。注：自諫、舍、知、雜、御史以上及帶三司、館、王府僚屬、曆官、醫官、刺史以上，上將軍并發運使、轉運使并許焉。自非宣制並捧官告敕敘謝，其貴近者，或賜坐賜茶，餘或改章服，即謝訖易服，又告謝，再拜。次軍頭引見司奏

〔一〕「致」下，諸本衍「詞」字，據文獻通考卷一〇七校勘記删。

事於殿陛下，次三班、審官院、流内銓、刑部及諸司引見官吏。後詔審官引對京朝官奏課不得過三人，差遣不得過五人。三使部選人差遣不得過十人。如假日起居，辭見畢，即移御座，臨軒視事。既退，復有群司奏，或閱器物之式，謂之後殿再坐。

蕙田案：宋制：每日常參，五日起居，並稱常朝。文獻通考所云「長春殿常朝」，宋志謂之「垂拱殿起居」，其實一也。

宋史禮志：建隆元年八月朔，太祖常服御崇元殿，設仗衛，文武百官入閤，始置待制、候對官，乃以工部尚書竇儀待制〔一〕，太常卿邊光範候對。仗退，賜食廊下。

文獻通考：五代以來，廢正衙立仗，而入閤亦希闊不講，至是復行之。然御前殿，非唐舊矣。崇元殿即大慶殿前殿也。待制、候對者，亦唐制也。每正衙，待制官兩員。正衙退後，又令六品以下於延英候對，皆所以備顧問。其後，每入閤，即有待制、次對官。後唐天成中廢，至是復行之。廊下食起唐貞觀，其後，常參官每日朝退賜食，謂之廊餐。唐末浸廢，但於入閤起居日賜食，今循其制。

〔一〕「竇儀」，諸本作「竇儼」，據宋史禮志二十改。

文獻通考：建隆三年三月，詔内殿起居日，令百官以次轉對，限三人爲定。其封章於閤門通進，復鞠躬，自奏，宣徽使承旨宣答，拜舞而出。

宋史禮志：乾德四年四月朔，帝服通天冠、絳紗袍，御崇元殿視朝，設金吾仗衛，群臣入閤。

文獻通考：六年九月，始以旬假日御講武殿，近臣但赴早參。宰相以下皆具靴笏，諸司使以下皆係鞵。其節假及太祠，並如令式處分。

蕙田案：宋史禮志原注：講武殿又名崇政。

宋史禮志：開寶九年四月，詔：「旬休日不視事。」

文獻通考：太宗即位，旬休日復視事講武殿。其後又詔：「自今内、外百司，除舊制給假外，每月旬假、上巳、社、重午、重陽，並休務一日。三司、開封府事關急速，不在此限。遇初寒、盛暑、大雨、雷雪，當議放朝。」

宋史禮志：太宗淳化二年十一月，詔以十二月朔御文德殿入閤，令史官脩撰楊徽之、張洎定爲新儀。前一日，有司供帳於文德殿。宋初曰文明。是日既明，先列文武官於殿庭之東西，百官、軍校、行軍副使等序班於正衙門外屏南階下；次御史中丞、三院御史序立，中丞獨穿金吾班過揖兩班，一揖歸本位；次監察御史兩員監閤，於正衙門外屏北階上北面立；次中書、門下、文明翰林樞密直學士、兩省官分班立；次司天奏辰刻；次閤門版奏班齊。皇帝服鞾袍乘輦，至長春殿駐輦，樞密使以下奏謁，前導至文德殿。殿上承旨索扇，捲簾。皇帝升位，扇卻，儀鸞使焚香；次文武官等拜；次司天雞唱；次閤門勘契；次閤門使承旨呼四色官喚仗，南班有辭謝者再拜先退，中書、門下班對揖，序立正衙門外屏北階上；次翰林學士、兩省官、中丞、侍御史序立；次金吾將軍押細仗入正衙門後横行，拜訖，分行上黄道，仗隨入，金吾將軍至龍墀分班揖訖，序立；次吏部侍郎執文武班簿入，對揖立；次中書、門下、學士、兩省、御史臺官入，北面拜訖，上黄道，將至午階，皺鞾急趨赴丹墀，彈奏御史至吏部侍郎南便落黄道，急趨就位；起居郎、舍人至兵部、吏部侍郎後，急趨而進，飛至香案前，皆揖訖序立；次金吾大將軍先對揖並鞠躬，皺鞾行至折方石位又對揖，北行至奏事石位鞠躬，一員奏軍國内外平安，倒行就位；次引文武班就位，揖訖，鞠躬，皺鞾急趨入沙墀；次引侍從班横行，宰相祝月起居畢，分班序立；文武兩班出，序立於衙門外。刑法、待制官赴監奏位，中書、門下夾香案侍立，兩省御史臺官、學士、兵部吏部侍郎、金吾將軍、監閤御史並相次出，就衙門外立。惟學士立門側北候宰使〔一〕。中書、門下詣香案前奏曰：「中書公事，臣等已具奏聞。」訖，乃退，揖殿出。次刑法官、待制官各奏事，並宣徽使答訖，乃出就班。次彈奏官、左右史出。閤内失儀者，彈糾如式〔二〕。彈奏官失儀，起居郎糾之；起居郎失儀，閤門使糾之；閤門使失儀，宣徽使糾之。凡出者皆廞韡急趨揖殿。次中書、門下、學士就位，閤門使宣放仗，再拜，賜廊下食，又再拜。次閤門使奏閤内無事，文武官出，殿上索扇，垂簾，輦還宫。其賜廊下食，自左右勤政門北東西兩廊，文東武西，以北爲上，立定；中丞至本位，面南一揖，乃就坐食；至臺吏〔三〕，贊乃搢笏食，食訖復贊，食畢而罷。五月朔，命有司增黄麾仗三百五十人〔四〕，令文武官隨中書、門下横行起居，徙翰林學士位於參知政事後，與節度使分東西揖殿出。真宗凡三行之，景德以後其禮不行。

〔一〕「使」，宋史禮志二十作「相」。
〔二〕「糾」，諸本作「紀」，據宋史禮志二十改，下「糾」字皆同。
〔三〕「吏」，原作「史」，據光緒本、宋史禮志二十改。
〔四〕「三百」，宋史禮志二十作「二百」。

揮麈後録：時江南張洎獻狀，述朝會之制，得失明著。其要云：「今之乾元殿，即唐之含元殿也，在周爲外朝，在唐爲大朝。冬至、元日，立全仗，朝百國，在此殿也。今之文德殿，即唐之宣政殿，在周爲中朝，在漢爲前殿，在唐爲正衙。凡朔望起居，册拜后妃、皇太子、王公大臣，對四夷君長，試制策科舉人，在此殿也。昔東晉太極殿有東西閤。唐制，紫宸上閤，法此制也。且人君恭己南面，嚮明而理，紫微黄屋，至尊至重，故巡幸則有大法駕從之盛，御殿則有勾陳羽衛之嚴，故雖隻日常朝，亦猶立仗。前代謂之入閤儀者，蓋隻日御紫宸上閤之時，先於宣政殿前立黄麾金吾仗，候勘契畢，唤仗，即自東西閤門入，故謂之入閤。今朝廷且以文德正衙權宜爲上閤，甚非憲度。況國家繼百王之後，天下昇平，凡曰憲章，咸從損益，惟視朝之禮，尚自因循。竊見長春殿正與文德殿南北相對，殿前地位連横街，亦甚廣博，伏請改創此殿作上閤，爲隻日立仗、視朝之所。其崇政殿，即唐之延英是也，爲雙日常時聽斷之所，庶乎臨御之式，允協前經。今論以入閤儀注爲朝廷非常之禮，甚無謂也。」

蕙田案：張洎論入閤之説當矣。宋初，去五代未遠，故承其誤，至熙寧，始罷入閤之禮。

初，群臣見、辭、謝，皆赴正衙。淳化二年，知雜御史張郁言：「正衙之設，謂之外朝，凡群臣辭、見及謝，先詣正衙，見訖，御史臺具官位姓名以報閤門，方許入對，此國家舊制也。自乾德後，始詔先赴中謝，後詣正衙。而文武官中謝後，次日並赴正衙，內諸司遥領刺史、閤門通事舍人以上新授者亦赴正衙辭謝，出使急速免衙辭者亦具狀報臺，違者罰俸一月。其內諸司職官并將校至刺史以上新授者，欲望同百官例，赴正衙謝。」從之。

淳化二年，詔：「自今內殿起居日，復令常參官二人次對，閤門受其章。」

太宗本紀：淳化三年五月甲午朔，御文德殿，百官入閤。

文獻通考：是歲，令有司復舉十五條。一，朝堂行私禮。二，跪拜。三，待漏行立失序。四，談笑喧嘩。五，入正衙門，執笏不端。六，行立遲緩。七，至班列行立不正。八，趨拜失儀。九，言語微喧。十，穿班仗。十一，出閤門不即就班〔一〕。十二，無故離位。十三，廊下食，行坐失儀語喧。十四，不從正衙門出入。十五，非公

〔一〕「出」，諸本脱，據文獻通考卷一〇七校勘記補。

事入中書。犯者罰一月俸，有司振舉，拒不伏者録奏，乞行貶降，其後每罰減半。

真宗本紀：咸平二年八月辛亥，御文德殿，文武百官入閤。

禮志：真宗咸平三年五月朔，雨，命放仗，百官常服起居於長春殿，退詣正衙，立班宣制。

咸平六年，命翰林學士梁顥等詳定閤門儀制，成六卷，因上言：「三司副使序班、朝服比品素無定列，至道中，筵會在知制誥後、郎中前。今請同諸司、少卿監，班位在上。如官至給諫、卿監者，自如本品，朝會大宴隨判使赴長春殿起居引駕。其朝會引駕至前殿，與諸司使同退。」

景德二年，光禄寺丞錢易言：「竊覩文德殿常朝班不及三四十人，蓋以凡掌職務止赴五日起居，頗違舊章。望令並赴朝參。」乃詔應三館、祕書閣、尚書省二十四司、諸司寺監朝臣內殿起居外，並赴文德殿常參。其審刑院、大理寺、臺直官、開封府判官推官司録兩縣令〔二〕、司天監、翰林天文、監倉場庫務等仍免。

〔二〕「令」，諸本脱，據宋史禮志十九補。

三年，復詔群臣轉對，其在外京官内殿崇班以上，候得替，先具民間利害實封，於閤門上進，方得朝見。

大中祥符二年，御史知雜趙湘言：「伏見常參官每日趨朝，多不整肅。舊制，並早赴待漏院，候開内門齊入。伏緣每日迨辰以朝，以故後時方入。又風雨寒暑，即多稱疾，宜令知班驅使官視其入晚者申奏。疾者，遣醫親視。」

真宗本紀：大中祥符三年閏二月辛亥，帝御文德殿，群臣入閤。

禮志：大中祥符四年閏三月，太常禮院、閤門言：「準詔同詳定閤門使李端慤所奏閤門儀制，宰臣與親王立班坐位分左右各爲班首，宰臣、樞密使帶使相，或帶郡王并使相作一行，總爲中書門下班。其親王獨行一班者，準對爵令。兄弟皇子皆封國，謂之親王，所以他官不可參綴。檢會坐次圖，直將宗室使相輒綴親王，蓋更張之時未見親王，遂致失於講求，近見朝拜景靈宫，東陽郡王顥亦綴親王班，竊恐未安。今取到閤門儀制〔一〕，其合班宰臣、使相在東，親王在西，分班立。又祥符元年晏坐次圖，宰

〔一〕「取」，原作「所」，據光緒本、宋史禮志二十一改。

臣王旦與使相石保吉在東，寧王元偓、舒王元偁、廣陵郡王元儼、節度使惟吉在西，分班坐。其元儼、惟吉是郡王與節度使，許綴親王班，竊慮當時出自特旨。今來檢尋，元初文字不見，在先朝只依祥符元年晏坐次圖，親王及帶使相郡王在西爲一班。臣等參詳，請依閤門儀制，親王在西，獨爲一班，宗室郡王帶使相許綴親王立班坐次，即係臨時特旨。」從之。

職官志：大中祥符九年正月，興利州團練使德文言〔二〕：「男侍禁承顯赴起居，請在惟忠子從恪之上。」時從恪雖姪行，而拜職在前，遂詔宗正寺定宗室班圖以聞。宗正言：「案公式令：朝參行立，職事同者先爵，爵又同者先齒。今請宗子官同而兄叔次弟姪者，並虛一位而立。」

真宗本紀：天禧元年秋七月丁未，霖雨，放朝。十二月丙子，嚴寒，放朝。四年九月己未，久雨，放朝。冬十月戊寅，命依唐制，雙日不視事。十一月辛未，詔自今群臣五日於長春殿起居，餘隻日視朝於承明殿。

〔二〕「興利州」，宋史職官志八校勘記謂「利」爲衍文。

禮志：天禧四年十月，中書、門下言：「唐朝故事：五日一開延英，隻日視事，雙日不坐。方今中外晏寧，政刑清簡〔一〕，望準舊事，三日、五日一臨軒聽政，隻日視事，雙日不坐。至於刑章、錢穀事務，遣差臣僚，除急切大事須面對外，餘並令中書、樞密院附奏。」詔禮儀院詳定，雙日前後殿不坐，隻日視事；或於長春殿，或於承明殿，應内殿起居群臣並依常日起居；餘如中書、門下之議〔二〕。俄又請隻日承明殿常朝，依假日便服視事，不鳴鞭。詔可。

真宗本紀：天禧五年冬十月壬子，依漢、唐故事，五日一受朝，遇慶會，皇太子押班。

仁宗本紀：景祐元年九月壬辰，百官請隻日御前殿，如先帝故事，詔可。

宋庠傳：庠，寶元中，以右諫議大夫參知政事〔三〕。庠儒雅，練習故事，嘗從容論及唐入閤儀，庠退而上奏曰：「入閤，乃有唐隻日於紫宸殿受常朝之儀也。唐有大

〔一〕「政」，原作「致」，據光緒本、宋史禮志十九改。
〔二〕「議」，諸本作「儀」，據宋史禮志十九改。
〔三〕「右」，諸本脱，據宋史宋庠傳補。

內，又有大明宮，宮在大內之東北，世謂之東內，高宗以後，天子多在。大明宮之正南門曰丹鳳門，門內第一殿曰含元殿，大朝會則御之；第二殿曰宣政殿，謂之正衙，朔望大册拜則御之；第三殿曰紫宸殿，謂之上閤，亦曰內衙，隻日常朝則御之。天子坐朝，須立仗於正衙殿，或乘輿止御紫宸，即喚仗自宣政殿兩門入，是謂東、西上閤門也。以本朝宮殿視之：宣德門，唐丹鳳門也；大慶殿，唐含元殿也；文德殿，唐宣政殿也；紫宸殿，唐紫宸殿也。今欲求入閤本意，施於儀典，須先立仗文德庭，如天子止御紫宸，即喚仗自東、西閤門入，如此則差與舊儀合。但今之諸殿，比於唐制，南北不相對。又案唐自中葉以還，雙日及非時大臣奏事，别開延英殿，若今假日御崇政、延和是也。乃知唐制每遇坐朝日〔一〕，即爲入閤，其後正衙立仗因而遂廢，甚非禮也。」

康定元年六月丙戌，詔假日御崇政殿，視事如前殿。

禮志：康定初，詔中書、樞密、三司，大節、大忌給假一日，小節、旬休並後殿奏事，

〔一〕「每遇」，諸本作「無過」，據宋史宋庠傳改。

前後毋得過五班，餘聽後殿對，御厨給食。假日，崇政殿辰漏，上入内進食，俟再坐復對。

文獻通考：英宗治平四年，詔御史臺，每遇起居日，令百僚轉對。御史臺請依閤門儀制，輪兩省及文班秩高者二員於百官起居日轉對。若兩省官有充學士待制，則綴樞密班起居，内朝臣僚不與。詔從之。又詔：「遇轉對日，增二員。」

宋史禮志〔一〕：神宗即位，御史中丞王陶以皇祐編敕宰臣押班儀制移中書，謂「天子新即位，大臣不應墮廢朝儀」，不報。舊制：祖宗以來，日御垂拱殿，待制、諸司使以上俱赴，而百官班文德殿，曰常朝；五日皆入，曰起居。平時，宰相垂拱殿奏事畢，赴文德殿押班，或日昃未退，則閤門傳宣放班，多不復赴。王陶以韓琦、曾公亮違故事不押班爲不恭，劾之。琦、公亮上表待罪，且言：「唐及五代會要，月九開延英，則餘日宰相當押正衙班。及延英對日，未御内殿前，傳宣放班，則宰相不押正衙班明矣。自祖宗繼日臨朝，宰相奏事。至祥符初，始詔循故事，押文德班。以妨職浸廢，乃至今

〔一〕「宋史禮志」，原脱，據光緒本補。

日。請下太常、禮院詳定。」陶坐絀。司馬光代爲中丞，請令宰相遵國朝舊制押班，不須詳定。尋詔：「宰相春分辰初、秋分辰正，垂拱殿未退，聽勿赴文德殿，令御史臺放班。」光又言：「垂拱奏事畢，春分以後鮮有不過辰初，秋分以後鮮有不過辰正，然則自今宰臣常不至文德殿押班。請春分辰正、秋分巳初，奏事未畢，即如今詔，庶幾此禮不至遂廢。」迺詔春秋分率以辰正。

文獻通考：熙寧元年，詔：「自今授外任者，許令轉訖朝辭。」

宋史禮志：熙寧初，閤門言：「舊制，中書省、樞密院奏事退，再引三班，假日則兩班，或再御後殿引對，多及午刻，遇開經筵，即至申末，恐久勞聖躬。請遇經筵日，自二府奏事外，止引一班，或有急奏及言事官請對即取旨，俟罷經筵日仍舊。」又言：「假日御崇政殿，每遇辰時，則隔班過延和殿再引，不待進食，至巳刻隔班取旨，尚許引對。請自今隔班過延和殿，俟已進食再引。遇寒暑、大風雨雪即令次日引對。」詔：「自今授外任者，許令轉對訖朝辭。」監察御史裏行張戩、程顥言：「每欲奏事，必俟朝旨，或朝政有闕及聞外事而機速後時，則已無所及；況往復俟報，必由中書，萬一事干政府，則或致阻格。請依諫官例，牒閤門求對，或有急奏，即許越次登對，庶幾遇事入告，無憂失時。」又以編修閤門儀制所言，三衙有急奏，許於後殿登對，若别有奏陳，則報閤門如常制，或假日御崇政殿，則於已得旨對班後續引，且許兩制以上同班奏事。

蕙田案：文獻通考載張戩、程顥奏，在熙寧二年。

文獻通考：熙寧三年，知制誥宋敏求等言：「文德殿入閤儀制，考之國朝會要，與今儀制所載，頗或異同。案今文德殿，唐宣政殿也；紫宸殿，唐紫宸殿也。然祖宗朝〔一〕，皆嘗御文德殿入閤。唐制，嘗設仗衛於宣政殿，或遇上坐紫宸，即喚仗入閤。如此，則當御紫宸殿入閤，方協舊制。請下兩制及太常禮院詳定。」詔學士院議。翰林學士承旨王珪等言：「案入閤者，乃唐隻日紫宸殿受常朝之儀也。唐制，天子坐朝，必立仗於正衙。若止御紫宸，即喚正衙仗自宣政殿東西閤門入，故爲入閤。五代以來，遂廢正衙立仗之制。今閤門所載入閤儀者，止是唐常朝之儀，非爲盛禮，不可遵行。」從之。自是，入閤之禮遂罷。敏求又言：「本朝以來，惟入閤乃御文德殿視朝，今既不用入閤儀，即文德殿遂闕視朝之禮。請下兩制及太常禮院，約唐制御宣政殿，裁

〔一〕「朝」上，文獻通考卷一〇八補「視」字。

定朔望御殿儀，以備正衙視朝之制。」詔學士院詳定儀注。

○學士韓維等以入閤圖增損裁定上儀曰：「朔日不值假，前五日閤門關諸司排辦。前一日，有司供帳於文德殿。其日，左右金吾將軍常服押本衛仗〔一〕，判殿中省官押細仗，先入殿庭，東西對列；文武官等分東西序立；諸軍將校分入〔二〕，北向立；朝堂引贊官引彈奏御史二員入殿門踏道，當下殿北向立；次催文武班分入，並東西相向對立；諸軍將校即於殿庭北向立班。其班次並御史臺祗應。皇帝服靴袍垂拱殿坐，鳴鞭，內侍、閤門、管軍依朔望常例起居；次引樞密、宣徽使、三司使副、樞密直學士、內閤省使以下至醫官、待詔及修起居注官二員並大起居〔三〕。皇帝乘輦至文德殿後，閤門奏班齊，皇帝自後閤出，殿上索扇，升榻，鳴鞭；扇開，簾捲，儀鸞使焚香，喝文武官就位，四拜起居；雞人唱時；舍人於彈奏御史班前西向喝大起居。御史由文武班後至對立位，次引左右金吾將軍合班於宣制石南大起居，班首出班，躬奏軍國內外平安，歸位

〔一〕「服」，諸本脱，據文獻通考卷一〇八校勘記補。
〔二〕「軍將」，原誤倒，據光緒本、文獻通考卷一〇八乙正。
〔三〕「大起居」下，文獻通考卷一〇八補「諸司使以下退排立」八字。

再拜，各歸東西押仗位。通喝舍人於宣制石南北向對立。舍人退於西階，次揖宰臣、親王以下，躬奏文武百僚、宰臣某姓名以下起居，分引宰臣以下横行，諸軍將校仍舊立。閤門使喝大起居，舍人引宰臣至儀石北，俛伏跪致詞祝月訖，其詞曰：「文武百僚、宰臣全銜臣某姓名等言：孟春之吉，伏惟皇帝陛下，膺受時祉，與天無窮。臣等無任懽呼忭蹈之至。」歸位五拜。閤門使揖中書由東階升殿，樞密使帶平章事以上由西階升殿侍立；給事中一員以知門下封駮事官充。歸左省位立；轉對官立於給事中之南；如罷轉對官，每遇御史臺前期牒請；文官二員並依轉對官立例，先于閤門投進奏狀。吏部侍郎及刑法官立於轉對官之南；兵部侍郎於右省班南，與吏部侍郎東西相向定，搢笏，各出班籍置笏上；吏部、兵部侍郎以知審官東、西院官充，刑法官以知審刑、大理寺官充。親王、使相以下分班出；引轉對官於宣制石南，宣徽使殿上承旨宣答如儀；次吏部、兵部侍郎及刑法官對揖出；見、謝、辭班，自從別儀。次彈奏御史無彈奏對揖出；如有彈奏，並如儀。引給事中至宣制石南揖，躬奏殿中無事；喝祇候，揖，西出；次引修起居注官排立，供奉官以下各合班於宣制石南躬；喝祇候，揖，分班出；喝文武官等門外祇候，出。索扇，垂簾，皇帝降座，鳴鞭；舍人當殿承旨放仗，四色官齾轔急趨至宣制石南，稱奉敕放仗。金吾將軍并判殿中省官對拜訖，隨仗出；親王、使相、節度使至刺史、學士、臺省官、文武百僚、諸軍將校等並序班朝堂，謝賜茶酒。皇帝御垂拱殿座，中書、樞密及諸對官奏事；不引見、謝、辭班。後殿座，臨時取旨。其日遇有德音、制書、御札，仍候退御垂拱殿座，制箱出外。應正衙見、謝、辭文武臣僚，並依御史臺儀制喚班，依序分入於文武班後，以北爲首，分東西相向，重行異位，依見、謝、辭班序位。餘押班臣僚於班稍前押班，候刑法官對揖出，分引近前揖躬。舍人當殿宣班，引轉對班見、謝、辭，並如紫宸殿儀。樞密使不帶平章事、參知政事至同簽書樞密院事、宣徽使並立於宣制石稍北，宰相、親王、樞密帶平章事、使相繫押班者，立於儀石南，餘官並立于宣制石南，並合贊喝，閤門使。引並如儀。贊喝訖，係中書、樞密並揖升殿謝辭，揖，西出，其合問聖體者，並如儀；餘官分班出。彈奏御史候見、謝、辭班絶，對揖出。其朝見，如謝都城門外御筵，及詔赴闕謝茶藥撫問之類，不可合班者，各依別班中謝對。賜酒食等並門賜。其係正衙見門謝辭，亦門外喝放。應正衙見、謝、辭臣僚，前一日，於閤門投諸正衙牓子，閤門下奏目〔二〕，又投正衙狀於御史臺、四方館。應朔

〔二〕「下」，文獻通考卷一〇八改作「上」。

日或得旨罷文德殿視朝，止御紫宸殿起居，其已上奏目，正衙見、謝、辭班並放免，依官品隨赴紫宸殿引，或值改，依常朝文德殿，自有百官班日，並如舊儀。應外國蕃客見、辭，候喚班先引赴殿庭東邊，依本國職次重行異位立，候見、謝、辭班絶，西向躬。舍人當殿通班轉於宣制石南，北向立，贊喝如儀，西出。其酒食分物並門賜，如有進奉，候彈奏御史出，進奉入〔一〕。惟御馬及檐牀自殿西偏門入，東偏門出。其進奉出入，天武官起居〔二〕，舍人通某國進奉，宣徽使喝進奉出，節次如紫宸殿儀式。候進奉出，給事中奏殿中無事，出。其後殿再座，合引出者，從別儀。其日，賜茶酒，宰臣、樞密於閤子，親王於本廳，使相、宣徽使、觀文殿大學士至寶文閣直學士、兩省官、待制、三司副使、文武百官、皇親使相以下至率府副率，及四廂都指揮使以下至副都頭，並於朝堂。如朝堂位次不足，即于朝堂門外序次。管軍節度使至四廂都指揮使、節度使、兩使留後至刺史，並於客省廳。」詔依所定。

〔一〕「進」上，諸本衍「入」字，據文獻通考卷一〇八校勘記删。
〔二〕「天」，諸本作「文」，據文獻通考卷一〇八校勘記改。

宋史禮志：熙寧六年正月，西上閤門副使張誠一言：「垂拱殿常朝，先内侍唱内侍都知以下至宿衛行門計一十八班起居，後通事舍人引宰執、樞密使以下大班入，次親王，次侍衛馬步軍都指揮以下，次皇親使相以下十班入，方引見、謝、辭。或遇百官起居日，自行門後，通事舍人引樞密以下，次親王、使相以下至刺史十班入，方奏兩巡使起居。立定，方引兩省官入，次閤門引宰臣以下大班入。起居畢，候百官出絶，兩省班出，次兩巡使出，中書、樞密方奏事，已是日高；況大班本不分别丞郎、給諫、臺省及常參官，今獨使相以下曲爲分別，虚占時刻。請御垂拱殿百官起居日，將親王以下十班合爲四班，親王爲一班，侍衛馬步軍都指揮使爲一班，親王使相以下至刺史重行異位爲兩班，可減六班。如垂拱殿常朝不係百官起居，或紫宸殿百官起居，其親王、使相以下班，並依舊儀序入起居。」從之。

神宗本紀：熙寧七年八月，集賢院學士宋敏求上編修閤門儀制。

禮志：元豐中官制行，始詔侍從官而上，日朝垂拱，謂之常參官。百司朝官以上，每五日一朝紫宸，爲六參官。在京朝官以上，朔望一朝紫宸，爲朔參官、望參官，遂爲定制。

神宗本紀：元豐三年二月丙辰，始御崇政殿視朝。五月乙丑，詔：「自今三伏内，五日一御前殿。」

文獻通考：三年九月，引進使李端慤言：「近朔望御文德殿視朝，初寒盛暑，數煩清蹕，而紫宸朝，歲中罕御。請朔日御文德，既望坐紫宸。庶幾正衙内殿，朝儀並舉。」從之。

蕙田案：宋史禮志載李端慤奏在熙寧六年，今以通考爲定。

宋史禮志：元豐既定朝參之制，侍御史知雜事蒲中行上言〔一〕：「文德正衙之制，尚存常朝之虚名，襲横行之謬例，有司失於申請，未能釐正。兩省、臺官、文武百官赴文德殿，東西相向對立，宰臣一員押班，聞傳不坐，則再拜而退，謂之常朝。遇休假并三日以上，應内殿起居官畢集，謂之横行。自宰臣、親王以下應見、謝、辭者，皆先赴文德殿，謂之過正衙。然在京釐務之官例以别敕免參，宰臣押班近年已罷，而武班諸

〔一〕「蒲中行」，宋史禮志十九改作「滿中行」。

衙本朝又不常置〔一〕。故今之赴常朝者，獨御史臺官與審官、待次階官而已。今垂拱內殿宰臣以下既已日參，而文德常朝仍復不廢，舛謬倒置，莫此爲甚。至於横行參假，與夫見、謝、辭官先過正衙，雖沿唐之故事，然必俟天子御殿之日行之可也。」詔下詳定官制所。言：「今天子日聽政於垂拱，以接執政官及內朝之臣，而更於别殿宣敕不坐，實爲因習之誤。兼有執事升朝官五日一赴起居，而未有執事者反謂之參，疏數之節，尤爲未當。又辭、見、謝，自已入見天子，則前殿正衙對拜爲虚文。其連遇朝假，則百官司赴大起居，不當復有横行參假。宜如中行言。」於是常朝、正衙、横行之儀俱罷。

元豐中，詔：「尚書侍郎同郎官一員奏事，郎中、員外郎番次隨之，不許獨留身。侍郎以下，亦不許獨請奏事。其左右選非尚書通領者，聽侍郎以上郎官自隨。秘書、殿中省、諸寺監長官視尚書，貳丞以下視侍郎。」又詔：「三省、樞密院獨班奏事日，無得過三班。若三省俱獨班，則樞密院當請奏事。其見任官召對訖，次日即朝辭回任

〔一〕「而」，原作「向」，據光緒本、宋史禮志十九改。

聽旨。」

元豐八年二月，詔諸三省、御史臺、寺監長貳、開封府推判官六參，職事官、赤縣丞以上、寄禄升朝官在京釐務者望參，不釐務者朔參。

哲宗本紀：元祐五年五月壬午，詔文彦博班宰相之上。

禮志：元祐元年五月，詔：「太師平章軍國重事文彦博，已降旨令獨班起居；自今赴經筵、都堂同三省、樞密院奏事〔一〕，並序位在宰相之上。」

元祐四年十月，以户部尚書吕公孺言，詔朔參官兼赴望參，望參官兼赴六參。

哲宗本紀：元祐五年夏四月癸丑，詔講讀官御經筵退，留一員奏對邇英閣。丁巳，詔以旱避殿減膳，罷五月朔日文德殿視朝。

禮志：元祐中，宰臣吕大防言：「昨垂簾聽政，惟許臺諫以二人同對，故不正之言無得以入。今陛下初見群臣，請對者必衆。既人人得進，則善惡相雜，故於采納尤難。」帝曰：「人君以納諫爲上，然邪正則不可不辨。」遂詔上殿班當直牒及帥臣、國信

〔一〕「奏」，諸本脱，據宋史禮志二十一補。

使副，許依元豐八年以前儀制。

哲宗本紀：元祐七年五月庚子，罷侍從官轉對。

紹聖四年四月己酉，復文德殿侍從轉對。

禮志：紹聖初，臣僚言：「文德殿視朝輪官轉對，蓋襲唐制，故祖宗以來，每遇轉對，侍從之臣亦皆預焉。元祐間因言者免侍從官轉對，續詔執事官權侍郎以上並免，自此轉對止於卿監郎官而已。請自今視朝轉對依元豐以前條制。」

蕙田案：侍從輪官轉對，下情得以上達，此唐、宋良法也。元祐免侍從轉對，自此，轉對止於卿監郎官而已。紹聖中，臣僚請依元豐已前條制是也。惜其時惇、卞柄政，附從皆僉壬耳。

又詔：「自今三省、樞密院進擬在京文臣開封府推判官、武臣橫行使副、在外文臣諸路監司藩郡知州、武臣知州軍以上〔二〕，取旨召對。」臣僚言：「每緣職事請對，待次旬日，遇有急奏，深恐失事。請自今後許依六曹、開封例，先次挑班上殿，仍不隔班。」又

〔二〕「上」，諸本作「下」，據宋史禮志二十一改。

言：「諸路監司，朝廷所選，以推行法令，省問風俗，朝辭之日，當令上殿。」六曹尚書如有職事奏陳，許獨員上殿。其群臣請對，雖遇休假，特御便殿聽納。既又詔：「應節鎮郡守往令陛辭，歸許登對，不特審觀人材，亦所以重外任也。可於監司不許免對條下，增入節鎮郡守依此。」十月，御史臺言：「外任官到闕朝見訖，並令赴朔、望參。」尋又言：「元豐官制，朝參班序，有日參、六參、望參、朔參，已著爲令。元祐中，改朔參兼赴望參，望參兼赴六參，有失先朝分別等差之意，止依元豐儀令。」從之。

徽宗本紀：崇寧五年十二月壬戌，詔臣僚休日請對，特御便殿。

禮志：政和詳定五禮新儀，有文德殿月朔視朝儀、紫宸殿望參儀、垂拱殿四參儀、紫宸殿日參儀、垂拱殿日參儀、紫宸殿再坐儀、崇政殿假日起居儀，其文不載。

文獻通考：重和元年，臣僚言：「比年以來，二三大臣奏對留身，讒疏善良，請求相繼，甚非朝廷至公之體。」詔：「自今惟蔡京五日一朝許留身，餘非除拜、遷秩、因謝及陳乞罷免〔一〕，並不許獨班奏事，令閤門報御史臺彈劾。」

〔一〕「遷」，諸本作「選」，據文獻通考卷一〇八改。

蕙田案：此蔡京箝制朝官，沮塞言路，所爲豐亨之説日陳於上，諂媚之風日成於下，上壅蔽而不聞，臣專擅而無忌，汴宋之所以亡也。

宋史徽宗本紀：宣和四年十二月乙未，詔監司未經陛對毋得之任。

禮志：臣僚言：「祖宗舊制，有五日一轉對者，今惟月朔行之，有許朝官轉對者，今惟待制以上預焉。自明堂行視朔禮，歲不過一再，則是畢歲而論思者無幾。請遇不視朔，即令具章投進，以備覽觀。」又「諸路監司未經上殿者，雖從外移，先赴闕引對，方得之官。」並從其議。

高宗本紀：建炎三年二月丁卯，百官入見，應迪功郎以上並赴朝參。

紹興二年五月戊子，手詔用建隆故事，命百官日輪一人轉對。

七年冬十月丁巳，詔六參日，輪行在百官一員轉對。

十三年二月壬戌，初御前殿，特引四參官起居。

孝宗本紀：紹興三十二年五月壬辰，詔百官日一人入對。

文獻通考：紹興三十二年九月，閤門言：「太上皇帝巡幸以來，上御後殿，繼朝廷復興舊典，於紹興十三年二月四日，初御前殿，特令四參官起居。伏自皇帝登寶位，止係後殿日分，今已降旨，九月十二日，初御前殿，欲乞是日皇帝御垂拱殿，四參官起居。」從之。

隆興二年九月，閤門言：「在京及行在，舊例御前殿。日分值雨雪及泥濘，得旨放朝參，即改後殿坐，今後乞依例取旨。」從之。

朝野雜記：舊群臣朝殿遇雨，開隔門起居。紹興中，申行之。又詔從駕遇雨，賜雨具。景靈宫遇雨，或地濕，分東西廂立班。皆特恩也。

宋史禮志：孝宗乾道二年九月，閤門奏：垂拱殿四參，四參官謂宰執、侍從、武臣正任、文臣卿監員外監察御史以上。皇帝坐，先讀奏目。知閤以下，次御帶、環衛官以下，次忠佐、殿前都指揮使以下，次殿前司員僚，次皇太子，次行門以上，逐班並常起居。次樞密、學士、待制、樞密都承旨以下，知閤并祗應武功大夫以下，通班常起居。次親王，次馬步軍都指揮使，次使相，次馬步軍員僚以上，逐班並常起居。次殿中侍御史入側宣大起居訖，歸侍立位。次宰執以下，並兩省官、文武百官入〔二〕，相向立定，通班面北

〔二〕「文武百官」，諸本作「文臣百官」，據宋史禮志十九改。

立，大起居訖，凡常起居兩拜，大起居七拜。三省升殿侍立。次兩省官出，次殿中侍御史對揖出，三省、樞密院奏事，次引見、辭、謝，次引臣僚奏事訖，皇帝起。詔：「今後遇四參日，分起居班次，可移殿中侍御史及宰執以下百官班，令次樞密以下班起居。却令親王并殿前都指揮使以下殿前司員僚，逐班於宰執以下班後起居，餘並從之。」

文獻通考：乾道七年四月，詔：「爲暑熱，依年例，自五月十三日並後殿坐，并放見、謝、辭，及參假官，候秋涼日取旨。今後準此。」

孝宗本紀：七年十二月庚申，詔閤門舍人依文臣館閣以次輪對。

淳熙七年九月癸亥，詔自今常朝毋稱丞相名。甲子，命樞密使亦如之。

禮志：寧宗嘉定十二年正月，臣僚奏：「竊見皇帝御正殿，或御後殿，固可間舉，四參官亦有定日。近者每日改常朝爲後殿，四參之禮亦多不講，正殿、後殿、四參間免。陛下臨朝之日固未嘗輟，而外廷不知聖意，或謂姑從簡便，非所以肅百執事也。常朝之禮止於從臣，後殿之儀從臣不與，四參止及卿郎，而乃累月僅或一舉。咫尺天威，疏簡至此，非所以尊君上而勵百辟也。伏願陛下嚴常朝、後殿、四參之禮，起群下肅謹之心，彰明時勵精之治，豈不偉哉！」從之。

老學庵筆記：先君言：舊制，朝參拜舞而已。政和以後，增以喏。然紹興中予造朝，已不復喏矣。淳熙末還朝，則迎駕起居，閤門亦喝唱喏，然未嘗出聲也。又紹興中，朝參止磬折，遂拜。今閤門習儀，先以笏叩額拜，謂之瞻笏，亦不知起於何年。

二老堂詩話：歐公詩云：「玉勒爭門隨仗入，牙牌當殿報班齊。」或疑其不然。今朝殿爭門者，往往隨仗而入，及在廷排立既定，駕將御殿，閤門持牙牌，刻「班齊」二字，候班齊。小黄門接入，上先坐後幄，黄門復出，揚聲云：「人齊未？」行門當頭者應云「人齊」。上即出，方轉照壁，衛士即鳴鞭。然此乃是駕出時，常日則不同。

右宋常朝

# 五禮通考卷一百三十五

## 嘉禮八

### 朝禮

遼常朝

遼史禮志：常朝起居儀：昧爽，臣僚朝服入朝，各依幕次。内侍奏「班齊」。先引京官班於三門外，當直舍人放起居，再拜，各祗候。次依兩府以下文武官〔一〕，於丹墀内面殿立，竪班諸司并供奉官，於東西道外相向立定。當直閤使副贊放起居，再拜，

〔一〕「次依」，原誤倒，據光緒本、遼史禮志三乙正。

班起居畢，奏事。

各祗候。退還幕次，公服。帝升殿坐，兩府并京官丹墀内聲喏，各祗候。教坊司同北

燕京就嘉寧殿，西京就同文殿。朝服，幞頭、袍笏；公服，紫衫、帽。

正座儀：皇帝升殿座，警聲絶。契丹、漢人殿前班畢，各依位侍立。次教坊班畢，捲退。京官班入拜畢，揖於右横街西，依位班立。次武班入拜畢，依位立。文班入拜畢，依位立。北班入，起居畢，於左横街東，序班立。次兩府班入，鞠躬，通宰臣某官以下起居，拜畢，引上殿奏事。

已上六班起居，並七拜。内有不帶節度使，班首止通名，亦七拜。捲班，與常朝同。直院有旨入文班。留守司、三司、統軍司、制署司謂之京官；都部置司、宫使、副宫使，都承以下令史，北面主事以下隨駕諸司爲武官；館、閣、大理寺，堂後以下，御史臺、隨駕閒員、令史、司天臺、翰林、醫官院爲文官。天慶二年冬，教坊並服袍。

臣僚接見儀：皇帝御座，奏見榜子畢，臣僚左入，鞠躬。通文武百僚宰臣某官以下祗候見。引面殿鞠躬，起居，凡七拜。引班首出班，謝面天顔，復位。舞蹈，五拜，鞠躬。宣答問制，再拜。宣訖，謝宣諭，五拜。各祗候畢，可矮墩以上引近前，問「聖

躬萬福」。傳宣問「跋涉不易」，鞠躬。引班舍人贊各祇候畢，引右上，準備宣問。其餘並於右侍立。

宣答云：「卿等久居鄉邑，來奉乘輿。時屬霜寒，或云炎蒸。諒多勞止。卿各平安好。想宜知悉。」

太宗本紀：會同三年四月庚子，至燕，備法駕，入自拱辰門，御元和殿，行入閤禮。

蕙田案：遼史禮志不載「入閤」之儀，儀衛志則云：「木契正面爲陽，背面爲陰，閤門喚仗則有之。」是亦有「喚仗入閤」之禮也。

右遼常朝

金常朝

金史熙宗本紀：天眷二年三月丙辰，命百官詳定儀制。四月甲戌，百官朝參，初用朝服。

禮志：朝參、常朝儀及朔望儀。準前代制，以朔日、六日、十一日、十五日、二十一日、二十六日爲六參日。後又定制，以朔、望日爲朝參，餘日爲常朝。凡朔、望朝參日，百官卯時至幕次，皇帝辰刻視朝，供御弩手、傘子直於殿門外，分兩面排立。司辰入殿報時畢，皇帝御殿坐，鳴鞭。閤門報班齊。執擎儀物内侍分降殿階兩傍，面南立。宿衛官自都點檢至左右親衛，祗應官自宣徽閤門祗候，先兩拜，班首少離位，奏「聖躬萬福」，兩拜。弩手、傘子先於殿門外東西向排立，俟奏「聖躬萬福」時，即就位北面山呼聲喏，起居畢，即相向對立。擎御傘直立左班内侍上。都點檢以次陞殿，副點檢在少南，東西相向立。左右衛在殿下，東西相向立。閤門乃引親王班，贊班首名以下再拜，訖，班首少離位，奏「聖躬萬福」，歸位再拜畢，先退。次引文武百僚班首以下應合朝參官，并府運六品以上官，皆左入，至丹墀之東，西向鞠躬畢，閤門通唱，復引至丹墀。閤門贊班首名以下起居，舞蹈五拜，又再拜，畢，領省宰執陞殿奏事。殿中侍御史對立於左右衛將軍之北少前，修起居東西對立於殿欄子内副階下，餘退，右出。初，帝就坐，置寶匣於殿階上東南角。後定制，師傅起居畢，御案始東入，置定，捧案内侍東西分下，侍殿隅。直日主寶捧寶當殿叩欄奏「封全」〔一〕，符寶郎及當監印

〔一〕「全」，諸本作「主」，據金史禮志九改。

郎中各一員，當監手分令史用印〔二〕，訖，主寶吏封授主寶，俟奏事畢進封，訖，內侍徹案。若常朝，則親王班退，引七品以上職事官，分左右班入丹墀，再拜。班首稍前起居畢，復位，再拜。宰執升殿，餘官分班退。

海陵王本紀：正隆元年三月壬寅朔，始定職事官朝參等格。仍罷兵衛。

儀衛志：初，國制，凡朔望常朝日，殿下列衛士，簾下置甲兵。正隆元年，海陵去甲兵，惟存錦衣弩手百人，分列兩階。其儀，都副點檢，公服偏帶。常朝則展紫。左右衛將軍，宿直將軍，展紫，金束帶，各執玉、水晶及金飾，固多。左右親衛，盤裹紫襖，塗金束帶，固多，佩兵械。供御弩手、傘子百人，並金花交脚幞頭，塗金銅鈒襯花束帶，固多。左右班執儀物內侍二十人，展紫，塗金束帶。朝參日，弩手、傘子直於殿門外，分兩面排立。司辰報時畢，皇帝御殿坐，鳴鞭，閤門報班齊。執擊儀物內侍分降殿階，南向立。點檢司起居，弩手、傘子於殿門外北向山呼聲喏，訖，即於殿門外東西相向排立。都點檢以次三員陞殿，都點檢在東近南，左副又少南，右副在西，東向對立。

〔二〕「當監」，原作「監軍」，據光緒本改，金史禮志九作「監當」。

左右衛將軍在殿下東西對立。省臣隨班起居畢，左右司侍郎從宰執奏事。殿中侍御史隨班起居畢，東西對立於左右衛將軍之北，少前。修起居注分殿陛東西對立於殿欄外副階下，以俟。奏事畢，皇帝還閤，侍衛者乃退。

禮志：大定二年五月，命臺臣定朝參禮。五品以上職事官趨朝朝服，入局治事則展皂。自來朝參，除殿前班外，若遇朔望，自七品以上職事官皆赴。其餘朝日，五品以上職事官得赴，六品以下止於本司局治事。如左右司員外郎、侍御史、記注院等官職，雖不係五品，亦赴朝參。若拜詔，則但有職事并七品以上散官，皆赴。朝參，吏員、令譯史、通事、檢法各於本局待，官員朝退，赴局簽押文字，不得於宫内署押。七品以下流外職，遇朝日亦不合入宫。如左右司都事有須合奏事，乃聽入宫。七品以上職事官，如遇使客朝辭見日，依朔望日，皆赴。若元日、聖節、拜詔、車駕出獵送迎、詣祖廟燒飯，但有職事并七品以上散官，皆赴。凡親王宗室已命官者年十六以上，皆隨班赴起居。

大定五年，右諫議大夫伊喇子敬言，「明安穆昆不得與州鎮官隨班入見，非軍民一體之意」。上是其言，責宣徽院令隨班入見。

凡班首遇朝參，有故不赴，以次押班。凡五品以上及侍御史、尚書諸司郎中、太常丞、翰林修撰起居注、殿中侍御史、補闕、拾遺赴召，或假一月以上若除官出使之類，皆通班入見、辭、謝，除官於殿門外見〔一〕。謝班皆舞蹈，七拜，辭班四拜，門見謝、辭並再拜。

十七年，詔以皇族袒免以上親，雖無官爵封邑，若預宴當有班次。禮官言：「案唐典，皇家周親視三品，大功親、小功尊屬視四品，小功親、緦麻尊屬視五品，緦麻袒免以上視六品。」上令以此制爲班次。

黄久約傳：世宗時，左諫議大夫黄久約侍朝。故事，宰相奏事則近臣退避，久約欲趨出，世宗止之，自是諫臣不避以爲常。

章宗本紀：承安四年春二月壬申，諭有司，自三月一日爲始，每旬三品至五品官各一人轉對，六品亦以次對。臺諫勿與，有應奏事，與轉對官相見，無面對者上章亦聽。三月，户部尚書孫鐸、郎中李仲略、國子祭酒趙忱始轉對香閣。

〔一〕「辭謝除官」，金史禮志九作「謝辭餘官」。

泰和五年十一月戊戌，大雪，免朝參。

宣宗本紀：貞祐三年春正月辛巳，皇太子疾，輟朝。四月，權參知政事德升言：「舊制夏至後免朝〔一〕，四日一奏事。」上曰：「此在平時可也。方今多故，勿謂朕勞，遂云當免，但使國事無廢則善矣。」十二月戊子，以軍事免樞密院官朝拜。四年春正月丁卯，諭御史臺曰：「今旦視朝，百官既拜之後，始聞開封府報衙聲。四方多故之秋，弛慢如此，可乎？中丞福興號素謹於官事者，當一詰之。」

興定四年五月丙申，以時暑，免常朝，四日一奏事。

右金常朝

元常朝

春明夢餘録：元世祖至元十一年正旦，始御大明殿受朝賀。及後天壽節，皆行朝賀禮。每日，則宰執入延春閣及别殿奏事而已。

〔一〕「後」，諸本脱，據金史宣宗本紀補。

馬氏治曰：百官朝見奏事，古有朝儀。今國家有天下百年典章文物，悉宜燦然光於前代，況欽遇列聖文明之主，如科舉取士、吏員降等之類，屢復古制。惟朝儀之典，不講而行，使後世無以鑒觀，則於國家太平禮樂之盛，實爲闕遺。且夫群臣奏對之際，御史執簡，史官執筆，縉紳佩玉，儼然左右，則雖有懷奸利乞官賞者，亦不敢公出諸口。如蒙聞奏，命中書省會集文翰衙門官員究講，參酌古今之宜，或三日二日一常朝，則治道昭明，生民之福也。

蕙田案：元有天下百年，而常朝之典，竟未及舉，故史册所載闕焉。其遜於遼、金遠矣。

右元常朝

明常朝

明會典常朝御殿儀：洪武初定。凡早朝，文官自左掖門入，武官自右掖門入。如華蓋殿朝，至鹿頂外，東西序立。鳴鞭訖，守衛官至鹿頂内行禮。訖，就侍立位。各衙門官以次行禮訖，有事奏者入奏，無事奏者，四品以上及應陞殿者入殿内侍立，五品以下官出至鹿頂外列班北向立，候鳴鞭，以次出。如奉天殿朝，俱於華蓋殿行禮，奏事畢，五品以下官詣丹墀，依品級列班，重行北向立；四品以上及翰林院官給事中、監察御史等官，於中左中右門伺候，鳴鞭，各詣殿内序立，候朝退捲班，以次出。如先於奉天殿朝，後却奏事者，文武官於丹墀内依品級重行北向立，候鳴鞭行禮訖，四品以上及翰林院官給事中、監察御史等官，陞殿侍立；五品以下仍前序立，候謝恩、見、辭人員行禮訖，鳴鞭捲班退。有事奏者，於奉天門或華蓋殿進奏，無事奏者，以次出。

常朝御門儀：洪武初定。凡早朝，文官自左掖門入，武官自右掖門入。如奉天門朝，至金水橋南，各依品級東西序立，候鳴鞭訖，以次隨行至丹墀内東西相向序立。守衛官先行禮畢，東西序立，文武官入班行禮。有事者以次進奏，無事奏者隨即入班，朝退捲班分東西出。

春明夢餘録：常朝御門，其御座謂之金臺。既升座，錦衣力士張五繖蓋、四團扇，自東西陛升立座後左右，而内使一執蓋升立座上，一執武備襍二扇立座後正中。武備之制：一柄三刃，而圈以鐵線，裹以黄羅，袱如扇狀，用則線圈自落，三刃出焉，防不虞也。

又曰：御門，非古制也。古制：天子居總章明堂，惟閏月則居門，故閏字從王從門也。

蕙田案：古者，天子諸侯臺門，每日視朝則於此。周禮師氏：「居虎門之左，司王朝。」是朝於門之證也。孫氏以御門非古制，失之。

凡糾舉失儀，洪武初，令百官有未閑禮儀新任及諸武臣，聽侍儀司官每日於午門外演習，御史二員監視，有不如儀者糾舉。百官入朝，失儀者亦糾舉如律。又令：朝班，每日都察院輪委監察御史二員侍班，糾察失儀。凡雜儀，令百官入朝，遇雨雪，許服雨衣。凡行走，洪武初，令百官早朝入班行禮及朝退捲班，俱分文東武西，不許徑越御道東西行走。如在奉天門朝，其有事東西往來者，出至金水橋南行過。凡謝恩、見、辭，洪武二年令，在京文武官，有故告假及出使，皆奉辭，還皆奉見，而奉特旨授官，及除授内外百職，皆即辭謝恩。到任之日，仍望闕行禮。省選者，亦到任日望闕行禮。或除郡縣官，給賜銀物。聽宣諭者，皆總行謝禮，俱五拜三叩頭。又令：凡早朝謝恩見辭人員，都察院輪委監察御史二員侍班。凡謝恩者居前，見者次之，辭者又次之，俱行五拜三叩頭禮。凡内外諸司文武官員已入流者，謝恩見辭必具公服行禮。其或常服見者，綴班後，如以軍務遠來及承使還即時引見者，不在此例。凡在外諸司，遣人來朝及朝使還京者，俱先朝見，後詣所司，否者以違制論。

昭代典則：洪武三年正月癸巳，命宰臣定百官入侍班序。

明太祖實録：初，帝以天下初定，欲通君臣之情，日詔百官，悉侍左右，詢問民情，咨訪得失，或考論古今典禮制度。故雖小官，亦得上殿，至有踰越班序者。至是，帝謂宰相曰：「朝廷之上，禮法爲先；殿陛之間，嚴肅爲貴。朕始欲咨訪庶事，故令百官入侍左右，至班序失次，非所以肅朝儀也。自今，文武百官入朝，除侍從、中書省、大都督府、御史臺、指揮使、六部尚書侍郎等官許上殿，其餘文武官五品以下，並列班於丹陛左右，違者，糾儀官舉正之。」

續文獻通考：三年二月庚午，帝問禮部尚書崔亮曰：「朕郊祀天地，拜位皆正中。而百官朝參，則班列東西，以避正中，此何禮也？」亮對曰：「臣聞天子祭天，升自午陛；祭社，升自子陛。蓋社祭土而主陰，故君升自子陛而南向，答陰之義也；郊祭天而主陽，故君升自午陛而北向，以答陽也。若夫群臣朝參於上，非答神之義，俱當避君上之尊，故升降則俱由卯陛，朝班則分列東西，以避馳道，此其義不同也。」帝曰：「臣之事君，與君之事天，其道不相遠也。」因命侍儀司：「自今百司朝參，左右班相去不得越二尺，其省府臺官俱就甬道上拜謁，但不得直行甬道而已。」

明太祖實録：三年三月，禮部奏：「案宋制，駙馬班次出入，皆依官品。今駙馬既授官職，當依百官，由西門出入，其班次品級，當在百官之上，如一品在一品之上，二品在二品之上。」從之。

續文獻通考：七月己亥，詔定朔望升殿儀。崔亮奏：「朔望日，上皮弁服，御奉天殿。百官公服，於丹墀東西對立。引班引合班，北面再拜。班首詣前，同百官鞠躬，唱『某官臣某起居』，贊禮稱『聖躬萬福』，復位，皆再拜，分班對立。省府臺部官有奏，由西階升殿，奏畢，降階。引班引百官以次出，如無事奏，則侍儀由西階升殿奏知，降階，百官出。」制可。

定百官朝參儀。崔亮奏：「凡朝覲進表箋及謝恩，皆公服，如面除不及具服，即時謝恩者，勿拘。凡入午門，毋相跪拜拱揖。入朝坐立，毋越其等，毋談笑諠譁、指畫窺望。凡近侍御前，毋咳嗽吐唾。如有舊患齁喘發者，許即退班。或一時感疾不能侍立者，許同官掖出。凡侍班奏事，依舊儀含雞舌香。如賜坐，不許推讓。或被顧問，先起立對，復問不必更起。同列侍坐，或被顧問，一人奏對，餘靜聽毋攙言。如各有所見，俟其人言畢，方許前陳。凡諸儒官於御前奏事，或進呈文字，恐有口氣體氣，須退立二三步，毋輒近御案。凡立，須於東西隅，不得直前。其入朝，或錫宴，俱不得素服。」制可。

瑣綴録：今制，早朝班定，鴻臚官宣贊謝恩、見、辭行禮畢，各官將奏事，皆預咳一聲。文武班中，不約而同，聲震如雷，俗謂之「打掃」。其有痰咳不可忍者，許引退自便。宣德間，少詹事曾棨以痰咳作，於班中引退，上遥見之，勑免其常朝。成化中，文華殿經筵，户部尚書馬昂以將咳退出殿門，俟講畢，仍同行禮，餘未見有敢先退者。蓋昂初爲序班，故尚習此例，其他見此，不以爲異，則以爲失儀矣。

明太祖實録：壬寅，賜文武官朝服公服。先是，命省部會弘文館學士劉基等，參考歷代制度爲之，至是成，始給賜。凡大朝會，天子衮冕御殿，則服朝服。見皇太子，則服公服。

四年三月癸丑，中書省奏：「舉百官起居之禮及進膳用樂。」不許。

五年三月己酉，命將官子弟年幼者，入國學。稍長，令隨班朝參，以觀禮儀。

六年九月丙午，禮部奏：「定百官常朝班次及奏事等禮儀。」

十一年三月丁酉，始製牙牌給文武朝臣。其製以象牙爲之，刻官稱於上，凡朝參佩以出入，有不佩者，門者却之，私相借者，論如律。有故則納之内府。其在外來朝百司官無牌者，則於各門附名以入。

明會典：洪武十四年，定凡朔望日，文武百官各具朝服，侯鼓三嚴，公侯一品二品官入東西角門侯，其餘三品以下，先於丹墀内班横行序立。鐘三鳴，公侯一品二品以次入班序立，鐘鳴畢，儀禮司奏「外辦」，導駕官導上出陞御座。鳴鞭訖，鳴贊唱「班齊」，通贊詣中，道「班首臣某等起居聖躬萬福」，畢，百官行五拜禮，儀禮司奏禮畢而退。

明太祖實録：洪武十六年十一月甲寅，詔定朝參官坐次。凡奉天門賜坐，公侯至都督僉事坐於門内；守衛指揮坐於都督僉事之後，稍南；六部尚書及署都督府事官坐於門外，皆東西向；六部侍郎、十衛指揮、應天府尹、國子祭酒、翰林院官、諫官、僉都御史坐於西角門，東向。若華蓋殿，則公侯及都督僉事坐於殿内；尚書及署都督府事官坐於鹿頂内；六部侍郎及十衛指揮、應天府尹、國子祭酒、翰林院官、諫官、僉都御史坐於鹿頂外，皆東西相向。

明史禮志：十七年罷朔望起居禮。後更定，朔望御奉天殿，常朝官序立丹墀，東西向，謝恩見辭官序立奉天門外，北向。陞座作樂。常朝官一拜三叩頭，樂止，復班。謝恩見辭官於奉天門外，五拜三叩頭畢，駕興。

明太祖實録：十七年九月辛丑，命公、侯、駙馬及文官三品、武官四品以上，凡大朝會及常朝，許由午門之右門出入。其有宣召及不時奏事，文官四品、武官五品以下，仍由左右掖門。

二十年十月丁卯，命禮部尚書李原名考正禮儀，申布中外，重定朝參及筵宴儀。朝參儀八條：一、朝班序立，公侯居文武班首，次駙馬，次伯。自一品以下，各以序，文東武西。風憲糾儀官居下，北面。紀事官居文武第一班之後，稍近上，以便觀聽，不得攙越。如奏事，須從班末至御前跪奏，不得班内横過。二、文武官於御前侍坐，遇大小官奏事，必起立，奏畢，復坐。若特旨賜坐者，不拘。三、文武官出入朝門，各加敬遜，如一品以下遇公侯、駙馬，立則傍立，行則後從，餘倣此。其有宣召，不在此限。四、朝參官遇有聖諭，須專心拱聽，守而勿失。五、百官入午門内，不得吐唾，如朝參，近侍病嗽者，許即退班。六、御前奏對，務從誠實，不許妄誕。七、隨從過丹墀中，常北面，不得南向，左右環轉，不背北。如隨從升奉天門或丹陛，不得徑行中道及王道，有旨令行於側。隨行入朝門，須拱手端行，不得行私揖禮。

丘氏濬曰：案：前代朝儀，無一定之制，時有更改。惟我朝自祖宗以來至於今日，率循舊章，一日三朝，自古帝王所無也。每日晨興，上御奉天門，文東武西，侍鳴鞭畢，鴻臚寺卿唱入班，百官行叩頭禮，分班侍立。翰林學士侍御座左，錦衣衛官俠陛西立。六科給事中分侍左右，御史分班北面立，鴻臚官屬立其後。先日謝恩、見、辭者，於鴻臚寺報名。至日，先赴午門外，俟百官叩頭畢，鴻臚卿對御宣奏姓名員數，於午門外行五拜三叩頭禮畢，五府六部以次奏所司合行事。次通政司引入於御前，面奏請旨。該司官出班承旨。大理寺以下，有事出奏，無則已。次禮科引差使考滿官員。次六科各奏旨意題本，守衛揭帖，賞賜鈔錠。次鴻臚宣奏藩府、邊鎮所遣使臣，上命以酒飯賞賜。既而兩京堂上官新陞者及在外三司來朝赴任者面見，叩頭畢，鴻臚卿唱奏事畢，群臣俱側身向上立。鳴鞭畢，上乘輦往御武英殿或文華殿閱章疏。日率如此。至午復出朝〔一〕。晚亦如之。此每日常朝之制

〔一〕「復」，諸本作「後」，據大學衍義補卷四五改。

也。每月朔望，上皮弁服御正殿，百官公服叩頭畢，分班侍。鴻臚卿宣奏謝恩、見、辭員數畢，上出奉天門視朝，如常儀。臣竊考前代之制，有所謂捲班、放仗、入閤等名目〔一〕，或失於粗略，或失於煩瑣，惟今日朝儀，酌古準今，寔爲得中。洪武二十年冬十月〔二〕，太祖皇帝諭大臣曰：「近者，臣僚尊卑體統，多未得宜。爾等宜著禮儀，以爲定式。」禮部尚書李原名等會官著爲禮儀定式一書，凡三十七條。所謂朝參之禮，有八焉。頒行既久，而奉行者，偶因一時之便，遂襲以爲故事，旁觀者雖知其非，而不敢以爲言〔三〕。後來因以爲當然者，亦或有之。竊觀前代朝會，班次、儀注皆著成圖式〔四〕，載在文獻通考諸書者，可考也。乞敕大臣及翰林院鴻臚寺官，將累朝實録及禮儀定式等書，再稽洪武、永樂年間以來事例，詳加講究，檃括節潤，畫爲圖式，懸於兩長安門，用以表正百官，觀示列辟，俾人人知所趨避，世世得以遵守，

〔一〕「捲」，諸本作「押」；「目」，諸本脱，據大學衍義補卷四五改、補。
〔二〕「十月」，諸本脱，據大學衍義補卷四五補。
〔三〕「敢」，諸本作「復」，據大學衍義補卷四五改。
〔四〕「儀注」，諸本脱，據大學衍義補卷四五補。

永爲定制云。

二十一年二月己巳，禮部言：「今後，朝參官門籍，宜從各衙門自置。」從之。

二十二年七月壬午，給文武官朝服錦綬，帝以民間不能製，命工部織成，頒賜之。

文官五品以上、武官三品以上。

明會典：洪武二十四年，定侍班官員，凡文武官，除分詣文華殿啓事外，如遇陞殿，各用履韈，照依品級侍班，有違越失儀者，從監察御史儀禮司糾劾。東班則六部堂上官、各部堂掌印官、都察院堂上官、十三道掌印御史、通政司、大理寺、太常寺、太僕寺、應天府、翰林院、春坊、光禄寺、欽天監、尚寶司、太醫院、五軍斷事官及京縣官；西班則五軍都督及首領官、錦衣衛指揮、各衛掌印指揮、給事中、中書舍人。又凡朝班序立，洪武二十四年冬，禮部置百官朝班序牌，大書品級，列丹墀左右木栅之上，文武百官照品序立侍班。又凡入朝次第，洪武二十四年，令朝參將軍先入，近侍官員次之，公侯、駙馬、伯又次之，五府、六部又次之，應天府及在京雜職官員又次之。百官朝見儀：凡百官朝見，洪武二十六年，定稽首、頓首、五拜，乃臣下見君上之禮。先拜手、稽首四拜，後一拜、叩頭成禮。稽首四拜者，百官見東宫、親王之禮，其見父母，亦行四拜禮，其餘官長及親戚朋友相見，止行兩拜禮。

蕙田案：明史禮志載洪武二十六年，令凡入殿必履鞵，今以會典考之，乃在洪武二十四年，疑志誤也。

昭代典則：洪武二十八年十月壬寅，從禮部言，罷百官朝參賜食。先是，每旦視朝奏事畢，賜百官食。帝御奉天門或華蓋殿、武英殿，公侯、一品官侍坐於門内，二品至四品及翰林院等官坐於門外，其餘五品以下於丹墀内，文東武西，重行列位。贊禮贊拜叩頭，然後就坐。光禄司進膳案從，以次設饌。食畢，百官仍拜叩頭而退，率以爲常。至是，以職事衆多，供億爲難，罷之。

郭正域典禮志：洪武二十九年十月丁酉，詔定各司奏事次第。禮部議：「凡奏事，先都督府，次十二衛，次通政使司，次刑部，次都察院，次監察御史，次斷事官，次吏、户、禮、兵、工五部，次應天府，次兵馬指揮使，次太常司，次欽天監。若太常司奏，祭祀則在諸司。先每朝，上御奉天門，百官上謁畢，儀禮司以次贊奏事，奏畢，復班。若上御殿，奏事官升殿以次，奏畢先退。其不升殿者，俱於中左中右門外兩廊，候奏事官出，則皆出。若文華殿啓事，則詹事府在先。凡晚朝，惟通政使司、六科給事中、守衛官奏事，其各衙門有軍情重事者許奏，餘皆不許。」詔從之。

明太祖實録：十一月乙卯朔，詔：「免國子監生朔望朝參。」

續文獻通考：成祖永樂元年五月庚辰，禮部請忌辰西角門視朝。禮部尚書李至剛等奏：「五月十日丙戌，太祖高皇帝忌辰，議於忌辰前二日，上服淺淡衣服，御西角門視事，不鳴鐘鼓，不行賞罰，不舉音樂，禁屠宰。文武官服淺淡衣服、黑角帶視朝。」從之。仍命：「八月十日，高皇后忌辰，亦如之。」

明史禮志：永樂初，令内閣官侍朝立金臺東，錦衣衛在西，後移御道，東西對立。四年諭六部及近侍官曰：「早朝多四方所奏事。午後事簡，君臣之間得從容陳論。自今有事當商確者，皆於晚朝。」

續文獻通考：七年正月癸丑，賜朝參官元宵節假，自正月十一日爲始，凡十日。百官朝參不奏事，聽軍民張燈飲酒，爲弛夜禁，著爲令。

明會典：永樂七年，大寒早朝，上御奉天門，百官行叩頭禮，侍班俟鴻臚寺官引謝恩、見、辭人員行禮畢，駕興，御右順門内便殿，百官有事奏者，以次入奏，無事者退治職務。

明史禮志：七年諭行在禮部曰：「北京冬氣嚴凝，群臣早朝奏事，立久不勝。今後朝畢，於右順門内便殿奏事。」

明會典：二十二年九月，時仁宗已即位。令方面大臣來朝，鴻臚寺即皆引見。

續文獻通考：十月庚戌，令大小公私之事，皆於公朝陳奏。

宣宗實録：宣德三年十二月，寧王權言：「慶賀行禮、拜進表箋，三司官皆依秩序立，獨儀賓未有定制。」帝命禮部考定。尚書胡濙言：「考洪武禮制，郡主儀賓，秩從二品；縣主儀賓，從三品；郡君儀賓，從四品；縣君儀賓，從五品；鄉君儀賓，從六品。若遇行禮，宜序於同等官員之左。」詔頒行，遵守。

鄧元錫明書：宣德四年十二月，帝以霜寒，命光禄寺賜早朝官羊酒。謂侍臣曰：「皇祖考臨朝，旦常賜食，必謹識，無忘。」

明史英宗本紀：宣德十年正月，英宗即位，始罷午朝。

大政記：太祖相傳諸帝臨朝，每至日昃，不遑暇食，惟欲達四聰以來天下之言。至是，以帝幼沖，始罷午朝。又創權制，每日早朝，止許言事八件。前一日，先以副本詣闕下，豫以各事處分陳上。遇奏，止依所陳傳旨而已。其後，遂爲定制。

朱氏國楨曰：開創與守成不同，長君與幼主亦異。三楊創權制，自合如此。後八事改爲六事，今止三事，臨朝文武侍立，傳宣奏對，不能多，亦不能久，與文華詳審擬議，不可並論矣。

明史禮志：景泰初，定午朝儀。凡午朝，御左順門，設寶案。執事奏事官候於左掖門外。駕出，以次入。内閣、五府、六部奏事官，六科侍班官，案西序立；侍班御史二，序班二，將軍四，案南面北立；鳴贊一，案東，西向立；錦衣衛、鴻臚寺東向立；管將軍官、侍衛官立於將軍西。府部奏事畢，撤案，各官退。有密事，赴御前奏。

蕙田案：實録但云景泰二年復午朝，而備載此儀於弘治元年。然明會典、郭正域典禮志及此志，並以爲景泰初定。蓋景泰復午朝，即定此儀，孝宗因而行之耳。實録於景泰中事多闕略，此亦其一證也。

續文獻通考：景泰二年九月丙申朔，定常朝内閣位。午朝，翰林院先奏事，時户部尚書兼翰林院學士陳循奏：「以永樂初，内閣官遇常朝，立金臺東，錦衣衛在西，後因不便，移下貼御道東西對立，已爲定例。近日，因雨，各衙門官俱上奉天門奏事，五府官雖品高，皆立西簷柱外，獨六卿序立東簷柱内，遂使内閣官無地可立。此係朝儀，不可不辨。又每午朝，進近御榻奏事臣，所奏多係制誥，機密重務不宜在五府、六部奏雜事後。」帝從之，故有詔。

瑣綴録：舊制，每早朝，閣老與司禮監太監對立寶座東西。太宗晚年健忘，寶座後常有一二宫嬪從立記旨。時金文靖公嫌不自安，辭立丹陛下仗馬之南。景泰中，陳芳洲請復立陛下，託言每遇雨雪不便，朝廷難之，事遂寢。天順中，一日仗馬啼齧，驚逼諸閣老，英廟乃命諸閣老移南，立諸給事之前、大漢將軍之後。給事亦移南立，英廟見之，命毋南移，惟仍舊班。成化間，閣老復立北上，諸給事又隨而北，若前後班，然不復分上下班矣。初，閣老以品序前後立。成化初，劉主静以四品入閣，獨立於陳、彭二先生後。以與給事班同，上命立陳、彭之下，萬循吉繼之而立，遂爲一班。

明會典：景泰三年令師保兼官品同者，立班以衙門爲次。又令六科都左右給事中内外序坐書銜，俱居御史之左。又令官員人等，至皇城門四下馬牌邊横過俱下馬，其順行不係横過，不在禁例。

續文獻通考：英宗天順元年正月，武清侯石亨言：「洪武禮制榜文，凡朝參及護衛官員軍校進退，先後有序，禁門出入有常。近來不分貴賤，相參挨擠，皇城各門，諸人往來徑行，全無忌憚，有帶物貨入内買賣者。今後常朝，第三通鼓起，先開二門，官、軍、旗、校、將軍先進排列，鐘響，朝官依次而進。嚴敕守衛官軍不許徑放無牌面人員穿朝出入及將物貨買。」從之。

明會典：天順三年，定方面官入班，遞降京官一等。

成化元年，令每日早朝，各衙門并公差官員具本面奏，及通政司類進本狀，各具手本，備開所奏事件，送禮科收照。次日，將收到奏目并各衙門送到奏題本狀，通具奏目，送司禮監交收，以候類進。又令一應奏題，本有旨意者，六部都察院等衙門抄出，即明白覆奏發落，不許稽緩。若過五日不覆奏者，該科以聞。凡在京文武衙門奏題本，謹封完備，俱差屬官捧入左順門進呈。

成化十三年，奏准文武官員入朝，大臣許帶官吏頭目每人二名。若遇陰雨，大臣添一人，小官許帶一人，各執雨具。又令：文武大小官員入朝，跟隨辦事官吏人等照出午門例，於長安左右門、承天門、端門，各下小木牌進入，出則收回。

十四年，令朝參官員遇鼓起時，俱於左右掖門外拱候，東西班次照依衙門品級序，其進士各照辦事衙門次序，立於見任官後。

明憲宗實録：成化二十一年六月，帝以盛暑祁寒，朝官侍衛人等難於久立，今後每歲自五月至七月、十一月至次年正月，止奏五事，餘仍舊。

續文獻通考：弘治元年正月丁酉，帝黑翼善冠，淺淡色袍，黑犀帶，御奉天門視朔，群臣常服朝參。自是日至十五日，皆不御殿。故事，元旦至元宵，皆御殿。閏正月丙寅朔，帝御奉天殿，文武官公服朝參。自是朔望始御殿。庚午，吏部右侍郎楊守陳上疏：「請遵祖宗舊制，日再御朝。」

蕙田案：憲章録、昭代典則載守陳上疏，在是年三月，其官銜稱少詹事。今以實録及明史本傳考之，則守陳時已爲吏部侍郎矣，本傳云「正月上疏」，今從實録及續通考在閏正月。

明孝宗實録：弘治元年三月，禮部進午朝儀注。三月十八日午朝，内官先設御座於左順門之北，設案稍南，文武執事、奏事官俟於左掖門内，駕出，以次入序立；内閣及府部奏事官、六科侍班官，俱案西序立；侍班御史二、序班二、將軍四俱案南面北立。鳴贊一，案東面西立。錦衣衛、鴻臚寺、堂上官於奏事官班下，以次面東立。管將軍官及侍衛官立於將軍之西，府部官依次出班奏事。通政司依常例引人奏事，三法司官遇有奏，俱隨班。其常日承旨，刑部、大理寺郎中寺正各一員，都察院侍班御史承旨，其餘衙門分官承旨。鴻臚寺官贊奏事畢，徹案，百官退。如有機密重事，許赴御前具奏。

蕙田案：實録但云「禮部進午朝儀注」，不云「是年重定」，則會典、明史志以爲景泰初所定者，是也。特成化中已廢而不舉，至是復遵舊制耳。

續文獻通考：弘治二年六月戊子朔，工部主事林沂奏：「欲按品秩，列坐御史上。」爲御史所劾，帝以沂故違成憲治之。

御史向翀等劾曰：「朝廷設官分職，有拘品秩者，有不拘品秩者，故慶成賜宴，翰林坐於科道之前，科道坐於郎中之上。若概以品秩，則殿閣諸大學士，皆當列於太僕、少卿之下，京縣、知縣、兵馬指揮皆當列於御史、給事中之上矣。」

四年八月庚午，復午朝。九月甲午，南京給事中毛珵等言：「陛下臨御之初，吏部侍郎楊守陳請遵祖宗舊制，御早午二朝聽政，意以早朝侍衛森嚴，君臣之間難以盡情，冀於午朝款曲辨議。今乃與早朝不殊，君臣間隔如故，豈建言初意乎？伏望自今午朝，敕各衙門將緊切事件口奏，少霽天顏，議其可否。朝退之後，常御便殿時，召大臣咨訪政事，如守陳之説。」詔下所司知之。

憲章録：弘治十三年正月，大學士劉健等言：「自古願治之君，必早朝晏罷，日省萬幾。祖宗黎明視朝，每日奏事二次。邇者視朝太遲，朝罷或至昏黑。四裔朝貢，奚所觀瞻，庶府文移，多致寢閣。矧今各邊啓釁，四方薦災，尤爲可慮。怠荒是戒，勵精是圖，庶可以回天意，慰人心。」上嘉納之。

孝宗本紀：十三年五月丙辰，召大學士劉健、李東陽、謝遷於平臺議政。

蕪史：建極殿，即謹身殿也，殿居中，向後高踞。三纏白玉石欄杆之上者，雲臺門也。兩旁向後者，東曰後左門，西曰後右門，即雲臺左右門，亦名曰平臺也。凡召對閣臣等官，或於平臺，即後左門也。

明孝宗實録：十三年六月戊子，御史劾西寧侯宋愷等文武官五百有六人朝參不至，有詔宥之，仍奪一月俸。靖遠伯王憲以病在告，都督僉事李晟等十二人以赴操，太僕寺少卿李綸以文華殿辦事，例免朝參，奏狀得不奪俸。

明武宗實録：正德九年，編修王思以乾清宮災，應詔上言：「祖宗故事，正朝之外，日奏事左順門，又不時召對便殿。今每月御朝不過三五日，每朝進奏不踰一二事，其養德之功、求治之實，宰輔不得而知也；聞見之非、嗜好之過，宰輔不得而知也。況天下之大，四海之廣，生民愁苦之狀，盜賊縱横之由，又豈能一一上達。伏願陛下悉遵舊典，凡遇宴閒少賜召問，勿以遇災而懼，災過而弛。」不報。

明世宗實録：嘉靖元年二月，詔以正德末，朝儀多廢，命禮部詳定。於是禮部奏：「朝參諸儀，凡入進班、奏啓復命及齋戒、忌辰、令節予告日期，以及御史鴻臚官面糾、疏糾各禮，皆查復舊例，明示諸司，永爲遵守。」從之。

典彙：嘉靖六年十二月，大學士楊一清等言：「人主視朝，當有常期。古禮：『朝，辨色始入，君日出而視之。』今陛下常於昧爽以前視朝，或設燭以登寶位，雖大風寒無間，是固勵精圖治之心，第聖躬得毋過勞乎？伏願於新歲履端更始之前，倣古禮而行。命鴻臚官傳示内外，每以日出爲度，或遇大風寒日，暫免。」遂著爲令。上曰：「卿等所言，真師保愛君至意。邇來内外百官，偷閑怠惰，不能勤事，故朕以身先之，庶足以警化云耳！古禮謂『辨色入朝，日出而視之。』不獨爲息養之計，是亦防微之一道也。」

蕙田案：如一清所奏，可見世宗初政之勤。迨其後，至三十餘年，不御常朝矣。

明史禮志：嘉靖九年令常朝官禮畢，内閣官由東陛、錦衣衛官由西陛陞，立於寶座東西。有欽差官及外國人領敕，坊局官一人奉敕立内閣後，稍上，候領敕官辭，奉敕官承旨由左陛下，循御道授之。

續文獻通考：十一年八月丙子朔，詔領敕及謝恩、見、辭之制，俱如舊。先是，正月帝以疾數不視朝，鴻臚卿王道中因請領敕謝恩及見、辭官暫受事左順門後，因循遂爲定制。禮部以爲非祖制，不可。帝以諸事非係重大，其如寺議。於是尚書夏言議曰：「領敕必於御前，以重帝命，可防詐傳旁出之奸；繳敕必於御前，以達下情，可防遲留隱匿之弊。至面見面辭人員，即遇免朝，豈不能少待，而遽廢上下之禮，殆非臣子之心所安。」帝然之。詔：「並遵舊制，如遇雨雪風寒，暫三五日不視朝，並令候待。若免朝日久，准受命左順門。」著爲令。

明世宗實録：十三年十一月，帝以大祀御殿，誓戒群臣，中書舍人無侍殿班者，御史楊行中奏之：「掌中書事傅桀等言故事，誓戒無舍人侍班，下禮部議。言升殿禮儀，翰林官與中書舍人俱用，四人東西侍班，緣會典所載，互有詳略。故於誓戒進歷等禮，有翰林而無中書。今宜著爲令，凡御殿稱賀諸禮，皆令中書舍人侍班。」從之。

續文獻通考：十四年三月丁卯，帝與大學士張孚敬、李時議復午朝。帝日講畢，召輔臣張孚敬、李時見於文華殿西室，語次歷評諸臣時，因請舉先朝午朝之典，每午御左順門，命大臣朝見，即奏事，亦足以聯屬人心。帝曰：「先朝仍有晚朝之儀，朕常思之，如鴻臚寺奏謝恩、見、辭，是朝儀。若政事，另行爲是。今通政司奏事，全是行政，非朝也。」孚敬曰：「午朝驟難復，不若時常宣召大臣於文華殿，質問政事。」時曰：「不但質問政事，亦可知人臣賢否，臣等亦在側侍班。」帝曰：「也著科道官侍，俟廷試後舉行之。」

大政記：隆慶元年正月戊午，帝御宣治門視事。

明穆宗實録：帝初即位，禮部請御宣治門聽政，詔以元年正月二日始，至三月己卯始御皇極門，復常儀。

明書：辛酉，詔復召對舊典，令科道隨入。

大政記：元年二月，考定朝儀。

續文獻通考：隆慶元年，都給事辛自修等以朝儀久曠，班行不肅，請令禮官考議成式，疏下禮部禮科會議。至是，奏言：「國家初制，百官以品序立，故今皇極殿前所列品山，表識森然。其後更定制度，又有不拘於品者，如內閣官、錦衣衛升立寶位之東西，翰林學士列於僉都御史之上，其他翰林官不論品級，叙於京堂之内，科道官自爲一等列於部屬之先，及鴻臚寺尚寶司列於西階，三科六道與東班對侍，雖若次序參錯，班行混淆，然或以顧問糾察，或以奉事承旨，莫不有因，難以輕改。今後常朝，悉如此例，其餘官員仍依品級崇卑、衙門次序爲列，如有紊越，聽糾儀官糾奏。至於各官被服束帶，會典所載甚明，不得僭用，以乖典制。」從之。

穀城山房筆麈：國初朝儀，專叙品級，不分散要。世宗自甲午以後，三十餘年不視常朝，舊典無人記憶，穆考登極，始復常朝。鴻臚搜求故實，多所散失，不知於世廟初年合否？班行東西，分列勳臣在西，上東面，不與百官齒。左班面西侍立，一品、二品爲一行，三品次之爲第二，四品、五品京堂次之爲第三，宫坊五品、六品次之爲第四，翰林六品、七品次之爲第五，兩房中書次之爲第六，此爲一段。其下則六科爲第一，吏部第二，中書舍人第三，此爲一段。其下則御史第一，五部次之。自此以下，品級官次紊不可紀矣。右班面東侍立，則錦衣在前，五軍都督府次之，其後七十二衛指揮等官。叩頭禮畢，則左班内閣，右班錦衣，俱由玉陛升立金臺左右，六科升立甬道左右，東西向，御史立於甬道左右，北向。其北面行禮班次，則公侯、駙馬、伯立三班於前，去文武階次稍遠。其下則文武兩班，同上御道左右，分立一品、二品爲第一，三品第二，四品、五品京堂至翰林史官吉士第三，科道中書第四。其下則六部郎官亦頗紊亂，其同班序立，翰林七品在小九卿六品之上，宫坊六品在小九卿五品之上，宫坊五品在大九卿五品之上，講讀學士在大九卿四品之上，惟讓僉都少詹光學士在僉都之上。至于六部郎官，往時一吏二禮，其下則户兵等部，故有主事立於郎官之上者。其後户部主事賀邦泰以禮部在其上，嘗疏爭之。有詔六部郎中並列，員外次之，主事又次之，久之又稍稍紊矣。

三年閏六月，南京吏部尚書吴嶽上疏，謂：「常朝止於見謝𤔡文，即奏對常規，姑取塞責。宜將各部院衙門，編爲班次，分定日期。皇上親御便殿，依次召入，令其各照職掌次第敷陳，其科道官亦得分番參與可否，則可以廣聖聰，勸百辟。」報可。

明史禮志：隆慶六年，詔以三六九日視朝。

明神宗實録：元年，禮部議應否常朝官定規，除兵部協理、戎政侍郎遇開操日免朝，户部總督倉場，管東官廳、禄米倉、銀庫、大通橋、崇文門，禮部提督四夷館，工部管修京通倉，户、刑二部照磨各部司務，俱朔望日朝參，刑部提牢主事暫免。其餘在京差管倉場、廳廠官，俱常朝。其差出城者，臨時填注門籍。

明史禮志：神宗三年令常朝日記注起居官四人，列於東班給事中上，稍前，以便觀聽。午朝，則列於御座西，稍南。

明神宗實録：大學士張居正奏：「國初，設起居注官日侍左右，實古者『左史記事，右史記言』之制。後定官制，乃設翰林院修撰、編修、檢討等官，蓋以記載事重，故設官加詳。原非有所罷廢，而自職名更定，遂失朝夕記注之規，以致累朝史文，闕略記載。臣等仰稽成憲，參酌時宜，竊以宫禁邃嚴，流傳少實，堂廉遠隔，聽睹非真，何以據事直書，傳信垂後？謹案禮儀定式，凡遇常朝，記事官居文武官第一班之後近上，便於觀聽，即古『螭頭載筆』之意。洪武二十四年，定召見臣下儀，以修撰、編修充侍班官，即古『隨仗入直紀事』之意。今遵祖制，除升殿例用史官侍班外，凡常朝御皇極門，每日輪該記注起居并史官共四人，列於東班各科給事中之上，午朝御會極門，列於御座西稍南，專記言動。」詔依擬行。

續文獻通考：神宗四年六月癸酉，帝命禮兵二部議，五府官應否與勳臣同班立。於是禮部言：「都督諸臣於殿下，則當立錦衣衛官後，而稍出其上，與六部對待。常朝御門，初立亦如之。行禮後，則與南北司無執事者同班，而序其上。」命著爲令。

春明夢餘録：各班武臣當以都督爲先，自嘉靖以來，錦衣權重，又陸、朱二公，皆以三公重銜，官在都督之上，故立於首。神宗六年戊寅，朱太傅已殁，掌錦衣者，俱都指揮等官，相沿舊規，仍立前列，其後遂有爭議。部中以錦衣貴重，竟不得持可否，乃令錦衣仍前立，行稍下，都督立其後稍上，非正禮也。

明會典：神宗四年，議准於左右掖門内，各設序班，分立東西，與原設催促入班序班二員，一同糾察。

十二年，議令吉服朝參日期，除祭祀、齋戒不面糾外，其餘照常糾儀。又令參將見朝，在京營者，照京官儀不贊跪，在外者，照外官儀贊跪，失儀俱面糾。

常朝近儀：凡早朝，鼓起，文武官各於左右掖門外序立，候鐘鳴。開户，各以次進，過金水橋至皇極門丹墀，東西相向立。候上御寶座，鳴鞭，鴻臚寺官贊入班，文武官俱入班，行一拜三叩頭禮，分班侍立。鴻臚寺官宣念謝恩、見、辭人員，傳贊午門外。行禮畢，鴻臚寺官唱奏事，各衙門應奏事件以次奏訖，御史序班糾儀，無失儀官則一躬而退。鴻臚寺官跪奏，奏事畢，鳴鞭，駕興，百官以次出。近例，朝覲外官及舉監人等，不許擅戴煖耳入朝。

明神宗實録：十四年十一月己未，給事中王三餘疏言：「視朝太早，多有未便，即日出亦不爲遲，既可調養聖躬，保和元氣，且於門禁朝儀，俱爲便益。皇上如欲希古帝王及我祖宗中興之盛，莫若再復午朝之規，日與公卿大臣及執事等官商確政事，面賜批答，可也。」帝報聞。

明史莊烈帝本紀：崇禎元年八月乙未，詔非盛暑祁寒，日御文華殿，與輔臣議政。

續文獻通考：是月甲寅，御史王相説言：「文華殿召輔臣商確機務，請仍輪詞臣二員，以備記注；臺省臣二員，以備糾參。庶幾古人左右史記言動，及諫官隨宰相入閤之意。」從之。

春明夢餘録：崇禎十五年閏十一月初七日，詔：「二祖舊制，日常朝見群臣，裁決政事。朕今率循成憲，除門朝照例應免日期傳免外，餘每日視朝畢，勳戚文武諸司等官，有欲奏事者，赴弘政門報名候召，内外官員，敢有壅蔽阻當者，定以奸欺論。」

觀承案：常朝，周制不過旅揖、特揖，其儀最簡，而君體盤，臣體蹙，其分未始不嚴。東遷以後，上替下陵，天子下堂，侯國大夫相率而拜於上，其朝可知矣。秦矯其弊，而立朝揖朝之法遂不復行，然受決事於咸陽宫，庶幾其猶舊典禮歟？叔孫通采古禮，與秦儀雜治之，爲漢朝儀，其見於史書者，皆秦儀也，頗采古禮者安在？且不可用於常朝。漢初，公卿每月常朝，宣帝始親國事，五日一朝，則常朝也。其儀不著意者，即以倣秦之所爲決事者，爲古禮歟？唐、宋以來，重常朝而儀特備，一切已非秦、漢之舊。至明，御門商確事於晚朝，俾從容陳論，依古以來，獨此爲近。載考漢、唐，君臣決事於殿庭也，皆列坐。宋太祖密撤范質之坐，宰相立而白事。至不時之朝，惟漢、唐有之，故汲黯得見武帝於武帳，魏徵得見太宗於便殿。宋以下，則待召而入。夫周之掌治朝者爲小宰，通復逆者爲小臣，皆士也，而君臣又不時可見。秦、漢、唐、宋、明用宦寺，不得時見，宜乎多奄禍，而繁文縟節，皆成日中之蔀已！

右明常朝

# 五禮通考卷一百三十六

## 嘉禮九

### 朝禮

蕙田案：古者有朝覲之禮，無朝賀之文。秦改封建爲郡縣，始有朝十月之禮。漢叔孫通起朝儀，其制始詳，大朝會實始於此。其冬至稱賀，昉於魏、晉；千秋之節，始於有唐。前明以元正、冬至、聖節爲三大節，我朝因之。蓋以元正者，一歲之始；冬至者，一陽之始；聖節者，人君之始。帝王所以臨御萬國，臣子所以致敬君父，將於是乎觀禮焉。若唐、五代、宋以五月朔受大朝，遼以重五稱賀，元、明則有郊祀、慶成受賀，其禮大略相仿。遼志別有賀祥瑞、平難諸儀，皆起於一時創制，不合於古，今編次五禮，概不及録。元正、冬至朝賀，晉書、宋、遼諸志，俱入「賓禮」。今以杜佑通典、明集禮、會典之例，載入「嘉禮」云。

秦正旦朝賀

史記秦始皇本紀：二十六年，始皇推終始五德之傳，以爲水德之始，改年始，朝賀皆自十月朔。衣服旄旌節旗，皆上黑。

蕙田案：三代盛時，無所謂朝賀也。每日則有視朝之儀，月朔則有聽朔之禮。聽朔者，天子於明堂，諸侯於祖廟行之，故亦謂之朝廟，不於朝也，其在歲首行之，則謂之朝正。春秋襄二十九年經書「公在楚」，左氏傳云：「釋不朝正於廟也。」後世朝正之名，蓋始於此。但古者於廟行告朔之禮，所以尊祖；後世於朝舉賀歲之禮，乃以尊君，名同而實異。秦朝賀儀，雖不可考，然漢叔孫通所起朝儀，頗采用之，當亦不甚相遠，此後代正朔朝會之權輿也。

右秦正旦朝賀

## 西漢正旦朝賀

叔孫通傳〔一〕：漢已并天下，高帝悉去秦苛儀法，爲簡易。群臣飲酒爭功，醉或妄呼，拔劍擊柱，高帝患之。叔孫通説上曰：「儒者難與進取，可與守成。臣願徵魯諸生，與臣弟子共起朝儀。」高帝曰：「得無難乎？」通曰：「禮者，因時世人情爲之節文。臣願頗采古禮與秦儀雜就之。」上曰：「可試爲之，令易知，度吾所能行爲之。」於是通使徵魯諸生三十餘人，及上左右爲學者注：左右，謂近臣也。爲學，謂素有學術。與其弟子百餘人爲綿蕞野外。注：應劭曰：立竹及茅索營之，習禮儀其中也。如淳曰：謂以茅剪樹地，爲纂尊卑之次也。春秋傳曰：「置茅蕝。」師古曰：蕞與蕝同，並音子説反。習之月餘，通曰：「上可試觀。」上使行禮〔二〕，曰：「吾能爲此。」迺令群臣習肄，會十月。漢七年，長樂宮成，諸侯群臣皆朝十月。注：適會長樂宮新成，漢時尚以十月爲正月，故行朝歲之禮，史家追書十月。儀：叙下儀法。先平明，未平明之前。謁者治禮，引以次入殿門，廷中陳車騎戍卒衛官，設兵，張

〔一〕「叔孫通傳」，下文所引乃組合史記及漢書叔孫通傳而成。

〔二〕「行」，原作「習」，據光緒本、漢書叔孫通傳改。

旗志。傳曰「趨」。傳聲教入者皆令趨，謂疾行爲敬也。殿下郎中俠陛，陛數百人。俠與挾同，挾其兩旁，每陛皆數百人。功臣列侯諸將軍軍吏以次陳西方，東鄉；文官丞相以下陳東方，西鄉。大行設九賓，臚句傳。上傳語告下爲臚〔一〕，下告上爲句也。大行掌賓客之禮，今之鴻臚。九賓則九儀也，謂公、侯、伯、子、男、孤、卿、大夫、士也〔二〕。於是皇帝輦出房，百官執戟傳警，傳聲而唱警。引諸侯王以下至吏六百石以次奉賀。自諸侯王以下莫不振恐肅敬。至禮畢，復置法酒。法酒猶言禮酌，謂不飲之至醉。諸侍坐殿上皆伏抑首，抑，屈也，謂依禮法不敢平坐而視。以尊卑次起上壽。觴九行，謁者言「罷酒」。御史執法舉不如儀者輒引去。竟朝置酒，無敢讙譁失禮者。於是高帝起曰：「吾乃今日知爲皇帝之貴也。」乃拜叔孫通爲太常，賜金五百斤。

讀史管見：胡氏寅曰：帝王之禮，因革損益，至周而大備。周八百年，雖柄移祚迄，其朝廷所用者，無利害於爭戰從横之事。雖秦火書滅籍，亦必有知其略者。誠能深知詢求，草創而潤色之，縱不得其全，亦當參互有見。使聖帝明王制儀立度、文章物采、寓法象形、禁戒之意後猶有考，不亦美哉！惜

〔一〕「語」，諸本脱，據漢書叔孫通傳補。
〔二〕「孤」，諸本脱，據漢書叔孫通傳補。

乎漢高智不及此，而叔孫通委己從人，諧世而取寵也。

丘氏濬曰：此後世歲首行朝賀禮之始。漢承秦制，以十月爲歲首故也。武帝始行夏正，而以正月爲歲首。然朝賀之禮則仍其舊，用十月焉。至後漢，始命行朝會禮於正月。此禮，三代以前，雖未有其制，然歲序更端之始，萬物維新，凡爲臣子者，畢來朝會，以致其履端之慶，亦義之當然也。

蕙田案：朝賀之禮，在歲首正月朔。秦、漢以十月爲正月，其云朝十月者，史家於太初改曆之後追書之。顔師古注漢書，其説甚明。太初改用夏正，則朝賀自當在正月。武帝紀：太初四年春正月，朝諸侯王於甘泉宮。後元二年春正月，朝諸侯王於甘泉宮。宣帝紀：五鳳三年，單于稱臣，使弟奉珍朝賀正月。甘露二年，匈奴呼韓邪單于款五原塞，願奉珍以朝三年正月，是其證也。杜佑通典云：「武帝雖用夏正，然每月朔朝，至于十月朔，猶常享會。」蓋漢儀，諸侯王惟朝正月，公卿則每月常朝，以十月舊爲歲首，故亦有享會之禮。瓊山丘氏據此，以爲西漢朝賀常在十月，誤矣。

史記高祖本紀：九年，未央宮成，高祖大朝諸侯群臣，置酒未央前殿，高祖奉玉卮，爲太上皇壽，殿上群臣皆呼萬歲。

呂后本紀：孝惠三年，方築長安城。六年，城就，諸侯來會，十月朝賀。

漢書高后本紀：二年春，詔曰：「高皇帝匡飭天下，諸有功者皆受分地爲列侯，萬民大安，莫不受休德。朕思念至於久遠而功名不著，亡以尊大誼，施後世。今欲差次列侯功以定朝位，藏於高廟，世世勿絶，嗣子各襲其功位。其與列侯議定奏之。」丞相陳平言：「謹與絳侯臣勃、曲周侯臣商、潁陰侯臣嬰、安國侯臣陵等議，列侯幸得賜餐錢奉邑，陛下加惠，以功次定朝位，臣請藏高廟。」奏可。

蕙田案：高帝時，已定蕭、曹以下十八侯位次。至高后二年，詔丞相平盡差列侯之功，則自陳濞以下至須無，共一百三十七人。其朝位，則如淳注漢書，謂「功大者，位在上」是也。

南齊書禮志：秦人以十月旦爲歲首，漢初習以大饗會。後用夏正，饗會猶未廢十月旦會也。

蕙田案：志所云，可正丘氏以朝賀仍舊在十月之誤。

決疑要注：古者朝會皆執贄，侯伯執圭，子男執璧，孤執皮帛，卿執羔，大夫執雁，士執雉。漢、魏粗依其制。正旦大會，諸侯執玉璧，薦以鹿皮，公卿以下所執如古禮。古者衣皮，故用皮帛爲幣。玉以象德，璧以稱事也。

大學衍義補：漢有天子大會殿，爲周之外朝。蕭何造未央宮，言前殿宜有後殿，大會殿爲外朝，宮中有後殿，爲治朝。七年，諸侯群臣朝長樂宮，蓋大朝會之所。

蕙田案：鄭康成注周禮稾人云：「今司徒府中有百官朝會之殿，云天子與丞相舊決大事焉，是外朝之存者與？」然則漢無大會殿之名也。丘氏之説，蓋承葉石林之誤。又漢時朝正月，或在長樂宮，或在未央宮，或在甘泉宮，或在建章宮，隨上所在，無定所，不必常在長樂也。

右西漢正旦朝賀

後漢正旦朝賀

續漢書禮儀志：每月朔歲首，爲大朝受賀。其儀：夜漏未盡七刻，鐘鳴，受賀及贄，公、侯璧，中二千石、二千石羔，千石、六百石雁，四百石以下雉。獻帝起居注：「舊典，市長執雁，建安八年始令執雉。」百官賀正月。二千石以上上殿稱萬歲。舉觴御坐前。司空奉羹，大司農奉飯，奏食舉之樂。百官受賜宴享，大作樂。其每朔，惟十月旦從故事者，高祖定秦之月，元年歲首也。

蔡質漢儀：正月旦，天子幸德陽殿，臨軒。公、卿、將、大夫、百官各陪位朝賀〔一〕。蠻、貊、胡、羌朝貢畢，見屬郡計吏，皆陛覲，庭燎。宗室諸劉親會〔二〕，萬人以上，立西面。位定〔三〕，公納薦，太官賜酒食，西入東出，既定，上壽。群計吏中庭北面立〔四〕，太官上食，賜群臣酒食，西入東出〔五〕。御史四人執法殿下〔六〕，虎賁、羽林弧弓撮矢，陛戟左右，戎頭偪脛陪前向後，左右中郎將往東西〔七〕，羽林、虎賁將往東北，五官將往中央，悉坐就賜。作九賓散樂〔八〕。舍利獸從西方來〔九〕，戲於庭極，乃

〔一〕「位」，諸本脱，據後漢書禮儀志補。
〔二〕「親」，諸本作「雜」，據後漢書禮儀志改。
〔三〕「位定」，原誤倒，據味經窩本、乾隆本、光緒本、後漢書禮儀志乙正。
〔四〕「群」，諸本脱，據後漢書禮儀志補。
〔五〕「西入東出」，諸本脱，據後漢書禮儀志補。
〔六〕「御史」上，諸本衍「貢事」二字，據後漢書禮儀志删。
〔七〕「往東西」，諸本同，後漢書禮儀志校勘記謂當作「位東南」，下「往東北」、「往中央」之「往」，皆當作「位」。
〔八〕「散」，諸本作「徹」，據後漢書禮儀志改。
〔九〕「獸」，諸本脱，據後漢書禮儀志補。

畢入殿前，激水化爲比目魚，跳躍嗽水，作霧障日。畢，化成黄龍，長八丈，出水遨戲於庭，炫燿日光。以兩大絲繩係兩柱間[一]，相去數丈，兩倡女對舞，行於繩上，對面道逢，切肩不傾，又蹋局出身[二]，藏形於斗中。鐘磬並作，倡樂畢[三]，作魚龍曼延。小黄門吹三通，謁者引公卿群臣以次拜，微行出，罷。卑官在前，尊官在後。德陽殿周旋容萬人。陛高二丈[四]，皆文石作壇。激沼水於殿下。畫屋朱梁，玉階金柱，刻鏤作宫掖之好，厠以青翡翠，一柱三帶，韜以赤緹。天子正旦節，會朝百僚於此。自到偃師，去宫四十三里，望朱雀五闕、德陽，其上鬱律與天連。」雒陽宫閣簿云：「德陽宫殿南北行七丈，東西行三十七丈四尺。」

蕙田案：正旦朝會百僚，爲盛禮所在，乃以雜技遊戲不經瀆禮，莫此爲甚。

班固東都賦：春王三朝，會同漢京。是日也，天子受四海之圖籍，膺萬國之貢

[一]「間」上，諸本衍「中頭」二字，據後漢書禮儀志删。
[二]「出身」，原脱，據光緒本、後漢書禮儀志補。
[三]「倡」，諸本脱，據後漢書禮儀志補。
[四]「二丈」，諸本作「一丈」，據後漢書禮儀志改。

珍，内撫諸夏，外接百蠻。乃盛禮樂，供帳置乎雲龍之庭，陳百僚而贊群后，究皇儀而展帝容。端門東有崇賢門，次外有雲龍門。於是庭實千品，旨酒萬鍾，列金罍，班玉觴，嘉珍御，太牢享。爾乃食舉雍徹，泰師奏樂，陳金石，布絲竹，鐘鼓鏗鎗，管弦燁煜。抗五聲，極六律，歌九功，舞八佾，韶、武備，太古畢。四夷間奏，德廣所及，伶、佅、兜離，罔不具集。萬樂備，百禮暨，皇懽浹，群臣醉，降烟熅，調元氣，然後撞鐘告罷，百僚遂退。

蔡邕獨斷：正月朝賀，三公奉璧上殿，向御座，北面，太常贊曰：「皇帝爲君興。」三公伏，皇帝坐，乃進璧。古語曰「御坐則起」，此之謂也。舊儀，三公以後月朝，後省，常以六月朔、十月朔旦朝。後又以盛暑省六月朝，故今獨以爲正月、十月朔朝也。

南齊書禮志：東京以後，正旦夜漏未盡七刻，鳴鐘受賀。張衡賦云「皇輿夙駕，登天光於扶桑」。然則雖云夙駕，必辨色而行事矣。

宋書禮志：舊有充庭之制，臨軒大會，陳乘輿車輦旌鼓於殿庭。張衡賦云：「龍路充庭，鸞旗拂霓。」

後漢書朱暉傳：驃騎將軍東平王蒼辟之，甚禮敬焉。正月朔旦，蒼當入賀。故事，少府給璧。是時陰就爲府卿，貴驕，吏傲不奉法。蒼坐朝堂，漏且盡，而求璧不可得，顧謂掾屬曰：「若之何？」暉望見少府主簿持璧，即往紿之曰：「我數聞璧而未嘗見，試請觀之。」主簿以授暉，暉顧召令史奉之。主簿大驚，遽以白就。就曰：「朱掾義士，勿復求。」更以他璧朝。蒼既罷，召暉謂曰：「屬者掾自視孰與藺相如？」帝聞壯之。

陳翔傳：翔拜侍御史。時正旦朝賀，大將軍梁冀威儀不整，翔奏冀恃貴不敬，請收案罪。

後漢書安帝本紀：永初四年春正月元日〔一〕，會，徹樂，不陳充庭車。每大朝會，必陳乘輿法物車輦於庭，故曰充庭車。以年饑，故不陳。

晉書禮志：漢建安中，將正會，而太史上言，正旦當日蝕。朝士疑會否，共諮尚書令荀彧。時廣平計吏劉邵在坐，曰：「梓慎、裨竈，古之良史，猶占水火，錯失天

〔一〕「四年」，原作「元年」，據光緒本、後漢書安帝本紀改。

時。諸侯旅見天子，入門不得終禮者四，日蝕在一。然則聖人垂制，不爲變異預廢朝禮者，或災消異伏，或推術謬誤也。」或及衆人咸善而從之，遂朝會如舊，日亦不蝕，邵由此顯名。

南齊書禮志：漢末，蔡邕立漢朝會志，竟不就。

蕙田案：兩漢朝會，樂章無可考。蔡邕禮樂志云：「漢樂四品，其三曰黄門鼓吹，天子所以晏樂群臣。」此即三朝食舉之樂也。又云：「孝章皇帝親著歌詩四章，列在食舉。」今其詩亦不傳。

右後漢正旦朝賀

魏正旦朝賀

晉書禮志：魏氏承漢末大亂，舊章殄滅，命侍中王粲、尚書衛覬草創朝儀。

南齊書禮志：魏武都鄴，正會文昌殿，用漢儀，又設百華燈。文帝修洛陽宫室，權都許昌，宫殿狹小，元日於城南立氈殿，青帷以爲門，設樂享會。後還洛陽，依漢舊事。

宋書禮志：何承天云，魏元會儀無存者。案何禎許都賦曰：「元正大饗，壇彼西南。旗幕峨峨，檐宇弘深。」王沈正會賦又曰：「華幄映於飛雲，朱幙張於前庭。絙青帷於兩階，象紫極之崢嶸。咸百辟於和門，等尊卑而奉璋。」此則大饗悉在城外，不在宮内也。臣案魏司空王朗奏事曰：「故事，正月朔，賀。殿下設兩百華燈，對於二階之間。端門設庭燎火炬，端門外設五尺、三尺燈。月照星明，雖夜猶晝矣。」如此，則不在城外也。何、王二賦，本不在洛京。何云許都賦，時在許昌也。王賦又云「朝四國於東巡」，亦賦許昌正會也。

魏文帝本紀：黄初元年注：案諸書紀，是時帝居北宫，以建始殿朝群臣，門曰承明，陳思王植詩曰「謁帝承明廬」是也。

宋書禮志：魏黄初三年，始奉璧朝賀。

魏志明帝本紀：景初元年春正月，有司奏，以爲魏得地統，宜以建丑之月爲正，朝會建太白之旗。

宋書禮志：景初三年十二月，尚書盧毓以烈祖明皇帝以今年正日棄離萬國，禮：

「忌日不樂。」甲乙之謂也。烈祖明皇帝建丑之月棄天下，臣妾之情，於此正日〔二〕，有甚甲乙。今若以建丑正朝四方，會群臣，設盛樂，不合於禮。博士樂祥議：「正日旦受朝貢，群臣奉贄；後五日，乃大宴會作樂。」大尉屬朱誕議：「今因宜改之際，還修舊則，元首建寅，於制爲便。」大將軍屬劉肇議：「宜過正一日乃朝賀大會，明令天下，知崩亡日不朝也。」詔曰：「烈祖明皇帝以正日棄天下，每與皇太后念此日至，心有剥裂。不可以此日朝群辟，受慶賀也。月二日會，又非故也。聽當還夏正月。雖違先帝通三統之義，斯亦子孫哀慘永懷。又夏正朔得天數者，其以建寅之月爲歲首。」

蕙田案：禮記祭義云：「君子有終身之喪，忌日之謂也。」鄭氏以忌日爲親亡之日，忌日不用舉他事。魏明帝以元正日崩，便是忌日，朝賀之禮，自應不舉。適會其時，改用丑正，因改朝正之禮於建寅，復用夏時，事出偶然耳。不然，則如劉肇議，過正一日朝會，似亦可行也。

魏志鍾繇傳：明帝時，有疾，拜起不便。時華歆亦以高年疾病，朝見皆使載輿，

〔二〕「日」，諸本作「月」，據宋書禮志一改。

虎賁士舁上殿就座〔一〕。是後三公有疾，以爲故事。

蕙田案：魏志正始六年詔：「太傅乘輿升殿。」此又在鍾繇、華歆之後。但此等類，非純臣之事，史册所載，不可覼縷，今盡删去，以存君臣上下之分。此條以三公沿襲成例，故存之。

晉書樂志：杜夔傳舊雅樂四曲，一曰鹿鳴，二曰騶虞，三曰伐檀，四曰文王，皆古聲辭。及太和中，左延年改夔騶虞、伐檀、文王三曲，更自作聲節，其名雖存，而聲實異。惟因夔鹿鳴，全不改易。每正旦大會，太尉奉璧，群后行禮，東厢雅樂常作者是也。後又改三篇之行禮詩。第一曰於赫篇，詠武帝，聲節與古鹿鳴同。第二曰巍巍篇，詠文帝，用延年所改騶虞聲。第三曰洋洋篇，詠明帝，用延年所作文王聲。第四曰復用鹿鳴。鹿鳴之聲重用，而除古伐檀。

蕙田案：魏朝賀諸樂章俱不存。

右魏正旦朝賀

〔一〕「舁」，原作「輿」，據光緒本、三國志魏書鍾繇傳改。

## 晉正旦朝賀

晉書禮志：晉氏受命，武帝更定元會儀，咸寧注是也。傅玄元會賦曰：「考夏后之遺訓，綜殷、周之典藝，採秦、漢之舊儀，定元正之嘉會。」此則兼採衆代可知矣。咸寧注：「先正一日，有司各宿設。宋志守宫宿設，王公卿校便坐於端門外，大樂鼓吹，又宿設四廂樂及牛馬帷閤於殿前。夜漏未盡十刻，群臣集到，庭燎起火。上賀，起，謁報，又賀皇后。還，從雲龍東中華門入，詣東閤下，便坐。漏未盡七刻，百官及受贄郎官以下至計吏皆入立其次，其陛衛者如臨軒儀。漏未盡五刻，謁者、僕射、大鴻臚各各奏群臣就位定。漏盡，侍中奏外辦。皇帝出，鐘鼓作，百官皆拜伏。太常導皇帝升御座，鐘鼓止，百官起。大鴻臚跪奏『請朝賀』。掌禮郎讚『皇帝延王登』。大鴻臚跪讚『藩王臣某等奉白璧各一，再拜賀』。太常報『王悉登』。謁者引上殿，當御座。皇帝興，王再拜。皇帝坐，復再拜。跪置璧御座前，復再拜。成禮訖，謁者引下殿，還故位。掌禮郎讚『皇帝延太尉等』。於是公、特進、匈奴南單于、金紫將軍當大鴻臚西，中二千石、二千石、千石、六百石當大行令西，皆北面伏。鴻臚跪讚『太尉、中二千石等奉璧、皮、帛、羔、雁、雉，再拜賀』。太常讚『皇帝延公等登』。掌禮引公至金紫將軍上殿。皇帝興，皆再拜。皇帝坐，又再拜。跪置璧皮帛御座前，復再拜。成禮訖，謁者引下殿，還故位。公置璧成禮時，大行令並讚殿下，中二千石以下同。成禮訖，以贄授贄郎，郎以璧帛付諸謁者，羔、雁、雉付太官。太樂令跪奏雅樂〔一〕，樂以次作。乘黃令乃出車，皇帝罷入，百官皆坐。晝漏上水六刻，諸蠻夷胡客以次入，皆再拜訖，坐。御入後三刻又出，鐘鼓作。謁者、僕射跪奏『請群臣上』。謁者引王公二千石上殿，千石、六百石停本位。謁者引王詣罇酌壽酒，跪授侍中。侍中跪置御坐前，王還。王自酌置位前，謁者跪奏『藩王臣某等奉觴，再拜上千萬歲壽』〔二〕。四廂樂作，百官再拜。已飲，又再拜。謁者引王等還本位。陛下者傳就席，群臣皆跪諾。侍中、中書令、尚書令各於殿上上壽酒。登歌樂升，太官又行御酒。御酒升階，太官令跪授侍郎，侍郎跪進御座前。乃行百官酒。太樂令跪奏『奏登歌』，三終乃降。太官令跪請具御飯，到階，群臣皆起。太官令持羹跪授司徒，持飯跪授大司農，尚食持案並授持節〔三〕，持節跪進御座

〔一〕「跪」下，晉書禮志有「請」字。

〔二〕「壽」，諸本脱，據晉書禮志補。

〔三〕「持節」，諸本同，晉書禮志校勘記謂當作「侍郎」。

前。群臣就席。太樂令跪奏『奏食舉樂』。太官行百官飯案徧。食畢，太樂令跪奏『請進樂』。樂以次作。鼓吹令又前跪奏『請以次進衆妓』。乃召諸郡計吏前，受敕戒於階下。宴樂畢〔一〕，謁者一人跪奏『請罷退』。鐘鼓作，群臣北面再拜，出。」然則夜漏未盡七刻謂之晨賀，晝漏上三刻更出，百官奉壽酒，謂之晝會。别置女樂三十人於黄帳外，奏房中之歌。

蕙田案：自漢以後，晉書志朝儀始詳。

宗元案：晉朝儀，尚無不用庭燎者，益知小雅宣王早朝詩，不必據「庭燎」二字而以爲非「常朝」之時也。

輿服志：臨軒大會則陳乘輿車輦旌鼓於其殿庭。象車，漢鹵簿最在前。武帝太康中平吴後，南越獻馴象，詔作大車駕之，以載黄門鼓吹數十人，使越人騎之。元正大會，駕象入庭。

南齊書禮志：晉朝會儀，夜漏未盡十刻，庭燎起火，群臣集。傅玄朝會賦云：

〔一〕「宴」，原作「奏」，據味經窩本、乾隆本、光緒本、晉書禮志改。

「華燈若乎火樹，熾百枝之煌煌。」此則因魏儀與庭燎並設也。　史臣曰：案晉中朝元會，設卧騎、倒騎、顛騎，自東華門馳往神武門，此亦角抵雜戲之流也。

晉書樂志：晉初，食舉亦用鹿鳴。　至泰始五年，尚書奏，使太僕傅玄、中書監荀勗、黄門侍郎張華各造正旦行禮及王公上壽酒、食舉樂歌詩。　荀勗云：「魏氏行禮、食舉，再取周詩鹿鳴以爲樂章。　又鹿鳴以宴嘉賓，無取於朝，考之舊聞，未知所應。」勗乃除鹿鳴舊歌，更作行禮詩四篇，先陳三朝朝宗之義。　又爲正旦大會、王公上壽歌詩并食舉樂歌詩，合十三篇。　又以魏氏歌詩或二言，或三言，或四言，或五言，與古詩不類，以問司律中郎將陳頎。　頎曰：「被之金石，未必皆當。」故勗造晉歌，皆爲四言，惟王公上壽酒一篇爲三言五言焉。　張華以爲「魏上壽、食舉詩及漢氏所施用，其文句長短不齊，未皆合古。　蓋以依詠弦節，本有因循，而識樂知音，足以制聲度曲，法用率非凡近之所能改。　二代三京，襲而不變，雖詩章辭異，廢興隨時，至其韻逗留曲折，皆繫於舊，有由然也。　是以一皆因就，不敢有所改易。」此則華、勗所明異旨也。　時詔又使中書侍郎成公綏亦作焉，今並採列之云。

宋書樂志：晉四廂樂歌三首　傅玄造

天鑒有晉，世祚聖皇。時齊七政，朝此萬方。其一鐘鼓斯震，九賓備禮。正位在朝，穆穆濟濟。其二煌煌三辰，寔麗於天。君后是象，威儀孔虔。其三率禮無愆，莫匪邁德。儀形聖皇，萬邦惟則。其四

右天鑒四章，章四句。正旦大會行禮歌。

於赫明明，聖德龍興。三朝獻酒，萬壽是膺。敷佑四方，如日之升。自天降祚，元吉有徵。

右於赫一章，八句。上壽酒歌。

天命大晉，載育群生。於穆上德，隨時化成。其一自祖配命，皇皇后辟。繼天創業，宣、文之績。其二丕顯宣、文，先知稼穡。克恭克儉，足教足食。其三既教食之，弘濟艱難。上帝是祐，下民所安。其四天祐聖皇，萬邦來賀。雖安勿安，乾乾匪暇。其五乃正丘郊，乃定冢社。廙廙作宗，光宅天下。其六惟敬朝饗，爰奏食舉。盡禮供御，嘉樂有序。其七樹羽設業，笙鏞以間。琴瑟齊列，亦有篪塤。其八喤喤鼓鐘，鎗鎗磬管。八音克諧，載夷載簡。其九既夷既簡，其大不禦。風化潛興，如雲如雨。其十如雲之覆，如雨之潤。聲教所暨，無思不順。其十一教以化之，樂以和之。

和而養之，時惟邕熙。其十二禮順其儀，樂節其聲。於鑠皇繇，既和且平。其十三

右天命十三章，章四句。食舉東西厢歌。

晉四厢樂歌十七篇　荀勗造

正旦大會行禮歌四篇　於皇元首，群生資始。履端大享，敬御繁祉。肆覲群后，爰及卿士。欽順則元，允也天子。

於皇一章，八句。當於赫。

明明天子，臨下有赫。四表宅心，惠浹荒貊。柔遠能邇，孔淑不逆。來格祁祁，邦家是若。

明明一章，八句。當巍巍。

光光邦國，天篤其祜。丕顯哲命，顧柔三祖。世德作求，奄有九土。思我皇度，彝倫攸序。

邦國一章，八句。當洋洋。

惟祖惟宗，高朗緝熙。對越在天，駿惠在茲。聿求厥成，我皇崇之。式固其猷，往敬用治。

祖宗一章，八句。當鹿鳴。

正旦大會王公上壽酒歌一篇　踐元辰，延顯融。獻羽觴，祈令終。我皇壽而隆，我皇茂而嵩。本枝奮百世，休祚鍾聖躬。

踐元辰一章，八句。當觴行〔一〕。

食舉樂東西廂歌十二篇　煌煌七耀，重明交暢。我有嘉賓，是應是貺。邦政既圖，接以大饗。人之好我，式遵德讓。

煌煌一章，八句。當鹿鳴。

賓之初筵，藹藹濟濟。既朝乃晏，以洽百禮。頒以位叙，或庭或陛。登擯台叟，亦有兄弟。胥子陪寮，憲兹度楷。觀頤養正，降福孔偕。

賓之初筵一章，十二句。當於穆。

昔我三后，大業是維。今我聖皇，焜燿前暉。奕世重規，明照九畿。思輯用光，時罔有違。陟禹之迹，莫不來威。天被顯禄，福履是綏。

〔一〕「觴行」，宋書樂志二作「羽觴行」。

三后一章，十二句。當昭昭。

赫矣太祖，克廣明德。廓開寓宙，正世立則。變化不經，民無瑕慝。創業垂統，兆我晉國。

赫矣一章，八句。當華華。

烈文伯考，時惟帝景。夷險平亂，威而不猛。御衡不迷，皇塗焕炳。七德咸宜，其寧惟永。

烈文一章，八句。當朝宴。

猗歟盛歟，先皇聖文。則天作孚，大哉爲君。慎徽五典，帝載是勤。文武發揮，茂建嘉勳。修己濟治，民用寧殷。懷遠燭幽，玄氣氛氲。善世不伐，服事參分。德博化隆，道冒無垠。

猗歟一章，十六句。當盛德。

隆化洋洋，帝命溥將。登我晉道，越惟聖皇。龍飛革運，臨肅八荒。叡哲欽明，配蹤虞唐。封建厥福，駿發其祥。三朝習吉，終然永臧。其臧惟何，總彼萬方。

元侯列辟，四岳藩王。時見世享，率兹有常。旅揖在庭〔一〕，嘉客在堂。宋衛既臻，陳留山陽。我有賓使，觀國之光。貢賢納計，獻璧奉璋。保祐命之，申錫無疆。

隆化一章，二十八句。當綏萬邦。

振鷺于飛，鴻漸其翼。京邑穆穆，四方是式。無競惟人，王綱允敕。君子來朝，言觀其極。

振鷺一章，八句。當朝朝。

翼翼大君，民之攸暨。信理天工，惠康不匱。將遠不仁，訓以淳粹。幽明有倫，俊乂在位。九族既睦，庶邦順比。開元布憲，四海鱗萃。協時正統，殊途同致。厚德載物，靈心隆貴。敷奏讜言，納以無諱。樹之典象，誨之義類。上教如風，下應如卉。一人有慶，群萌以遂。我后宴喜，令聞不墜。

翼翼一章，二十六句。當順天。

既宴既喜，翕是萬邦。禮儀卒度，物其有容。晢晢庭燎，喤喤鼓鐘。笙磬詠

〔一〕「揖」，諸本作「輯」，據宋書樂志二改。

德，萬舞象功。八音克諧，俗易化從。其和如樂，庶品時邕。

既宴一章，十二句。當陟天庭。

時邕份份，六合同塵。往我祖宣，威靜殊鄰。首定荆楚，遂平燕秦。娓娓文皇，邁德流仁。爰造草昧，應乾順民。靈瑞告符，休徵響震。天地弗違，以和神人。既戡庸蜀，吴會是賓。肅慎率職，楛矢來陳。韓濊進樂，均協清鈞。西旅獻獒，扶南效珍。蠻裔重譯，玄齒文身。我皇撫之，景命惟新。

時邕一章，二十六句。當參兩儀。

愔愔嘉會，有聞無聲。清酤既奠，籩豆既馨。禮充樂備，簫韶九成。愷樂飲酒，酣而不盈。率土歡豫，邦國以寧。王猷允塞，萬載無傾。

嘉會一章，十二句。

晉四厢樂歌十六篇　張華造

稱元慶，奉壽觴。后皇延遐祚，安樂撫萬方。

右王公上壽詩一章。

明明在上，丕顯厥繇。翼翼三壽，蕃后惟休。群生漸德，六合承流。三正元濟濟朝辰，朝慶麟萃。華夏奉職貢，八荒覲殊類。巘冕充廣庭，鳴玉盈朝位。九賓在位，言觀其光。儀序既以時，禮文涣以彰。思皇享多祜，嘉樂永無央。履端承元吉，介福御庭，臚讚既通。升瑞奠贄，乃侯乃公。穆穆天尊，隆禮動容。朝享，上下咸雍。崇多儀，繁禮容。舞盛德，歌九功。揚芳烈，播休萬邦。皇化洽，洞幽明。懷柔百神，輯祥禎。潛龍躍，雕虎仁。儀鳳鳥，屆游鱗。蹤。枯蠹榮，竭泉流。菌芝茂，枳棘柔。和氣應，休徵絃〔一〕。此字疑誤。協靈符，彰帝期。世綏宇宙，萬國和。昊天成命，賚皇家。賚皇家。本在第五章之末，今按音節宜在此。資聖哲，三后在天，啓鴻烈。啓鴻烈，隆皇基。率土謳吟，欣戴於時。恒文示象，代氣著期。泰始開元，龍升在位。四隅同風，燮寧殊類。五韙來備，嘉生以遂。凝庶績，臻太康。申繁祉，允無疆。本支百世，繼緒不忘。繼緒不忘，休有烈光。永言配命，惟晉之祥。聖明統世，篤皇仁。廣大配天地，順動若陶鈞。玄化參自

〔一〕「絃」，宋書樂志二作「滋」。

然，至德通神明〔一〕。清風暢八極，流澤被無垠。於皇時晉，奕世齊聖。惟天降嘏，神祇保定。弘濟區夏，允集大命。有命既集，光帝猷。大明重耀，鑑六幽。聲教洋溢，惠滂流。惠滂流，移風俗。多士盈朝，賢俊比屋。敦世心，斲雕反素樸。反素樸，懷庶方。干戚舞階庭，疏狄説遐荒。扶南假重譯，肅慎襲衣裳。雲覆雨施，德洽無疆。旁作穆穆，仁化翔。朝元日，賓王庭。承宸極，當盛明。衍和樂，竭祇誠。仰嘉惠，懷德馨。游淳風，泳淑清。協億兆，同歡榮。建皇極，統天位。運陰陽，御六氣。殷群生，成性類。王道浹，治功成。人倫序，俗化清。虔明祀，秖三靈。崇禮樂，式儀形。慶元吉，宴三朝。播金石，詠泠簫。奏九夏，舞雲韶。邁德音，流英聲。八紘一，六合寧。六合寧，承聖明。王澤洽，道登隆。綏函夏，總華戎。齊德教，混殊風。混殊風，康萬國。崇夷簡，尚敦德。弘王度，表遐則。

右食舉東西廂樂詩十一章。

於赫皇祖，迪哲齊聖。經緯大業，基天之命。克開洪緒，誕篤天慶。旁濟彝

〔一〕「神明」，諸本誤倒，據宋書樂志二乙正。

倫，仰齊七政。烈烈景皇，克明克聰，靜封略，定勳功。成民立政，儀形萬邦。式固崇軌，光紹前蹤。允文烈考，濬哲應期。參德天地，比功四時。大亨以正，庶績咸熙。肇啓晉宇，遂登皇基。明明我后，玄德通神。受終正位，協應天人。容民厚下，育物流仁。濟我王道，暉光日新。

右雅樂正旦大會行禮詩四章。

蕙田案：張華四廂樂歌十六篇，晉書不載，但以志考之，既述華、勗異旨，即云今並採列之，似亦録華所作，疑傳寫脱之也。今依宋志增入。

晉四廂歌十六篇　成公綏造

上壽酒，樂未央。大晉應天慶，皇帝永無疆。

右詩一章，王公上壽酒所用。

穆穆天子，光臨萬國。多士盈朝，莫匪俊德。流化罔極，王猷允塞。嘉會置酒，嘉賓充庭。羽旄燿宸極，鐘鼓振太清。百辟朝三朝，彧彧晉志作「式式」。明儀形。濟濟鏘鏘，金振玉聲。晉志作「金聲玉振」，於韻不協。禮樂具，宴嘉賓。眉壽祚聖皇，景福惟日新。群后戾止，有來雝雝。獻酬納贄，崇此禮容。豐羞萬俎，旨酒千鍾。

嘉賓盡宴樂，福禄咸攸同。　樂哉！天下安寧。道化行，風俗清。簫韶作，詠九成。年豐穰，世太平。至治哉！樂無窮。元首聰明，股肱忠。樹豐澤，揚清風。嘉瑞出，靈應彰。麒麟見，鳳凰翔。醴泉湧，流中唐。嘉禾生，穗盈箱。降繁祉，祚聖皇。承天位，統萬國。受命應期，授聖德。四世重光，宣開洪業，景克昌，文欽明，德彌彰。肇啓晉邦，流祚無疆。　泰始建元，鳳凰龍興。龍興伊何，享祚萬乘。奄有八荒，化育黎蒸。圖書焕炳，金石有徵。德光大，道熙隆。被四表，格皇穹。奕奕萬嗣，明明顯融。此下疑有脱句。高朗令終，保兹永祚，與天比崇。　聖皇君四海，順人應天期。三葉合重光，泰始開洪基。明燿參日月，功化侔四時。宇宙清且泰，黎庶咸雝熙。善哉雝熙。　惟天降命，翼仁祐聖。於穆三皇，載德彌盛。總齊璿璣，光統七政。百揆時序，化若神聖。四海同風，興至仁。濟民育物，擬陶鈞。擬陶鈞，垂惠潤。皇皇群賢，峨峨英儁。德化宣，芬芳播來胤。播來胤，垂後昆。清廟何穆穆，皇極闢四門。皇極闢四門〔二〕，萬機無不綜。娓娓晉志作「亹亹」。翼翼，

〔二〕「皇極闢四門」，諸本不重，據宋書樂志二補。

樂不及荒，饑不遑食。大禮既行，樂無極。登崑崙，上增城。乘飛龍，升泰清。冠日月，佩五星。揚虹蜺，建彗旌。披慶雲，蔭繁榮。覽八極，游天庭。順天地，和陰陽。序四氣，燿三光。張帝網，正皇綱。播仁風，流惠康。邁洪化，振靈威。懷萬方，納九夷。朝閶闔，宴紫微。建五旗，羅鐘簴。列四縣，奏韶武。鏗金石，揚旌羽。縱八佾，巴渝舞。詠雅頌，和律呂。于胥樂，樂聖主。化蕩蕩，清風泄。總英雄，御俊傑。開宇宙，掃四裔。光緝熙，美聖哲。超百代，揚休烈，流景祚，顯萬世。皇皇顯祖，翼世佐時。寧濟六合，受命應期。神武鷹揚，大化咸熙。廓開皇衢，用成帝基。光光景皇，無競維烈。匡時拯俗，休功蓋世。宇宙既康，九域有截。天命降監，啓祚明哲。穆穆烈考，克明克儁。實天生德，誕膺靈運。肇建帝業，開國有晉。載德奕世，垂慶洪胤。明明聖帝〔二〕，龍飛在天。與靈合契，通德幽玄。仰化清雲，俯育重淵。受靈之祐，於萬斯年。

右雅樂正旦大會行禮詩十五章。

〔二〕「帝」，原脱，據味經窩本、乾隆本、光緒本、宋書樂志二補。

蕙田案：成公綏王公上壽酒一章，晉志失載，依宋志增入。

宋書樂志：晉鞞舞歌五篇，又鐸舞歌一篇，幡舞歌一篇，鼓舞伎六曲，並陳於元會。

江左又有拂舞陳於殿庭。

蕙田案：漢鼙舞歌，關東有賢女、章和二年中、樂久長、四方皇、殿前生桂樹五篇；魏鼙舞歌，明明魏皇帝、太和有聖帝、魏曆長、天生蒸民、爲君既不易五篇，今俱不傳。晉鐸舞歌二篇，其一竟不可句讀。拂舞歌五篇，所詠俱無關元會之事。惟傅玄所造鼙舞五篇，一曰洪業，二曰天命，三曰景皇帝，四曰大晉，五曰明君，歌詠晉德，陳於元會爲宜，以非朝會正曲，故不録。

晉書武帝本紀：咸寧二年春正月，以疾疫廢朝。

禮志：武帝咸寧三年、四年，並以正旦合朔却元會，改魏故事也。

惠帝本紀：永平元年春正月乙酉朔，臨朝，不設樂。

禮志：武帝以來，國有大喪，輒廢樂終三年。惠帝太安元年，太子喪未除，及元會亦廢樂。

蕙田案：孔子稱三年之喪，「食旨不甘，聞樂不樂」。晉故事，國有大喪，元會輟樂者三年，於禮爲合。若惠帝，以愍懷之喪未除，而元會廢樂，揆之春秋，叔向譏景王之義，亦爲允協。蓋晉時儒者，以凶禮爲亟。儀禮喪服一篇，專門訓詁者亡慮十數家，故國有大喪，尚能據禮是正。鄭、王諸大儒之流風，猶有存者，未可概以「清談」薄之也。

江左多虞，不復晨賀。夜漏未盡十刻，開宣陽門，至平明始開殿門，晝漏上水五刻，皇帝乃出受賀。皇太子出會者，則在三恪下王公上。正旦元會，設白獸樽於殿庭，樽蓋上施白獸，若有能獻直言者，則發此樽飲酒。案禮，白獸樽乃杜舉之遺式也，爲白獸蓋，是後世所爲，示忌憚也。

蕙田案：東晉朝賀，因行酒舊制，設白獸樽以招直言，雖非古禮，勝於伏謁上壽者多矣。

宋書樂志：魏、晉訖江左，正旦朝賀，有夏育扛鼎、巨象行乳、神龜抃舞、背負靈岳、桂樹白雪、畫地成川之樂。晉成帝咸康七年，散騎侍郎顧臻表：「雜伎而傷人者，皆宜除之。」於是除高絙、紫鹿、跂行、鼈食及齊王捲衣、笮兒等樂。又減其禀。其後復高絙、紫鹿焉。

元帝本紀：太興元年春正月戊申朔，臨朝，懸而不樂。

明帝本紀：太寧二年春正月丁丑，帝臨朝，停饗宴之禮，懸而不樂。

晉書禮志：康帝建元元年，太史上元日合朔，後復疑應却會與否。庾冰輔政，寫劉邵議以示八座。於是有謂邵爲不得禮意，荀彧從之，是勝人之一失。故蔡謨遂著議非之，曰：「邵論災消異伏，又以梓愼、裨竈猶有錯失，太史上言，亦不必審，其理誠然也。而云聖人垂制，不爲變異預廢朝禮，此則謬矣。災祥之發，所以譴告人君，王者之所重誡，故素服廢樂，退避正寢，百官降物，用幣伐鼓，躬親而救之。夫敬誡之事，與其疑而廢之，寧愼而行之。故孔子、老聃助葬於巷黨，以喪不見星而行〔一〕，故日蝕而止柩，曰安知其不見星也。而邵廢之，是棄聖賢之成規也。魯桓公壬申有災，而以乙亥嘗祭，春秋譏之。災事既過，猶追懼未已，故廢宗廟之祭，況聞天眚將至，行慶樂之會，於禮乖矣。禮記所云諸侯入門不得終禮者，謂日官不預言，諸侯入，見蝕乃知耳，非先聞當蝕而朝會不廢也。引此，可謂失其義旨。劉邵所執者禮記也，夫子、

〔一〕「喪」，諸本作「表」，據晉書禮志上改。

老聃巷黨之事，亦禮記所言，復違而反之，進退無據。然荀令所言，漢朝所從，遂使此言至今見稱，莫知其誤矣，後君子將擬以爲式，故正之云耳。」於是冰從衆議，遂以却會。

蕙田案：蔡謨駁劉邵之議，甚當。

宗元案：劉邵之議，一時巧辨，非禮意也。荀文若學術本疏，故爲强詞所奪，而典禮幾廢。得蔡謨此議，乃能駁正前違，開示衆惑。誰謂晉人清談，遠遜漢儒歟？

永和中，殷浩輔政，又欲從劉邵議不却會。王彪之據咸寧、建元故事，又曰：「禮云諸侯旅見天子，不得終禮而廢者四，自謂卒暴有之，非謂先存其事，而僥倖史官推術謬錯，故不豫廢朝禮也。」於是又從彪之議。

恭帝本紀：元熙元年春正月壬辰朔，以山陵未厝，不朝會。

右晉正旦朝賀

宋正旦朝賀

南齊書禮志：宋世晝漏至十刻，乃受賀。

宋書樂志：宋武帝永初元年十二月，有司又奏：「依舊正旦設樂，參詳屬三省改大樂諸歌舞詩。黄門侍郎王韶之立三十二章，合用教試，日近，宜逆誦習。輒申攝施行。」詔可。

宋四廂樂歌五篇　王韶之造

於鑠我皇，體仁包元。齊明日月，比量乾坤。陶甄百王，稽則黄軒。訏謨定命，辰告四蕃。

將將蕃后，翼翼群僚。盛服待晨，明發來朝。饗以八珍，樂以九韶。仰祗天顔，厥猷孔昭。

法章既設，初筵長舒。濟濟列辟，端委皇除。飲和無盈，威儀有餘。温恭在位，敬終如初。

九功既歌，六代惟時。被德在樂，宣道以詩。穆矣太和，品物咸熙。慶積自遠，告成在兹。

右肆夏樂歌四章。客入，於四廂振作於鑠曲。皇帝當陽，四廂振作將將曲。皇帝入變服，四廂振作於鑠、將將二曲。又黄鐘、太簇二廂作法章、九功二曲。

大哉皇宋，長發其祥。纂系在漢，統源伊唐。德之克明，休有烈光。配天作極，辰居四方。

皇矣我后，聖德通靈。有命自天，誕授休禎。龍飛紫極，造我宋京。光宅宇宙，赫赫明明。

右大會行禮歌二章。姑洗廂作。

獻壽爵，慶聖皇。靈祚窮二儀，休明等三光。

右王公上壽歌一章。黄鐘廂作。

明明大宋，緝熙王道。則天垂化，光定天保。天保既定，肆覲萬方。禮繁樂富，穆穆皇皇。

沔彼流水，朝宗天池。洋洋貢職，抑抑威儀。既習威儀，亦閑禮容。一人有則，作孚萬邦。

烝哉我皇，固天誕聖。履端惟始，對越休慶。如天斯久，如日斯盛。介兹景福，永固駿命。

右殿前登歌三章，別有金石。

晨羲載燿，萬物咸覩。嘉慶三朝，禮樂備舉。元正肇始，典章暉明。萬方畢來賀，華裔充皇庭。多士盈九位，俯仰觀玉聲。恂恂俯仰，載爛其煇。鼓鐘震天區[一]，禮容塞皇闈。思樂窮休慶，福履同所歸。

五玉既獻，三帛是薦。爾公爾侯，鳴玉華殿。皇皇聖后，降禮南面。元首納嘉禮，萬邦同歡願。休哉！君臣嘉燕。建五旗，立四縣。樂有文，禮無倦。融皇風，窮一變。

體至和，感陰陽。德無不柔，繁休祥。瑞徽璧，應嘉鐘。舞靈鳳，躍潛龍。景星見，甘露墜[二]。木連理，禾同穗。玄化洽，仁澤敷。極禎瑞，窮靈符。

懷荒裔，綏齊民。荷天祐，靡不賓。靡不賓，長世宏盛。昭明有融，繁嘉慶。繁嘉慶，熙帝載。合氣成和，蒼生欣戴。三靈協瑞，惟新皇代。

王道四達，流仁布德。窮理詠乾元，垂訓順帝則。靈化侔四時，幽誠通玄默。

〔一〕「天」，原作「大」，據光緒本、宋書樂志二改。

〔二〕「露」，諸本作「靈」，據宋書樂志二改。

德澤被八紘，乾寧軌萬國。

皇猷緝，咸熙泰。禮儀焕帝庭，要荒服遐外。被髪襲纓冠，左衽回衿帶。天覆地載，流澤汪濊。聲教布濩，德光大。

開元辰，畢來王。奉貢職，朝后皇。鳴珩佩，觀典章。樂王度，説徽芳。陶盛化，游太康。丕昭明，永克昌。

惟永初，德丕顯。齊七政，敷五典。彝倫序，洪化闡。王澤流，太平始。樹聲教，明皇紀。和靈祇，恭明祀。衍景祚，膺嘉祉。

禮有容，樂有儀。金石陳，干羽施。邁武濩，均咸池。歌南風，舞德稱。文武焕，頌聲興。

王道純，德彌淑。寧八表，康九服。道禮讓，移風俗。移風俗，永克融。歌盛美，告成功〔一〕。詠徽烈，邈無窮。

右食舉歌十章。黄鐘、太簇二廂交作。黄鐘作晨羲、體至和、王道、開元辰、禮

〔一〕「告」，諸本作「造」，據宋書樂志二改。

有容五曲。太簇作五玉、懷荒裔、皇猷緝、惟永初、王道純五曲。

宋前舞後舞歌二篇　王韶之造

於赫景明，天監是臨。樂來伊陽，禮作惟陰。歌自德富，儛由功深。庭列宮縣，陛羅瑟琴。翿籥繁會，笙磬諧音[一]。簫韶雖古，九成在今。道志和聲，德音孔宣。光我帝基，協靈配乾。儀形六合，化穆自然。如彼雲漢，爲章于天。熙熙萬類，陶和當年。擊轅中韶，永世弗騫。

右前舞歌一章。晉正德之舞[二]，蕤賓厢作。

假樂聖后，實天誕德。積美自中，王猷四塞。龍飛在天，儀形萬國。欽明惟神，臨朝淵默。不言之化，品物咸德。告成於天，銘勳是勒。翼翼厥猶，娓娓其仁。順命創制，因定和神。海外有截，九圍無塵。冕鎏司契，垂拱臨民。乃舞大豫，欽若天人。純嘏孔休，萬載彌新。

[一]「磬」，原作「歌」，據味經窩本、乾隆本、光緒本、宋書樂志二改。
[二]「正德之舞」，原作「王德之舞」，據味經窩本、乾隆本、光緒本、宋書樂志二改。

右後舞歌一章。晉大豫之舞，荀勖作。

蕙田案：宋志云晉泰始九年，荀勖使郭瓊、宋識等造正德、大豫之舞。咸寧元年，詔定祖宗之號，而廟樂同用正德、大豫舞，然則此二舞乃宗廟之樂。及宋改正德曰前舞，大豫曰後舞，於元會、四廂亦用之，齊、梁以後，因而不改。今録之，以足三十二章之數云。

禮志：宋文帝元嘉十一年，皇太子出會，升在三恪上。

樂志：孝武帝孝建二年，有司又奏：「元會，登歌依舊並於殿庭設作〔一〕。今元會，登歌人亦上殿，弦管在下。」詔可。

明帝本紀：泰始二年春正月己丑朔，以軍事不朝會。

泰豫元年春正月甲寅朔，上有疾不朝會。

右宋正旦朝賀

〔一〕「依」，諸本作「伎」，據宋書樂志一改。

## 齊正旦朝賀

通典：宋因晉制，無所改易，惟朝至十刻，乃受朝賀。升皇太子在三恪之上。齊因之。

南齊書樂志：元會大饗四廂樂歌辭。宋黄門郎王韶之造肆夏四章，行禮一章，上壽一章，登歌三章，食舉十章，前後舞歌一章。齊微改革，多仍舊辭。其前後舞二章新改。其臨軒樂，亦奏肆夏於鏁四章。

肆夏樂歌辭四曲

蕙田案：齊肆夏樂歌四章，即仍宋曲。客入，四廂奏於鏁曲；皇帝當陽，四廂奏將將曲；皇帝入變服，四廂并奏於鏁、將將二曲，又黄鐘、太簇二廂作法章、九功二曲，亦與宋儀同，今不重載。

大會行禮歌辭二曲，姑洗廂奏。

蕙田案：此二曲亦仍宋辭，惟「皇宋」二字改爲「皇齊」，「纂系在漢」二句，改爲「祚隆姬夏，道邁虞唐」，「宋京」改爲「齊京」。

上壽歌辭一曲，黄鐘廂奏。

蕙田案：此曲仍宋辭，無改易。

殿前登歌辭三曲别用金石，太樂令跪奏。

蕙田案：三曲並仍宋辭，惟「大宋」二字改爲「齊國」。又「固天誕聖」作「實靈誕聖」，「如天斯久」作「如天斯崇」，「永固駿命」作「永固洪命」，亦小異。

食舉歌辭十章，黄鐘先奏晨儀篇，太簇奏五玉篇，餘八篇，二廂更奏之。

蕙田案：十曲並仍宋辭，惟「永初」二字改爲「建元」，又「晨羲載耀」作「晨儀載焕」，「萬物畢來賀」二句作「萬方來賀，華裔充庭」，「九位」作「九德」，「休哉君臣嘉燕」作「休哉休哉，君臣熙宴」，「荒裔」作「荒遠」，「長世宏盛」作「長世盛」，「合氣成和」作「含氣感和」，「流仁布德」作「流仁德」，「乾寧」作「禮章」，「衍景祚」作「介景祚」，「舞德稱」作「德永稱」，「文武」作「文明」，小異。

前舞階步歌辭新辭

天挺聖哲，三方維綱。川岳伊寧，七耀重光。茂育萬物，衆庶咸康。道用潛通，仁施遐揚。德厚巛極，功高昊蒼。舞象盛容，德以歌章。八音既節，龍躍鳳翔。皇基永樹，二儀等長。

前舞凱容歌辭舊辭

蕙田案：此曲仍宋辭，無改。

後舞階步歌辭新辭

皇皇我后，紹業聖明。滌拂除穢，宇宙載清。允執中和，以莅蒼生。玄化遠被，兆世軌形。何以崇德，乃作九成。妍步恂恂，雅曲芬馨。八風清鼓，應以祥禎。澤浩天下，功濟百靈。

後舞凱容歌辭舊辭

蕙田案：此曲仍宋辭，惟「大豫」二字改爲「凱容」。

禮志：建武二年，朝會，時世祖遏密未終，朝議疑作樂不？祠部郎何佟之議：「昔舜受終文祖，義非胤堯，及放勳徂落，遏密三祀。近代，晉康帝繼成帝，於時亦不作樂。懷帝永嘉元年，惠帝喪制未終，於時江充議云，古帝王相承，雖世及有異，而輕重同禮。」從之。

## 右齊正旦朝賀

## 梁正旦朝賀

隋書禮儀志：梁元會之禮，未明，庭燎設，文物充庭。臺門闢，禁衛皆嚴，有司各從其事。太階東置白獸樽。群臣及諸蕃客並集，各從其班而拜。侍中奏中嚴，王公卿尹各執珪璧入拜。侍中乃奏外辦，皇帝服衮冕，乘輿以出。侍中扶左，常侍扶右，黄門侍郎一人，執曲直華蓋從。至階，降輿，納舃升坐。有司御前施奉珪藉。王公以下，至阼階，脱舃劍，升殿，席南奉贄珪璧禮畢，下殿，納舃佩劍，詣本位。主客郎徙珪璧於東廂。帝興，入，徙御座於西壁下，東向。設皇太子王公以下位。又奏中嚴，皇帝服通天冠，升御座。王公上壽禮畢，食。食畢，樂伎奏。太官進御酒，主書付黄甘，逮二品以上。尚書騶騎引計吏，郡國各一人，皆跪受詔。侍中讀五條詔，計吏每應諾訖，令陳便宜者，聽詣白獸樽，以次還座。宴樂罷，皇帝乘輿以入。皇太子朝，則遠遊冠服，乘金輅，鹵簿以行。與會則劍履升座。會訖，先興。

蕙田案：古宗廟之室，以西爲上。朝覲之禮，天子當依而立，當宁而立，自以南面爲尊。梁制徙御座於西壁下，非也。

隋書音樂志：梁天監元年，定三朝之樂，以武舞爲大壯舞，文舞爲大觀舞，國樂以

「雅」爲稱，乃去階步之樂，增撤食之雅焉。衆官出入，宋元徽三年儀注奏肅咸樂，齊及梁初亦同。至是改爲俊雅，取禮記「司徒論選士之秀者而升之學，曰俊士」也。二郊、太廟、明堂，三朝同用焉。皇帝出入，宋孝建二年秋起居注奏永至，齊及梁初亦同。至是改爲皇雅，取詩「皇矣上帝，臨下有赫」也。二郊、太廟同用。皇太子出入，奏胤雅，取詩「君子萬年，永錫祚胤」也。王公出入，奏寅雅，取尚書、周官「貳公弘化，寅亮天地」也。上壽酒，奏介雅，取詩「君子萬年，介爾景福」也。食舉，奏需雅，取易「雲上于天，需，君子以飲食宴樂」也。撤饌，奏雍雅，取禮記「大饗客出以雍撤」也。並三朝用之。

蕙田案：皇帝出入奏皇雅，志不云「三朝同用」。然皇帝出入，三朝之大節，不容無樂歌。又志載周捨議，以爲：「禮，王入，「入」字上疑脱「出」字。奏王夏。大祭祀與朝會，其用樂一也。而漢制，皇帝在廟，奏永至樂。朝會之日，別有皇夏。二樂有異，於禮爲乖，宜除永至，還用皇夏。」從之。然則元會亦用皇夏審矣。此應志之脱文，不可不補。

觀承案：雅頌之爲樂章，如文德之歌、大武之舞，不必案切本事，而皆可施用，所以廣文、武之德於天下也。後代樂章，每一節必綴以一歌，詞煩意瑣，豈所以重朝典而揚君德乎？周捨議去永至，有以哉！

俊雅，歌詩三曲，四言　設官分職，髦俊攸俟。髦俊伊何？貴德尚齒。唐乂咸事，周寧多士。區區衛國，猶賴君子。漢之得人，帝猷乃理。開我八襲，闢我九重。珩佩流響，纓紱有容。衮衣前邁，列辟雲從。義兼東序，事美西雍。分階等肅，異列齊恭。重列北上，分庭異陛。百司揚職，九賓相禮。齊、宋舅甥，魯、衛兄弟。思皇藹藹，群龍濟濟。我有嘉賓，實惟愷悌。

皇雅，三曲，五言　帝德實廣運，車書靡不賓。執瑁朝群后，垂旒御百神。八荒重譯至，萬國婉來親。華蓋拂紫微，勾陳繞太一。容裔被緹組，參差羅罕畢。星回照以爛，天行徐且謐。清蹕朝萬寓，端冕臨正陽。青絇黃金繶，衮衣文繡裳。既散華蟲采，復流日月光。

胤雅，一曲，四言　自昔殷代，哲王迭有。降及周成，惟器是守。上天乃眷，大梁既受。灼灼重明，仰承元首。體乾作貳，命服斯九。置保置師，居前居後。前星比耀，克隆萬壽。

寅雅，一曲，三言　禮莫違，樂具舉。延藩辟，朝帝所。執桓蒲，列齊、莒。垂衮毳，紛容與。升有儀，降有序。齊簪紱，忘笑語。始矜嚴，終酣醑。

介雅，三曲，五言　百福四象初，萬壽三元始。拜獻惟衮職，同心協卿士。北極永無窮，南山何足擬。

壽隨百禮洽，慶與三朝升。惟皇集繁祉，景福互相仍。申錫永無遺，穰簡必來應。　百味既含馨，六飲莫能尚。玉罍信湛湛，金卮頗搖漾。敬舉發天和，祥祉流嘉貺。

需雅，八曲，七言　實體平心待和味，庶羞百品多爲貴。或鼎或鼒宜九沸，楚桂胡鹽芼芳卉。加籩列俎彫且蔚。　五味九變兼六和，令芳甘旨庶且多。三危之露九期禾，圓案方丈粲星羅。皇舉斯樂同山河。　九州上腴非一族，玄芝碧樹壽華木。終朝采之不盈掬，用拂腥羶和九穀。既甘且飫致遐福。　人欲所大味爲先，興和盡敬咸在旃。碧鱗朱尾獻嘉鮮，紅毛緑翼墜輕翾。臣拜稽首萬斯年。擊鐘以侯惟大國，況乃御天流至德。侑食斯舉揚盛則，其禮不僭儀不忒。風猷所被深且塞。　膳夫奉職獻芳滋，不麛不夭咸以時。調甘適苦别澠、淄，其德不爽受福釐。於焉逸豫永無期。　備味斯饗惟至聖，咸降人神禮爲盛。或風或雅流歌詠，負鼎言歸，啓殷命。悠悠四海同茲慶。道我六穗羅八珍，洪鼎自爨匪勞薪。荆包海物必來陳，滑甘滫瀡味和神[一]。以斯至德被無垠。

樂備舉。雍雅，三曲，四言　明明在上，其儀有序。終事靡愆，收鉶撤俎。乃升乃降，和樂備舉。天德莫違，人謀是與。敬行禮達，茲焉䜩語。我餕惟阜，我肴孔庶。嘉味既充，食旨斯飫。屬厭無爽，沖和在御。擊壤齊歡，懷生等豫。蒸庶乃粒，實由仁恕。百司警列，皇在在陛。既飫且醑，卒食成禮。其容穆穆，其儀濟濟。凡百庶僚，莫不愷悌。奄有萬國，抑由天啓。

大壯舞奏夷則，大觀舞奏姑洗，取其月王也。二郊、明堂、太廟，三朝並同用。今列其歌詩二曲云。

大壯舞歌，一曲，四言　高高在上，實愛斯人。眷求聖德，大拯彝倫。率土方燎，如火在薪。慄慄黔首，暮不及晨。朱光啓燿，兆發穹旻。我皇鬱起，龍躍漢津。言屆牧野，電激雷震。闕鞏之甲，彭、濮之人。或貔或武，漂杵浮輪。我邦雖舊，其

[一]「滫」，諸本作「滌」，據隋書音樂志上改。

命維新。六伐乃止，七政必陳。君臨萬國，遂撫八寅。

大觀舞歌，一曲，四言　皇矣帝烈，大哉興聖。奄有四方，受天明命。居上不怠，臨下惟敬。舉無僭則，動無失正。物從其本，人遂其性。昭播九功，肅齊八柄。寬以惠下，德以爲政。三趾晨儀，重輪夕映。棧壑忘阻，梯山匪夐。如日有恒，與天無竟。載陳金石，式流舞詠。咸、英、韶、夏，於茲比盛。

相和五引：角引　萌生觸發，歲在春。咸池始奏，德尚仁。沾滯以息，和且均。

徵引　執衡司事，宅離方。滔滔夏日，火德昌。八音備舉，樂無疆。宮引　八音資始，君五聲。興此和樂，感百精。優游律吕，被咸、英。商引　司秋紀兑，奏西音。激揚鐘石，和瑟琴。風流福被，樂愔愔。羽引　玄英紀運，冬冰折。物爲音本，和且悦。窮高測深，長無絶。

舊三朝設樂有登歌，以其頌祖宗之功烈，非君臣之所獻也，於是去之。三朝，第一，奏相和五引；第二，衆官入，奏俊雅；第三，皇帝入閤，奏皇雅；第四，皇太子發西中華門，奏胤雅；第五，皇帝進，王公發足；第六，王公降殿，同奏寅雅；第七，皇帝入儲變服；第八，皇帝變服出儲，同奏皇雅；第九，公卿上壽酒，奏介雅；第十，太子入預會，奏胤雅；十一，皇帝食舉，奏需雅；十二，撤食，奏雍雅；十三，設大壯武舞；十四，設大觀文舞；十五，設雅歌五曲；十六，設俳伎；十七，設鼙舞；十八，設鐸舞；十九，設拂舞；二十，設巾舞並白紵；二十一，設舞盤伎；二十二，設舞輪伎；二十三，設刺長追花幢伎；二十四，設受猾伎；二十五，設車輪折脰伎；二十六，設長蹻伎；二十七，設須彌山、黄山、三峽等伎；二十八，設跳鈴伎；二十九，設跳劍伎；三十，設擲倒伎；三十一，設擲倒案伎；三十二，設青絲幢伎；三十三，設一繖花幢伎；三十四，設雷幢伎；三十五，設金輪幢伎；三十六，設白獸幢伎；三十七，設擲蹻伎；三十八，設獼猴幢伎；三十九，設啄木幢伎；四十，設五案幢兕願伎；四十一，設辟邪伎；四十二，設青紫鹿伎；四十三，設白武伎，作訖，將白鹿來迎下；四十四，設寺子遵安息孔雀、鳳凰、文鹿胡舞登連上雲樂歌舞伎；四十五，設緣高絚伎；四十六，設變黄龍弄龜伎；四十七，皇太子起，奏胤雅；四十八，衆官出，奏俊雅；四十九，皇帝興，奏皇雅。自宋、齊以來，三朝有鳳凰銜書伎。至是乃下詔曰：「朕君臨南面，道風蓋闕，嘉祥時至，爲媿已多。假令巢侔軒閣，集同昌户，猶當顧循寡德，推而不居。況於名實頓爽，自欺耳目。一日元會，大樂奏鳳凰銜書伎，至乃舍人受書，升殿跪奏。誠復興乎前代，率由自遠，内省懷慙，彌與事篤。可罷之。」

蕙田案：此條載三朝樂，次第最詳。志既明云「皇帝入閤，奏皇雅」，「皇帝入儲變服，皇帝變服出儲，同奏皇雅」，「皇帝興，奏皇雅」，知前文誤脱「三朝」字，審矣。

通典徹食宜有樂議：周官云：「王大食三侑，皆合鐘鼓。」漢蔡邕云：「王者食舉以樂，今但有食舉樂，食畢則無樂。」案：膳夫職「以樂侑食」，禮記云「客出以雍，徹以振羽」，論語云「三家者以雍徹」。如此，則徹食宜有樂，不容同用食舉也。

蕙田案：徹食奏雅，惟梁禮爲然，歷代皆無之。

通典三朝不宜奏登歌議：禮記燕居：「入門而金作，示情也。升歌清廟，示德也。下管象武，示事也。是故，古之君子不必親相與言也，以禮樂相示。」郊特牲云：「奠酬而工升歌，發德也。歌者在上，匏竹在下，貴人聲也。」明堂位云：「升歌清廟，下管象武。」太師職云：「大祭祀，帥瞽登歌，令奏擊拊〔二〕。」小師職云：「大祭

〔二〕「令」，諸本作「金」，據通典卷一四七改。

祀，登歌擊拊。」尚書大傳云：「古者，帝王升歌清廟之樂，大琴練絃達越，大瑟朱絃達越，以韋爲鼓，竽瑟之聲亂人聲。清廟升歌，先人功烈德深也。周公升歌文王之功烈德深，苟在廟中嘗見文王者，愀然如復見文王。故書曰：『搏拊琴瑟以詠，祖考來格。』此之謂也。」案：登歌各頌祖宗之功烈，去鐘徹竽，以明至德。所以傳云：「其歌呼也，曰『於穆清廟』。於者，歎之也。穆者，敬之也。清者，欲其在位者，徧聞之也。」檢以經記，悉施郊廟耳，非元日所宜奏也。若三朝大慶，百辟具陳，升工席殿，以歌祖宗，君臣相對，便應涕淚，豈可獻酬舉爵以申歡宴邪？若改辭易旨，苟會一時，則非古人登歌之義。

蕙田案：杜氏二議，與梁禮合，今附見其下。

隋書禮儀志：天監六年詔曰：「頃代以來，元日朝畢，次會群臣，則移就西壁下，東向坐。求之古義，王者讌萬國，惟應南面，何更居東面？」於是御座南向，以西方爲上。皇太子以下，在北壁坐者，悉西邊東向。尚書令以下在南方坐者，悉東邊西向。舊元日，御座東向，酒壺在東壁下。御座既南向，乃詔壺於南欄下。又詔：「元日受五等贄，珪璧並量付所司。」周捨案：「周禮冢宰，大朝覲，贊玉幣。尚書，古之冢宰。頃王者不親撫玉，則不復須冢宰贊助。尋尚書主客曹郎，既冢宰隸職，今元日五等奠玉既竟，請以主客郎受。鄭玄注覲禮云：『既受之後，出付玉人於外。』漢時少府，職掌珪璧，請主客受玉，付少府掌。」帝從之。又尚書僕射沈約議：「正會儀注，御出，乘輿至太極殿前，納舄升階。尋路寢之設，本是人君居處，不容自敬宮室。案漢氏，則乘小車升殿。請自今元正及大公事，御宜乘小輿至太極階，仍乘板輿升殿。」制：「可。」

梁書簡文帝本紀：大寶元年春正月辛亥朔，以國哀不朝會。

右梁正旦朝賀

陳正旦朝賀

隋書禮儀志：陳制，先元會十日，百官並習儀注，令僕以下，悉公服監之。設庭燎，街闕、城上、殿前皆嚴兵，百官各設部位而朝。宮人皆於東廊〔一〕，隔綺疏而觀。宮門既無籍，外人但絳衣者，亦得入觀。是日，上事人發白獸樽。自餘亦多依梁禮云。

〔一〕「廊」，隋書禮儀志四作「堂」。

蕙田案：朝會鉅典，乃禮樂雍肅之地。陳制，嚴兵設部伍，失嘉會合禮之意矣。至令宫人隔綺疏而觀，狎禮至是，宜其及也。

隋書音樂志：大建元年，定三朝之樂，採梁故事：第一，奏相和五引，各隨王月，則先奏其鐘。惟衆官入，奏俊雅，林鍾作，太簇參應之，取其臣道也。鼓吹作。皇帝出閣，奏皇雅，黄鍾作，太簇、夾鍾、姑洗、大吕皆應之。鼓吹作。皇太子入至十字陛，奏胤雅，太簇作，南吕參應之，取其二月少陽也。皇帝延王公登，奏寅雅，夷則作，夾鍾應之，取其月法也。皇帝入宁變服，奏皇雅，黄鍾作，林鍾參應之。鼓吹作。皇帝出宁及升座，皆奏皇雅，並如變服之作。上壽酒，奏介雅，太簇作，南吕參應之，取其陽氣盛長，萬物輻湊也。食舉，奏需雅，蕤賓作，大吕參應之，取火主於禮，所謂「食我以禮」也。徹饌，奏雍雅，無射作，中吕參應之，取其津潤已竭也。武舞奏大壯，夷則作，夾鍾參應之，七月金始王，取其堅斷也。鼓吹引而去來。文舞奏大觀，姑洗作，應鍾參應之，三月萬物必榮，取其布惠者也。鼓吹引而去來。衆官出，奏俊雅，蕤賓作，林鍾、夷則、南吕、無射、應鍾、太簇參應之。鼓吹作。皇帝起，奏皇雅，黄鍾作，林鍾、夷則、南吕、無射參應之。鼓吹作。詞用宋曲，宴準梁樂，蓋取人神不雜也。制曰：

「可。」

六年十一月，侍中尚書左僕射、建昌侯徐陵，儀曹郎中沈罕，奏來年元會儀注，稱舍人蔡景歷奉敕，先會一日，太樂展宮懸、高絙、五案於殿庭。客入，奏相和五引。帝出，黄門侍郎舉麾於殿上，掌故應之，舉於階下，奏康韶之樂。詔延王公登，奏變韶。奉珪璧訖，初引下殿，奏亦如之。帝興，入便殿，奏穆韶。更衣又出，奏亦如之。帝舉酒，奏綏韶。進膳，奏侑韶。帝御茶果，太常丞跪請進舞七德，繼之九序。其鼓吹雜伎，取晉、宋之舊，微更附益。舊元會有黄龍變、文鹿、師子之類，太建初定制，皆除之。至是蔡景歷奏，悉復設焉。

右陳正旦朝賀

北魏正旦朝賀

魏書禮志：太祖天興元年冬，詔儀曹郎董謐撰朝覲、饗宴之儀。

樂志：天興元年冬，詔尚書吏部郎鄧淵定律吕，協音樂。正月上日，饗群臣，宣布政教，備列宮懸正樂，兼奏燕、趙、秦、吴之音，五方殊俗之曲。

高祖本紀：太和十年春正月癸亥朔，帝始服衮冕，朝饗萬國。

十八年春正月丁未朔，朝群臣於鄴宫澄鸞殿。

十九年春正月辛未朔，朝饗群臣於懸瓠。

二十二年春正月癸未朔，朝饗群臣於新野行宫。

二十三年春正月戊寅朔，朝群臣，以帝疾瘳上壽，大饗於澄鸞殿。

禮志：熙平二年十二月丁未〔一〕，侍中、司空公、領尚書令、任城王澄，度支尚書崔亮奏：「謹案禮記：曾子問曰：諸侯旅見天子，不得成禮者幾？孔子曰：四，太廟火、日蝕、后之喪、雨沾服失容則廢。臣等謂元日萬國賀，應是諸侯旅見之義。若禘廢朝會，孔子應云五而獨言四，明不廢朝賀也。又鄭志：檢魯禮，春秋昭公十一年夏五月，夫人歸氏薨。十三年五月大祥，七月釋禫，公會劉子及諸侯於平丘。詳考古禮，未有以祭祀廢元會者。臣等備位樞納，可否必陳。冒陳所見，伏聽裁衷。」靈太后令曰：「可如所執。」

〔一〕「十二月」，原作「二月」，據光緒本、魏書禮志二改。

神龜二年正月二日元會，高陽王雍以靈太后臨朝，太上秦公喪制未畢，欲罷百戲絲竹之樂。清河王懌以爲萬國慶集，天子臨享，宜應備設。太后訪之於侍中崔光，光從雍所執。懌謂光曰：「宜以經典爲證。」光據禮記「縞冠玄武，子姓之冠」，父母有重喪，子不純吉。安定公親爲外祖，又有師恩，太后不許公除，衰麻在體。正月朔日，還家哭臨，至尊輿駕奉慰。記云：「朋友之墓，有宿草焉而不哭。」是則朋友有朞年之哀。子貢云：夫子喪顏淵，若喪子而無服，喪子路亦然。顏淵之喪，饋練肉，夫子受之，彈琴而後食之。若子之哀，則容一朞，不舉樂也。孔子既大練，五日彈琴，父母之喪也。由是喪夫子若喪父而無服。心喪三年，由此而制。雖古義難追，比來發詔，每言師、祖之尊。是則一朞之內，猶有餘哀。且禮，母有喪服，聲之所聞，子不舉樂。今太后更無別宮，所居嘉福，去太極不爲大遠。鼓鐘於宮，聲聞於外，況在內密邇也。君之卿佐，是謂股肱，股肱或虧，何痛如之！知悼子喪未葬，杜蕢所以諫晉平公也。今相國雖已安厝，裁三月爾，陵墳未乾。懌以理證爲然，乃從雍議。

出帝本紀：永熙二年春正月庚寅朔，朝饗群臣於太極前殿。

右北魏正旦朝賀

## 北齊正旦朝賀

隋書禮儀志：後齊正日，侍中宣詔慰勞州郡國使。詔牘長一尺三寸，廣一尺，雌黄塗飾，上寫詔書三。計會日，侍中依儀勞郡國計吏，問刺史太守安不，及穀價麥苗善惡，人間疾苦。又班五條詔書於諸州郡國使人，寫以詔牘一枚，長二尺五寸，廣一尺三寸，亦以雌黄塗飾，上寫詔書。正會日，依儀宣示使人，歸以告刺史二千石。一曰，政在正身，在愛人，去殘賊，擇良吏，主決獄，平傜賦。二曰，人生在勤，勤則不匱，其勸率田桑，無或煩擾。三曰，六極之人，務加寬養，凡使生有以自救，没有以自給。四曰，長吏華浮，奉客以求小譽，逐末捨本，政之所疾，宜謹察之。五曰，人事意氣，干亂奉公，外内溷淆，綱維不設，所宜糾劾。正會日，侍中黄門宣詔勞諸郡上計。勞訖付紙，遣陳土宜。字有脱誤者，呼起席後立。書迹濫劣者，飲墨水一升。文理孟浪，無可取者，奪容刀及席。既而本曹郎中，考其文迹才辭可取者，録牒吏部，簡同流外三品叙。元正大饗，百官一品以下，流外九品已上預會。一品已下、正三品已上、開國公侯伯、散品公侯及特命之官、下逮刺史，並升殿。從三品已下、從九品已上及奉正使人比流官者，在階下。勳品已下，端門外。

蕙田案：北齊於朝會日宣詔，慰郡國使，問穀價麥苗、人間疾苦。又頒五條詔誡，以示訓行。又付紙遣陳便宜，以寓賞罰，與古述職之義爲近。較之叔孫通所起朝儀，僅以拜賀行酒畢事者，誠不免諂世取寵之誚也。

隋書音樂志：齊武成之時，始定三朝之樂。元會大饗，協律不得升陛，黄門舉麾於殿上。今列其歌辭云〔一〕。

賓入門，四廂奏肆夏辭　昊蒼眷命，興王統天。業高帝始，道邈皇先。禮成化穆，樂合風宣。賓朝荒夏，揚對穹玄。

皇帝出閤，奏皇夏辭　夏正肇旦，周物充庭。具僚在位，俛伏無聲。大君穆穆，宸儀動晬。日煦天迴，萬靈胥萃。

皇帝當扆，群臣奉賀，奏皇夏辭　天子南面，乾覆離明。三千咸列，萬國填并。猶從禹會，如次湯庭。奉兹一德，上下和平。

皇帝入宁變服，黄鍾、太簇二廂奏皇夏辭　我應天曆，四海爲家。協同内外，

〔一〕「辭」，原作「舞」，據光緒本、隋書音樂志改。

混一戎華。鶴蓋龍馬，風乘雲車。夏章戎服，其會如麻。九賓有儀，八音有節。肅肅於位，欽和在列。四序氤氲，三光昭晰。君哉大矣，軒、唐比轍。

皇帝變服，移幄坐於西廂，帝出升御坐，姑洗奏皇夏辭　皇運應籙，廓定區寓。受終以文，構業以武。堯昔命舜，舜亦命禹。大人馭歷，重規沓矩。欽明在上，昭納八賓。從靈體極，誕聖窮神。化生群品，陶育蒸人。展禮肆樂，協此元春。

王公奠璧，奏肆夏辭　萬方咸暨，三揖以申。垂旒馮玉，五瑞交陳。拜稽有章，升降有節。聖皇負扆，虞、唐比烈。

上壽，黃鍾廂奏上壽曲辭　仰三光，奏萬壽。人皇御六氣，天地同長久。

皇太子入，至坐位，酒至御，殿上奏登歌辭　大齊統曆，道化光明。馬圖呈寶，龜籙告靈。百蠻非衆，八荒非逖。同作堯人，俱包禹迹。其一。天覆地載，成以四時。惟皇是則，比大於兹。群星拱極，衆川赴海。萬寓駿奔，一朝咸在。其二。齊之以禮，相趨帝庭。應規蹈矩，玉色金聲。動之以樂，和風四布。龍申鳳舞，鸞歌麟步。其三。

食至御前，奏食舉樂辭　三端正啓，萬方觀禮。具物充庭，二儀合體。百華昭曉，千門洞晨。或華或裔，奉贄惟新。悠悠亘六合，員首莫不臣。仰施如雨，晞和猶春。風化表笙鏞，歌謳被琴瑟。誰言文軌異，今朝混爲一。其一。彤庭爛景，丹陛流光。懷黄綰白，鵷鷺成行。文贊百揆，武鎮四方。折衝鼓雷電，獻替協陰陽。大矣哉，道邁上皇。陋五帝，狹三王。窮禮物，該樂章。序冠帶，垂衣裳。其二。天壤和，家國穆。悠悠萬類，咸孕育。契冥化，侔大造。靈效珍，神歸寶。興雲氣，飛龍蒼。麟一角，鳳五光。朱雀降，黄玉表。九尾馴，三足擾。化之定，至矣哉。瑞感德，四方來。其三。囹圄空，水火菽粟。求賢振滯，棄珠玉。衣不靡，宫以卑。當陽端嘿，垂拱無爲。云云萬有，其樂不訾。其四。嗟此舉時，逢至道。肖形咸自持，賦命無傷夭。行氣進皇輿，遊龍服帝皁。聖主寧區宇，乾坤永相保。其五。牧野征，鳴條戰。大齊家萬國，拱揖應終禪。奧主廓清都，大君臨赤縣。高居深視，當扆正殿。旦暮之期，今一見。其六。兩儀分，牧以君。陶有象，化無垠。大齊德，邈誰群。超鳳火，冠龍雲。露以絜，風以薰。榮光至，氣氤氳。其七。神化遠，人物協。寒暑調，風雨燮。披泥檢，受圖諜。圖諜啓，期運昌。分四序，綴三光。延寶祚，眇無疆。其八。惟皇道，升平日。河水清，海不溢。雲干吕，風入律。驅黔首，入仁壽。

與天高，並地厚。其九。刑以厝，頌聲揚。皇情邈，眷汾、襄。岱山高，配林壯。亭亭聳，云云望。旂葳蕤，駕騤騤。刊金闕，奠玉龜。其十。

文舞將作，先設階步辭　我后降德，肇峻皇基。摇鈴大號，振鐸命期。雲行雨洽，天臨地持。茫茫區宇，萬代一時。文來武肅，成定於兹。象容則舞，歌德言詩。鏘鏘金石，列列匏絲。鳳儀龍至，樂我雍熙。

文舞辭　皇天有命，歸我大齊。受兹華玉，爰錫玄珪。奄家環海，實子蒸黎。圖開寶匣，檢封芝泥。無思不順，自東徂西。教南暨朔，罔敢或攜。比日之明，如天之大。神化斯洽，率土無外。眇眇舟車，華戎畢會。祠我春秋，服我冠帶。儀協震象，樂均天籟。蹈武在庭，其容藹藹。

武舞將作，先設階步辭　大齊統曆，天監孔昭。金人降汎，火鳳來巢。眇均虞德，干戚降苗。夙沙攻主，歸我軒朝。禮符揖讓，樂契咸、韶。蹈揚惟序，律度時調。

武舞辭　天眷横流，宅心玄聖。祖功宗德，重光襲映。我皇恭己，誕膺靈命。宇外斯燭，域中咸鏡。悠悠率土，時惟保定。微微動植，莫違其性。仁豐庶物，施洽群生。海寧洛變，契此休明。雅宣茂烈，頌紀英聲。鏗鍠鐘鼓，掩抑簫笙。歌之不足，舞以禮成。鑠矣王度，緬邁千齡。

皇帝入，鐘鼓奏皇夏辭　禮終三爵，樂奏九成。允也天子，穹壤和平。載色載笑，反寢宴息。一人有祉，百神奉職〔一〕。

右北齊正旦朝賀

北周正旦朝賀

隋書音樂志：周建德二年十月，六代樂成。朝會則皇帝出入，奏皇夏。皇太子出入，奏肆夏。王公出入，奏驁夏。五等諸侯正日獻玉帛，奏納夏。宴族人，奏族夏。大會至尊執爵，奏登歌十八曲。食舉，奏深夏，舞六代大夏、大濩、大武、正德、武德、山雲之舞。

蕙田案：隋禮儀志不載周朝會之儀，蓋偶脱之，其儀節之大者，於音樂志可得其一二焉，故録於首。

〔一〕「奉」，諸本作「奏」，據隋書音樂志中改。

北周書明帝本紀：武成二年春正月癸丑朔，大會群臣於紫極殿，始用百戲焉。

武帝本紀：保定五年春正月甲申朔，廢朝。以庸國公王雄死王事故也。

天和四年春正月辛卯朔，廢朝，以齊武成王薨故也。

六年春正月己酉朔，廢朝，以路門未成故也。

建德三年春正月壬戌朔，朝群臣於路門。

宣帝本紀：大象元年春正月癸巳，受朝於路門，帝服通天冠、絳紗袍，群臣皆服漢、魏衣冠。　二年春正月丁亥，帝受朝於道會苑。

右後周正旦朝賀

# 五禮通考卷一百三十七

## 嘉禮十

### 朝禮

隋正旦朝賀

隋書禮儀志：隋制，正旦及冬至，文物充庭，皇帝出西房，即御座。皇太子鹵簿至顯日門外〔一〕，入賀。復詣皇后御殿，拜賀訖，還宮。皇太子朝訖，群官客使入就位，再

〔一〕「顯日門」，隋書禮儀志四作「顯陽門」。

拜。上公一人，詣西階，解劍，升賀；降階，帶劍，復位而拜。有司奏諸州表。群官在位者又拜而出。皇帝入東房，有司奏行事訖，乃出西房。坐定，群官入就位，上壽訖，上下俱拜。皇帝舉酒，上下舞蹈，三稱萬歲。皇太子與會，則設坐於御東南，西向。群臣上壽畢，入，解劍以升。會訖，先興。

蕙田案：顯日門，文獻通考作明陽門。

音樂志：仁壽元年，制詔吏部尚書奇章公弘等，創制雅樂歌辭。

元會：皇帝出入殿庭，奏皇夏辭郊丘、社、廟同。　深哉皇度，粹矣天儀。司陛整蹕，式道先馳。八屯霧擁，七萃雲披。退揚進揖，步矩行規。勾陳乍轉，華蓋徐移。羽旗照耀，珪組陸離。居高念下，處安思危。臨照有度，紀律無虧。

皇太子出入，奏肆夏辭　惟熙帝載，式固王猷。體乾建本，是曰孟侯。馳道美漢，寢門稱周。德心既廣，道業惟優。傅保斯導，賢才與遊。瑜玉發響，畫輪停輈。皇基方峻，匕鬯恒休。

食舉歌辭八首　燔黍設教，禮之始。五味相資，火爲紀。平心和德，在甘旨。牢羞既陳，鐘石俟。以斯而御，揚盛軌。養身必敬，禮食昭。時和歲阜，庶物饒。

鹽梅既濟，鼎鉉調。特以膚腊，加臐膮。威儀濟濟，懋王朝。饔人進羞，樂侑作。川潛之膾，雲飛膗。甘酸有宜，芬勺藥。金敦玉豆，盛交錯。御鼓既聲，安以樂。

玉食惟后〔一〕，膳必珍。芳菰既潔，重秬新。是能安體，又調神。荊包畢至，海貢陳。用之有節，德無垠。

嘉羞入饋，猶化謐。沃土名滋，帝臺實。陽華之菜，雕陵栗。鼎俎芬芳，豆籩溢。通幽致遠，車書一。

道高物備，食多方。山膚既善，水豢良。桓蒲在位，簋業張。加籩折俎，爛成行。恩風下濟，道化光。

禮以安國，仁爲政。具物必陳，饔牢盛。罝罘斤斧，順時令。懷生熙熙，皆得性。於兹宴喜，流嘉慶。

皇道四達，禮樂成。臨朝日舉，表時平。甘芳既飫，醑以清。揚休玉巵，正性情。隆我帝載，永明明。

上壽歌辭　俗已乂，時又良。朝玉帛，會衣裳。基同北辰久，壽比南山長。黎元鼓腹樂未央。

宴群臣登歌辭　皇明馭歷，仁深海縣。載擇良辰，式陳高宴。顒顒卿士，昂昂

---

〔一〕「后」，諸本作「君」，據隋書音樂志下改。

侯甸。車旗煜爚，衣纓葱蒨。樂正展懸，司宫飾殿。三揖稱禮，九賓爲傳。圓鼎臨碑，方壺在面。鹿鳴成曲，嘉魚入薦。筐篚相輝，獻酬交徧。飲和飽德，恩風長扇。

文舞歌辭　天睠有屬，后德惟明。君臨萬寓，昭事百靈。濯以江、漢，樹之風聲。馨地必歸，窮天皆至。六戎仰朔，八蠻請吏。烟雲獻彩，龜龍表異。緝和禮樂，燮理陰陽。功由舞見，德以歌彰。兩儀同大，日月齊光。同大，一作「固天」，一作「同天」。

武舞歌辭　惟皇御寓，惟帝乘乾。五材並用，七德兼宣。平暴夷險，拯溺救燔。九域載安，兆庶斯賴。續地之厚，補天之大。聲隆有截，化覃無外。鼓鐘既奮，干戚攸陳。功高德重，政謐化淳。鴻休永播，久而彌新。

右隋正旦朝賀

唐正旦朝賀

唐六典：元日，大陳設於太極殿。今大明宫於含元殿，東都則於乾元殿〔二〕。皇帝衮冕臨

〔二〕「東」，唐六典卷四作「在」。

軒，皇太子獻壽，次上公獻壽，次中書令奏諸州表，黄門侍郎奏祥瑞，户部尚書奏諸州貢獻，禮部尚書奏諸蕃貢獻，太史令奏雲物，侍中奏禮畢。然後，中書令又與供奉官獻壽，時殿上皆呼「萬歲」。

蕙田案：通典以此條爲唐舊制，然考唐六典注云：「舊儀闕供奉官獻壽禮。開元二十五年，臣林甫謹草其儀，奏而行之。」然則開元以後，更有增益，非盡舊制也。

宫城在皇城之北。南面三門，中曰承天，東曰長樂，西曰永安。若元正、冬至大陳設，燕會，赦過宥罪，除舊布新，受萬國之朝貢，四夷之賓客，則御承天門以聽政。蓋古之外朝也。其北曰太極門，其内曰太極殿，朔望則坐而視朝焉。蓋古之中朝也。有東上、西上二閤門，東西廊，左延明、右延明二門。又北曰兩儀門，其内曰兩儀殿，常日聽朝而視事焉。蓋古之内朝也。大明宫在禁苑之東南，西接宫城之東北隅。龍朔元年，高宗以大内卑濕，乃於此置宫。南面五門，正南曰丹鳳門，門内正殿曰含元殿。殿即龍首山之東趾也，階上高於平地四十餘尺，南去丹鳳門四百餘步，東西廣五百步。今元正、冬至於此聽朝也。其北曰宣政門，門内曰宣政殿。次西曰延英門，其内之左曰延英殿，右曰含象殿。宣政北曰紫宸門，其内曰紫宸殿。即内朝正殿也。興慶宮在皇城之東南。即今上龍潛舊宅也，開元初，以爲離宮。宫之西曰興慶門，其内曰興慶殿。即正衙殿。次南曰金明門，門内之北曰大同門，其内曰大同殿。宮之南曰通陽門，北入曰明光門〔一〕，其内曰龍堂。通陽之西曰花萼樓，東曰明義門〔二〕，其内曰長慶殿。東都皇城，如京城之制，皇宮在皇城之北。南面三門，中曰應天，左曰興教，右曰光政。應天門，端門，若西京之承天門。其内曰乾元門。若西京之太極門。乾元之左曰萬春，右曰千秋，其内曰乾元殿。則明堂也，證聖元年營造，上圜下方，八窗四闥，高三百尺。元正、冬至有時而御焉。上陽宮在皇城之西南。上元中營造，高宗晚年常居此宮，以聽政焉。東面二門〔三〕，南曰提象門，即正衙門。北曰星躔門。提象門内曰觀風門，南曰浴日樓，北曰七寶閣，其内曰觀風殿。

蕙田案：唐六典於禮部職云：「元日、冬至，大陳設於太極殿。」於工部職則

〔一〕「明光門」，原作「明光殿」，據味經窩本、乾隆本、光緒本、唐六典卷七改。
〔二〕「東」，諸本作「樓西」，據唐六典卷七改。
〔三〕「二」，諸本作「三」，據唐六典卷七改。

云：「元正、冬至，大陳設，御承天門以聽政。朔望，則御太極殿以視朝。」二條不合。今以大明宫三殿之制相較，似當以太極殿爲大朝之外朝，兩儀殿爲常朝之正朝。但考册府元龜載：「永徽二年八月詔：來月一日，太極殿受朝，此後每五日一度太極殿視事朔望，即爲常式。」則又當以後説爲是。今姑兩存之，以俟考。

葉氏夢得曰：唐以宣政殿爲前殿，謂之正衙，即古之内朝也。以紫宸殿爲便殿，謂之上閤，即古之燕朝也。而外别有含元殿。古者天子三朝：外朝、内朝、燕朝。外朝在王宫庫門外，有非常之事，以詢萬民於宫中。内朝在路門外，燕朝在路門内。蓋内朝以見群臣，或謂之路朝；燕朝以聽政，猶今之奏事，或謂之燕寢。鄭氏小宗伯注以漢司徒府有天子以下大會殿，爲周之外朝，而蕭何造未央宫，言前殿則宜有後殿。大會殿設於司徒府，則爲外朝，而宫中有前殿，則爲内朝、燕朝，蓋去周猶未遠也。唐含元殿宜如漢之大會殿，宣政、紫宸乃前後殿，其沿習有自來矣。方其盛時，宣政蓋常朝日見群臣，遇朔望陵寢薦食，然後御紫宸，旋傳宣喚仗入閤，宰相押之，由閤門進，百官隨之入，謂之喚仗入閤。紫宸殿言閤，猶古之言寢，此御朝之常制也。中世亂離，宣政不復御，正衙立仗之禮遂廢，惟以隻日常朝，御紫宸而不設仗。敬宗始復修之，因以朔望陳仗紫宸，以爲盛禮，亦謂之入閤，誤矣。

蕙田案：唐自高宗以後，朝會聽政多在大明宫，而不常在大内，故石林亦止舉大明宫而言。其實大内興慶宫、東都之皇宫、上陽宫，並有正衙，不必常在宣政也。漢司徒府中有百官朝會之殿，其説見鄭氏稾人注，别無「大會殿」之名，若小宗伯注則并無此文，何疏舛如此也。

唐書百官志：凡朝，晚入失儀，御史録名奪俸，三奪者奏彈。御史臺：大夫一人，中丞三人。朝會，則率其屬正百官之班序，遲明列於兩觀，監察御史二人押班，侍御史顯舉不如法者。凡朝位以官〔一〕，職事同者先爵，爵同以齒，致仕官居上；職事與散官、勳官合班，則文散官居職事之下，武散官次之，勳官又次之；官同者，異姓爲後。親王、嗣王任文武官者，從其班，官卑者從王品；郡王任三品以下執事者，居官階品之上，非任文武官者，嗣王居太子太保之下，郡王次之，國公居三品之下，郡公居從三品之下，縣公居四品之下，侯居從四品之下，伯居五品之下，子居從五品之上，男居從五品之下。以前官召見者，居本品見任之上，以理解者，居同品之下。本司參集者，以職事爲上下。文武三品非職事官者，朝參名簿，皆稱曰諸公。

册府元龜：武德九年正月庚寅朔，廢朝，雨故也。

〔一〕「位」，諸本作「會」，據新唐書百官志三改。

舊唐書太宗本紀：貞觀二年，秋九月丙午，詔曰：「尚齒重舊，先王以之垂範；還章解組，朝臣於是克終。釋菜合樂之儀，東膠西序之制，養老之義，遺文可覩。朕恭膺大寶，憲章故實，乞言尊事，彌切深衷。然情存今古，世踵澆季，而策名就列，或乖大體。至若筋力將盡，桑榆且迫，徒竭夙興之勤，未悟夜行之罪。其有心驚止足，行堪激勵，謝事公門，收骸閭里，能以禮讓，固可嘉焉。内外文武群官年高致仕、抗表去職者，參朝之日，宜在本品見任之上。」

蕙田案：禮有「七十致仕」之文，所以崇禮、讓誠、止足也。唐制，年高抗表致仕者，朝參之位，居見任之上；以理解者，居同品之下。其扶風教勵廉恥之義，可爲後世法。

舊唐書音樂志：武德九年，命祖孝孫修定雅樂，至貞觀二年六月奏之。制十二和之樂，皇帝臨軒，奏太和。王公出入，奏舒和。皇帝食舉及飲酒，奏休和。皇帝受朝，奏政和。皇太子軒懸出入，奏承和。元日、冬至皇帝禮會登歌，奏昭和。

蕙田案：新書禮樂志：「十一曰正和，皇后受册以行。」此云皇帝受朝，奏政和，與彼不同。考開元禮朝賀儀，並無奏政和之文，惟皇后受册儀，則云：「典樂舉麾，奏正和之樂。」則舊史誤也。册府元龜載後漢張昭改十二和爲十二成，議云：「皇帝受朝，皇后入宫，奏正和，請改爲扆成。」然則「皇帝受朝」下，當有「皇后入宫」四字，舊志誤脱去，又訛「正」爲「政」耳。

唐書禮樂志：唐之自製樂，凡三大舞：一曰七德舞，二曰九功舞，三曰上元舞。元日、冬至朝會慶賀，七德舞與九功舞同奏。

通典：貞觀中，景雲見，河水清，協律郎張文收採古朱雁天馬之義，製景雲河清歌，名曰讌樂，奏之管絃，爲諸樂之首，今元會第一奏者是。

蕙田案：張文收製讌樂在太宗朝，册府元龜所載亦同，唐志誤以爲高宗時。

册府元龜：貞觀十一年正月朔，帝臨軒，懸而不樂，禮也。爲高祖憂故〔一〕。十五年正月庚午朔，帝常服不臨軒，行幸洛陽宫，衣冠禮樂闕如也。二十年正月甲子，太宗常服不臨軒，行在故也。

舊唐書高宗本紀：永徽元年春正月辛丑朔，上不受朝，詔改元。壬寅，御太極殿，

〔一〕「爲高祖憂故」，原脱，據光緒本補。

受朝而不會。四年春正月癸丑朔，上臨軒〔一〕，不受朝，以濮王泰在殯故也。

永淳元年正月乙未朔，以年饑，罷朝會。

册府元龜：神龍二年正月庚子朔，以則天皇后梓宫在殯，不朝會。

舊唐書中宗本紀：神龍三年春正月庚子朔，不受朝會，喪未再朞也。

唐書睿宗本紀：景雲二年春正月丁未朔，以山陵日近，不受朝賀。

舊唐書睿宗本紀：景雲三年春正月癸酉，上始釋慘服，御正殿受朝賀。

册府元龜：開元四年正月戊寅朔，帝御正殿，受朝賀。禮畢，親朝太上皇於西宫。

舊唐書玄宗本紀：開元五年春正月壬寅朔，上以喪制不受朝賀。六年春正月丙辰朔，以未經大祥，不受朝賀。

通典：開元六年八月敕：「九族既睦，百姓有叙，至于班列，宜當分位。嗣王實先於主祭，國老有貴于乞言，比在朝儀，尚爲間雜，非所謂睦親敦舊之義也。嗣王宜與開府儀同三司等致仕官，各居本品之上，用爲永式。」

〔一〕「臨」，原作「御」，據味經窩本、乾隆本、光緒本、舊唐書高宗本紀改。

册府元龜：開元七年正月辛卯朔，御含元殿受朝，衛仗如常儀。十年正月癸卯朔，御含元殿受朝賀。十六年正月戊戌朔，始聽政於興慶宫，朝賀如常儀。十八年正月癸酉，御含元殿受百僚朝賀，如常儀。

開元禮皇帝皇后至正受皇太子朝賀：

前二日，本司宣攝内外，各供其職。前一日，尚舍奉御幄座於太極殿北壁，南向。守宫設皇太子次於承天門外朝堂北，西向。又於東宫朝堂設宫臣次如式。太樂令展宫懸於殿庭，如臨軒儀。典儀設皇太子位於横街南道東，北面。設典謁位於懸之東北，贊者二人在南，差退，俱西面。奉禮設宫臣版位於東宫朝堂如常。其日，依時刻宫官俱集於次，各服其服。諸衛率各勒所部陳設如常。左庶子版奏：「請中嚴。」典謁引宫臣各就位，如侍衛之官，各服其器服。右庶子負寶如式。俱詣閤奉迎。僕進金輅於西閤外，南向。内率一人執刀立於輅前，北向。中允一人在侍臣之前，贊者二人在中允前。左庶子版奏：「外辦。」僕奮衣而升，正立執轡。皇太子具服遠遊冠，若未冠則雙童髻。絳紗袍，升輿而出，左右侍衛如常儀。内率前執轡，皇太子升輅，僕立授綏，左庶子以下夾侍如常。中允進，當輅前跪，奏稱：「中允臣某言，請發引。」俛伏，興，退復位。凡中允奏請，皆如此儀。　輅動，中允與贊者夾引以出，內率夾輅而趨出，出重明門，至侍臣上馬所。　中允奏：「請輅權停，令侍臣上馬。」左庶子前承令，退稱「令曰諾」。　中允退稱「侍臣上馬」。　贊者承傳，文武侍臣皆上馬，左庶子夾侍於輅前，贊者在供奉宦人內〔一〕。　侍臣上馬畢，中允奏稱：「請令車右升。」左庶子前承令，退稱「令曰諾」。　中允退復位。　令率升訖，中允奏：「請發引。」退，復位。　皇太子輅動，三少乘車訓從，鳴鐃而行，文武宮臣皆乘馬以從。　至長樂門，鐃吹止。　至次前，迴輅西向，內率降立於輅右。　左庶子進，當輅前跪，奏稱：「左庶子臣某言，請降輅。」俛伏，興，還侍位。　皇太子降輅，舍人引就次坐，侍衛如常。　其日，依時刻將士填街，諸衛勒所部列黃麾大仗屯門及陳於殿庭，如常儀。　皇太子既就次，侍中版奏：「請中嚴。」近仗就陳於閤外〔二〕。　太樂令帥工人入就位，協律郎入就舉麾位。　諸衛之官各服其服，符寶郎奉寶，詣閤奉迎。　典儀贊者先入就位。　通事舍人引群官四品以下次入就位。

〔一〕「宦」，通典卷一二三、開元禮卷九五作「官」。
〔二〕「近」，諸本作「進」，據通典卷一二三、開元禮卷九五改。

皇太子出次，舍人引皇太子，三師三少導從如式，入立於太極門外之東，西面。諸衛率左右庶子、舍人及近侍者量人從入。侍中版奏：「外辦。」皇帝服衮冕之服，乘輿以出，曲直華蓋警蹕侍衛如常儀。皇帝將出，仗動，太樂令撞黄鍾之鍾，右五鍾皆應。協律郎跪，俛伏，舉麾，工鼓柷，奏太和之樂，鼓吹振作。皇帝出自西房，即御座，南向坐。符寶郎奉寶置於御座如常。協律郎偃麾，戛敔，樂止。舍人引皇太子入就位。諸衛率左右庶子以下從入者，立於皇太子東南，西面，北上〔一〕。皇太子初入門，舒和之樂作，至位，樂止。立定，典儀曰「再拜」，贊者承傳，皇太子再拜。舍人引皇太子詣西階，初行，樂作，至階，樂止。舍人引進當御座前，北面跪，賀稱：「元正首祚，景福惟新。伏惟陛下，與天同休。」冬至云：「天正長至，伏惟陛下，如日之升。」以下諸正至，賀詞並同。俛伏，興。舍人引降，樂作，復位，樂止。皇太子再拜。侍中前承制，降詣皇太子東北，西面稱「有制」。皇太子再拜。宣制訖，皇太子又再拜。典儀唱「再拜」，皇太子又再拜。通事舍人引出，

〔一〕「北」，原作「向」，據光緒本、通典卷一二三改。

初行，樂作，出門，樂止。皇太子既出，公王入〔一〕，朝賀如别儀。前一日〔二〕，守宫設皇太子次於崇義門内，隨地之宜。其日，司贊設皇太子版位於皇后正殿之庭懸南，北面。皇太子朝皇后訖，舍人引皇太子從納義門詣崇義門内次權停。外命婦朝賀將訖，舍人引皇太子出立於肅章門。外命婦出訖，内謁者監引皇太子至肅章門，司賓承引皇太子入就位。立定，司贊唱「再拜」，皇太子再拜。訖，司賓又引皇太子詣階，升，當御座前，北面跪賀。其賀詞同賀皇帝，唯改云「殿下」。俛伏，興，引復位，皇太子再拜。尚儀前承令，降詣皇太子西北，東面稱「令旨」。皇太子再拜。宣令訖，又再拜。司贊唱「再拜」，皇太子又再拜。司賓引皇太子至閤〔三〕，内謁者監承引以出。舍人引皇太子乘車還宫，如來儀。

皇帝皇后正至受皇太子妃朝賀：

其日，依時刻諸衛率各勒所部，陳布妃儀仗如常。内廄尉進車於閤外。司則量

〔一〕「王」，諸本作「主」，據通典卷一二三、開元禮卷九五改。
〔二〕「前一日」上，通典卷一二三有「皇太子朝賀皇后」七字，開元禮卷九五有「皇后元正冬至受皇太子朝賀」十二字小標題。
〔三〕「至」，諸本脱，據通典卷一二三補。

時刻啓：「外辦。」妃服首飾褕衣，乘車以出，侍衛如常。入，至下車所，妃降車，侍從如常。内侍所司引詣閣外。皇帝即御座，南向坐，侍衛如常。司賓引妃升自西階，進，當御座前，北面跪賀。詞與上同，唯加尊號耳。賀訖，起，司賓引降，復位，妃再拜。訖，尚儀前承敕，降詣妃西北，東面稱「有敕」。妃再拜。宣敕訖，又再拜。司賓引妃出，謁皇后所御殿，立於閤外。六尚以下各服其服，俱詣皇后内閤，奉迎如式。皇后出，即御座，南向坐，近侍如常。司賓引妃入立於庭，北面，立定，再拜。司賓引妃升自西階，進，當御座前，北面跪賀。賀詞同上。賀訖起，司賓引降復位。妃再拜，訖，尚儀前承令，降詣妃西北，東面稱「令旨」。妃再拜。宣令訖，又再拜。司賓引妃出，乘車還宮，如來儀。若諸王妃奉敕同朝，則各服其服，先至皇太子妃下車所〔一〕，侍隨入，位在皇太子妃南，北面西上。唯不升於外，與皇太子妃同。若别朝，亦準皇太子妃式。

皇帝正至受群臣朝賀：并會。

○前一日，尚舍奉御，設御幄於太極殿北壁下，南向，鋪御座如常。守宫設群官

〔一〕「下車」，諸本作「車妃」，據通典卷一二三、開元禮卷九六改。

客使等次於東西朝堂。太樂令展宮懸於殿庭，設麾於殿上西階之西，東向，一位於樂懸東南，西向。鼓吹令分置十二案於建鼓之外。乘黄令陳車輅，尚輦奉御陳輿輦。尚舍奉御設解劍席於懸西北横街之南，並如常儀。

○典儀設文官三品以上位於横街之南道東，褒聖侯於三品以下。介公、酅公於道西，武官三品以上於介公、酅公之西，少南，每等異位重行，北面相對爲首。設文官四品、五品位於懸東，六品以下於横街南，每等異位重行，西面北上。設諸州朝集使位：都督、刺史及三品以上，東方、南方於文官三品之東，重行，北面西上；西方、北方於武官三品之西，重行，北面東上；四品以下皆分方位於文武官當品之下。諸州使人分方位於朝集使之下，亦如之。設諸親位於四品、五品之南。皇親在東，異姓親在西。設諸方客位：三等以上〔一〕，東方、南方於東方朝集使之東，每國異位重行，北面西上；西方、北方於西方朝集使之西，每國異位重行，北面東上；四等以下分方位於朝集使六品之下，重行，每等異位。設典儀位於懸之東北，贊者二人在南，少退，俱西面。

〔一〕「以上」，諸本作「以下」，據通典卷一二三、開元禮卷九七改。

○奉禮設門外位：文官於東朝堂，每等異位重行，西面。褒聖侯於三品之下。介公、酅公於西朝堂之前。武官於介公之南，少退，每等異位重行，東面。諸親位文武官四品、五品之南。皇宗親在東，異姓親在西。設諸州朝集使位：東方、南方於宗親之南，每等異位重行，西面；西方、北方於異姓親之南，每等異位重行，東面。諸州使人分方位於朝集使之下，亦如之。諸方客位：東方、南方於東方朝集使之南，每國異位重行，西面北上；西方、北方於西方朝集使之南，東面北上。

○其日，依時刻，將士填街，諸衛勒所部列黄麾大仗屯門及陳於殿庭，如常儀。群官、諸親、客使集朝堂，皆就次各服其服。侍中版奏：「請中嚴。」太樂令帥工人入就位，協律郎入就舉麾位，諸侍衛之官各服其服〔一〕，符寶郎奉寶，俱詣閤奉迎。典儀帥贊者先入就位。吏部、兵部、主客、户部贊群官客使俱出次，通事舍人各引就朝堂前位。又通事舍人引四品以下及諸親客使等應先置者入就位。

○侍中版奏：「外辦。」皇帝服衮冕，冬至則服通天冠，絳紗袍。御輿以出，曲直華蓋警

〔一〕「衛」，諸本作「位」，據通典卷一二三、開元禮卷九七改。

蹕侍衛如常儀。皇帝將出，仗動，太樂令令撞黄鐘，右五鐘皆應，協律郎俛伏，舉麾，鼓柷，奏太和之樂，鼓吹振作，以姑洗之均。皇帝出自西房，即御座，南向坐。符寶郎奉寶，置於御座如常。協律郎偃麾，戛敔，樂止。

〇通事舍人引王公以下及諸方客使等以次入就位。皇太子若來朝，皇太子朝，出。訖，典謁引王公以下入。公初入門，舒和之樂作，公至位，樂止。群官、客使等立定，典儀曰「再拜」，贊者承傳，群官、客使等皆再拜〔一〕。訖，通事舍人引上公一人詣西階，初行樂作，至解劍席，樂止。公就席，脱舄，跪解劍，置於席，俛伏，興。通事舍人引升階，進當御座前，北面跪賀，稱某官臣言。賀辭與太子同，惟稱尊號爲異。賀訖，俛伏，興。通事舍人引降階，詣席後，上公跪著劍，俛伏，興，納舄，樂作，復横街南位，樂止。群官、客使等皆再拜。侍中前承詔，降詣群官東北，西面稱「有制」，群官、客使等皆再拜。宣制曰：「履新之慶，與公等同之。」冬至云：「履長之慶，與公等同之。」宣訖，群官、客使等皆再拜。訖，舞蹈，三稱「萬歲」。訖，又再拜。侍中還侍位。

〔一〕「客使」，原誤倒，據光緒本、通典卷一二三乙正。

○初，群官將朝，中書侍郎以諸州鎮表别爲一案，俟於右延明門外，給事中以祥瑞案俟於左延明門外，俱令史絳公服對舉案。侍郎、給事中俱就侍臣班。於客使入，户部以諸州貢物陳於太極門東西廂；禮部以諸蕃貢物最可執者，蕃客手執入就内位，其重大者，陳於廟堂前。初，上公將入門，中書侍郎降，引表案入詣西階下，東面立；給事中降，引祥瑞案入詣東階下，西面立。上公將升賀，中書令、黄門侍郎俱降，各立階下。初，上公升階，中書令、黄門侍郎各取所奏之文以次升，上公賀。訖，中書令前跪，奏諸方表。訖，黄門侍郎又進跪，奏祥瑞。訖，俱降，置所奏之文於案，各還侍位。侍郎引給事中引案退至東西階前，案遂出，侍郎、給事中還侍位。

○初，侍中宣制訖，朝集使及蕃客皆再拜訖，户部尚書進階間，北面跪奏其尚書奏，仍侍黄門侍郎奏祥瑞訖。稱：「户部尚書臣某言，諸州貢物請付所司。」俛伏，興。侍中前承制，退稱：「制曰可。」尚書退，復位。禮部尚書以次進詣階間，北面，跪奏稱：「禮部尚書臣某言，諸蕃貢物請付所司。」俛伏，興。侍中前承制，退稱：「制曰可。」尚書退，復位。侍中還侍位。太府率其屬，受諸州及諸蕃貢物出歸仁納義門，執物者隨之。典儀曰「再拜」，通事舍人以次引北面位者出。公初行，樂作，出門，樂止。

○侍中前跪，奏稱：「侍中臣某言，禮畢。」俛伏，興，還侍位。皇帝興，太樂令令撞蕤賓之鐘，左五鐘皆應，奏太和之樂，鼓吹振作。皇帝降座，御輿入自東房，侍衛警蹕如來儀。侍臣從至閤，樂止。通事舍人引東西面位者以次出。蕃客先出。其冬至受朝，則不奏祥瑞、貢物，又無諸方表。

會　朝訖，太樂令設登歌於殿上，引二舞入立於懸南面。尚舍奉御鋪群官升殿者座：文官三品以上於御座東南，西向；褒聖侯於三品之下。介公、酅公於御座西南，東向；武官三品以上於介公、酅公之後；朝集使都督刺史及三品以上，東方、南方於文官三品之後；西方、北方於武官三品之後；蕃客三等以上，東方、南方於東方朝集使之後，西方、北方於西方朝集使之後；俱重行，每等異位，以北爲上。設不升殿者座各於其位。又設群官解劍席於懸之西北，横街之南，並如常儀。尚食奉御設壽罇於殿上東序之端，西向；設坫於罇南，加爵一。太官令設升殿者酒罇於東西厢近北，設殿庭群官酒罇各於其座之南，皆有坫冪，俱障以帷。施設訖，吏部、兵部、户部、主客贊群官客使俱出次，通事舍人各引就朝堂前位。典儀帥贊者先入就位。通事舍人各引升殿者次入就位。

○侍中版奏「外辦」，皇帝服通天冠，絳紗袍，冬至則不改服。御輿以出，曲直華蓋警蹕侍衛如常儀。皇帝將出，仗動，太樂令令撞黄鐘之鐘，右五鐘皆應，奏太和之樂，鼓吹振作。皇帝出自西房，即御座南向坐，符寶郎奉寶置於座如常，樂止。典儀一人升就東階上，西面立。通事舍人引王公以下及諸客使以次入就位。王公初入門，樂作，至位，樂止。群官客使立定，若朝會日別，設位、贊拜、陳引如朝禮〔一〕。其日，二舞與工人俱入就位。侍中進當御座前〔二〕，北面，跪奏稱：「侍中臣某言，請延諸王公等升。」俛伏，興。又侍中稱：「制曰可。」侍中詣東階上，西面稱：「制延王公等升殿上。」典儀承傳，階下贊者又承傳，群官客使皆再拜，侍中還位。群官拜訖，通事舍人引應升殿者詣東西階。公初行，樂作，至解劍席，樂止。王公以下各脱舄，跪解劍，置於席上，俛伏，興。通事舍人接引上公一人升階，少東，西面立定，以下各立於座後立定。

○光禄卿進詣階間，跪奏稱：「臣某言，請賜群官上壽。」俛伏，興。侍中稱：「制

〔一〕「朝」，原脱，據味經窩本、乾隆本、光緒本、通典卷一二三補。
〔二〕「侍」上，原衍「朝」字，據味經窩本、乾隆本、光緒本、通典卷一二三删。

曰可。」光禄卿退詣酒罇所〔一〕，西面立。通事舍人引上公詣酒罇所，北面立。尚食奉御酌酒一爵授上公，上公搢笏，受爵。通事舍人引上公進到御座前，北面授殿中監。殿中監受爵，進置御前。上公執笏，通事舍人引上公退，北面跪稱：「某官臣某等稽首言，元正首祚，冬至云「天正長至」。臣某不勝大慶，謹上千萬歲壽。」俛伏，興，再拜，群官、客使等上下俱再拜，立於席後。侍中前承制，退稱：「敬舉公等之觴。」群官、客使等上下又再拜。殿中監取爵奉進〔二〕，近臣遞進。皇帝舉酒，休和之樂作，群官、客使等上下皆三舞蹈，稱萬歲。皇帝舉酒，訖，殿中監進受虚爵，以授尚食奉御，奉御受爵，復於坫，樂止。初，殿中監受虚爵，殿上典儀唱「再拜」，階下贊者承傳，群官、客使等上下皆再拜。

〇通事舍人引上公就座後立，殿上典儀唱「就座」，階下贊者承傳，群官、客使等上下俱就座，俛伏，坐。太樂令引歌者及瑟琴至階，脱履於外，升，就位坐。其笙管者

〔一〕「退」，諸本作「進」，據通典卷一二三、開元禮卷九七改。
〔二〕「取」，諸本作「收」，據通典卷一二三改。

進詣西階間，北面立。尚食奉御進酒至階，殿上典儀唱「酒至，興」，階下贊者承傳，群官、客使等上下皆俛伏，起，立於席後。殿中監到階，省酒。尚食奉御奉酒進，皇帝舉酒。太官令又行群官酒，酒至，殿上典儀唱「再拜」，階下贊者承傳，群官、客使等皆再拜，搢笏受觶。殿上典儀唱「就座」，階下贊者承傳，群官、客使等上下皆就座，俛伏，坐，飲。皇帝初舉酒，登歌，作昭和之樂三終。尚食奉御進受虛觶，復於坫。登歌訖，降，復位。

○觴行三周，尚食奉御進御食，食升階，殿上典儀唱：「食至，興。」階下贊者承傳，群官、客使等上下皆執笏，俛伏，起，立座後。殿中監到階，省案。尚食奉御品嘗食。訖，以次進置御前。太官令又行群官案，御若不食，群官案先上。訖，不須興。設食訖，殿上典儀唱：「就座。」階下贊者承傳，群官、客使等上下皆就座，俛伏，坐。皇帝乃飯，休和之樂作，群官、客使等上下俱飯；御食畢，樂止。

○仍行酒，遂設庶羞。太樂令引二舞以次入作。若賜酒，侍中承詔，詣東階，西面稱「賜酒」，殿上典儀承傳，階下贊者又承傳，群官、客使等上下皆執笏，俛伏，起，再拜；搢笏，立受觶，就席，俛伏，坐。飲訖，俛伏，起，立授虛爵，執笏，又再拜，就座。

○酒行十二徧，會畢，殿上典儀唱「可起」〔一〕，階下贊者承傳，群官、客使等上下皆俛伏，起，立席後。通事舍人引降階，俱詣席後，跪著劍，俛伏，興，納舄，樂作，復横街南位，樂止。位於殿庭者，仍立於席後。立定，典儀曰「再拜」，贊者承傳，群官、客使等在位者皆再拜。位於殿庭者，拜於席後。若有敕賜物，侍中前承制，降詣群官東北，西面稱「有制」，群官、客使等皆再拜。侍中宣制訖，群官、客使等又再拜。通事舍人引群官、客使以次出，公初行，樂作，出門，樂止。侍中前奏稱：「侍中臣某言，禮畢。」俛伏，興，還侍位。皇帝興，太樂令令撞蕤賓之鐘，左五鐘皆應〔二〕，奏太和之樂，鼓吹振作。皇帝降座，御輿，入自東房，侍衛警蹕如來儀，侍臣從至閤，樂止。通事舍人引東西面位者以次出。蕃客先出。

○皇帝若服翼善冠、袴褶，則京官著袴褶，朝集使著公服。升座者，服履如式。若設九部樂，則去樂懸，無警蹕。太樂令帥九部伎，立於左右延明門外，群官初唱「萬歲」，

〔一〕「起」，諸本作「退」，據通典卷一二三、開元禮卷九七改。

〔二〕「左」下，原衍「右」字，據光緒本、通典卷一二三删。

太樂令即引九部伎聲作而入，各就座，以次作如式。

册府元龜：開元二十一年正月庚子朔，御含元殿受朝賀，如常儀。　二十三年正月戊申朔，御含元殿朝賀，如常儀。

通典：開元二十五年十一月，御史大夫李適之奏：「每至冬正，及緣大禮，應朝參官並六品清官，並服朱衣；餘六品以下，許通著袴褶。如有慘故，準式不合著朱衣袴褶者，其日聽不入朝。自餘應合著而不著者，請奪一月俸，以懲不恪。」制曰「可」。

册府元龜：開元二十六年正月庚午朔，御含元殿受朝賀，如常儀。　二十八年正月戊子朔，御含元殿受朝賀，如常儀。　二十九年正月癸未朔，御含元殿受朝賀。　二天寶元年正月丁未朔，御勤政樓受朝賀，大赦天下，改開元三十年爲天寶元年。　二年正月辛丑朔，御含元殿受朝賀。　三載正月丙申朔，御含元殿受朝賀。　四載正月己未朔，御含元殿受朝賀。　五載正月癸丑朔，御含元殿受朝賀。　六載正月丁丑朔，御含元殿受朝賀。

文獻通考：天寶六載敕，中書門下奏：「前諸道差使賀正，十二月早到，或有先見，或有不見，其所賀正表，但送省司，又不通進，因循日久，於禮全乖。望自今以後，應賀正使，並取元日，隨京官例序立便見。通事舍人奏知，其表直送四方館。元日仗下後一日同進。」敕旨「依」。

册府元龜：天寶七載正月壬申朔，御含元殿受朝賀。八載正月丙寅朔，御含元殿受朝賀。

舊唐書玄宗本紀：天寶九載春正月庚寅朔，與歲次同始，受朝於華清宮。

册府元龜：天寶十載正月乙酉朔，御含元殿受朝賀。十二載正月癸卯朔，帝御含元殿受朝賀。

舊唐書玄宗本紀：天寶十三載春正月丁酉朔，上御華清宮之觀風樓，受朝賀。十五載春正月乙卯，御宣政殿受朝。

肅宗本紀：至德二載春正月庚戌朔，上在彭原受朝賀。

册府元龜：上元二年正月丁亥朔，御含元殿受朝賀。代宗廣德二年正月己亥朔，御含元殿受朝賀，如常儀。

永泰元年正月癸巳朔，御含元殿，下制大赦天下。宣制畢，乃受朝賀。二年正月丁巳朔，御含元殿受朝賀，仗衛如常儀。

大曆二年正月壬子朔，御含元殿受朝賀，仗衛如常儀。　三年正月庚午朔，御含元殿受朝賀，仗衛如常儀。　八年正月己丑朔，御含元殿受朝賀，仗衛如常儀。　九年正月庚子朔，御含元殿受朝賀，仗衛如常儀。　十年正月乙未朔，御含元殿受朝賀，仗衛如常儀。　十一年正月庚戌朔〔一〕，御含元殿受朝賀，仗衛如常儀。　十三年正月戊申朔，御含元殿受朝賀，仗衛如常儀。

舊唐書德宗本紀：大曆十四年五月辛酉，代宗崩。癸亥，即位。冬十二月丙寅，詔元日朝會不得奏祥瑞事。

册府元龜：德宗建中二年正月庚申朔，御含元殿受朝賀，四方貢物珍寶，列爲庭實，復舊制也。　三年正月乙卯朔，御含元殿受朝賀。　四年正月戊寅朔，御含元殿受朝賀。

舊唐書德宗本紀：貞元元年正月丁酉朔，御含元殿受朝賀。

册府元龜：貞元元年十二月丁亥，詔曰：「朕以眇身，仰承列聖，不能纂修先志，

〔一〕「庚戌」，原作「庚午」，據味經窩本、乾隆本、光緒本、册府元龜卷一〇七改。

以洽昇平，馴致寇戎，屢興兵革。上天降警，蝗旱爲災，年不順成，人方歉食。言念於此，實用傷懷。是以齋心别宫，與人祈穀，雖陽和在候，而黔首無聊，稱慶於予，竊所不敢。其來年正月一日朝賀宜罷。」

通典：貞元二年九月敕：應文武百官朝謁班序。中書門下，侍中、中書令、同中書門下平章事，各以官爲序。供奉官，左右散騎常侍、門下中書侍郎、諫議大夫、給事中、中書舍人、起居郎及舍人、左右補闕、左右拾遺、通事舍人，在横班。若入閤，即各隨左右省主。其御史大夫、中丞、侍御史、在左。殿中侍御史、在右。通事舍人，分左右立。若横行參賀辭見，御史大夫在散騎常侍之上，中丞在諫議大夫之下。御史臺、御史大夫在三品官之上，别立；中丞在五品官之上，别立。留守、副元帥、都統、節度使、觀察使、都團練、都防禦使，并大都督大都護持節兼者，即入班，在正官之次。餘官兼者，各從本官班序。御史在六品之後。諸使下無本官，唯授内供奉裏行者，即入班，亦在正官之次。有本官兼者，各從本官班序。如本官不是常參官，并憲官攝者，唯聽於御史班中辭見。殿中省官監、少監，尚衣、尚舍、尚輦奉御。分左右隨繖扇立，若入閤，亦如之。一品班。三太、三公、太子三太、嗣王、郡王、散官開府儀同三司，爵國公〔一〕。二品班。尚書左右僕射、太子三少、京兆、河南牧、大都督、大都護，散官特進、光禄大夫，爵開國郡公、開國縣公，勳官上柱國、柱國。三品班。六司尚書、太子賓客、九寺卿、國子祭酒、三監、京兆等七府尹、詹事、親王傅、中都督、上都督〔二〕、下都督、上州刺史、五大都督府長史〔三〕、上都護府副都護，散官金紫光禄大夫，爵開國侯，勳官上護軍。四品班。尚書左右丞、六司侍郎、太常少卿、宗正少卿、左右庶子〔四〕、京兆河南太原少尹、少詹事、左右諭德、家令、率更僕、親王長史司馬、鳳翔等少監、中州刺史、下州刺史〔五〕、大都督大都護司馬，散官正議大夫、通議大夫、太中大夫、中大夫，爵開國伯，勳官上輕車都尉。五品班。尚書諸司郎中、國子博士、都水使者、萬年等六縣令、太常宗正秘書丞、著作郎、殿中丞、尚食尚藥尚舍尚輦奉御、大理正、左右中允、贊善、中舍人、洗馬、親王咨議友，散官中散大夫、朝散大夫、朝請大夫，爵開國子、開國男，勳官上騎都尉。武班供奉班，宣政殿前立位。從北，千牛連行立，次千牛中郎

〔一〕「爵」，諸本脱，據通典卷七五補。

〔二〕「上都督」，通典卷七五作「上都護」。

〔三〕「府」，諸本脱，據通典卷七五補。

〔四〕「左右庶子」，原作「左右庶監」，據光緒本、通典卷七五改。其下，通典卷七五有「秘書少監、左右七寺少卿、國子司業、少府、殿中少監」二十字。

〔五〕「下州刺史」，諸本脱，據通典卷七五補。

將，次千牛將軍一人，次過狀中將一人。次接狀中將一人，次押柱將一人，次後又押柱中將一人；次排階中將一人，次押散手仗中將一人。以上在橫階北次南。金吾將軍分左右立。入閤升殿。夾階座左右。從南，千牛將軍一人，次千牛郎將一人，次千牛連行立柱外，過狀中將一人，接狀中將一人，次押柱中將一人，次後又押柱中將一人，排階中將一人，階下押散手仗中將一人，金吾將軍分左右立。應當上合入閤人，各依前件立。其不合入閤人，各依本職事立。非當上人，遇合參日，並從本官品第班序。其入閤日升殿，除千牛衛將軍、中郎將外，餘並以左右衛中將充。其諸衛及率府中將，不得升殿。一品班。郡王，散官驃騎大將軍，爵國公。二品班。散官輔國大將軍、鎮國大將軍，爵開國郡公、開國縣公，勛官上柱國、柱國。三品班。左右衛、左右金吾衛、左右驍衛、左右武衛、左右威衛、左右領軍衛、左右監門衛、左右千牛衛大將軍，諸衛將軍，散官冠軍大將軍、雲麾將軍，爵開國侯，勛官上護軍、護軍。四品班。左右千牛衛、左右監門衛中郎將，親勛翊衛中郎將、太子左右衛司率、清道內率、監門副率、太子親勛翊衛中郎將、上府折衝都尉、中府折衝都尉，散官忠武將軍、壯武將軍、宣威將軍、明威將軍，爵開國伯，勛官上輕車都尉、輕車都尉。五品班。王親勛翊衛郎將、太子親勛翊衛郎將、親王府典軍〔一〕、親王府

〔一〕「府」，諸本脱，據通典卷七五補。

副典軍、下府折衝都尉、上府果毅都尉，散官定遠將軍、寧遠將軍、遊擊將軍、遊騎將軍，爵開國男〔一〕，勳官上騎都尉、騎都尉。**尚書省官。**據周禮，先叙六官，準六典，尚書爲百官之本，今每班請以尚書省官爲首。**東宫官，王府官，外官。**東宫官既爲宫臣，請在上臺官之次，王府官又次之。三太、三少、賓客、庶子、王傅，既爲師傅賓相，不同官屬，請仍舊。**太常宗正丞。**並隨寺望，合在秘書丞上。**尚食奉御，尚藥奉御。**本局既隸殿中官，合在殿中丞之下。**諸王府官。**行列合以王長幼爲序。**檢校官、兼官及攝試知判等官。**並列在同位正官之次。其有行、守、檢校、兼、試、攝、判等官職事者，即依正官班序。除留守、副元帥、都統、節度使、觀察使、都團練、都防禦使兼大都督大都護持節兼外，餘應帶武職事者，位在西班，仍各以本官品第爲班序。**含元殿前龍尾道下叙班。**舊無此儀，唯令於通乾、觀象門南叙班。自李若水任通事舍人〔二〕，奏更於龍尾道下序班。既非典故，今請停廢。**文武官行立班序。**通乾、觀象門外序班，武次於文，至宣政門，文由東門而入，武由西門而入，至閤門亦如之。其退朝，則並從宣政門而出。**文官充翰林學士、皇太子侍讀，武官充禁軍職事。**準舊制，並不常朝參。其翰林學士，大朝會日，準興元元年十二月敕，朝服班序，宜準諸司知制誥例。其集賢史館等諸職事者，

〔一〕「爵」下，通典卷七五有「開國子」三字。
〔二〕「李若水」，原作「李若冰」，據光緒本、通典卷七五校勘記改。

並請朝參訖，各歸所務。辭見宴集，班列先後。請依天寶二載七月禮部詳定所奏敕。公式令。諸文武官朝參行立，二王後位在諸王侯上，餘各依職事官品爲序。職事同者以齒。致仕官各居本品之上。若職事與散官、勛官合班，則文散官在當階職事者之下，武散官次之，勛官又次之。官同者，異姓爲後。若以爵爲班，爵同者亦準此。其男以上任文武官者，從文武班。若親王嗣王任卑者職事，仍依本品。郡王在三品以下職事官，在同階品上。自外無文武官者，嗣王在太子太保下，郡王次之，國公在正三品下，郡公在從三品下，縣公在正四品下，侯在從四品下，伯在正五品下，子在從五品上，男在從五品下。即前資官被召及赴朝參，致仕者在本品見任上，以理解者在同品下。其在本司參集者，依職事。諸散官三品已上在京者，正冬朝會依百官例，自餘朝集及須別使，臨時聽敕進止。儀制令。諸在京文武官職事九品以上，朔望日朝。其文官五品已上，及監察御史、員外郎、太常博士，每日朝參。武官五品已上，仍每月五日、十一日、二十一日、二十五日參。三品已上，九日、十九日、二十九日又參。當上日，不在此例。其長上折衝果毅，若文武散官五品已上，直諸司及長上者，各準職事參。其弘文、崇文館及國子監學生，每季參。若雨露失容及泥潦，並停。諸文武九品已上應朔望朝參者，十月一日以後，二月二十日以前，並服袴褶。五品已上者，著珂傘。周喪未練，大功未葬，非供奉及宿衛官，皆聽不赴。常參文武官，準令每日參。自艱難以來，人馬劣弱，遂許分日。伏望且許依前分日參，待戎事稍平，加其俸禄，即依恒式。其武官，準令，五品已上每月六參，三品已上更加三參。頃並停廢。今請準令，却復舊儀。其朔望朝參，及弘文、崇文館、國子監學生每季參等，請續商量聞奏。敕旨：「二品武班，宜以左右金吾等十六衛上將軍，依次爲班首。其檢校官、兼、攝、試、知、判等本官二品已上者，位望崇重，禮異群僚，宜依本班朝會。餘依〔一〕。」

冊府元龜：貞元三年正月丙戌朔，停朝賀，以大行皇后在殯故也。

舊唐書德宗本紀：貞元四年秋七月壬申，詔：「嗣王、郡王朝會，班位在本官班之上。左右庶子準令在左右丞侍郎之下、諸司四品之上，今在少卿之下，非也，宜改之。」

冊府元龜：貞元四年五月庚戌朔，御含元殿受朝賀，畢，御丹鳳門樓，大赦天下。五年正月甲辰朔，御含元殿受朝賀。六年正月癸卯朔，不視朝。先是，有司奏元日日有食之，遂停朝會。及時不食，百僚皆賀。

蕙田案：有司奏日食，及時不食，此曆官推步之疏也，而臣僚稱賀，諛矣。

〔一〕「餘依」下，光緒本有「四年七月敕自今以後嗣郡王宜列于本官班之上其庶子宜在少卿之上」二十九字。

七年正月壬戌朔，帝不視朝，以去年冬親郊故也〔一〕。　八年正月丙辰朔，御含元殿受朝賀。

舊唐書德宗本紀：貞元九年春正月庚辰朔，朝賀畢，上賦退朝觀仗歸營詩。

册府元龜：貞元十年正月乙亥朔，罷朝賀之禮，以九年冬郊祀故也。　十一年正月庚午朔，御含元殿受朝賀。　十二年正月甲午朔，御含元殿受朝賀。　十三年正月朔，御含元殿受朝賀。　十四年正月朔，御含元殿受朝賀。　十五年正月朔，御含元殿受朝賀。

文獻通考：貞元十五年，膳部郎中歸崇敬以百官朝服袴褶非古禮，上疏云：「案三代典禮，兩漢史籍，並無袴褶之制，亦未詳所起之由，隋代以來，始有服者，事不師古，請罷之。」奏可。

册府元龜：貞元十六年正月朔，御含元殿受朝賀。　十七年正月朔，御含元殿受朝賀。

〔一〕「親」下，原衍「迎」字，據光緒本、册府元龜卷一〇七删。

舊唐書德宗本紀：貞元十八年春正月戊午朔，大雨雪，罷朝賀。

冊府元龜：貞元十九年正月甲辰朔，御含元殿受朝賀。　二十年正月朔，御含元殿受朝賀。

舊唐書憲宗本紀：元和元年春正月丁卯朔，御含元殿受朝賀。禮畢，御丹鳳樓，大赦天下，改元曰元和。

冊府元龜：元和三年正月癸未朔，以將受尊號，元日權停朝賀。　四年正月戊寅朔，御含元殿受朝賀。　五年正月壬寅朔，御含元殿受朝賀。　十二月，制：來年正月一日，御含元殿受朝賀，令所司準式。　六年正月丙申朔，御含元殿受朝賀。　閏十二月壬子，敕：來年正月一日，御含元殿受朝賀宜權停。　七年正月辛酉朔，帝不受朝賀，以皇太子薨廢朝故也。　十二月戊戌，敕：來年正月一日，御含元殿，宜令所司準式。　八年正月乙卯朔，御含元殿受朝賀。　九年正月甲寅晦，宰臣並宿於中書。　十年正月癸酉朔，御含元殿受朝賀。

舊唐書憲宗本紀：元和十一年正月丁卯朔，以宿師於野，不受朝賀。　十二年正月辛酉朔，以用兵不受朝賀。　十三年春正月乙酉朔，御含元殿受朝賀，禮畢，御丹鳳樓，大赦天下。　十四年春正月庚辰朔，以東師宿野，不受朝賀。

穆宗本紀：長慶元年正月辛丑朔，御丹鳳樓〔一〕，群臣於樓前稱賀。　二年春正月癸巳朔，以用兵罷元會。　四年正月辛亥朔，上御殿受朝如常儀。

册府元龜：長慶四年十二月乙未，敕來年正月一日朝賀宜權停。

舊唐書文宗本紀：太和五年春正月庚子朔，以積陰浹旬，罷元會。　六年春正月乙未朔，以久雪廢元會。　七年春正月乙丑朔，御含元殿受朝賀。　比年以用兵、雨雪，不行元會之儀。故書。

册府元龜：太和九年正月丁未朔，權停朝賀之禮。

舊唐書文宗本紀：開成元年正月辛丑朔，帝常服御宣政殿受賀。

文獻通考：武宗會昌二年，中書門下奏：「元日，御含元殿，百官就列，唯宰相及兩省官皆未索扇前立於欄檻之内〔二〕，及扇開，便侍立於御前。三朝大慶，萬邦稱賀，

〔一〕「丹鳳樓」，原作「丹鳳閣」，據光緒本、舊唐書穆宗本紀改。
〔二〕「索」，文獻通考卷一〇七改作「開」。

唯宰相侍臣同介冑武夫，竟不拜至尊而退，酌於禮意，事未得中。臣商量請御殿日昧爽，宰相、兩省官對班於香案前，俟扇開，通事贊兩班官再拜，拜訖，升殿，侍立。」從之。

蕙田案：朝賀日，宰相、兩省官因侍立御前，昧爽先拜，其儀始此。

舊唐書武宗本紀：會昌三年春正月，以宿師於野，罷元會。　四年春正月乙酉朔，以澤潞用兵，罷元會。

懿宗本紀：咸通元年春正月，上御紫宸殿受朝。　五年春正月戊午朔，以用兵罷元會。　七年春正月戊寅朔，以太皇太后喪罷元會。　十年春正月己未朔，以徐州用兵罷元會。

舊唐書昭宗本紀：乾寧元年正月乙丑朔，上御武德殿受朝。

右唐正旦朝賀

五代正旦朝賀

册府元龜：後唐莊宗同光二年正月庚子朔，帝衮冕御明堂殿受朝賀，太常樂、左右金吾仗、六軍諸衛如常儀。　三年正月甲午朔，帝御文明殿受朝賀，如常儀。

明宗天成二年正月癸丑朔，帝被衮冕法服御明堂殿，百寮稱賀，文物、仗衛、禮樂如常儀。　三年正月戊申朔，帝御崇元殿受朝賀，禮樂、仗衛如常儀。　四年正月壬申朔，帝御崇元殿受朝賀，仗衛如常儀。

長興元年正月丙寅朔，帝御明堂殿受朝賀，樂懸、仗衛如常儀。　二年正月庚寅朔，帝御文明殿受朝賀，如常儀。　三年正月癸未朔，帝御明堂殿朝賀，禮樂、仗衛如式。　四年正月戊寅朔，帝御文明殿，百寮稱賀。

閔帝清泰三年春正月辛卯朔，始御文明殿，陳樂懸仗衛，受朝賀。

蕙田案：以上後唐。

册府元龜：後晉高祖天福二年正月甲寅朔，帝御文明殿受文武百寮朝賀。　三年正月戊申朔，帝御崇元殿受朝，仗衛如式。　四年正月癸卯朔，帝御崇元殿受朝賀，仗衛如式。　十二月庚戌，禮官奏：「歲正旦，王公上壽，皇帝舉酒，奏玄同之樂。再飲、三飲，並奏文同之樂。　三飲訖，群臣再拜，樂奏大同，蕤賓之鐘，左右皆應。」是月壬戌，又奏：「正旦宫懸歌舞未全，且請雜用九部雅樂，歌教坊法曲〔一〕。」從之。　五年正月丁卯朔，帝御崇元殿朝賀，仗衛如式。　六年正月辛酉朔，帝受朝於崇元殿。七年正月丙辰朔，帝不受朝賀，用兵故也。

少帝開運二年春正月戊戌朔，帝不受朝賀，不豫故也。

蕙田案：以上後晉。

册府元龜：後漢高祖天福十二年九月，權判太常卿張昭議：「請改十二和樂。皇帝臨軒奏太和，請改爲政成。　王公出入奏舒和，請改爲弼成。　皇帝食舉及飲宴奏休和，請改爲德成。　皇帝受朝、皇后入宫奏正和，請改爲扆成。　皇太子軒懸出入奏成和〔二〕，請改爲裔成。　元日冬至，皇帝禮會登歌奏昭和，請改爲慶成。」

乾祐元年正月辛亥朔，帝不受朝賀。

蕙田案：以上後漢。

〔一〕「教」，原作「聲」，據光緒本、册府元龜卷五七〇改。
〔二〕「成和」，宋本册府元龜卷五七〇作「承和」。

冊府元龜：周太祖廣順元年七月，太常卿邊蔚上言議：「改十二成。皇帝臨軒奏政成，請改爲治順之樂。王公出入奏弼成，請改爲忠順之樂。皇帝食舉奏德成，請改爲康順之樂。皇帝受朝、皇后入宫奏扆成，請改爲雍順之樂。皇太子軒懸出入奏裔成，請改爲温順之樂。元日冬至，皇帝禮會登歌奏慶成，請改爲禮順之樂。」三年正月壬子朔，帝御崇元殿，群臣朝賀，樂懸、仗衛如常儀。班退，太祖御永福殿，群臣百寮稱觴獻壽，舉教坊樂。

世宗顯德二年正月辛未朔，帝不御殿，宰臣率百官拜表稱賀。三年正月乙未朔，帝不御殿，文武百官詣閤，進名稱賀。四年正月己丑朔，帝御崇元殿受朝賀，禮畢，御廣政殿，群臣上壽，並如常儀。五年春正月癸未朔，帝在楚州西北，衣戎衣御帳殿，受宰臣已下稱賀。六年春正月丁未朔，帝御崇元殿受朝賀，金吾仗衛，太常樂懸如儀。

蕙田案：以上後周。

右五代正旦朝賀

# 五禮通考卷一百三十八

## 嘉禮十一

### 朝禮

宋正旦朝賀

宋史禮志：宋承前代之制，以元日、五月朔、冬至行大朝會之禮。

樂志：建隆元年，改樂章十二「順」爲十二「安」。皇帝臨軒爲隆安，王公出入爲正安，皇帝食飲爲和安。

建隆、乾德朝會樂章二十八首

皇帝升座，隆安　天臨有赫，上法乾元。鏗鏘六樂，儼恪千官。皇儀允肅，五坐居尊。文明在御，禮備誠存。

公卿入門，正安　堯天協紀，舜日揚光。淑慎爾止，率由舊章。佩環濟濟，金石鏘鏘。威儀炳煥，至德昭彰。

上壽，禧安　乾健爲君，坤柔爲臣。惟其臣子，克奉君親。永御皇極，以綏兆民。稱觴獻壽，山岳嶙峋。舜韶更奏，堯酒浮觴。皇情載懌，洪算無疆。基隆郟鄏，德茂陶唐。山巍日焕，地久天長。

蕙田案：禧安爲祭祀酌獻、飲酒、受胙之樂，非朝會所用，以淳化、景德樂章校之，當作和安。

皇帝舉酒，第一盞用白龜　聖德昭宣，神龜出焉。載白其色，或游於川。名符在沼，瑞應巢蓮。登歌丹陛，紀異靈篇。

第二盞，甘露　天德冥應，仁澤載濡。其甘如醴，其凝如珠。雲表潛結，顥英允敷。降於竹柏，永昭瑞圖。

第三盞，紫芝　煌煌茂英，不根而生。蒲茸奪色，銅池著名。晨敷表異，三秀分榮。書於瑞典，光我文明。

第四盞，嘉禾　嘉彼合穎，致貢升平。異標南畝，瑞應西成。德至於地，皇祇效靈。和同之象，焕發祥經。

第五盞，玉兔　盛德好生，網開三面。明視標奇，昌辰乃見。育質雪園，淪精月殿。著於樂章，色含江練。

蕙田案：乾德四年，判太常寺和峴言：「今年荆南進甘露，京兆、東州進嘉禾[一]，黄州進紫芝，和州進緑毛龜，黄州進白兔。欲依月律，撰神龜、甘露、紫芝、嘉禾、玉兔五瑞各一曲，每朝會登歌，首奏之。」詔如所請。此則五曲乃乾德中所增加。今依宋志所編，不復更析，特著其説於此。

群臣舉酒，正安　户牖嚴丹扆，鵷鸞造紫庭。懇祈南岳壽，勢拱北辰星。得士於兹盛，基邦固以寧。誠明一何至，金石與丹青。簪紱若雲屯，晨趨閶闔門。侁侁羅禹會，濟濟奉堯罇。周禮觀明備，天儀仰睟温。高卑陳表著，同拱帝王尊。

〔一〕「東州」，宋史樂志一作「果州」。

待漏造王庭，威儀盛莫京。紛綸簪組列，清越珮環聲〔一〕。禮飲終三爵，韶音畢九成。永同鳧藻樂〔二〕，千載奉升平。

群臣第一盞畢，作玄德升聞　治定資神武，功成顯睿文。貢輸庭實旅，朝會羽儀分。偃革千年運，垂衣萬乘君。孰知堯、舜力，明德日升聞〔三〕。　約法皇綱正，崇文寶曆昌。遒人振木鐸，農器鑄干將。瑞日含王宇，卿雲藹帝鄉。萬邦成一統，鴻祚與天長。

六變　宸扆威容盛，聲明禮樂宣。九州臻禹會，萬國戴堯天。貢職輸琛賮，皇猷煥簡編。含和均暢茂，鴻慶結非煙〔四〕。　朝會儼威儀，司常建九旗。舞容分綴兆，文物辨威蕤。運格桃林牧，祥開洛水龜。帝功潛日用，化俗自登熙。　螭階聊載筆，紀瑞軼唐、虞。丹鳳儀金奏，黄龍負寶圖。群材薪棫樸，仁政煦蒲盧。蕩蕩

〔一〕「越」，原作「列」，據宋史樂志十三改。
〔二〕「同」，諸本作「圖」，據宋史樂志十三改。
〔三〕「日」，宋史樂志十三作「自」。
〔四〕「鴻」，諸本作「鳩」，據宋史樂志十三改。

巍巍德，豚魚信自孚。　接聖宅神都，方來五達區。國賢熙帝載，靈命握乾符。至化當純被[一]，斯文益誕敷。車書今混一，聖治奉三無。　聖王臨大寶，八表湊才賢。經緯文天賦，剛柔德日宣。建邦隆柱石，造物運陶甄。共致升平業，綿長保億年。　神化妙無方，巍巍邁百王。鶴書搜隱逸，龍陛策賢良。拱揖朝群后，賓筵闢四方。洪圖基億載，淳曜德彌光。

第二盞畢，天下大定　皇猷敷八表，武誼肅三邊。蘭錡韜兵日，靈臺偃伯年。奉珍皆述職，削衽盡朝天[二]。功德超前古，音徽播管弦。　伐叛天威震，恢疆帝業多。削平侔肅殺，涵煦極陽和。蹈厲觀周舞，風雲入漢歌。功成推大定，歸馬偃琱戈。

六變　惕厲日乾乾，潛蟠或躍淵。伐謀參上策，受鉞總中堅。田訟歸周日，民謠戴舜年。風雲自冥感，嘉會翼飛天。　壺關方逆命，投袂起親征。虎旅聊攻伐，

[一]「純」，原作「人」，據光緒本、宋史樂志十三改。
[二]「削衽」，原作「獻賁」，據味經窩本、乾隆本、光緒本、宋史樂志十三改。

梟巢遽蕩平。天威清朔漠，仁澤被黎氓。案節皇輿復，洋洋載頌聲。蠢兹淮海帥，保據毒黎苗。不悟龍興漢，猶同犬吠堯。六師方雨施，孤壘自冰消。千載逢嘉運，華戎奉聖朝。上游荆楚要，澤國洞庭深。自識同文世，皆迴拱極心。一戎聊仗鉞，九土盡輸金。大定功成後，薰風入舜琴。席卷定巴、邛，西遐盡率從。岷、峨難負阻，江、漢自朝宗。述職方舟集，驅車九折通。粲然書國史，冠古耀豐功。鋭旅慶回旋，邊防盡宴然。鞬櫜方偃武，飛將亦韜弦。震曜資平壘，文明協麗天。洸洸成大業，赫奕在青編。

蕙田案：宋初，郊廟殿庭通用文德武功之舞。乾德四年，以和峴言，改殿宇所用文舞爲玄德升聞之舞，武舞爲天下大定之舞。其武舞：一變象六師初舉，二變象上黨咸平，三變象淮揚底定，四變象荆湖歸復，五變象邛蜀納款，六變象兵還振旅。乃别撰舞曲樂章，而文德武功之舞，請於郊廟，仍舊通用。然則玄德升聞以下十二曲，亦乾德中所增加，乃和峴之詞。今亦依宋志類編之，不更析也。

樂志：元豐三年，楊傑言大樂七失曰：國朝郊廟之樂，先奏文舞，次奏武舞，而武舞容節六變：一變象六師初舉，所向宜北〔一〕；二變象上黨克平，所向宜北；三變象淮揚底定，所向宜東南；四變象荆湖來歸，所向宜南；五變象卭蜀納款，所向宜西；六變象兵還振旅，所向宜北而南。今舞者發揚蹈厲、進退俯仰，既不足以稱成功盛德，失其所向，而文舞容節尤無法度，則舞不象成也。

文獻通考：建隆二年春正月朔，帝御崇元殿受朝賀，服衮冕，設宫懸仗衛如儀仗。退，群臣詣皇太后宫門奉賀。上常服御廣德殿，群臣上壽，用教坊樂。御殿儀仗者，本充庭之制。唐禮，殿庭屯門，皆列諸衛黄麾大仗。宋朝太祖增創錯繡諸旗并旛氅等，著於通禮。正、至、五月一日御正殿，則陳之。

宋史太祖本紀：建隆三年春正月庚申朔，以喪不受朝賀。

禮志：朝儀班序。太祖建隆三年三月，有司上合班儀：太師，太傅，太保，太尉，司徒，司空，太子太師、太傅、太保，嗣王，郡王，左右僕射，太子少師、少傅、少保，三京牧，大都督，大都護，御史大夫，六尚書，常侍，門下、中書侍郎，太子賓客，太常、宗正

〔一〕「所向宜北」，諸本脱，據宋史樂志三校勘記補。

卿，御史中丞，左右諫議大夫，給事中，中書舍人，左右丞，諸行侍郎，祕書監，光禄、衛尉、太僕、大理、鴻臚、司農、太府卿，國子祭酒，殿中、少府、將作監，前任節度使，開封、河南、太原尹，太子詹事，諸王傅，司天監，五府尹，國公，郡公，中都督，上都護，下都督，太子左右庶子，五大都督府長史，中都護，下都護，太常、宗正少卿，秘書少監，光禄等七寺少卿，司業，三少監，三少尹，少詹事，左右諭德，家令、率更令、僕，諸王府長史、司馬〔二〕，司天少監，起居舍人，侍御史，殿中侍御史，左右補闕、拾遺，監察御史，郎中，員外郎，太常博士，五府少尹，五大都督府司馬，通事舍人，國子博士，五經博士，都水使者，四赤令，太常、宗正、祕書丞，著作郎，殿中丞，尚食、尚藥、尚舍、尚乘、尚輦奉御，大理正，太子中允、贊善、中舍、洗馬，諸王友、諮議參軍，司天五官正。凡雜坐者，以此爲準。詔曰：「尚書中臺，萬事之本，而班位率次兩省官；節度使出總方面，古諸侯也，又其檢校兼守官多至師傅三公，而位居九寺卿監之下，甚無謂也。其給事、諫議、舍人宜降於六曹侍郎之下，補闕次郎中，拾遺、監察次員外郎，節度使升



〔二〕「司馬」，原脱，據光緒本、宋史禮志二十一補。

於六曹侍郎之上、中書侍郎之下，餘悉如故。」

職官志：建隆以後合班之制：中書令、侍中、同中書門下平章事。以上爲宰相。親王、樞密使、留守、節度、京尹兼中書令、侍中、同中書門下平章事。以上並爲使相〔一〕。尚書令、太師、太尉、太傅、太保、司徒、司空。舊儀，太師、太傅、太保爲三師。太尉、司徒、司空爲三公。太尉在太保下。今依此序，其三師、三公之稱如舊儀制。樞密使、知樞密院事、參知政事。舊在樞密使之下〔二〕。樞密副使。舊在知院之上。同知樞密院事，宣徽南院、北院使，簽書樞密院事。參政以下班位臨時取奏裁。太子太師、太傅、太保，左、右僕射，太子少師、少傅、少保，諸府牧。開封、河南、應天、大名、江陵、興元、真定、江寧、京兆、鳳翔、河中。又有大都督、大都護，今皆領使，無特爲者。御史大夫、觀文殿大學士。舊無此位。六尚書。吏、兵、户、刑、禮、工。左、右金吾衛，左、右衛上將軍，門下、中書侍郎。舊在尚書下。節度使。泰寧、武寧、彰信、鎮海、天平、安化、武成、忠武、鎮海、河陽、山南東道、武勝、崇信、昭化、保康、天雄、成德、鎮寧、彰德、永

〔一〕「上」，原作「下」，據光緒本、宋史職官志八改。
〔二〕「使」，原脱，據味經窩本、乾隆本、光緒本、宋史職官志八補。

清、安國、威德、靜難、彰化、雄武、保泰〔一〕、淮南、忠正、保信、保靜、集慶、建康、寧國、鎮南、昭信、荊南、寧海、武昌、安遠、武安、鎮東、平江、鎮江、宣德、保寧、康國、威武、建寧、益州、安靜、武信、山南西道、昭武、安德、武定、寧海、寧江、武康、清海、靜江、寧遠、建武、高州定南、密州靜海、涼州西河、沙州歸義、洮州保順、應州彰國〔二〕、威城、昌化、豐州天德、朔州振武、雲州大同。觀文殿學士、舊曰文明殿，若學士官尚書者自從本班。資政殿大學士、三司使，與觀文、資政班位臨時取裁。玉清昭應宮、景靈宮、會靈觀副使，與三司使、翰林學士班位臨時取裁〔三〕。翰林學士承旨，翰林學士，資政殿學士，翰林侍讀、侍講學士，龍圖閣學士，天章閣學士，樞密直學士，龍圖直學士，天章直學士，左、右散騎常侍。舊在諸衛上將軍下。六統軍。左、右龍武，左、右羽林，左、右神武。諸衛上將軍。左、右騎衛，左、右武衛，左、右屯衛，左、右領軍衛，左、右千牛衛。太子賓客，太常、宗正卿，御史中丞。權中丞立中丞專位，內殿起居日止立本官班。左、右丞，諸行侍郎，節度觀察留後，給事中，左、右諫議大夫，中書舍人，知制誥，龍圖閣待制，天章閣待制，觀察使，祕書

〔一〕「保泰」，宋史職官志八改作「保大」。
〔二〕「彰國」，諸本作「彭國」，據宋史職官志八校勘記改。
〔三〕「玉清昭應宮景靈宮會靈觀副使與三司使翰林學士班位臨時取裁」二十七字，原脱，據光緒本、宋史職官志八補。

監，光禄、衛尉、太僕、大理、鴻臚、司農、太府卿，内客省使，國子祭酒，殿中、少府、將作監，景德殿使，延福宫使，客省使，開封、河南、應天、大名尹，太子詹事，諸王傅，司天監，諸衛大將軍，太子左右庶子，引進使，防禦使。齊、濟、沂、登、萊、鄭、汝、蔡、潁、均、郢、懷、衛、博、磁、洺〔一〕、棣、深、瀛、雄、霸、莫、代、絳、解、龍、和、蘄〔二〕、舒、復、眉、象、陸、果。團練使。單、濮、濰、唐、祁〔三〕、冀〔四〕、隰、忻、成、鳳、海、鼎。三司鹽鐵、度支、户部副使。官至諫議大夫已上，從本官。玉清昭應宫、景靈宫、會靈觀判官，太常寺、宗正少卿，祕書少監，光禄等寺七寺少卿，宣慶使，四方館使，國子司業，殿中、少府、將作少監，開封、河南、應天、大名少尹，太子少詹事、左右諭德，太子家令，太子率更令，太子僕，諸州刺史。淄、趙、德、濱、保、并、汾、澤、遼、憲、嵐、石、虢、坊、丹、階、乾、商、寧、原、慶、渭、儀、環、楚、泰、泗、濠、光、滁、通、黄、真、舒、江、池、饒、信、太平、吉、袁、撫、筠、岳、澧、峽、歸、辰、衡、永、全、郴〔五〕、邵、常、秀、温、台、衢、睦、處、南

〔一〕「洺」，諸本作「洛」，據宋史職官志八改。
〔二〕「蘄」，諸本作「鄿」，據宋史職官志八改。
〔三〕「祁」，諸本作「相」，據宋史職官志八改。
〔四〕「冀」，諸本作「翼」，據宋史職官志八改。
〔五〕「郴」，諸本作「柳」，據宋史職官志八改。

劍、汀〔一〕、漳、綿、漢、彭、邛、蜀、嘉、簡、黎、雅、維、茂、資、榮、昌、普、渠、合、戎、瀘、興〔二〕、劍、文、集、壁、巴、蓬、龍、施、萬、開、達、涪、渝、昭、循、潮、連、梅、英、賀、封、南雄、端、新、康、恩、春、惠、韶、梧、藤、龔、象、潯、貴、賓、横、融、化、竇、高、雷、南儀、欽、鬱林、廉、瓊、崖、儋、萬安。**諸王府長史、司馬，司天少監，樞密都承旨。**如客省使以下充者，依本職同班。如閤門使充，即在閤門使之上。如自見任内客省使以下轉南班官充〔三〕，亦與同班，仍在舊職之上。如自客省副使以下轉南班官充者，並在閤門使之上。**宣政使、昭宣使，東上、西上閤門使，樞密承旨，樞密副都承旨，諸軍衛將軍，起居舍人〔四〕，知雜御史，侍御史，諸行郎中。**左右司、吏部、兵部、司封、司勳、考功、職方、駕部、庫部、度支、户部、金部、倉部、刑部、都官、比部、司門、禮部、工部、祠部、主客、膳部、屯田、虞部、水部。**皇城以下諸司使，**皇城、洛苑、右騏驥、尚食、左騏驥、御厨、内藏庫、軍器、左藏、儀鸞、南作坊、弓箭庫、北作坊、衣庫、莊宅、六宅、文思、東作坊、内苑、牛羊、如京、東綾錦、香藥、崇儀、榷易、西京左右藏、氈毯〔五〕、西綾

〔一〕「汀」，諸本作「江」，據宋史職官志八改。
〔二〕「興」，諸本作「典」，據宋史職官志八改。
〔三〕「使」，諸本脱，據宋史職官志八補。
〔四〕「起居舍人」上，宋史職官志八有「起居郎」三字。
〔五〕「氈」，原作「壇」，據光緒本、宋史職官志八改。

綿、西京作坊、鞍轡庫、東染院、酒坊、西染院、法酒庫、禮賓、翰林、醫官、供備庫。樞密院副承旨、諸司副承旨〔一〕，如帶南班官者，在諸司使之下；不帶南班官者，在皇城副使之上。殿中侍御史，左、右司諫，諸行員外郎，客省引進、閤門副使，左、右正言，監察御史，太常博士，皇城以下諸司副使，諸次府少尹，大都督府左、右司馬，兖、徐、潞、陝、揚、杭、越、福。通事舍人，國子博士，春秋、禮記、毛詩、尚書、周易博士，都水使者，開封、祥符、河南、洛陽、宋城縣令，太常、宗正、祕書丞，著作郎，殿中丞，內殿承制，殿中省尚食、尚藥、尚衣、尚舍、尚乘、尚輦奉御，大理正，太子中允、左右贊善大夫，內殿崇班，閤門祗候，太子中舍、洗馬，太子諸率府率，左、右衛，左、右監門，左、右清道，左、右司禁〔二〕。樞密院兵房、吏房、户房、禮房副承旨，東頭、西頭供奉官，太子諸率府副率，諸衛中郎將，左、右金吾，左、右衛，左、右千牛，左、右羽林。郎將，左、右金吾，左、右衛。左、右侍禁，諸王友，諸王府諮議參軍。官高者從本官。司天春官、夏官、秋官〔三〕、冬官正，節度行軍司馬、副使，祕書郎，左、右班殿直，

〔一〕「司」，宋史職官志八作「房」。
〔二〕「禁」，宋史職官志八作「禦」。
〔三〕「秋官」上，宋史職官志八有「中官」二字。

著作佐郎，大理寺丞，諸寺、監丞，大理評事，太學、廣文博士，太常太祝、奉禮郎，祕書省校書郎、正字，御史臺、諸寺、監主簿，國子助教，廣文、太學、四門、書學、算學博士，律學助教書、算學無助教。司天靈臺郎、保章正、挈壺正，三班奉職、借職，防禦、團練副使，留守、京府、節度、觀察判官，節度掌書記，觀察支使，防禦、團練判官，留守、京府、節度、觀察推官，軍事判官，防禦、團練、軍事推官，軍、監判官，諸軍別駕、長史、司馬，司録、録事參軍，司理參軍，三京府軍巡判官在諸曹參軍之下。諸州諸司參軍，軍巡判官，諸縣令，赤縣丞，諸縣主簿、尉，諸軍文學、參軍、助教。

太祖本紀：乾德元年春正月甲寅朔，不御殿。

禮志：乾德元年閏十二月，詔：「自今一品致仕官曾帶平章事者，朝會宜綴中書門下班。」

二年二月，詔重定內外官儀制。有司請令上將軍在中書侍郎之下，大將軍在少卿監之下，諸衛率、副率在東宮五品之下，內客省使視太卿，客省使視太監，引進使視庶子，判四方館事視少卿，閤門使視少監，諸司使視郎中，客省引進、閤門副使視員外郎，諸司副使視太常博士，通事舍人從本品，供奉官視諸衛率，殿直視副率，樞密承旨視四品朝官，兼南班官諸司使者承本品，副承旨視寺監丞，諸房副承旨視南省都事。凡視朝官者本品下，視京官在其上。

太祖本紀：乾德三年春正月癸酉朔，以出師不御殿。

職官志：乾德五年正月朔，乾元殿受朝，升節度使班在龍墀内金吾將軍之上。

太祖本紀：開寶二年春正月己卯朔，以出師不御殿。　三年春正月癸卯朔，雨雪，不御殿。　五年春正月壬辰朔，雨雪，不御殿。　六年春正月丙辰朔，不御殿。

九月壬申，詔晉王光義班宰相上。

禮志：開寶六年九月，詔曰：「周之宗盟，異姓爲後，此先王所以睦九族而和萬邦也。晉王親賢莫二，位望俱崇，方資夾輔之功，俾先三事之列，宜位宰相上。」

太祖本紀：開寶七年春正月庚戌朔，不御殿。　八年春正月甲戌朔，以出師不御殿。

蕙田案：文獻通考太祖建隆二年，乾德四年、五年、六年，開寶九年，俱元會。

太宗本紀：太平興國三年春正月丙戌朔，不受朝，群臣詣閤賀。

宋史禮志：群臣上表儀。通禮，守宫設次於朝堂，文東武西，相對爲首；設中書令位於群臣之北。禮曹掾舉表案入，引中書令出，就南面立。禮部郎中取表授中書令，令即受表入奏。其禮，凡正、至不受朝，及邦國大慶瑞、上尊號請舉行大禮，宰相率文武群臣暨諸軍將校、蕃夷酋長、道釋、耆老等詣東上閤門拜表，知表官跪授表於宰臣，宰臣跪授於閤門使，乃由通進司奏御。凡有答詔，亦拜受於閤門，獲可，奏者奉表稱賀。其正、至，樞密使率内班拜表長春殿門外，亦閤門使受之。

太宗本紀：太平興國七年春正月甲午朔，不受朝，群臣詣閤稱賀。

又淳化二年春正月壬申朔，不受朝，群臣詣閤，拜表稱賀。

文獻通考：太宗淳化三年正月朔，服衮冕，御朝元殿受朝賀。禮畢，改通天冠、絳紗袍。升座，受群臣等上壽。帝即位以來，每朝賀畢，退御大明殿，常服上壽，奏教坊樂。至是，始命有司約開元禮，定上壽儀，皆以法服行禮，設宫懸萬舞，酒三行而罷，復舊制也。又取嗣位以來祥瑞，作祥麟、丹鳳、白龜、河清、瑞麥五曲用之。

宋史樂志：太平興國九年，亳州獻祥麟〔一〕；雍熙中，蘇州貢白龜；端拱初，澶州

〔一〕「亳州」，宋史樂志一作「嵐州」。

河清，廣州鳳凰集；諸州麥兩穗、三穗者，連歲來上。有司請以此五瑞爲祥麟、丹鳳、河清、白龜、瑞麥之曲，薦於朝會，用之。淳化二年，太子中允、直集賢院和嶹上言：「來歲正會之儀，登歌五瑞之曲已從改製，則文武二舞亦當定其名。周易有『化成天下』之辭，謂文德也；漢史有『威加海内』之歌，謂武功也。望改殿庭舊用玄德升聞之舞爲化成天下之舞，天下大定之舞爲威加海内之舞。其舞六變：一變象登臺講武，二變象漳、泉奉土，三變象杭、越來朝，四變象克殄并、汾，五變象肅清銀、夏，六變象兵還振旅。每變樂章各一首。」詔可。三年，元日朝賀畢，再御朝元殿，上壽，復用宫懸、二舞，登歌五瑞曲，自此遂爲定制。

淳化中朝會二十三首：

上壽，和安　四序伊始，三陽肇開。條風入律，玉琯飛灰。望雲肅謁，鳴佩斯來。稱觴獻壽，瞻拱星迴。　一陽應候，萬國同文。天正紀節，太史書雲。凝旒在御，列叙爰分。壽觴斯薦，祝慶明君。

皇帝初舉酒，用祥麟　聖王御寓，仁獸誕彰。在郊旅貢，游時呈祥。星辰是稟，草木無傷。紀異信史，登歌太常。

再舉酒，丹鳳　九苞薦瑞，戴德膺仁。藻翰爰奮，靈音載振。非時不見，有道則臻。降岐匪匹，儀舜爲鄰〔一〕。

三舉酒，河清　沔彼涇瀆，澄明鑑如。清應寶運，光涵帝居。洞分沈璧，徹見游魚。聖祚無極，神休偉與。

四舉酒，白龜　稽彼靈物，允昭聖皇。浮石可躍，巢蓮益光。金方正色，介族殊祥。信書永耀，帝德無疆。

五舉酒，瑞麥　芃芃嘉麥，擢秀分岐。甘露夕灑，惠風晨吹。良農告瑞，循吏稱奇。歸美英主，折而貢之。

群臣初舉酒畢，作化成天下　軒、昊方同德，成、康粗比肩。素風惟普暢，皇道本無偏。陰魄重輪滿，陽精五色圓。要荒咸率服，卓越聖功全。聖德比陶唐，千年祚運昌。茂功雖不宰，鴻業自無疆。極塞成清謐，齊民益阜康。文明同日月，遐邇仰輝光。

〔一〕「舜」，原作「舞」，據光緒本、宋史樂志十三改。

六變　蕩蕩無私世，巍巍至聖君。山河分國寶，日月耀人文。厭浥凝甘露，輪囷吐慶雲。正聲兼大雅，洋溢應南薰。鴻範合彝倫，調元四序均。歲功天吏正，御苑物華新。底貢陳方物，來賓列遠人。奉觴呈九奏，嘉貺動穹旻。大君隆至化，興運契千齡。覲禮俄班瑞，來賓盡實庭。成文調露樂，奉聖拱辰星。舞佾方更進，朝陽上楚萍。禮樂招王業，寰區致太平。革車停北狩，雲駕屢西成。國有祥延詔，鄉聞講誦聲。日華融五色，遐邇仰文明。亭障戢干戈，人心浹太和。務農登寶穀，獵俊設雲羅。儀鳳書良史，祥麟載雅歌。嘉晨資宴喜，星拱弁峨峨。冠古耀鴻徽，深仁及隱微。二南、江漢詠，九奏鳳凰飛。設虡羅鐘律，盈庭列舞衣。文明資厚德，怡懌兆民歸。

再舉酒畢，威加海内　革輅征汾、晉，隳城比燎毛。桓桓勗軍旅，將將禦英豪。神武誠無敵，天威詎可逃。王師宣利澤，霈若沃春膏。振萬方明德，疾徐咸可觀。鏗鏘動金奏，蹈厲總朱干。夾進昭威武，申嚴警宴安。守方推猛士，當用鶡爲冠。

六變　宣謝始觀兵，桓桓稱鼓行。一戎期大定，載纘議徂征。善政從師律，神功冀武成。昴哉勤誓衆，王業自經營。聲教方柔遠，甌、閩禮可招。獻圖連日際，歸國象江潮。撫運重熙盛，提封萬里遥。還同有虞氏，文德格三苗。南暨宣王化，東吴奉乃神。舞干方耀德，執玉自來賓。巢伯朝丹陛，韓侯覲紫宸。古今歸一揆，懷遠道彌新。遺俗續陶唐，來蘇徯聖皇。布昭湯弔伐，恢復漢封疆。金鉞申戡剪，朱干示發揚。宜哉七德頌，千載播洋洋。乃眷嘗西顧，偏師暫首征。靈旗方直指，獷俗自亡精。禹叙終馴致，堯封漸化成。不須嚴尉候，於廓海彌清。干戚有司傳，威儀著凱旋。象成王業盛，役輟武功全。兵寢西郊閲，書惟北闕縣。聖神膺景命，卜世萬斯年。

太祖本紀：淳化四年春正月庚寅朔，享太室，群臣詣齋宫拜表稱賀。五年春正月甲寅朔，不受朝。群臣詣閤拜表稱賀。

雍熙元年春正月壬子朔，不受朝，群臣詣閤拜表稱賀。四年春正月甲子朔，不受朝，群臣詣閤拜表稱賀。

端拱元年春正月己未朔，不受朝，群臣詣閤拜表稱賀。二年春正月癸未朔，不受朝，群臣詣閤拜表稱賀。

蕙田案：文獻通考太宗興國五年、六年、八年，雍熙三年，淳化元年、三年，並元會。

樂志：真宗景德三年，又爲朝會上壽之樂。

景德中，朝會一十四首：

皇帝升座，隆安　金奏在庭，群后在位〔一〕。天威煌煌，嚮明負扆。高拱穆清，弁冕端委。盛德日新，禮容有煒。

公卿入門，正安　萬邦來同，九賓在位。奉璋薦紳，陟降庭止。文思安安，威儀棣棣。臣哉鄰哉，介爾蕃祉。

上壽，和安　天威煌煌，山龍采章。庭實旅百，上公奉觴。拱揖群后，端委垂裳。永錫難老，萬壽無疆。

皇帝初舉酒，祥麟　帝圖會昌，二獸效祥。雙角共觝，示武不傷。四靈爲畜，玄枵耀芒。公族信厚，元元阜康。

〔一〕「后」，諸本作「侯」，據宋史樂志十三改。

再舉酒，丹鳳　矯矯長離，振羽來儀。和音中律，藻翰揚輝。珍符沓至，品物攸宜。至德玄感，受天之祺。

三舉酒，河清　德水湯湯，發源靈長。皎鑒澄徹，千年效祥。積厚流濕，資生阜昌。朝宗潤下，善利無疆。

群臣舉酒，正安　思皇多士，靖恭著位〔一〕。鳴玉飛緌，鏘鏘濟濟。宴有折俎，以示慈惠。罔敢不祗，福禄來暨。　金奏在庭，有酒斯旨。顒顒卬卬，嚮明負扆。湛湛露斯，式宴以喜。佩玉蘂兮，罔不由體。　酒以成禮，樂以侑食。露湛朝陽，星環紫極。淑慎爾容，既飽以德。進退周旋，威儀抑抑。

初舉酒畢，盛德升聞　八佾具呈，萬舞有奕。既以象功，又以觀德。進旅退旅〔二〕，執籥秉翟。至化懷柔，遠人來格。　閶闔天開，群后在位。設業設虡，庭燎晣晣。斧扆當陽，虎賁夾陛。舞之蹈之，四隩來暨。

〔一〕「著」，原作「者」，據光緒本、宋史樂志十三改。
〔二〕「退旅」，原作「執退」，據光緒本、宋史樂志十三改。

再舉酒畢，天下大定　武功既成，綴兆有翼。以節八音，以象七德。俁俁蹲蹲，朱干玉戚。發揚蹈厲，其儀不忒。偃伯靈臺，功成作樂。以昭德容，以清戎索。萬邦會同，邪慝銷鑠。盡善盡美，侔彼韶箾。

降坐，隆安　被衮當陽，穆穆皇皇。擊石拊石，頌聲揚揚。和樂優洽，終然允臧。禮成而退，荷天百祥。

真宗本紀：景德四年春正月己亥朔，御朝元殿受朝。

樂志：大中祥符元年，又作醴泉、神芝、慶雲、靈鶴、瑞木五曲，施於朝會宴享，以紀瑞應。

大中祥符朝會五首：

皇帝舉酒，醴泉　觱沸檻泉，寒流清泚。地不愛寶，其旨如醴。上善至柔，靈休所啓〔一〕。利澤無疆，允資岱禮。

再舉酒，神芝　彼茁者芝，茂英煌煌。敷秀喬嶽，實繁其房。適符修貢，封巒

〔一〕「靈」，原作「盡」，據光緒本、宋史樂志十三改。

允臧。永言登薦，抑惟舊章。

三舉酒，慶雲　惟帝佑德，卿雲發祥。紛紛郁郁，五色成章。奉日逾麗，回風載翔。歌薦郊廟，播厥無疆。

四舉酒，靈鶴　玄文申錫〔一〕，嘉祥紹至。偉茲胎禽，羽族之異。翻翰來儀，徘徊嘹唳。祚聖儲休，聿昭天意。

五舉酒，瑞木　天生五材，木曰曲直。維帝順天，厚其生植。連理效祥，成文表德。總萃坤珍，永光秘刻。

真宗本紀：大中祥符二年十二月辛巳，詔：晉國大長公主薨，罷明年元會。六年春正月癸巳朔，上御朝元殿受朝。　八年春正月壬午朔，謁玉清昭應宮，奉表告尊上玉皇大天帝聖號，奉安刻玉天書於寶符閣，還御崇德殿受賀。

蕙田案：文獻通考真宗咸平五年〔二〕，景德元年、四年，大中祥符六年，並元

〔一〕「申」，諸本作「中」，據宋史樂志十三改。
〔二〕「五年」，諸本脱，據文獻通考卷一〇八補。

會。其八年御崇德殿受賀，通考不及，蓋是年以得天書，尊上玉帝聖號，禮成受賀，非受朝也。崇道家之邪説，廢朝會之大典，可謂不知務矣。

文獻通考：仁宗天聖四年，帝詔輔臣曰：「朕欲元日率百官先上太后壽，然後御天安殿，可令禮院草具其儀。」太后曰：「豈可爲吾故，後元會禮哉？」宰相王曾因言：「陛下以孝奉母儀，太后以謙全國體，請如太后命。」不聽，詔中書門下具儀注。

蕙田案：元會前先上太后壽始此。

宋史禮志：天聖五年正月朔，曉漏未盡三刻，宰臣、百官與遼使、諸軍將校，並常服班會慶殿。內侍請皇太后出殿後幄，鳴鞭，升座；又詣殿後皇帝幄，引皇帝出。帝服鞾袍，于簾內北向褥位再拜，跪稱：「臣某言：元正啓祚，萬物維新[一]。伏惟尊號皇太后陛下，膺時納祐，與天同休。」內常侍承旨答曰：「履新之祐，與皇帝同之。」帝再拜，詣皇太后御座稍東。內給侍酌酒授內謁者監進，帝跪進訖，以盤興，內謁者監承接之，帝却就褥位，跪奏曰：「臣某稽首言：元正令節，不勝大慶，謹上千萬歲壽。」再

[一]「物」，原作「壽」，據光緒本、宋史禮志十九改。

拜，内常侍宣答曰：「恭舉皇帝壽酒。」帝再拜，執盤侍立，教坊樂止，皇帝受虚醆還幄。通事舍人引百官横行，典儀贊再拜、舞蹈、起居。太尉升自西階，稱賀簾外，降，還位，皆再拜、舞蹈。侍中承旨曰「有制」，皆再拜，宣曰：「履新之吉，與公等同之。」皆再拜、舞蹈。閤門使簾外奏：「宰臣某以下進壽酒。」皆再拜。太尉升自東階，翰林使酌御酒盞授太尉，執盞盤跪進簾外，内謁者監跪接以進，太尉跪奏曰：「元正令節，臣等不勝慶忭，謹上千萬歲壽。」降，還位，皆再拜。宣徽使承旨曰：「舉公等觴。」皆再拜。太尉升，立簾外，樂止。内謁者監出簾授虚盞。太尉降階，横行，皆再拜、舞蹈。宣徽使承旨宣群臣升殿，再拜，升，及東西厢坐，酒三行，侍中奏禮畢，退。樞密使以下迎乘輿于長春殿，起居稱賀。百官就朝堂易朝服，班天安殿朝賀，帝服衮冕受朝。禮官、通事舍人引中書令、門下侍郎各於案取所奏文，詣褥位，脱劍舄，以次升，分東西立。諸方鎮表、祥瑞案先置門外，左右令史絳衣對舉〔一〕，給事中押祥瑞、中書侍郎押表案入，分詣東西階下對立。既賀，更服通天冠、絳紗袍，稱觴上壽，止舉四爵。乘輿還内，恭

〔一〕「史」，諸本作「使」，據宋史禮志十九改。

謝太后如常禮。

蕙田案：元會前上太后壽儀注始此。

仁宗本紀：慶曆元年春正月辛亥朔，御大慶殿受朝。七年春正月丙子朔，御大慶殿受朝。

皇祐五年春正月壬寅朔，御大慶殿受朝。

嘉祐元年春正月甲寅朔，御大慶殿受朝。

蕙田案：文獻通考仁宗天聖五年，慶曆元年、三年、七年，皇祐五年，嘉祐元年、七年，並元會。

又案：英宗享國日淺，正、冬、五月朔受朝之儀，概未及舉，故通考不載。

神宗本紀：治平四年十二月辛酉，以來歲日食正旦，自乙丑避殿減膳，罷朝賀。

熙寧四年春正月丁亥朔，不視朝。

樂志：熙寧中朝會三首

皇帝初舉酒，慶雲　乾坤順成，皇有嘉德。爰施慶雲，承日五色。輪囷下乘，萬物皆飾。惟天祚休，長彼無極。

再舉酒，嘉禾　彼美嘉禾，一莖九穗。農疇告祥，史牒書瑞。擊壤歡歌，如京委積。留獻春種，昭錫善類。

三舉酒，靈芝　皇仁溥博，品物蕃滋。慶祥回復，秀發神芝。靈華雙舉，連葉四施。披圖案牒，永享純禧。

文獻通考：元豐元年，詔右諫議大夫宋敏求、權御史中丞蔡確、樞密副使承旨張誠一、直舍人院同判太常寺李清臣詳定正旦御殿儀注〔一〕。敏求等遂上朝會儀二篇，令式四十卷，詔頒行。

元正、冬至大朝會儀注：

前期，有司設御座于大慶殿，東西房於御座之左右，少北，東西閤於殿後，百官、宗室、客使次於朝堂之内外。五輅先陳於庭，兵部設黄麾仗于殿之内外。太樂令展宫架之樂于横街南。鼓吹令分置十二案於宫架外。協律郎二人，一位於殿上西階之前楹，一位於宫架西北，俱東向。陳輿輦、御馬於龍墀，繖扇於沙墀，貢物於宫架之

〔一〕「人」，諸本脱，據文獻通考卷一〇八校勘記補。

南，東西相向，餘則列於大慶門之外。冬至不設貢物。扶侍執事、侍立官及諸司使副立於左右，樞密院諸房副承旨、承制以下立於殿下，東西相向，重行異位，北上。典儀設三師、三公、侍中、中書令、左右僕射、開府儀同三司位於丹墀香案之南，少東；次尚書左丞位於其後，皆北面，西上；親王位於香案之南，少西，北面東上。上壽則知同知樞密院事位於親王之後。門下侍郎位於其東，次左散騎常侍，次給事中、左諫議大夫，次左司諫、正言，皆重行，位于其後。觀文、資政殿大學士、學士，端明殿學士位於次南，並西南，北上；中書侍郎位于其西，次右散騎常侍，次中書舍人、右諫議大夫，次右司諫、正言，皆重行，位于其後。翰林學士承旨至寶文閣學士位于次南，次樞密直學士以下，次待制，皆重行，位于其後，並東面北上〔一〕。起居郎、舍人夾香案，東西相向。契丹使位於龍墀上，少西，北面東上。宗姓、節度使以下至率府副率位於横街南，分東西相對班，各重行異位，北上。左右巡使位於次南，東西相向。宫架前少東，則特進以下至未升朝官班，各重行異位，北面西上；夏國使在宫架之東，軍員位於其後，夏國人從

〔一〕「面」，諸本作「西」，據文獻通考卷一〇八改。

次之。宮架前少西，則御史臺班；節度以下，又位於西，並重行，北面東上，皆視特進退一列外。高麗國使在宮架之西，軍員位于其後，高麗人從次之；諸蕃客位于次西陪位，進奏官位于宮架之南，諸道貢舉解首位于其後，皆北面；而設叙班位于大慶門外，東西相對，以北爲上。中書侍郎諸方鎮表案於右，給事中祥瑞案於左。冬至，不設給事中位祥瑞案，下同。

○其日，闢大慶門，列黄麾仗，張旗幟，群官宗室使各服其服以俟。太樂令帥樂工入，太常卿立於宮架前，協律郎就舉麾位，中書侍郎以諸方鎮表、給事中以祥瑞案、令令史、對舉、侍衛官各就列。輦出，至西閤降輦；符寶郎奉寶，俱詣閤奉迎；有司引秘書監以下，次御史知雜以下，次宗姓及外任防禦使以下，就位。侍中版奏「中嚴」，復位。少頃，奏「外辦」。閤簾捲，殿上鳴蹕，太樂令撞黄鐘之鐘，右五鐘皆應。内侍承旨索扇，扇合。皇帝服通天冠、絳紗袍，御輿出西閤；協律郎俛伏，舉麾，興，奏乾安之樂，鼓吹振作。皇帝出自西房，降輿，即御座，南向。扇開，殿下鳴蹕，協律郎偃麾，戛敔，樂止。鑪烟升，符寶郎奉寶，置御座前。尚書左右丞以上，門下、中書省官及待制以上，至大學士、正議大夫以上，御史中丞以上，宗姓及外正任觀察使以上，契丹使班分東西，各以次入，奏正安之樂，就位，樂止。中書侍郎押表案入，詣西階下，東向立。給事中押祥瑞案入，詣東階下，西向立。押樂官歸本班，起居畢，復案位。三師以下至尚書左右丞，親王以下至百官及御史臺官、外正任、契丹使，俱就北向位。贊者曰「拜」，在位者皆再拜，舞蹈，三稱「萬歲」，再拜，訖，又再拜。太尉將升，中書令、門下侍郎俱降至兩階下立。冬至，門下侍郎不奏。下同。太尉詣西階下，行則作樂，至位樂止，升階。中書令、門下侍郎各於案取所奏，以次升。中書令取方鎮官最高一表，分東西立，太尉詣御座前，北向，俛伏，跪奏：「文武百僚、太尉具官臣某等言：元正起祚，萬物咸新。冬至云：晷運推移，日南長至。伏惟皇帝陛下，膺乾納祐，與天同休。」俛伏，興，降階。侍中詣東階升殿立，俟太尉還位，贊者曰「拜」，在位者皆再拜，舞蹈，三稱「萬歲」，再拜。引侍中進當御座前承旨，退，臨階，西向，稱「有制」。贊者曰「拜」，在位者皆再拜。宣曰：「履新之慶，冬至云：履長之慶。與公等同之。」贊者曰「拜」，在位者皆再拜，舞蹈，三稱「萬歲」，再拜。侍中少退，引北向，班各分東西序立。中書令進當御座前，北向，俛伏，跪奏：「中書令具官臣某奏諸方鎮表。」搢笏，讀訖，執笏，俛伏，興，少退，東向立。門下侍郎詣御座前，奏祥瑞，如諸方鎮表儀。奏畢，置所奏於案南。中書侍郎、給事中俱還本班，案退。户部尚書詣横街南承制位，俛伏，跪奏：「具官臣某言〔一〕：諸州貢物，請付所司。」俛伏，興。侍中前承旨退，西向，曰「制可」。侍中少退，舍人曰「拜」，户部尚書再拜，還本班。次引禮部尚書就位，俛伏，跪奏：「具官臣某言：諸蕃貢物，請付所司。」俛伏，興。侍中前承旨退，西向，曰「制可」。侍中少退，舍人曰「拜」，禮部尚書再拜，還本班。冬至，不奏祥瑞貢物。太史令就位，俛伏，跪奏：「具官臣某言：某年某月日，雲物祥瑞，請付史館。」俛伏，興。侍中前承旨退，西向，曰「制可」。侍中少退，舍人曰「拜」，太史令再拜，還本班。侍中進當御座前，俛伏，跪奏：「侍中具官臣某言禮畢。」俛伏，興，還位。内侍承旨索扇，扇合，殿下鳴蹕，太樂令令撞蕤賓之鐘，左五鐘皆應。協律郎跪，俛伏，舉麾，興。太樂令令奏乾安之樂，鼓吹振作。皇帝降座，御輿入自東房，還東閤，扇開，偃麾，戛敔，樂止。侍中奏「解嚴」，百官退還次。

〔一〕「臣」，諸本脱，據文獻通考卷一〇八校勘記補。

○有司設食案，太樂令設登歌于殿上，二舞入，立於架南〔一〕。預坐當升殿者位于御座之前，文武相向，異位重行，以北爲上，非升殿者位于東西廊下。尚食奉御設壽尊于殿上之東楹，少南，南向；設坫于尊南，加爵一；尊、坫、酒爵，以金玉器充。有司設上下群官酒尊於殿下東西廂，侍衛官及執事者各立于其位，百官入就位。侍中版奏「中嚴」，復位。少頃，奏「外辦」，閤簾捲，殿上鳴蹕。太樂令令撞黄鍾之鐘，右五鐘皆應。内侍承旨索扇，扇合。皇帝服通天冠、絳紗袍，御輿出東閤。協律郎俛伏，舉麾，興，奏乾安之樂，鼓吹振作。皇帝出自東房，降輿，即御座，南向。扇開，殿下鳴蹕，協律郎偃麾，戛敔，樂止。爐烟升，三師以下至尚書左右丞，親王以下至同知樞密院事及百官、御史臺官、外正任、契丹使俱就北向位。贊者曰「拜」，在位者皆再拜，三稱「萬歲」，北向，班分東西立。光禄卿詣横街南，北向，俛伏，跪奏：「具官臣某言：請允群臣上壽。」俛伏，興。侍中詣東階升，進御座前承旨退，臨階，西向，曰「制可」。侍中少退，舍人曰「拜」，光禄卿再拜訖，復位，三師以下就北向位。贊者曰「拜」，在位者皆再

〔一〕「立」，諸本作「架」，據文獻通考卷一〇八校勘記改。

拜，三稱「萬歲」。太尉自東階升，詣酒尊所，北向。尚食奉御酌酒一爵授太尉，太尉搢笏，執爵，詣御座前，跪進。皇帝執爵，太尉執笏，俛伏，興，少退。當御座前，俛伏，跪奏：「文武百官、太尉具官臣某等稽首言：元正首祚，冬至云：天正長至。臣等不勝大慶，謹上千萬歲壽。」俛伏，興，退，降階復位。贊者曰「拜」，在位者皆再拜，三稱「萬歲」。侍中承旨，退臨階，西向，宣曰「舉公等觴」。贊者曰「拜」，在位者皆再拜，三稱「萬歲」，北向，班分東西序立〔一〕。太尉自東階升侍立，皇帝舉第一爵，作和安之樂，飲訖，樂止。太尉受虚爵，復於坫，降階。三師以下復北向位。贊者曰「拜」，在位者皆再拜，舞蹈，三稱「萬歲」，又再拜。

○侍中自東階升，進御座前，俛伏，跪奏：「侍中具官臣某言：請延公王等升殿。」俛伏，興，降階，復位。侍中承旨退，稱「有制」。贊者曰「拜」，在位者皆再拜。宣曰「延公王等升殿」，贊者曰「拜」，在位者皆再拜，舞蹈，三稱「萬歲」，再拜。公王等詣東西階，升於席後立。尚食奉御進酒，殿中監省酒以進皇帝第二爵，升殿，群官就横行

〔一〕「立」，諸本作「位」，據文獻通考卷一〇八校勘記改。

位〔一〕，舍人曰「各賜酒」，贊者曰「拜」，上下群官皆再拜，三稱「萬歲」。舍人曰「就坐」，太官令行酒，群官搢笏、受觶，作正安之樂，文舞入，立宮架北。觴行一周，太官令奏樂止。尚食奉御進食，置御座前，又設群官食〔二〕，太官令奏作盛德升聞之舞曲〔三〕，舞作三成，止，出。殿中監進皇帝第三爵酒，群官立於席後，登歌作嘉禾之曲，飲訖，樂止。殿中監受虚爵，舍人曰「就坐」〔四〕，群官皆坐，太官令行酒，作正安之樂。武舞進，觴又行一周，樂止。尚食奉御進食，置御座前，又設群官食。太官令奏酒，周巡，食徧，如前儀。作天下大定之舞曲，舞作三成，止，出。殿中監進皇帝第四爵酒，登歌作靈芝之曲，其禮如第三爵。太官令行酒，如第二爵，又一周，樂止。舍人曰「可起」。百僚立於席後，侍中進當御座前，俛伏，跪奏：「侍中具官臣某言禮畢。」俛伏，興，與群官俱降復位。贊者曰「拜」，群官皆再拜，舞蹈，三稱「萬歲」。再拜，起，分東西序立。

〔一〕「行」，原作「街」，據味經窩本、乾隆本、光緒本、文獻通考卷一〇八改。
〔二〕「設」，諸本作「詔」，據文獻通考卷一〇八校勘記改。
〔三〕「奏」下，文獻通考卷一〇八補「食徧」二字。
〔四〕「曰」，諸本脱，據文獻通考卷一〇八校勘記補。

内侍承旨索扇，扇合，殿下鳴蹕，太樂令令撞蕤賓之鐘，左五鐘皆應。協律郎跪，俛伏，舉麾，興，太樂令令奏乾安之樂，鼓吹振作。皇帝降坐，御輿入自東房，還閤。扇開，戛敔，樂止。侍中奏「解嚴」，有司承旨放仗，群官再拜乃退。

宋敏求又言：「考工記：『天子執冒四寸，以朝諸侯。』未有臨臣子而執鎮圭。唐六典元正、冬至大朝會，止有進爵之禮。開寶通禮始著元會執圭，出自西房。淳化中，又以上壽進酒，以内侍捧圭。臣等遠稽周制，近考唐禮，皆爲未合。其元會受朝賀，請不執鎮圭上壽。」准此。

宋史神宗本紀：元豐二年夏四月癸亥，定正旦御殿儀。秋七月戊寅，詳定朝會儀。

樂志：元豐二年，詳定所以朝會樂而有請者十：其一、唐元正、冬至大朝會，迎送王公用舒和，開元禮以初入門舒和之樂作，至位，樂止。蓋作樂所以待王公，今中書、門下、親王、使相先於丹墀上東西立，皇帝升御座，乃奏樂引三品以上官，未爲得禮。請侍從及應赴官先就立位，中書、門下、親王、使相、諸司三品、尚書省四品及宗室、將軍以上，班分東西入，正安之樂作，至位，樂止。其二、今朝會儀：舉第一爵，宫縣奏和安之曲，第二、第三、第四，登歌作慶雲、嘉禾、靈芝之曲。則是合樂在前，登歌在後，有違古義。請：第一爵，登歌奏和安之曲，堂上之樂隨歌而發；第二爵，笙入奏慶雲之曲，止吹笙，餘樂不作；第三爵，堂上歌嘉禾之曲，堂下吹笙，瑞木成文之曲，一歌一吹相間；第四爵，合樂奏靈芝之曲，堂上下之樂交作。

蕙田案：詳定所議樂曲節奏，有登歌、笙入、間歌、合樂，次序與古雅樂合。

神宗本紀：元豐三年春正月乙丑朔，以大行太皇太后在殯，不視朝。　五年春正月癸未朔，不受朝。　六年春正月丁丑朔，御大慶殿受朝，始用新樂。

蕙田案：文獻通考神宗熙寧五年、元豐六年，並元會。

文獻通考：哲宗即位，禮部言：「冬至、正旦在諒闇，當罷朝賀，欲令群臣於東上閤門、内東門表賀。」從之。

宋史哲宗本紀：元祐三年春正月己酉朔，不受朝。　四年春正月壬申朔，不受朝，群臣及遼使詣東上閤門、内東門拜表賀。十二月癸丑，更定朝儀二舞曰威加四海、化成天下。　五年春正月丁卯朔，御大慶殿視朝。　六年春正月辛酉朔，不受朝，群臣及遼使詣東上閤門、内東門拜表賀。　八年春正月己卯朔，不受朝。

禮志：元祐八年，太常博士陳祥道言：「貴人賤馬，古今所同。故覲禮馬在庭，而侯氏升堂致命；聘禮馬在庭，而賓升堂私覿。今元會儀，御馬立於龍墀之上，而特進以下立於庭，是不稱尊賢才、體群臣之意。請改儀注以御馬在庭，于義爲允。」

哲宗本紀：紹聖四年春正月丙戌朔，不受朝。群臣及遼使詣東上閤門拜表賀。

元符元年春正月庚戌朔，不視朝。

樂志：元符大朝會三首

皇帝初舉酒，靈芝　嘉瑞降臨，應我皇德。燁燁神芝，不根而植。春秋三秀，晝夜一色。物播詩歌，聲被金石。

再舉酒，壽星　倬彼星象，於昭於天。維南有極，離丙之躔。既明且大，應聖乘乾。誕受景福，億萬斯年。

三舉酒，甘露　泫泫零露，雲英醴溢。和氣凝津，流甘委白。飴泛泮林，珠聯竹柏。天不愛道，聖功允格。

哲宗本紀：元符二年春正月甲辰朔，御大慶殿，以雪罷朝，群臣及遼使詣東上閤門拜表賀。群臣又詣内東門，賀如儀。

蕙田案：文獻通考哲宗元祐五年、紹聖三年，並元會。

徽宗本紀：大觀二年春正月壬子朔，受八寶於大慶殿，蔡京表賀符瑞。

禮志：新儀成，改元豐儀太尉爲上公，侍中爲左輔，中書令爲右弼，太樂令爲大晟府，盛德升聞爲天下化成之舞，天下大定爲四夷來王之舞，及增刑部尚書奏「天下斷絶，請付史館」，餘並如舊儀。凡遇國恤則廢，若無事不視朝，則下敕云「不御殿」，群臣進表稱賀於閤門。

蕙田案：文獻通考徽宗大觀二年、政和八年、宣和六年，並元會。

欽宗本紀：靖康元年春正月丁卯朔，受群臣朝賀。

陳隨隱上壽拜舞記：凡正旦朝賀，一十九拜，三舞蹈。初，面西立，上升座，閤門起居，班首以下躬身，北面竢。舍人宣名訖，聽贊拜兩拜，舞蹈如前禮，躬身竢，班首奏「聖躬萬福」。聽贊拜兩拜，起，直身，立竢。樞密升殿，班首出班，俛伏，致詞，並躬身竢，班首復位。聽贊拜兩拜，舞蹈如初。起，躬身竢。樞密承旨詣折檻東，稱「有制」，兩拜起，躬身竢。樞密宣答訖，聽贊拜兩拜，舞蹈如初。

文獻通考：建炎之初，鑾輿南幸，庶事未備，而朝會之儀未暇舉焉。正、至但循例，宰臣率文武百官拜表稱賀而已。紹興改元，以道君皇帝、淵聖皇帝北狩，權宜皇帝躬率百僚遥拜，畢，次御常御殿，朝參官起居。

宋史高宗本紀：紹興元年春正月己亥朔，帝在越州，帥百官遥拜二帝，不受朝賀。二年春正月癸巳朔，帝在紹興府，率百官遥拜二帝，不受朝賀。三年春正月丁巳朔，帝在臨安，率百官遥拜二帝，不受朝賀。四年春正月辛亥朔，帝在臨安，率百官遥拜二帝。

禮志：紹興十二年十月，臣僚言：「竊以元正一歲之首，冬至一陽之復，聖人重之，制爲朝賀之禮焉。自上世以來，未之有改也。漢高祖以五年即位，而七年受朝於長樂宫；我太祖皇帝以建隆元年即位，受朝於崇元殿。主上臨御十有六年，正、至朝賀，初未嘗講。艱難之際，宜不遑暇。兹者太母還宫，國家大慶，四方來賀，亶惟其時。欲望自今元正、冬至舉行朝賀之禮，以明天子之尊，庶幾舊典不至廢墜。」禮部太常寺考定朝會之禮，依國故事，設黄麾、大仗、車輅、法物、樂舞等，百寮服朝服，再拜上壽，宣王公升殿，間飲三周。詔：「自來年舉行。」十一月，權禮部侍郎王賞等言：「朝會之制，正旦、冬至及大慶受朝賀，係御大慶殿。其文德、紫宸、垂拱殿禮制各有不同，月朔視朝則御文德殿，謂之前殿正衙，仍設黄麾半仗；紫宸、垂拱皆係側殿，不設儀仗。元正在近，大慶殿之禮事務至多，乞候來年冬至別行取旨。」詔從之。

文獻通考〔二〕：紹興十三年，閤門言：「依汴京故事，遇大行大禮，則冬至及次年正旦朝會皆罷。」十四年九月，有司言：「明年正旦朝會，請權以文德殿爲大慶殿，合設黄麾大仗五千二十七人，欲權減三分之一。合設八寶於御坐之東西，及登歌、宫架、樂舞，諸州諸蕃貢物。行在致仕官、諸路貢士舉首，並令立班。」詔從之。十五年正旦，御大慶殿受朝，文武百官朝賀如儀。

建炎以來朝野雜記：大朝會者，紹興十二年十月詔來歲舉行之，王望之爲禮部侍郎，言排辦不及，請自來年冬至，既而不果。十五年正月朔旦乃克行，用黄仗三千三百五十人，視東都舊儀損三之一。時無大慶殿，遂權於崇政殿行之。以殿狹，輦出房不鳴鞭，它如故事。是日，設宫架樂，百官朝服，上壽如儀。自是一行而止。

宋史樂志：紹興十五年，正旦朝會，始陳樂舞。公卿奉觴獻壽。首奏和安，次奏

〔二〕「文獻通考」，下引文字出自宋史禮志十九，疑誤載。

瑞木成文、滄海澄清、瑞粟呈祥三曲，其樂專以太簇爲宫。太簇之律，生氣湊達萬物，於三統爲人正，於四時爲孟春，故元會用之。

紹興朝會十三首：

皇帝升座，乾安　鈞陳肅列，金奏充庭。顒卬南面，如日之升。垂衣拱手，治無能名。順履獻歲，大安大榮。

公卿入門，正安升降同。　天子當陽，臣工率職。流水朝宗，衆星拱極。環珮鏘鏘，威儀抑抑。上下交欣，同心同德。

上公上壽，和安　八音克諧，萬舞有奕。上公奉觴，率兹百辟。聲效呼嵩，祝聖人壽。億載萬年，天長地久。

皇帝初舉酒，瑞木成文　厚地效珍，嘉木紀瑞。匪刻匪雕，具文見意。三登太平，允協聖治。詩雅詠歌，有光既醉。

再舉酒，滄海澄清　百谷王，符聖治。不揚波，效殊祉。德淪淵，滄海清。應千秋，叙五行。

三舉酒，瑞粟呈祥　至治發聞惟馨香，播厥百穀臻穰穰。農夫之慶歲其有，禾易長畝盈倉箱。時和物阜粟滋茂，嘉生駢穗來呈祥。自今以始大豐美，行旅不用齎餱糧。

群臣酒行，正安　群公卿士，咸造在庭。式燕以衎，恩均露零。穆穆明明，於斯爲盛。歸美報上，一人有慶。　明明天子，萬福來同。嘉賓式燕，曷不肅雍。燕以示慈，式禮莫愆。樂胥君子，容止可觀。

酒一行，文舞　帝德誕敷，銷鑠群慝。近悦遠來，惟聖時克。玉振金聲，治功興起。韶箾象之，盡善盡美。　文物以紀，藻色以明。禮備樂舉，遹觀厥成。睿知有臨，誕敷文德。教雨化風，洽此四國。

酒載行，武舞　用戒不虞，誰能去兵。師出以律，動必有名。折彼遐衝，布昭聖武。和衆安民，時惟多助。　止戈曰武，惟聖爲能。御得其道，無敢不庭。整我六師，稽諸七德。不吴不揚，有嚴有翼。

皇帝降座，乾安　帝座熒煌，庭紳肅穆。對揚天休，各恭爾服。頌聲洋洋，彌文郁郁。禮備樂成，永膺多福。

高宗本紀：三十一年春正月甲戌朔，以日食不受朝。

孝宗本紀：隆興元年春正月壬辰朔，群臣朝于文德殿。

光宗本紀：紹熙三年春正月乙巳朔，帝有疾，不視朝。五年春正月癸亥朔，帝御大慶殿，受群臣朝。

續文獻通考：理宗紹定元年春正月，御文德殿，群臣朝賀。四年十二月，詔正旦大朝會權免。

右宋正旦朝賀

# 五禮通考卷一百三十九

## 嘉禮十二

### 朝禮

遼正旦朝賀

遼史禮志：正旦朝賀儀　臣僚并諸國使昧爽入朝，奏「班齊」。皇帝升殿坐，契丹舍人殿上通訖，引契丹臣僚東洞門入，引漢人臣僚并諸國使西洞門入。合班，舞蹈，五拜，鞠躬，平身。引親王東階上殿，欄内褥位俛伏，跪，自通全銜臣某等祝壽訖，俛伏興，退。引東階下殿，復位，舞蹈，五拜畢，鞠躬。宣徽使殿上鞠躬，奏「臣宣答」，稱

「有敕」，班首以下聽制訖，再拜，鞠躬。宣徽傳宣云：「履端之慶，與公等同之。」舍人贊謝宣諭，拜，舞蹈，五拜。贊各祗候，分班引出，引班首西階上殿，奏表目訖，教坊起居，賀，十二拜，畢，贊各祗候。引契丹、漢人臣僚并諸國使東西洞門入，合班，再拜。贊進酒，引親王東階上殿，就欄内褥位，搢笏，執臺琖，進酒訖，退，復褥位。置臺琖，出笏，少前俛伏，自通全銜臣某等謹進千萬歲壽酒。俛伏興，退，復褥位。與殿下臣僚皆再拜，鞠躬。侯宣徽使殿上鞠躬，奏「臣宣答」，稱「有旨」，親王以下再拜，如初儀。傳宣云：「飲公等壽酒，與公等内外同慶。」舍人贊謝宣諭如初。贊各祗候，親王搢笏，執臺琖，殿下臣僚分班。皇帝飲酒，教坊奏樂，上下臣僚皆拜，呼「萬歲」。贊各祗候。樂止，教坊再拜。皇帝卒飲，親王進受琖，復褥位，置臺琖，出笏。揖臣僚合班，引親王東階下殿，復位，鞠躬，再拜。贊各祗候，分班引出。皇帝起，詣皇太后殿，臣僚并諸國使皆從。皇太后升殿，皇帝東方側坐。引契丹、漢人臣僚并諸國使兩洞門入，合班稱賀〔一〕，進酒，皆如皇帝之儀。畢，引出。教坊入，起居、進酒亦如之。皇

〔一〕「合」，諸本脱，據遼史禮志六補。

太后宣答稱「聖旨」。契丹班謝宣宴，上殿就位立。漢人臣僚并諸國使東洞門入，丹墀東方，面西鞠躬。舍人鞠躬，通文武百僚宰臣某以下謝宣宴，再拜；出班致詞訖，退復位，舞蹈，五拜。贊各上殿祗候，引宰臣以下并諸國使副，方裀朵殿臣僚，西階上殿就位立。不應坐臣僚並於西洞門出。二人監琖，教坊再拜。贊各上階，下殿謝宴，如皇太后生辰儀。

拜表儀　其日，先於東上閤門陳設氈位，分引南北臣僚、諸國使副於氈位合班。通事舍人二人舁表案，置班首前，揖鞠躬，再拜，平身。中書舍人立案側，班首跪，搢笏，興，捧表，跪左膝，以表授中書舍人。出笏，就拜，興，再拜。中書舍人復置表案上。通事舍人舁表案於東上閤門入，捲班，分引出。禮畢。元日，皇帝不御座行此儀，餘應上表有故皆倣此。

樂志：正月朔日朝賀，用宫懸雅樂。元會，用大樂；曲破後，用散樂；角觝終之。是夜，皇帝燕飲，用國樂。

遼史太祖本紀：太祖二年春正月癸酉朔，御正殿受百官及諸國使朝。七年春正月甲辰朔，以用兵免朝。

太宗本紀：會同四年十一月壬午，以永寧、天授二節及正旦、重午、冬至、臘並受賀，著爲令。　五年春正月丙辰朔，上在歸化州，御行殿受群臣朝。以諸道貢物進太后及賜宗室百僚。

大同元年春正月丁亥朔，備法駕入汴，御崇元殿受百官賀。

穆宗本紀：應曆十八年春正月乙酉朔，宴於宫中，不受賀。　十九年春正月己卯朔，宴宫中，不受賀。

聖宗本紀：統和元年春正月戊午朔，以大行在殯，不受朝。

道宗本紀：太康三年冬十二月丙寅，預行正旦禮。　六年冬十二月丁亥，預行正旦禮。

大安四年冬十二月癸卯朔，預行正旦禮。

壽隆七年春正月壬戌朔，力疾御清風殿受百官及諸國使賀。

右遼正旦朝賀

位立。

金正旦朝賀

金史禮志：元旦、聖誕上壽儀　皇帝升御座，鳴鞭、報時畢，殿前班小起居，各復位立。舍人引皇太子并臣僚使客合班入，至丹墀，舞蹈，五拜，平立。閤使奏諸道表目，皇太子以下皆再拜。引皇太子升殿褥位，搢笏，捧盞盤〔一〕，進酒，皇帝受置於案。皇太子退復褥位，轉盤與執事者，出笏，二閤使齊揖入欄子內，拜跪致辭云：「元正啓祚，品物咸新，恭惟皇帝陛下，與天同休。」若聖節則云：「萬壽令節，謹上壽巵，伏願皇帝陛下萬歲萬歲萬萬歲。」祝畢，拜，興，復褥位，同殿下臣僚皆再拜。宣徽使稱「有制」，在位皆再拜，宣答曰：「履新上壽，與卿等内外同慶。」聖節則曰：「得卿壽酒，與卿等内外同慶。」詞畢，舞蹈，五拜，齊立。皇太子搢笏，執盤，臣僚分班，教坊奏樂。皇帝舉酒，殿上下侍立臣僚皆再拜。皇太子受虚爵〔二〕，退立褥位，轉盤琖與執事者，出笏，左下殿，樂止，合班，在位臣僚皆再拜〔三〕。分引與宴官上殿。次引宋國人從至

〔一〕「盤」，原脱，據光緒本、金史禮志九補。
〔二〕「爵」，金史禮志九作「盞」。
〔三〕「位」，諸本作「外」，據金史禮志九改。

丹墀，再拜，不出班奏「聖躬萬福」，再拜，唱「有敕賜酒食」，又再拜，各祗候，平立，引左廊立。次引高麗、夏人從，如上儀畢，分引左右廊立。御菓牀入，進酒。皇帝飲，則坐宴侍立臣皆再拜。進酒官接盞還位，坐宴官再拜，復坐。行酒，傳宣，立飲，訖，再拜，坐。次從人再拜，坐。三盞，致語，揖臣使從人立。誦口號畢，坐宴侍立官皆再拜，坐，次從人再拜，坐。食入。七盞，曲將終，揖從人立，再拜畢，引出。聞曲時，揖臣使起，再拜，下殿。菓牀出。至丹墀，合班謝宴。舞蹈，五拜，各祗候，分引出。

熙宗本紀：皇統三年正月己丑朔，以皇太子喪不御正殿，群臣詣便殿稱賀。宋、高麗、夏使詣皇極殿遥賀。

世宗本紀：大定二年正月戊辰朔，日有食之。伐鼓用幣。上徹樂減膳，不視朝。

章宗本紀：明昌元年正月丙辰朔，改元。以世宗喪，不受朝賀。二年正月庚戌朔，以世宗喪，不受朝。三年正月乙巳朔，以皇太后喪，不受朝。四年正月己巳朔，以皇太后喪，不受朝。

宣宗本紀：貞祐二年春正月丁卯朔，以邊事未息，詔免朝賀。興定四年春正月壬辰朔，詔免朝。五年正月丙戌朔，免朝。

元光元年正月庚戌朔，免朝。　二年正月甲辰朔，詔免朝賀。

右金正旦朝賀

## 元正旦朝賀

元史憲宗本紀：八年戊午春正月朔，幸阿勒坦巴圖罕地，受朝賀。

世祖本紀：至元六年冬十月己卯，定朝儀服色。　八年春三月甲戌，敕：「元正、聖節、朝會，凡百官表章、外國進獻、使臣陛見、朝辭禮儀，皆隸侍儀司。」

禮樂志：八年八月己未，初起朝儀。

輟耕録：至元初，尚未遑興建宫闕。凡遇稱賀，則臣庶皆集帳前，無尊卑貴賤之辨。執法官厭其喧雜，揮杖擊逐之，去而復來者數次。翰林承旨王磐時兼太常卿，慮將貽笑外國，奏請立朝儀，如其言。

元正受朝儀：前期三日，習儀於聖壽萬安寺，或大興教寺。前二日，陳設於殿庭。至期大昕，侍儀使引導從護尉，各服其服，入至寢殿前，捧牙牌跪報外辦。內侍入奏，出傳制曰「可」，侍儀俛伏興。皇帝出閤陞輦，鳴鞭三。侍儀使并通事舍人，分左右，引擎執護尉、劈正斧中行，導至大明殿外。劈正斧直正門北向立，導從倒卷序立，惟扇置於錡。侍儀使導駕時，引進使同内侍官，引宫人擎執導從，入至皇后宫庭，捧牙牌跪報外辦。内侍入啓，出傳旨曰「可」，引進使俛伏興。皇后出閤陞輦，引進使引導從導至殿東門外，引進使分退押直至堊塗之次，引導從倒卷出。俟兩宫陞御榻，鳴鞭三，劈正斧退立於露階東。司晨報時雞唱畢，尚引引殿前班，皆公服，分左右入日精、月華門，就起居位，相向立。通班舍人唱曰「左右衛上將軍兼殿前都點檢臣某以下起居〔一〕」，尚引唱曰「鞠躬」，曰「平身」，引至丹墀拜位，知班報班齊。宣贊唱曰「拜」，通贊贊曰「鞠躬」，曰「拜」，曰「興」，曰「拜」，曰「興」，曰「都點檢稍前」。宣贊報曰「聖躬萬福」，通贊贊曰「復位」，曰「拜」，曰「興」，曰「拜」，曰「興」，曰「平身」，曰「搢笏」，曰「鞠躬」，曰「三舞蹈」，曰「跪左膝，三叩頭」，曰「山呼」，曰「山呼」，曰「再山呼」，凡傳「山呼」，控鶴呼譟應和曰「萬歲」，傳「再山呼」，應曰「萬萬歲」。後倣此。曰「出笏」，曰「就拜」，曰「拜」，曰「興」，曰「拜」，曰「興」，曰「平立」，宣贊唱曰「各恭事」。兩班點檢、宣徽將軍分

〔一〕「點檢」，原誤倒，據光緒本、元史禮樂志一乙正，下同。

左右升殿，宿直以下分立殿前，尚厩分立仗南，管旗分立大明門南楹。俟后妃、諸王、駙馬以次賀獻禮畢，典引引丞相以下，皆公服，入日精、月華門，就起居位。通班唱曰「文武百僚、開府儀同三司、録軍國重事、監修國史、右丞相具官無常。臣某以下起居」，典引贊曰「鞠躬」，曰「平身」，引至丹墀拜位。知班報班齊。宣贊唱曰「拜」，通贊贊曰「鞠躬」，曰「拜」，曰「興」，曰「拜」，曰「興」，曰「平身」，曰「搢笏」，曰「鞠躬」，曰「三舞蹈」，曰「跪左膝，三叩頭」，曰「山呼」，曰「山呼」，曰「再山呼」，曰「出笏」，曰「就拜」，曰「興」，曰「拜」，曰「興」，曰「拜」，曰「興」，曰「平身」。侍儀使詣丞相前請進酒，雙引升殿。前行樂工分左右，引登歌者及舞童舞女，以次升殿門外露階上。登歌之曲各有名，音中本月之律。先期，儀鳳司運譜，翰林院撰詞肄之。丞相至宇下褥位立，侍儀使分左右北向立〔一〕。俟前行色曲將半，舞旋列定，通贊唱曰「分班」，樂作。侍儀使引丞相由南東門入，宣徽使奉隨至御榻前。丞相跪，宣徽使立於東南，曲終。丞相祝贊曰：「溥天率土，祈天地之洪福，同上皇帝、皇后億萬歲壽。」宣徽使答曰：「如所祝。」丞相俛伏

〔一〕「使」，諸本作「司」，據元史禮樂志一改，下同。

興，退詣進酒位。尚醞官以觴授丞相，丞相搢笏奉觴，北面立，宣徽使復位。前行色降，舞旋至露階上。教坊奏樂，樂舞至第四拍，丞相進酒，皇帝舉觴。宣贊唱曰「殿上下侍立臣僚皆再拜」，通贊贊曰「鞠躬」，曰「拜」，曰「興」，曰「拜」，曰「興」，曰「平身」。丞相三進酒畢，以觴授尚醞官，出笏，侍儀使雙引自南東門出，復位，樂止。至元七年進酒儀：班首至殿前褥位立，前行進曲，尚醞官執空盃，自正門出，授班首。班首搢笏，執空盃，由正門入，至御榻前跪。俟曲終，以盃授尚醞官，出笏祝贊。宣徽使曰「諾」，班首俛伏興。班首、宣徽使由南東門出，各復位。班首以下舞蹈，山呼，三拜〔一〕，百官分班，教坊奏樂，尚醞官進酒，殿上下侍立臣僚皆再拜。三進酒畢，班首降至丹墀。至元十八年十二月二十八日改今儀。通贊贊曰「合班」。禮部官押進奏表章、禮物二案至横階下，宣禮物舍人進讀禮物目，至第二重階。俟進讀表章官等，翰林國史院屬官一人。至宇下齊跪。宣表目舍人先讀中外百司表目，翰林院官讀中書省表畢，皆俛伏興，退，降第一重階下立。俟進讀禮物舍人陞階，至宇下，跪讀禮物目畢，俛伏興，退。同降至横街，隨表章西行，至右樓下，侍儀仍領禮物東行至左樓

〔一〕「三拜」，元史禮樂志一作「五拜」。

下，太府受之。宣贊唱曰「拜」，通贊贊曰「鞠躬」，曰「拜」，曰「興」，曰「平身」，曰「搢笏」，曰「鞠躬」，曰「三舞蹈」，曰「跪左膝，三叩頭」，曰「山呼」，曰「山呼」，曰「再山呼」，曰「出笏」，曰「就拜」，曰「興」，曰「拜」，曰「興」，曰「拜」，曰「興」，曰「平立」。僧、道、耆老、外國藩客，以次而賀。禮畢，大會諸王宗親、駙馬、大臣，宴饗殿上，侍儀使引丞相等陞殿侍宴。四品已上，賜酒殿上。典引引五品以下，賜酒於日精、月華二門之下。宴畢，鳴鞭三。侍儀使導駕，引進使導后，還寢殿，如來儀。

蕙田案：至元朝儀定於劉秉忠、許衡之手，其儀注頗依倣前代爲之，惟太常陳燕樂，不陳雅樂，遂使三朝大會，不聞大成雅樂之音。至帝后並坐正殿，則歷代所未有者。

輟耕録：大明門在崇天門内，大明殿之正門也，七間三門。日精門在大明門左，月華門在大明門右，皆三間一門。大明殿乃登極、正旦、壽節、會朝之正衙也，十一間，寢室五間，東西夾六間。後蓮香閣三間，中設七寶雲龍御榻，白蓋金縷褥，並設后位，諸王百僚集賽官侍宴坐牀，重列左右。

春明夢餘録：元大朝殿上設漏案、香案、酒海。殿門外中道設褥位，丹陛中道設鳴鞭，丹墀中道設香案，又設表案、禮物案。中道南，東西設樂位，設内黄麾立仗，設外牙門立仗。又酒海之前，一人手執玉鉞立於階下，鉞乃殷時之物，長三尺有奇，廣半之，通體花紋，宋藏宣和殿中，爲金所得，後歸元，以爲大寶。其服制：祀天則服大裘而加衮，正旦、聖節則常衣，不被衮冕，惟祀宗廟則服之。内庭大宴則服濟蘇。濟蘇者，華言一色服也。其臣下朝會之服，則用唐、宋公服，一品紫玉帶，二品紫犀帶，三品、四品紫金帶，五品紫角帶，六品、七品緋角帶，八品、九品緑角帶。其京官賜宴，則有濟蘇。其制：冬之服，凡九等，大紅納奇實、大紅奇凌、大紅官素一，桃紅、藍、緑官素各一，紫、黄、鴉青各一。納奇實者〔一〕，金錦也。奇凌者，剪絨也。

世祖本紀：十一年春正月己卯朔，宫闕告成，帝始御正殿，受皇太子諸王百官朝賀。　二十三年春正月戊辰朔，以皇太子故罷朝賀〔二〕。　二十四年春正月壬申，御賀。

〔一〕「納奇實」，諸本作「訥克實」，據春明夢餘録卷七改。

〔二〕「皇太子」，原作「皇太后」，據光緒本、元史世祖本紀改。

正殿受諸王百官朝賀。　二十九年春正月甲午朔，以日食免朝賀。

成宗本紀：大德十一年春正月丙寅朔〔一〕，免朝賀。

武宗本紀：至大四年春正月癸酉朔，帝不豫，免朝賀。

仁宗本紀：延祐七年春正月辛巳朔，日有食之，輟朝賀。　癸未，帝御大明殿，受諸王、百官朝賀。

順帝本紀：元統二年冬十月乙卯朔，正内外官朝會儀班次，一依品從。

王圻續通考：元統二年，蘇天爵奏曰：「朝覲會同，國家大體，班制儀式，不可不肅。夫九品分官，所以著尊卑之序；四方述職，所以同遠近之風。蓋位序尊嚴，則觀望隆重，朝廷典獻，莫大於斯。邇年以來，朝儀雖設版位，品秩紊越班行。均爲衣紫，從五與正五雜居；共曰服緋，七品與六品齊列。下至八品九品，莫不皆然。夫既踰越班制，遂致行立不端，因忘肅敬之心，殊失朝儀之禮。今後朝賀行禮，聽讀詔赦，先儘省部院臺正從二品衙門，次諸司局院，各驗職事。散官序列，正從班次，濟濟相讓，與

〔一〕「丙寅」，諸本作「丙辰」，據元史成宗本紀改。

與而行，如有踰越品秩、差亂班序者，同失儀論，以懲不恪。庶幾貴賤有章，儀式不紊，上尊朝廷之典禮，下聳中外之觀瞻。

順帝本紀：至正七年春正月甲辰朔〔一〕，日有食之。大寒而風，朝臣仆者數人。

右元正旦朝賀

明正旦朝賀

明史禮志：太祖洪武元年九月，定正旦朝會儀，與登極略相仿。

蕙田案：續文獻通考在十月，與志不同。

明太祖實録：凡正旦、冬至，先日，内使監陳御座香案於奉天殿，設皇太子親王次於文樓；侍儀司設表案於丹墀内道西北，文武官起居位於文武樓南，東西向；一品二品拜位於内道上之東西；三品以下拜位於内道下，每等異位重行，北面。使者位於文武官拜位之東，北面西上。殿前班、侍從班、諸執事起居位於文武官起居位北，東西

〔一〕「至正」，原作「至元」，據光緒本、元史順帝本紀改。

向；捧表官、宣表官、宣表目官、展表官於表案西，東向；糾儀御史二位於表案南，東西向；宿衛鎮撫二位於東西陛下；護衛百户二十四位於鎮撫南稍後；典牧所官二位於乘馬前，東西向。司晨郎報時位於内道中文武官拜位北；知班二位於文武官拜位北，東西向；通贊贊禮二位於知班北；通贊西，贊禮東。引文武班四位於文武官拜位北，稍後，東西向；引殿前班二位於引武班南；引使者二位於引文班南；舉表案二位於引武班北；舉殿上表案二位於西陛下，東向。其丹陛上，設皇太子親王拜位於中。洪武二十六年，改定皇太子親王朝賀於乾清宫。殿前班指揮司官三侍立位於其西，宣徽院官三侍立位於其東，相向。儀鸞司官位於殿中門左右，護衛千户八位於殿東西門左右，典儀二位於陛上南，將軍六於殿門左右，天武將軍四於陛上四隅，皆東西相向。鳴鞭四列於殿前班之南，北面。殿上設寶案於正中，表案於其南，皇太子親王位於表案南。文官侍從、起居注、給事中、殿中侍御史、尚寶卿位於殿東，武官侍從、懸刀指揮位於殿西，相向。受表兼受表目官位於文官侍從南，西向。内贊二又位於南，東西相向。捲簾將軍二位於簾前，東西相向。翌明，金吾衛設鹵簿，陳五輅，列甲士於午門外，列旗仗於奉天門外，陳儀仗於丹陛上及丹墀左右。拱衛司設拜褥於皇太子親王位，典牧所設乘馬於文武樓南各三，東西向。和聲郎陳樂於丹墀，文武官拜位南。侍儀司舍人二舉表案入就殿上位，舍人二以表函置於案，舉入丹墀位。鼓初嚴，百官朝服；次嚴，齊班於午門外東西，以北爲上，通班、贊禮、宿衛、鎮撫入就位，諸侍衛官各服其器服，及尚寶卿侍從官入詣謹身殿；鼓三嚴，文武官以次入。侍儀奏「外辦」，皇帝服袞冕御輿出，仗動，大樂，鼓吹振作，尚寶卿捧寶，侍儀侍衛導從，警蹕，升座，樂止。將軍捲簾，尚寶卿置寶於案，拱衛司鳴鞭，司晨郎報時雞唱訖，諸侍從官、拱衛司官由殿西門出，降自西階，引班引入起居位，通班贊「某衛指揮使臣某以下起居」，樂作，四拜，樂止。贊禮贊「鞠躬」，指揮使以下皆鞠躬，贊「聖躬萬福」，復位，贊拜，樂作，四拜，樂止。通班贊「各供事」，殿前班、侍從班及諸執事就位，引進引皇太子及親王由奉天東門入，樂作，陞自東階，至丹陛拜位，樂止。贊拜，樂作，四拜，興，樂止。導詣奉天殿東門入，樂作，内贊導至御座前，樂止。贊跪，皇太子親王皆跪，皇太子稱賀曰：「長子某兹遇履端之節，冬至則曰「履長」。謹率諸弟某等欽詣父皇陛下，稱賀。」制曰：「履端之慶，與長子等同之。」贊俯伏，興，導由東門出。樂作，引進導復丹陛拜位，樂止。贊拜，樂作，四拜，興，樂止。降自東階，樂作，至文樓，樂止。司晨再報時，訖，通班贊「丞相名臣某以下起居」，引班導文武百官入拜位，北面立。初行，樂作，至位，樂止。知班唱班齊，贊禮贊拜，樂作，四拜，興，樂止。引班導丞相詣西階，樂作，丞相升，捧表及展宣等官從行，至殿西門，樂止。内贊引丞相至御座前，贊跪，贊禮贊「衆官皆跪」。丞相奏：「具官臣某等，兹遇三陽開泰，萬物維新。冬至則曰：「律應黄鐘，日當長至。」欽惟皇帝陛下，膺乾納佑，奉天永昌。」贊俛伏，興，丞相及衆官皆興。内贊導丞相出殿西門，樂作，降自西階，復位，樂止。捧表以下官由殿西門入。内贊贊「進表」，捧表官跪進於案前，受表官於案東搢笏，跪受，置於案。出笏，興，退復位。捧表官出笏，興，退立於殿内之西，東向。贊「宣表」，宣表目官、展表目官詣案前，搢笏，跪展宣畢，展表目官出笏，復位。宣表目官俛伏，興，以表目復於案，出笏，退復位。宣表官、展表官詣案前，搢笏，跪展宣畢，展表官出笏，一人以表復於案，俱退。宣表官俛伏，興，同捧表以下官出殿西門，降自西階，復位。贊禮贊拜，樂作，四拜，樂止。給事中詣御座前，跪承制，由殿中門出，至丹陛上東南，西向，稱「有制」，百官皆跪，宣皇帝制曰：「履端之慶，與卿等同之。」冬至則曰「履長」。給事中由西門入，跪奏，承制。畢，俛伏，興，復位。贊禮贊俛伏，興，搢笏，鞠躬，三舞蹈，跪，山呼，各拱手加額，呼「萬歲」

者三。凡呼，樂工、軍校齊聲，擊鼓應之，出笏，俛伏，興，樂作，四拜，樂止。侍儀奏禮畢，鳴鞭，皇帝興，樂作，警蹕，侍從導引至謹身殿，樂止。舍人各奉表案出，丞相以下皆出。朝賀畢，錫宴於謹身殿。內使監陳御座，拱衛司設黄麾仗及擎執於殿庭，如朝儀。設皇太子座於御座東偏，西向；諸王座以次南，東西相向。殿内設三品以上官座，廡下設四品至九品座，文東武西，重行異位。和聲郎於殿南楹陳大樂細樂及諸舞隊，宣徽院陳食案於殿中及東西廡。皇帝常服陞座，鼓吹振作，鳴鞭，樂止。皇太子親王就位，丞相率禮部尚書、宣徽使進御食案，侍郎宣徽同知進太子親王食案，丞相進壽花於御前，禮部、工部尚書進壽花於太子親王前，百官各就位。諸執事進壽花於百官，訖，内使監令御前行酒，司壺行太子以下酒，細樂作。和聲郎北面舉手，稱上酒。飲畢，樂止。内使監令御前進食，供食供太子以下食，大樂作。和聲郎北面舉手，稱上食。食畢，樂止。凡酒七行，進食五次，樂作、止如初。酒第五行及第七行，雜呈諸隊舞。宴畢，皇帝興，大樂作，太子親王還宫，樂止，文武官以次出。

王圻續通考：洪武二年正月甲子，以群臣每遇正旦、聖壽朝賀行禮，呼萬歲者三，雖云臣子祝上，實亦虚詞，因諭宰臣更其詞。八月庚午，禮部尚書崔亮、太常少卿陳昧言：「舊制，朝賀之禮，贊禮者既唱三舞蹈，訖，復三唱山呼，而群臣拱手加額，與樂工、軍校齊聲稱萬歲者三。近改擬『山呼』爲『贊呼』，百官應之曰『天輔有德』，曰『海宇咸寧』，曰『聖躬萬福』。臣等竊謂，殿庭之禮，主於尊嚴，贊呼之際，貴於齊一。今百官三呼，應聲喧嘩不齊，誠爲失儀。況山呼故事，甚爲嚴肅，宜仍其舊。」從之。

明史樂志：定朝會宴饗之制。凡聖節、正旦、冬至、大朝賀，和聲郎陳樂於丹墀百官拜位之南，北向。駕出，仗動。和聲郎舉麾，奏飛龍引之曲，樂作，陞座。樂止，偃麾。百官拜，奏風雲會之曲，拜畢，樂止。丞相上殿致詞，奏慶皇都之曲，致詞畢，樂止。百官又拜，奏喜昇平之曲，拜畢，樂止。駕興，奏賀聖朝之曲，還宮，樂止。百官退，和聲郎、樂工以次出。凡宴饗，和聲郎四人總樂舞，二人執麾，立樂工前之兩旁；二人押樂，立樂工後之兩旁。殿上陳設畢，和聲郎執麾由兩階升，立於御酒案之左右；二人引歌工、樂工由兩階升，立於丹陛上之兩旁，東西向。舞師二人執旌，引武舞士立於西階下之南；又二人執翿，引文舞士立於東階下之南；又二人執幢，引四夷舞士立於武舞之西南；俱北向。武舞曰平定天下之舞，象以武功定禍亂也；文舞曰車書會同之舞，象以文德致太平也；四夷舞曰撫安四夷之舞，象以威德服遠人也。引大樂二人，執戲竹，引大樂工陳列於丹陛之西，文武二舞樂工列於丹陛之東，四夷樂工列於四夷舞之北，俱北向。駕將出，仗動，大樂作。升座，樂止。進第一爵，和聲郎舉麾，唱奏起臨濠之曲。引樂二人引歌工、樂工詣酒案前，北面，重行立定。奏畢，偃麾，押樂引衆工退。第二，奏開太平之曲。第三，奏安建業之曲。第四，奏削群雄之曲。第五，奏平幽都之曲。第六，奏撫四夷之曲。第七，奏定封賞之曲。第八，奏大一統之曲。第九，奏守承平之曲。其舉麾、偃麾，歌工、樂工進退，皆如前儀。進第一次膳，和聲郎舉麾，唱奏飛龍引之樂，大樂作。食畢，樂止，偃麾。第二，奏風雲會之樂。第三，奏慶皇都之樂。第四，奏平定天下之舞。第五，奏賀聖朝之樂。第六，奏撫安四夷之舞。第七，奏九重歡之樂。第八，奏車書會同之舞。第九，奏萬年春之樂。其舉麾、偃麾如前儀。九奏三舞既畢，駕興，大樂作。入宮，樂止，和聲郎執麾引衆工以次出。

洪武三年定朝賀樂章。陞殿，奏飛龍引之曲。百官行禮，奏風雲會之曲。丞相致詞，奏慶皇都之曲。復位，百官行禮，奏喜昇平之曲。還宮，奏賀聖朝之曲。俱見後宴饗九奏中。

三年定宴饗樂章。

一奏起臨濠之曲，名飛龍引　千載中華生聖主，王氣成龍虎。提劍起淮西，將勇師雄，百戰混區宇。　驅馳鞍馬經寒暑，將士同甘苦。次第靜風塵，除暴安民，功業如湯、武。

二奏開太平之曲，名風雲會　玉壘瞰江城，風雲繞帝營。駕樓船龍虎縱橫，飛礮發機驅六甲，降虜將，勝胡兵。　談笑掣長鯨，三軍勇氣增。一戎衣，宇宙清寧。從此華夷歸一統，開帝業，慶昇平。

三奏安建業之曲，名慶皇都　虎踞龍蟠佳麗地，真主開基，千載風雲會。十萬雄兵屯鐵騎，臺城守將皆奔潰。　一洗煩苛施德惠，里巷謳歌，田野騰和氣。王業弘開千萬世，黎民咸仰雍熙治。

四奏削群雄之曲，名喜昇平　持黃鉞，削平荆楚清吴、越。清吴、越，暮秦朝晉，幾多豪傑。　幽、燕、齊、魯風塵潔，伊、涼、蜀、隴人心悦。人心悦，車書一統，萬方同轍。

五奏平幽都之曲，名賀聖朝　天運推遷虜運移，王師北討定燕畿。百年禮樂重興日，四海風雲慶會時。　除暴虐，撫瘡痍，漠南爭覩舊威儀。　君王聖德容降虜，三恪衣冠拜玉墀。

六奏撫四夷之曲，名龍池宴　海波不動風塵靜，中國有真人。　文身交趾，氈裘金齒，重譯來賓。　奇珍異産，梯山航海，奉表稱臣。　白狼玄豹，九苞丹鳳，五色麒麟。

七奏定封賞之曲，名九重歡　乾坤清廓，論功定賞，策勳封爵。　玉帶金符，貂蟬簪珥，形圖麟閣。　奉天洪武功臣，佐興運，文經武略。　子子孫孫，尊榮富貴，久長安樂。

八奏大一統之曲，名鳳凰吟　大明天子駕飛龍，開疆宇，定王封。　江、漢遠朝宗，慶四海，車書會同。　東夷西旅，北戎南越，都入地圖中。　遐邇暢皇風，億萬載時和歲豐。

九奏守承平之曲，名萬年春　風調雨順徧乾坤，齊慶承平時節。　玉燭調和甘露降，遠近桑麻相接。　偃武修文，報功崇德，率土皆臣妾。　山河磐固，萬方黎庶歡悅。　長想創業艱難，君臣曾共掃四方豪傑。　露宿宵征鞍馬上，歷盡風霜冰雪。

朝野如今清寧無事，任用須賢哲。躬勤節儉，萬年同守王業。以上九奏，前三奏和緩，中四奏壯烈，後二奏舒長。其曲皆按月律。

武舞曲，名清海宇　拔劍起淮土，策馬定寰區。王氣開天統，寶曆應乾符〔一〕。武略文謨，龍虎風雲創業初。將軍星繞弁，勇士月彎弧。選騎平南楚，結陣下東吳，跨蜀驅胡，萬里山河壯帝居。

文舞曲，名泰階平　乾坤清寧，治功告成，武定禍亂，文致太平。郊則致其禮，廟則盡其誠。卿雲在天甘露零，風雨時若百穀登。禮樂雍和，政刑肅清。儲嗣既立，封建乃行。讒佞屏四海，賢俊立朝廷。玉帛鐘鼓陳兩楹，君臣賡歌揚頌聲。

四夷舞曲　其一，小將軍：大明君，定宇寰，聖恩寬，掌江山，東寄西戎，北狄南蠻。手高擎，寶貝盤。　其二，殿前歡：五雲宮闕連霄漢，金光明照眼。玉溝金水聲潺潺，頻顒觀，趨蹌看，儀鑾嚴肅百千般，威人心膽寒。　其三，慶新年：虎豹關，文武班，五綵間慶雲朝霞燦。黃金殿，喜氣增，丹墀內，仰聖顏。翠繞紅圍錦繡班，

〔一〕「應」，諸本作「慶」，據明史樂志三改。

高樓十二欄。笙簫趁紫壇，仙音韻，瑶纂按，拜舞齊，歌謡讚，吾皇萬壽安。其四，過門子：定宇寰，定宇寰，掌江山，撫百蠻。謳歌拜舞仰祝讚，萬萬年，帝業安。朝賀。洪武三年定丹陛大樂：簫四，笙四，箜篌四，方響四，頭管四，龍笛四，琵琶四，纂六，杖鼓二十四，大鼓二，板二。

明太祖實録：三年六月甲子，禮部尚書崔亮等言：「朝儀貴乎整肅，禮文不可乖錯。今定大朝會、常朝及内外官辭謝、奏事、侍班等禮，付侍儀司行之。侍儀職專贊引，凡侍立班序，告示引進通贊、承奉、知班、都知、舍人、贊引、執事。殿中侍御史職專糾劾殿廷失儀者，監察御史職專糾舉大朝會百官失儀者。知班職專檢察班行日與侍儀司官隨同朝班出入有失儀者，以報殿中侍御史糾治。」從之。七月戊子，禮部尚書崔亮奏：「定大朝會錫宴，文三品、武四品以上，上殿者賜坐墩。其制：皇太子親王青質蟠螭雲花飾，宰相一品赤質雲花飾，二品以下蒲墩無飾。其朝退燕閒及行幸處，則中書省、大都督府官二品以上、臺官三品以上及勳舊之臣、文學之臣賜坐者，加絨罽繡褥。」命如式製之。

明史樂志：宴饗之曲，後凡再更。四年所定，一曰本太初，二曰仰大明，三曰民初生，四曰物品亨〔二〕，五曰御六龍，六曰泰階平，七曰君德成，八曰聖道行，九曰樂清寧。其詞，詹同、陶凱所製也。十五年所定，一曰炎精開運，二曰皇風，三曰眷皇明，四曰天道傳，五曰振皇綱，六曰金陵，七曰長楊，八曰芳醴，九曰駕六龍。

十五年重定宴饗九奏樂章。

一奏炎精開運之曲　炎精開運，篤生聖皇。大明御極，遠紹虞、唐。河清海宴，物阜民康。威加蠻獠，德被戎羌。八珍有薦，九鼎馨香。鼓鐘鏜鏜，宮徵洋洋。怡神養壽，理陰順陽。保茲遐福，地久天長。

二奏皇風之曲　皇風被八表，熙熙聲教宣。時和景象明，紫宸開繡筵。龍衮曜朝日，金爐裊祥烟。濟濟公與侯，被服麗且鮮。列坐侍丹扆，磬折在周旋。羔豚升華俎，玉饌充方圓。初筵奏南風，繼歌賡載篇。瑶觴欣再舉，拜俯禮無愆。同樂及斯辰，於皇千萬年。

奏平定天下之舞，曲名清海宇。同前。

〔二〕「物品亨」，明史樂志一作「品物亨」。

三奏眷皇明之曲　赫赫上帝，眷我皇明。大明既集〔一〕，本固支榮。厥本伊何？育德春宫。厥支伊何？藩邦以寧。慶延百世，澤被群生。及時爲樂，天禄是膺。千秋萬歲，永觀厥成。

奏撫安四夷之舞，曲名小將軍、殿前歡、慶新年、過門子。俱同前。

四奏天道傳之曲　馬負圖兮天道傳，龜載書兮人文宣，羲畫卦兮禹疇叙，皇極建兮合自然。綿綿曆數歸明主，祥麟在郊威鳳舞。九夷入貢康衢謡，聖子神孫繼祖武，垂拱無爲邁前古。

奏車書會同之舞，曲名泰階平。同前。

五奏振皇綱之曲　周南詠麟趾，卷阿歌鳳凰。藹藹稱多士，爲楨振皇綱。赫赫我大明，德尊踰漢、唐。百揆修庶績，公輔理陰陽。峨冠正襟佩，都俞在高堂，坐令八紘内，熙熙民樂康。氣和風雨時，田疇見豐穰。獻禮過三爵，歡娱良未央。

六奏金陵之曲　鍾山蟠蒼龍，石城踞金虎，千年王氣都，於今歸聖主。六代繁

〔一〕「明」，明史樂志三作「命」。

華經幾秋，江流東去無時休。誰言天塹分南北，英雄豈但嗤曹、劉。我皇昔住濠梁屋，神遊天錫真人服，提兵乘勢渡江來，詞臣早獻金陵曲。歌金陵，進珍饌，諧八音，繼三歎，請觀漢祖用兵時，爲嘗馮異滹沱飯。

七奏長楊之曲　長楊曳緑，黄鳥和鳴。菡萏呈鮮，紫燕輕盈。千花浥露，日麗風清。及時爲樂，芳尊在庭。管音嘒嘒，絲韻泠泠，玉振金聲，各奏爾能。皤皤國老，載勸載懲，明德惟馨，垂之聖經。唐風示戒，永保嘉名，無已太康，哲人是聽。

八奏芳醴之曲　夏王厭芳醴，商湯遠色聲，聖人示深戒，千春垂令名。惟皇登九五，玉食保尊榮，日昃不遑餐，布德延群生。天庖具豐膳，鼎鼐事調烹，豈但資肥甘，亦足養遐齡。達人悟兹理，恒令五氣平，隨時知有節，昭哉天道行。

九奏駕六龍之曲　日麗中天漏下遲，公卿侍宴多令儀。簫韶九奏觴九獻，爐烟細逐祥風吹。群臣舞蹈天顔喜，歲熟民康常若此。六龍回駕鳳樓深，寶扇齊開扶玉几。景星呈瑞慶雲多，兩曜增暉四序和。聖人道大如天地，歲歲年年奈樂何。

進膳曲，水龍吟　寶殿祥雲紫氣濛，聖明君，龍德宫。氤氲霧靄，檜柏間青松。龍樓鳳閣，雕梁畫棟，此是蓬萊洞。

太平清樂曲，太清歌：萬國來朝進貢，仰賀聖明主，一統華夷。普天下八方四海，南北東西。託聖德，勝堯王，保護家國太平，天下都歸一，將兵器銷爲農器。旌旗不動酒旗招，仰荷天地。上清歌：一願四時風調雨順民心喜。攝外國，將寶貝；攝外國，將寶貝；見君王，來朝寶殿裏，珊瑚、瑪瑙、玻璃，進在丹墀。開天門：託長生，日月光天德，萬萬歲永固皇基。公卿文武來朝會，開玳筵，捧金盃。迎膳，奏水龍吟曲，與進膳同。陞座、還宮、百官行禮，奏萬歲樂、朝天子二曲，與朝賀同。

明會典：洪武十六年正旦，以高皇后喪服，親王及文武衙門進到表箋，先期三日捧進。是日，皇帝御几筵殿祭祀畢，常服御奉天殿，百官常服，行五拜三叩頭禮。

王圻續通考：十六年正月乙巳朔，皇太子、親王、駙馬俱淺色常服，詣華蓋殿，行八拜禮。帝御奉天殿，受百官朝賀，畢，賜宴華蓋殿，不舉樂。以皇后喪故也。

明會典：洪武二十二年令：「凡遇大朝賀，除已習儀及具服官員許入班，其餘便服人員，止於午門外行禮，執事官於華蓋殿行禮。排甲帶刀侍衛之人免拜。五府六部等官於殿前侍立，奏事止於華蓋殿。」

王圻續通考：二十六年六月壬寅，命禮官重定正旦、冬至朝會儀。

明會典：正旦、冬至百官朝賀儀，洪武二十六年定。凡正旦、冬至前一日，尚寶司陳御座於奉天殿，及寶案於御座之東，設香案於丹陛之南。教坊司設中和韶樂於殿内之東西，北向。其日清晨，錦衣衛陳鹵簿、儀仗於丹陛及丹墀之東西，設明扇於殿内東西，列車輅步輦於丹墀，東西相向，鳴鞭四人，左右北向。教坊司陳大樂於丹陛之東西，北向。儀禮司設同文玉帛案於丹陛之東。金吾衛設護衛官於殿内及丹陛之東西，陳甲士於午門外、奉天門外及丹墀東西。錦衣衛設將軍於奉天門外丹陛丹墀及奉天門，列旗幟於奉天門外東西。典牧官陳仗馬、犀、象於文武樓南，東西相向。欽天監設司晨郎報時位於内道東，近北立。糾儀御史二人於丹墀北，東西相向。内贊二人於殿内，外贊二人於丹墀北，東西相向。設傳制宣表等官位於殿内，東西相向。鼓初嚴，文武官具朝服，齊班於午門外。鼓次嚴，引禮引百官由左右掖門入，詣丹墀東西，北向立。鼓三嚴，執事官詣華蓋殿伺候，内官跪奏。皇帝具衮冕陞座，鐘聲止，儀禮司官跪奏，各執事官行禮，贊五拜。禮畢，贊供事執事官各就位，儀禮司官跪奏，請陞殿。駕興，中和韶樂奏聖安之曲，尚寶官捧寶前行，導駕官前導。扇開，簾捲，尚寶官置寶於案，樂止，鳴鞭，報時雞唱曉，對贊唱排班，班齊，贊禮唱鞠躬，大樂作，贊四拜，平身，樂止。典儀唱進表，大樂作，給事中二人詣同文案前，導引序班舉案由東門入置殿中，樂止。內贊唱宣表目，宣表目官跪宣訖，俛伏興，唱宣表，展表官取表，宣表官至簾前。外贊唱衆官皆跪，宣表訖，內外皆唱俛伏，興，平身，序班即舉表案於殿東，外贊唱衆官皆跪，代致詞官跪於丹陛中，致詞云：「具官臣某等兹遇，正旦則云：「三陽開泰，萬物咸新。」冬至則云：「律應黄鐘，日當長至。」恭惟皇帝陛下，膺乾納祐，奉天永昌。」賀訖，外贊唱衆官皆俯伏，興，樂作。四拜，興，平身，樂止。傳制官詣御前，跪奏，傳制，俯伏，興，由東門靠東出，至丹陛之東，西向立，稱有制。贊禮唱跪，百官皆跪，宣制：「正旦則云：「履端之慶。」冬至則云：「履長之慶。」與卿等同之。」贊禮唱俯伏，興，平身，樂止。贊搢笏，鞠躬，三舞蹈。贊跪，唱山呼，百官拱手加額曰「萬歲」。唱山呼，曰「萬歲」。唱再山呼，曰「萬萬歲」。凡呼萬歲，樂工、軍校齊聲應之。贊出笏，俛伏，興，大樂作，贊四拜，平身，樂止。儀禮司官跪奏禮畢，中和樂作，奏定安之曲，駕興，尚寶官捧寶，導駕官前導，至華蓋殿，樂止，引禮官引百官以次出。

菽園雜記：本朝將軍之名不一，職方司職掌收充將軍，蓋選軍民中之長軀偉貌者，以充朝儀耳。今謂之大漢將軍，優旃所稱柸楯郎，疑即此也。凡大朝會，若蕃使入貢，天子御正殿，大漢將軍著飾金介胄，持金瓜鐵鉞刀劍，列丹陛上；常朝著明鐵介胄，列門楯間。其次等者，御道左右及文武官班後，相向握刀布列。凡鑾輿出入，扈從以行。宿衛巡警之事，則以侯伯都督係國戚者統之。其常朝宿衛，各以番上，謂之正直；有大事，無番上，謂之貼直。正直者，金牌相傳懸掛；貼直者，尚寶司奏而給發，事畢復納之。

明史樂志：凡大朝賀，教坊司設中和韶樂於殿之東西，北向；陳大舞於丹陛之東西，亦北向。駕興，中和韶樂奏聖安之曲。陞座進寶，樂止。百官拜，大樂作。拜畢，樂止。進表，大樂作。進訖，樂止。宣表目，致賀訖，百官俯伏，大樂作。拜畢，樂止。宣制訖，百官舞蹈山呼，大樂作。拜畢，樂止。駕興，中和韶樂奏定安之曲，導駕至華蓋殿，樂止。百官以次出。其大宴饗，教坊司設中和韶樂於殿內，設大樂於殿外，列三舞雜隊於殿下。駕興，大樂作。陞座，樂止。文武官入列於殿外，北向拜，大樂作。拜畢，樂止。進御筵，樂作。進訖，樂止。進花，樂作。進訖，樂止。進第一爵，教坊司奏炎精開運之曲，樂作。內外官拜畢，樂止。散花，樂作。散訖，樂止。第二爵，教坊司奏皇風之曲。樂止，進湯。鼓吹饗節前導至殿外，鼓吹止，殿上樂作。群臣湯饌成，樂止。武舞入，教坊司請奏平定天下之舞。第三爵，教坊司請奏眷皇明之曲，進酒如前儀。樂止，教坊司請奏撫安四夷之舞。第四爵，奏天道傳之曲，進酒進湯如前儀。樂止，奏車書會同之舞。第五爵，奏振皇綱之曲，進酒如前儀。樂止，奏百戲承應。第六爵，奏金陵之曲，進酒進湯如前儀。樂止，奏八蠻獻寶承應。第七爵，奏長楊之曲，進酒如前儀。樂止，奏採蓮隊子承應。第八爵，奏芳醴之曲，進酒進湯如前儀。樂止，奏魚躍於淵承應。第九爵，奏駕六龍之曲，進酒如前儀。樂止，收爵。進湯，進大膳，樂作。供群臣飯食訖，樂止，百花隊舞承應。宴成徹案。群臣出席，北向拜，樂作。拜畢，樂止。駕興，大樂作，鳴鞭，百官以次出。

二十六年更定。陞殿，韶樂，奏聖安之曲　乾坤日月明，八方四海慶太平。龍樓鳳閣中，扇開簾捲帝王興。聖感天地靈，保萬壽，洪福增。祥光王氣生，陞寶位，永康寧。

還宮，韶樂，奏定安之曲　九五飛聖龍，千邦萬國敬依從。鳴鞭三下同，公卿環珮響玎璫，掌扇護御容。中和樂，音呂濃，翡翠錦繡，擁還華蓋赴龍宮。

公卿入門，奏治安之曲　忠良爲股肱，昊天之德承主恩，森羅拱北辰。御爐烟遶奉天門，江山社稷興。安天下，軍與民，龍虎會風雲。後不用。

二十六年又定殿中韶樂：簫十二，笙十二，排簫四〔二〕，横笛十二，壎四，篪四，琴十，瑟四，編鐘二，編磬二，應鼓二，柷一，敔一，搏拊二。丹陛大樂：戲竹二，簫十二，笙十二，笛十二，頭管十二，纂八，琵琶八，二十弦八，方響二，鼓二，拍板八，杖鼓十二。

明史禮志：二十六年改定，皇太子親王朝賀於乾清宮。其日，皇帝、皇后陞座，侍從導引如儀，引禮引皇太子及妃、親王及妃詣上位前，贊禮贊四拜，興。贊禮引皇太子詣前，贊跪，引禮贊太子妃、諸王及妃皆跪。皇太子致詞，同前，不傳制。贊禮贊皇太子俯伏，興，引禮贊諸王俯伏，興，太子妃、諸王妃皆興。贊禮引皇太子復位。贊拜，皇太子以下皆四拜。禮畢，引禮引至皇后前，其前後贊拜，皆如朝皇帝儀。致詞稱「母后殿下」。禮畢，出。七年更定，不致賀辭，止行八拜禮。朝賀皇太后禮，皆同。

〔二〕「簫」，諸本作「笙」，據明史樂志一改。

三十年更定朝賀儀，同文、玉帛案俱進安殿中，宣表訖，舉置於表案之南。

大政記：惠帝建文元年正月癸酉朔，帝謁奉先殿，朝皇太后，詣孝陵上香，還御殿受朝，不作樂。

丘氏濬曰：我朝祖宗以來，每日先於奉先殿行禮，東朝問安，然後御朝，其於父子之親、君臣之義兩盡。

明會典：永樂六年正旦，文皇后喪服，皇帝常服御殿，錦衣衛陳鹵簿儀仗於丹陛，教坊司陳大樂而不作，百官行禮如洪武例。

王圻續通考：永樂十二年春正月辛巳朔，日食，免朝賀。先是，鴻臚寺奏習正旦朝儀。上召禮部翰林院官問曰：「正旦日食，百官賀禮可行乎？」尚書呂震對曰：「日食與朝賀之時，先後不相妨。」侍郎儀智曰：「終是同日，免賀爲當。」楊士奇曰：「日食，天變之大者。前代元旦日食，多不受朝。宋仁宗時，元旦日食，富弼請罷宴徹樂，呂夷簡不從。弼曰：『萬一契丹行之，爲中國羞。』後有自契丹回者，言彼是日罷宴，仁宗深悔。今免賀誠當。」上從之。

十三年春正月丙子朔，日食，免朝賀。

明史樂志：永樂十八年定朝會宴饗樂舞。

一奏上萬壽之曲　龍飛定萬方，受天命，振紀綱。彝倫攸叙四海康，普天率土盡來王。臣民舞蹈，嵩呼載揚，稱觴奉吾王，聖壽天長。

平定天下舞曲　其一，四邊静：威伏千邦，四夷來賓納表章。顯禎祥，承乾象，皇基永昌，萬載山河壯。其二，刮地風：聖主過堯、舜、禹、湯，立五常三綱。八蠻進貢朝今上，頓首誠惶。朝中宰相，燮理陰陽。五穀收成，萬民歡暢。賀吾皇，齊讚揚，萬國來降。

二奏仰天恩之曲　皇天眷聖明，五辰順，四海寧，風調雨順百穀登，臣民鼓舞樂太平。賢良在位，邦家永禎。吾皇仰洪恩，夙夜存誠。

黄童白叟鼓腹謳歌承應曲，曰豆葉黄　雨順風調，五穀收成，倉廩豐盈，大利民生。託賴著皇恩四海清，鼓腹謳歌，白叟黄童，共樂咸寧。

四夷舞曲　其一，小將軍：順天心，聖德誠，化番邦，盡朝京。四夷歸伏，舞於龍廷。貢皇明，寶貝擎。　其二，殿前歡：四夷率土歸王命，都來仰大明。萬邦千國皆歸正，現帝庭，朝仁聖。天階班列衆公卿，齊聲歌太平。　其三，慶豐年：和氣增，鸞鳳鳴，紫霧生，祥雲朝霞映。爇金爐，香味馨，列丹墀，御駕盈。絃管簫韶五音應，龍笛間鳳笙。其四，渤海令：金盃中，酒滿盛。御案前，列群英。君德成，皇圖慶，嵩呼萬歲聲。其五，過門子：聖主興，聖主興，顯威靈，蠻夷靜。至仁至德至聖明，萬萬年，帝業成。

三奏感地德之曲　皇心感地靈，順天時，德厚生。含宏光大品物亨，鍾奇毓秀産俊英。河清海晏，麟來鳳鳴，陰陽永和平，相我文明。

車書會同舞曲　其一，新水令：錦衣花帽設丹墀，俱公服百司同會。麟至舞，鳳來儀，文武班齊，朝賀聖明帝。其二，水仙子：八方四面錦華夷，天下蒼生仰聖德。風調雨順昇平世，偏乾坤，皆讚禮，託君恩民樂雍熙。萬萬年皇基堅固，萬萬載江山定體，萬萬歲洪福天齊。

四奏民樂生之曲　世間的萬民，荷天地，感聖恩。乾坤定位四海春，君臣父子正大倫。皇風浩蕩，人心載醇，熙熙樂天真，永戴明君。

表正萬邦舞曲　其一，慶太平：奸邪濁亂朝綱，搆禍難，煽動戈䥍。赫怒吾皇，親征灞上，指天戈，敵皆降。其二，武士歡：白溝戰場，旌旗雲合迷日光。令嚴氣張，三軍踴躍齊奮揚，掃除殘甲如風蕩，凱歌傳四方。仁聖不殺降，望河南，失欃槍。　其三，滚繡毬：肆旅拒，恃力强，一心搆殃，築滄洲百尺城隍。騁蠆毒，恣虎狼，孰能禦當。順天心有德隆昌，倒戈歛甲齊歸降，撫將生還達故鄉，自此仁聞愈彰。　其四，陣陳羸：不數孫、吴兵法良，神謀睿算合陰陽，八陣堂堂行天上，虎略龍韜孰敢當。俘囚十萬皆疏放，感荷仁恩戴上蒼。　其五，得勝回：兩傍四方，展鳥翼風雲雁行。出奇兵，敵難量，士强馬强。徧百里，眠旌卧鎗，勝兵回，樂洋洋。　其六，小梁州：敵兵戰敗神魂喪，擁貔貅，直渡長江。開市門，肆不移，宣聖恩，如天曠。綸音頒降，普天下，仰吾皇。

五奏感皇恩之曲　當今四海寧，頌聲作，禮樂興。君臣慶會躋太平，衣冠濟濟宴彤庭。文臣武將，共荷恩榮，忠心盡微誠，仰答皇明。

天命有德舞曲　其一，慶宣和：雨順風調萬物熙，一統華夷。四野嘉禾感和氣，一榦百穗，一榦百穗。　其二，窄甎兒：梯航萬國來丹陛，太平年，永固洪基。正東西南北來朝會，洽寰宇，布春暉，四夷咸賓聲教美。自古明王在慎德，不須威武服戎狄。祥瑞集，鳳來儀〔一〕，佳期萬萬歲，聖明君，主華夷。

六奏慶豐年之曲　萬方仰聖君，大一統，撫萬民。豐年時序雨露均，穰穰五穀貨財殷。酣歌擊壤，風清俗淳，四夷悉來賓，正統皇仁。

七奏集禎應之曲　皇天眷大明，五星聚，兆太平。騶虞出現甘露零，野蠶成繭嘉禾生，醴泉湧地河水清。乾坤萬萬年，四海永寧。

八奏永皇圖之曲　天心眷聖皇，正天位，撫萬邦。仁風宣布禮樂張，戎夷稽首朝明堂。皇圖鞏固，賢臣贊襄。太平日月光，地久天長。

九奏樂太平之曲　皇恩被八紘，三光明，四海清。人康物阜歲屢登，含哺鼓腹皆歡聲。民歌帝力，唐堯至仁。乾坤永清，共樂太平。

導膳、迎膳、進膳及陞座、還宮、百官行禮諸曲，俱與洪武間同。

王圻續通考：仁宗洪熙元年春正月壬申朔，上御奉天殿朝群臣。命禮部鴻臚寺不作樂，群臣止行五拜三叩頭禮。先是，禮部尚書呂震請於上曰：「陛下初登大寶，天

〔一〕「鳳來儀」，諸本脱，據明史樂志三補。

下文武之臣及海外諸國皆來朝，宜受賀作樂，如大朝之儀。」不從。次日，震固請，大學士楊士奇、楊榮、金幼孜、黄淮進曰：「陛下言是。」上曰：「山陵甫畢事，忍遽即吉？朕明日亦不欲出。」震曰：「四方萬國之人遠朝新主，皆欲一覲天顔，固聖孝誠至，亦宜勉順下情。」上顧士奇四人曰：「禮過矣〔一〕。」對曰：「誠如聖諭，必欲俯順輿情，亦不宜備禮。」上從之，故有是命。

明會典：宣宗宣德四年，令在外大小衙門遇正旦等節慶賀禮，俱照洪武初，舞蹈山呼，行十四拜禮。

王圻續通考：正統十一年正月己巳朔，立春，禮部言：「二節同日，宜殺立春禮。」從之。舊制，立春，順天府官四拜，進春後復四拜，文武百官行五拜三叩頭賀禮。至是，定順天府官四拜，進春後，百官即入賀行正旦禮。後憲宗成化元年亦正旦立春，同日改致詞云「兹遇紀元成化，正旦逢春，氣節會同，天人交泰」云云。其慶賀進春禮，亦並舉焉。

〔一〕「過」上，原衍「臣」字，據味經窩本、乾隆本、光緒本、續文獻通考卷一一九删。

景泰元年正月丁丑朔，帝祭奉先殿，朝上聖皇太后及皇太后，出御奉天殿，百官行五拜三叩頭禮。時以上皇在迤北，免賀。

成化十四年十一月戊午朔，始令翰林官習儀。

王鏊震澤長語：國家正旦、冬至、聖節，凡大朝會，先期，百官皆赴朝天宫習儀，或靈濟宫，唯翰林獨否。相傳，宣廟一日召翰林，不至，上問故，左右對以往習儀所。上曰：「翰林終日侍朕側，尚何習？爲恐其倒拜耶？」自是不復習，相傳以爲故事。成化中，中官汪直用事，多使邏人詗察諸司不法。是日，學士王獻、檢討張泰方在途投謁，邏人執之，以故事對。詔問内閣，時萬安劉珝、劉吉不能執奏，乃云有故事，而考諸故典，不見。獻、泰雖免罪，而翰林不習儀之典遂廢。惟内閣與東西兩房，至今不習，蓋宣廟之命，史官失於紀載故也。

明孝宗實録：弘治元年正月丙申朔，帝詣奉先殿，太皇太后、皇太后宫行禮畢，出御奉天殿，文武群臣公服，行五拜三叩頭禮。是年冬至及二年正旦皆然，二年冬至始行賀禮。

大政記：正德二年正月乙亥朔，日有食之，帝不御殿，免賀，視朝如常儀。

王圻續通考：正德十一年正月癸未朔，群臣待漏入賀，日晡禮始成，及散朝，已昏夜，衆奔趨而出，顛仆相踐踏。有將軍趙朗者，死於禁門。御史程啓充具奏其狀，請帝昧爽視朝，以圖明作之治。不報。

十四年十二月，至南京，詔百官戎服朝明年正旦，南京兵部尚書喬宇、禮部侍郎楊廉不可率諸臣朝服賀。

蕙田案：正德十三年正旦帝在宣府，十四年正旦在太原，十五年正旦在南京，百官俱朝服，於奉天門外行遥賀禮。

明會典：嘉靖七年，奏准：凡遇萬壽聖節、正旦、冬至大朝賀，先令承天門、端門及左右闕門守門內外官員，嚴禁雜人行走。鼓初嚴，執事官并侍衛官軍先入，次王親公、侯、駙馬、伯，次在京文武品官，次來朝品官，次內外雜職，次生儒，次外國四夷人。至奉天殿下，文武百官依品級序立，毋得攙越亂班。禮畢，外國四夷先出，次生儒，次雜職，次文武品官，次侍衛官軍及儀從人等，俱盡象馬方行。其金水橋東西角門，各添設序班。凡有攙越者，御史序班糾舉挐奏。若有市井奸人假借儒吏衣巾冒入殿庭，錦衣衛官校緝拿。又令：凡正旦、冬至、聖節，百官俱於先期之三日及二日習儀。正旦、冬至於朝天宫，聖節於靈濟宫。

大政記：十四年正月壬戌朔，免朝賀。癸酉，御奉天殿，文武及朝覲官行禮。

明世宗實録：時帝以憲廟恭妃初喪，不受節賀。禮部請於視朝之日，令文武百官及天下朝覲官公服，行五拜三叩頭禮，一伸臣子之情。詔以十二日行。

明會典：正旦、冬至百官朝賀儀，嘉靖十六年更定。前一日，尚寶司設寶案於奉天殿寶座之東，鴻臚寺設表案二於殿東中門外，禮部主客司設蕃國貢方物案八於丹陛中道左右。欽天監設定時鼓於文樓之上，教坊司設中和韶樂於奉天殿内東西，設大樂於奉天門内東西，俱北向。至期，錦衣衛陳鹵簿儀仗於丹陛及丹墀東西，設明扇於殿内東西，陳車輅、步輦於奉天門丹墀中道，北向。金吾等衛列甲士軍仗於午門外、奉天門外及丹墀東西。旗手衛設金鼓於午門外，列旗幟於奉天門外。御馬監設仗馬，錦衣衛設馴象於文武樓南，東西相向。欽天監設報時位於丹陛之東。鼓初嚴，百官具朝服齊班於午門外。鼓次嚴，引班官引百官并進表人員及四夷人等，次第由左右掖門入，詣丹墀序立。欽天監雞唱官司晨一員於文樓下西向，錦衣衛將軍六員於殿内之南，北向，將軍四員於丹陛四隅東西相向。其餘侍衛將軍各分立於殿陛等處如儀。鳴鞭，四人於丹墀中道左右北向，金吾等衛護衛官二十四員於丹陛之南，六員於丹墀之北，俱東西相向。陳設方物，鴻臚寺司賓署丞一員，徹方物案，鴻臚寺序班十六員於丹陛中道左右，外贊鴻臚寺鳴贊等官十二員，於丹陛及丹墀東西。糾儀御史十二員，於丹墀之東西。殿前侍班錦衣衛千户六員、光禄寺署官四員、序班二員、傳呼鳴鞭錦衣衛百户四員，俱於殿中門外，東西相向。導表六科都給事中二員、序班二員於表案左右，掌領侍衛官三員於殿内，東西相向。錦衣衛正直指揮一員於簾右，東向；百户二員於簾下，左右相向。捲簾畢，即趨出殿門外，各預立以俟。鼓三嚴，執事禮部堂上官并内贊、鳴贊一員，陳設表案，并舉案。序班五員、典儀鴻臚寺司儀署丞一員，捧表；禮部儀制司官四員，展表。六部、都察院、通政司、大理寺堂上官二員宣表、致詞，并傳制等項。鴻臚寺堂上官五員，捧寶、尚寶司官二員，導駕六科給事中十員，殿内侍班翰林院官四員，中書官四員，糾儀御史四員，序班二員，及各遣祭官，俱詣華蓋殿外，候上具衮冕陞座。鐘聲止，入序立，遣祭官以次復命。訖，各趨入丹墀班，禮部堂上官跪奏方物，并請上位看馬，候得旨，復位。鴻臚寺卿跪奏，執事官行禮，贊五拜，叩頭畢，贊各供事。鴻臚寺卿跪請陞殿，駕興，導駕官前導，尚寶官捧寶前行，中和樂作，奏聖安之曲。上御奉天殿陞座，導駕官立於殿内柱下，東西相向；

侍班翰林官立於東導駕官之後，中書官立於西導駕官之後，糾儀御史序班分立於侍班官之下，尚寶官置寶於案，分立於導駕官之上。樂止，鳴鞭，報時雞唱訖，外贊唱排班，班齊，鞠躬，大樂作，四拜，興，平身，樂止。內贊贊進表，大樂作，導表官導表案至殿東中門止，序班舉案入至殿中，退立於東西柱下，樂止。贊宣表目，禮部堂上官并宣表目官詣殿中跪宣畢，各叩頭退。贊宣表，展表官取表，同宣表官詣殿中跪，外贊贊跪，衆官皆跪，宣畢，展表官分東西先退。內外皆贊俯伏，大樂作，興，平身，樂止，宣表官退。序班舉案置殿東，外贊贊跪，衆官皆跪，代致詞官跪於丹陛中道致詞云：「公、侯、駙馬、伯、文武百官、某官臣某等詞與洪武間所定同。賀。」訖，外贊贊俯伏，衆官皆俯伏，樂作，四拜，興，平身，樂止。傳制官詣御前，跪奏傳制，俯伏，興，由東門靠東出至丹陛之東，西向立，稱「有制」，外贊贊跪，衆官皆跪，宣制。制與洪武間所定同。宣訖，外贊贊俯伏，大樂作，興，平身，樂止。贊搢笏，鞠躬，三舞蹈，贊跪，唱「山呼」，百官拱手加額曰「萬歲」。唱「山呼」，曰「萬歲」。唱「再山呼」，曰「萬萬歲」。贊出笏，俯伏，大樂作，四拜，興，平身，樂止。鴻臚卿詣御前跪奏「禮畢」，鳴鞭，中和樂作，奏定安之曲。駕興，尚寶官捧寶，導駕官前導至華蓋殿，樂止。引班官引百官人等以次出，序班徹方物案，所司設黄幄於丹陛上，陳王府及勳臣總兵官外夷所進馬匹於丹墀内。禮部并鴻臚寺官立於丹墀東，候上易便服御黄幄。甲士行禮畢，禮部官詣御道中跪奏「御馬過」，奏畢，復位，候馬過，詣御道中跪奏「馬過畢」，駕還宫。

明世宗實録：十六年三月戊戌，南京禮部尚書崔韜言：「元旦、冬至、萬壽，臣下慶賀皆行十二拜禮，惟南京行八拜禮，不宜獨簡。」下禮部議，以大節在京，有宣表致詞及傳制，俱舞蹈山呼，行十二拜禮。而南京在外皆無，是以南京每遇三大節，先期進表，俱舞蹈山呼，行二拜禮，遵送郊外。至日，止八拜，此祖宗舊制，非臣下敢自爲隆殺。詔仍舊。

明會典：凡進賀表目，親王各一通，各處掛印總兵官各一通，朝鮮國王一通，南京禮部等衙門一通，浙江等布政司、按察司、直隸府州等衙門各一通，南京中軍等都督府一通，中都留守司、浙江等都司、直隸衛所等衙門各一通。

春明夢餘録：大朝畢，上暫退至謹身殿，更便服，於殿外丹陛上設幄，群臣盛服。侍班御馬監之馬，雲錦成群，每一馬，各有名牌，壯士控之，由東過西，最爲盛觀。其制始於嘉靖中，至後久不舉行。崇禎壬申五年十一月初十日冬至，郊祀。

十一日，百官入賀，朝畢，復一閲視，是日，閲馬三百三十匹。

明世宗實録：十八年正月庚午朔，帝御奉天殿，群臣具公服致詞，行八拜禮。時帝母章聖皇太后之喪於十二月三十日，服制二十七日滿。禮部言：「檢孝貞皇太后故事，制滿後，素服御西角門視朝，山陵畢後，變服。第此次適遇正旦朝會，祭享一應吉儀，宜酌議。今擬皇上正旦，淺色袍、黑冠帶，御殿受朝。」疏入未下會。帝問大學士夏言：「元旦元極殿拜天，仍具祭服。先期一日，合變服否？」於是禮部更請正旦拜天受朝及先期一日，時享宗廟，前三日，俱服青服。帝謂内閣曰：「既曰以日易月，雖山陵未就，實非古人未葬百事皆輟之義。定服后，不必遷就，有事於郊，宜吉服作樂。有事於廟，著淺色服，不作樂。卿等其與宗伯翰林禮科議否？」即曰：「否。」於是，群臣請遵諭行，報可。初，禮部三請正旦朝賀，俱詔免。及上制滿，儀注内具正旦視朝一節，又别具疏請，帝仍於是日御殿視朝。帝乃報曰：「履端歲首，朝會之始。但昨方除服，梓宫在上，卿等固以禮請，且朕亦謂當行實事。其於奉天門，百官青衣本等帶，行五拜三叩頭禮，不必公服。致詞、鐘鼓、鳴鞭，俱輟之。」禮部復固請帝具翼善冠、黄袍御殿，百官公服致詞，鳴鐘鼓，鳴鞭，奏堂下樂。帝曰：「改歲更始，王者奉順天道，不可不重，有謂弗宜，非知道者。既在除服外，其如議行。」

十九年正月甲午朔，帝疾不御朝，百官詣左順門，疏起居報聞。

二十年正月戊午朔，帝疾不御殿，百官公服於奉天門外，朝覲官四夷使於午門外行五拜禮，文武大臣侍從官各表賀。丙申，帝拜天於元極殿，出，御奉天殿。百官公服行八拜禮。帝諭禮部元極之拜，可移於九日，取陽九之數，庶猶躬奉，愈於攝行。尚書嚴嵩因言：「新正免賀，臣子之心未安，元極殿拜畢，請具翼善冠、黄袍，出御殿行禮。」帝曰：「卿等言是，新歲上下，豈可不一接見乎？」

明會典：嘉靖二十一年，令聖節、正旦、冬至，俱赴朝天宫習儀。凡正旦節自十二月二十八日起至正月二十日止，百官俱吉服，通政司不奏事。冬至前三日後三日，聖節前三日後三日，俱吉服，通政司亦不奏事。凡朝賀，班首致詞，官例用勳臣，有缺則禮部題請欽定。

王圻續通考：二十二年正月丙午朔，日有食之，帝御朝免賀。

明世宗實録：自是年以後，終帝之世，惟二十五年正旦一受朝賀，其餘正旦、冬至俱不御殿，百官朝服於奉天門，行五拜三叩頭禮，歲以爲常。

王圻續通考：三十二年正月戊寅朔，日有食之，時陰雲不見，頃之大雪，百官以救護罷朝。次日，始朝服詣奉天門，行禮表賀。

大政記：穆宗隆慶元年正月丁巳朔，免朝賀，封奏如常儀。通政司言：「舊例，自正旦至二十日，以節假免奏事封本。兹值皇上御門聽政，勵精萬幾之始，請封奏如常。」從之。丁卯，賜百官上元節假十日，諸司仍奏事。自是，歲以爲常。

神宗實録：萬曆四年十一月甲辰，定京營官大朝班次。是時，從總督戎政楊炳之請，令京營參遊、佐擊、坐營等官，遇聖節、冬至、元旦，俱於副將後，隨班朝賀，中都、山東、河南三都司，各領班都司隨佐擊後。

右明正旦朝賀

# 五禮通考卷一百四十

## 嘉禮十三

### 朝禮

冬至朝賀

宋書禮志：漢以高帝十月定秦且爲歲首，至武帝雖改用夏正，然朔猶常饗會，如元正之儀。魏、晉則冬至日受萬國及百寮稱賀，因小會。其儀亞於歲旦，晉有其注。

晉書樂志：冬至初歲小會歌張華

日月不留，四氣回周。節慶代序，萬國同休。庶尹群后〔一〕，奉壽升朝。我有壽禮，式宴百寮。繁肴綺錯，旨酒泉渟。笙鏞和奏，磬管流聲。上隆其愛，下盡其心。宣其壅滯，訓之德音。乃宣乃訓，配享交泰。永載仁風，長撫無外。

丘氏濬曰：案，此後世冬至行朝賀禮之始。蔡邕獨斷曰：「冬至陽氣起，君道長，故賀。夏至陰氣起，君道衰，故不賀。」宋人於五月朔亦賀，非是。

蕙田案：冬至朝賀，於古無聞，至魏、晉始有之。據晉、宋禮志，則是因漢有十月享會，始移之冬至，而漢儀無之也。然蔡邕獨斷已有「冬至陽氣起，君道長，故賀」之説，則似後漢先有之矣。

宋書禮志：宋永初元年八月，詔曰：「慶冬使或遣不，事役宜省〔二〕，今可悉停。惟元正大慶，不得廢耳。郡縣遣冬使詣州及都督府者，亦宜同停。」

册府元龜：後魏孝文太和十五年十一月丙戌，初罷小歲賀。小歲謂冬至。

〔一〕「尹」，諸本作「允」，據晉書樂志上改。
〔二〕「事」，諸本脱，據宋書禮志一補。

蕙田案：隋禮儀志：後齊天保元年，皇太子監國在西林園冬會。二年，於北城第内冬會。則後齊亦有冬會之禮，而儀注未聞。

隋書禮儀志：隋制，正旦及冬至，文物充庭。

蕙田案：隋志全文已見「正旦朝賀門」，不重載。

唐六典：凡冬至大陳設，如元正之儀。其異者，皇帝服通天冠，無諸州表奏祥瑞貢獻。

册府元龜：開元八年十一月，中書門下奏曰：「伏以冬至，一陽初生，萬物潛動。所以自古聖帝明王，皆於此日朝萬國，視雲物。禮之大者，莫逾是時。其日，亦祀圜丘，皆令攝官行事。質明既畢，日出視朝，國家以來，更無改易。緣新修條格將畢〔一〕，其日祀圜丘，遂改用小冬至日受朝，若親拜南郊，受朝須改。既令攝祭，禮不可移，伏請改正。」從之。因敕：「自今冬至日受朝，永爲常式。」

十六年十一月乙巳，日南至，御含元殿受朝賀，如常儀。

〔一〕「修條」、「畢」三字，諸本脱，據册府元龜卷一〇七補。

唐開元禮：皇帝、皇后正至受皇太子朝賀。　皇帝、皇后正至受皇太子妃朝賀。　皇帝正至受群臣朝賀。

蕙田案：開元禮於開元二十年頒行，其儀注全文已見「正旦朝賀門」。惟冬至賀詞稱「天正長至，伏惟陛下，如日之升」，宣制稱「履長之慶」，皇帝受朝服通天冠、絳紗袍，不奏祥瑞貢物，無諸方表，爲不同耳，今不重載。

册府元龜：二十二年閏十一月壬午朔，日有食之，是日長至停朝。　癸未，御應天樓受朝賀。

文獻通考：天寶三載十一月五日甲子，冬至，敕：「伏以昊天上帝，義在尊嚴，恭惟祀典，每用冬至，既於是日有事圜丘，更受朝賀，實深兢惕。自今以後，冬至宜取以次日受朝，仍永爲常式。」

蕙田案：冬至，既祀圜丘，復受朝賀，煩勞非體，攝而行事，尤非敬天之義，不如以次日受朝爲便。

册府元龜：天寶十載十一月丙午，冬至，御觀風樓受朝賀。

肅宗乾元元年建子月戊戌，冬至，受朝賀，禮畢，朝聖皇於西宫。　二年十一月丁亥，冬至，帝朝聖皇於興慶宫，翌日，受朝於含元殿。

代宗廣德二年十一月甲寅，是日長至，御含元殿受朝賀。

永泰元年十一月己未，長至，御含元殿受朝賀，仗衛如常儀。　二年十一月甲子，長至，含元殿下制大赦，改元大曆。　宣制畢，乃受朝賀。

大曆二年十一月己巳，長至，御含元殿受朝賀，仗衛如常儀。　三年十一月甲戌，長至，御含元殿受朝賀，仗衛如常儀。　八年閏十一月壬寅朔，冬至，御含元殿受朝賀，仗衛如常儀。　九年十一月甲戌，長至，御含元殿受朝賀，仗衛如常儀。　十年十一月丙午，長至，詔停賀，邇梁王葬期也。　十一年十一月丁巳，冬至，御含元殿受朝賀，仗衛如常儀。　十三年十一月丁卯，長至，命有司祀昊天上帝於南郊，不視朝。　戊辰，上御含元殿朝賀，仗衛如常儀。

德宗建中元年十一月丁丑，日南至，戊寅，御含元殿受朝賀。

文獻通考：建中二年十一月二十日，敕宜以冬至日受朝賀。

册府元龜：貞元七年十一月丁亥，日南至，不視朝。　十一年十一月丙辰，日南至，不受朝賀。　十五年十一月，罷冬至朝賀，以興兵討蔡州吴少誠也。　十六年十一月，罷冬至朝賀，以襄王第五男薨，廢朝。

憲宗元和三年十一月甲申，日南至，權停朝賀。　六年十一月乙巳，敕令今年冬至朝賀，宜權停。　八年十一月庚戌朔，敕權停冬至朝賀。

穆宗長慶元年十一月丁酉，以討鎮州，權停今年冬至朝賀。

文宗太和八年十一月庚申，日南至，宰臣率百寮等奉賀，如常儀。

後唐莊宗同光元年十一月丁未，日長至，帝不受朝賀。百官詣東上閤門，拜表稱慶。議者以爲：長至元會，歲中之大朝，斯爲盛禮，著於令式。是日，合陳樂懸，排細仗，一人當陽，昭國容也。兵興以來，而斯禮或闕，帝初一函夏，不復唐典，無故輟禮，議者惜之。

明宗天成元年十一月癸亥，日南至，帝御文德殿，百寮稱賀。　二年十一月戊辰，日南至，百官詣閤門拜表稱賀。　三年十月壬戌，中書奏：「案貞元四年，中書侍郎李泌奏冬至日受朝賀，請準元日。」從之。十一月癸酉，冬至，帝御崇元殿受朝賀，仗衛如式。　四年十一月己卯，日長至，帝御文明殿受朝賀，樂懸仗衛如常儀。

長興元年十一月庚申，日長至，帝御文明殿受朝賀，樂懸，仗衛如常儀。　二年十一月己丑，日長至，帝御文明殿，百寮稱賀。　三年十一月甲子，日長至，帝御文明殿，百寮稱賀。

末帝清泰元年十月庚子，太常言冬至不視朝，百寮表賀。是日，太府設表案席褥，禮部進表至閤門，班首一員跪奉表授閤門使，群臣俱拜，舞蹈訖，表入。久之，閤門使出宣曰：「履長之慶，與卿等同之。」群臣復拜，舞訖而退。

晉高祖天福三年十一月丙寅，冬至，帝御崇元殿受朝賀。　五年十一月冬至，帝受朝於崇元殿，王公上壽，列二舞於樂懸之北，舉觴，奏元同之樂；三爵，奏文同之樂。帝舉食，文武歌昭德之舞，又歌成功之舞，上舉四爵，登歌作，群臣飲懸下，樂作。又奏龜兹樂一部，以俟食畢。

周太祖廣順二年十一月己卯，日南至，帝御崇元殿，群臣服朝服稱賀，退班，於永福殿庭上壽，賜群臣酒，三爵而罷。　三年十一月乙酉，日南至，帝不受朝賀，群臣閤門拜表，班退，賜茶酒。

世宗顯德元年十一月庚寅，日南至，帝不御殿，文武百寮詣閤拜表稱賀。　三年十一月庚子，日南至，帝不御殿，以宣懿皇后之喪在近故也。宰臣率百官詣閤門，拜表稱賀。　五年十一月辛亥，日南至，帝御崇元殿受朝賀，金吾仗衛、太常樂懸如儀。禮畢，宰臣率百寮常服，詣永德殿，上壽而退。

宋史禮志：宋承前代之制，以元日、五月朔、冬至行大朝會之禮。

文獻通考：太祖建隆元年十一月冬至，上親征揚州不受朝，宰臣率百官詣行宫拜表稱賀。

乾德三年冬至，受朝賀於文明殿，帝服通天冠、絳紗袍，設宫懸仗衛如元會。

四年冬至，朝元殿受朝畢，常服御大明殿，群臣上壽，始用雅樂登歌、二舞，群臣酒五行而罷。每行酒，太官令奏巡周饋食，稱食徧。

宋史太宗本紀：太平興國二年十一月庚寅，日南至，帝始受朝。

樂志：太平興國二年，冬至上壽，復用教坊樂。

真宗本紀：咸平三年十一月辛卯，日南至，御朝元殿受朝。

景德四年十一月戊辰，日南至，御朝元殿受朝。

仁宗本紀：天聖七年十一月癸亥，冬至，率百官上皇太后壽於會慶殿，遂御天安殿受朝。

明道元年冬十一月己卯，冬至，率百官賀皇太后於文德殿，御天安殿受朝。禮志：神宗元豐元年，龍圖閣直學士、史館修撰宋敏求上朝會儀二篇、令式四十篇，詔頒行之。

蕙田案：元正冬至大朝會儀注一篇，已載「正旦朝賀門」，其異於元正者，惟不設貢物、給事中位、祥瑞案，臣僚致詞則云「晷運推移，日南長至」，宣答則云「履長之慶」耳。

又案：文獻通考太祖乾德三年、四年、五年，開寶二年、三年，太宗太平興國二年，端拱元年，淳化四年，真宗咸平三年，景德四年，大中祥符八年，仁宗天聖七年，明道元年，神宗熙寧二年，徽宗政和二年，並冬會。終汴京，冬至朝賀之禮，凡十五舉而已。

陳隨隱上壽拜舞記：凡冬至朝賀一十三拜，一舞蹈。初，百官面西立，儀仗以下起居，知閤次之。次讀奏，自舍人宣班首以下起居稱賀，北面躬身，聽贊拜，兩拜，起，舞蹈如初。起，躬身，俟班首奏「聖躬萬福」，聽贊拜，兩拜，起，直身立俟，樞密升殿，班首致詞，宣答如正旦禮。

王圻續通考：理宗寶慶二年十一月，日南至，御大慶殿受朝。

端平二年十一月，日南至，群臣朝賀。

遼史禮志：冬至朝賀儀：臣僚齊班，如正旦儀。皇帝、皇后拜日，臣僚陪位再拜。皇帝、皇后升殿坐，契丹舍人通，臣僚入，合班，親王祝壽，宣答，皆如正旦之儀。謝訖，舞蹈，五拜，鞠躬。出班奏「聖躬萬福」；復位，再拜，鞠躬。班首出班，俛伏跪，祝壽訖，伏興，舞蹈，五拜，鞠躬。贊各祗候。分班，不出，合班。御牀入，再拜，鞠躬。贊進酒。臣僚平身。引親王左階上殿，就欄内褥位，搢笏，執臺琖，進酒。皇帝、皇后受琖訖，退，就褥位，置臺琖，出笏，俛伏跪。少前，自通全銜臣某等謹進千萬歲壽酒。俛伏興，退，復褥位，再拜，鞠躬。殿下臣僚皆再拜，鞠躬。宣答如正旦儀。親王搢笏，執臺琖，分班。皇帝、皇后飲酒，奏樂；殿上下臣僚皆拜，稱「萬歲壽」，樂止。教坊再拜，臣僚合班。親王進受琖，至褥位，置臺琖，出笏，引左階下殿。御牀出。親王復丹墀位，再拜，鞠躬。贊祗候。分班引出。班首右階上殿奏表目進奉〔一〕。諸道進奉，

〔一〕「奏」、「奉」，原誤倒，據光緒本、遼史禮志六乙正。

教坊進奉訖，贊進奉收。班首舞蹈，五拜，鞠躬。贊各祇候。班首出，臣僚復入，合班謝，舞蹈，五拜，鞠躬。贊各祇候。分班引出。聲警，皇帝、皇后起，赴北殿。皇太后於御容殿，與皇帝、皇后率臣僚再拜。皇太后上香，皆再拜。贊各祇候。可矮墩以上上殿。皇太后三進御容酒，陪位皆拜。皇太后升殿坐。皇帝就露臺上褥位，親王押北南臣僚班丹墀内立。皇帝再拜，臣僚皆拜，鞠躬。皇帝欄内跪，祝皇太后壽訖，復位，再拜。凡拜，皆稱「萬歲」。贊各祇候。臣僚不出，皇帝、皇后側坐，親王進酒，臣僚陪拜，皇太后宣答，皆如正旦之儀。臣僚分班，不出，班首右階上殿奏表目，合班謝宣宴，上殿就位如儀。御牀入。皇帝進皇太后酒如初，各就坐行酒，宣飲盡，如皇太后生辰之儀。皇后進酒，如皇帝之儀。三進酒，行茶，教坊致語，行殽饍，大饌，七進酒。曲破，臣僚起，御牀出，謝宴，皆如皇太后生辰儀。

蕙田案：遼冬至朝賀儀，略同正旦。惟帝后並升殿坐，與正旦異。元朝賀禮，蓋本於此。

太宗本紀：會同四年冬十一月壬午，以冬至受賀，著令。

穆宗本紀：應曆十八年十一月癸卯，冬至，被酒，不受賀。

道宗本紀：清寧元年冬十一月戊寅，冬至，有事於太祖、景宗、興宗廟，不受群臣賀。

蕙田案：金史禮志無冬至受朝賀之禮，惟章宗本紀承安元年十一月戊戌，有事於南郊，大赦改元。己亥，曹王永升率親王百官賀。然此以南郊禮成受賀，非冬至受賀也。冬會之禮，終金之世，竟未之行也。

又案：元史禮志亦無賀冬之禮，惟元正、天壽受賀而已，徧檢諸帝紀，亦無之。則元亦未行冬會之禮也。

明太祖實録：洪武元年，定冬至朝會儀。

蕙田案：冬至朝賀儀注與正旦同，其致詞則云：「律應黄鐘，日當長至。」宣制則云「履長之慶」。

郭正域典禮志：五年八月，命罷天下進賀，冬至表箋。

太祖實録：十二年十一月癸丑，冬至，以孝慈皇后喪，帝常服御奉天殿，百官常服行五拜禮。

續文獻通考：二十六年六月壬寅，命禮官重定正旦、冬至朝會儀。詳見「正旦朝賀」門。

永樂二十二年十一月庚寅，禮部尚書呂震奏：「冬至節，請御正殿受賀。」帝以山陵未終，不許。時仁宗已即位。

天順五年十一月丁未，以冬至、萬壽節同日，改致詞、宣表等儀。

明會典：弘治十七年，奏准：「今後天下都、布、按三司慶賀表箋，除萬壽聖節照例差委堂上官齎進外，其餘冬至等節，如果堂上官差占，照例於本司首領官及所屬府縣衛所佐貳官員内差委，不許濫差雜職官員齎進。」

孝宗實録：弘治十七年十一月癸巳，冬至，御奉天門，百官致詞行禮。以太皇太后喪。

武宗實録：正德十二年十一月辛丑，冬至，帝在宣府，群臣朝服於奉天門行遥賀禮。十四年十一月冬至，帝在清江浦受賀於太監張陽第。

明會典：冬至大祀禮成儀，嘉靖七年定。上大祀禮成〔一〕，駕還，百官具朝服於承

〔一〕「禮」，諸本作「慶」，據明會典卷四三改。

天門外橋南，立迎駕，隨至奉天殿丹墀内侍立。執事官先至華蓋殿前，東西拱立，候上御華蓋殿，具衮冕服陞座。鴻臚寺堂上官跪奏，執事官行禮，鳴贊贊入班，鞠躬，五拜，叩頭，興，興，平身，各供事。鴻臚寺堂上官跪奏，請陞殿，教坊司樂作，上御奉天殿陞座，樂止。錦衣衛官傳鳴鞭，鴻臚寺堂上官傳排班，鳴贊贊排班，班齊，鞠躬，四拜，興，平身。贊跪，鴻臚寺堂上官於丹陛中道跪，致詞曰：「公、侯、駙馬、伯、文武百官、某官臣某等，恭惟圜丘大報載成，禮當慶賀。」致詞畢，由殿東門入殿内侍立，鳴贊贊俯伏，興，鞠躬，樂作。四拜，興，平身，樂止。鴻臚寺堂上官於殿内跪奏禮畢，傳贊禮畢，錦衣官傳鳴鞭，上還宫，百官退。

嘉靖九年，分祀二郊，以冬至大報。是日，行慶成禮。次日，行冬至朝賀禮，畢，舉慶成宴。本年再定，次日，上詣内殿行節祭禮，又詣母后前行賀禮，畢，始御奉天殿受賀。

蕙田案：慶成禮始於洪武十二年，以後，蓋孟春元日合祀天地於南郊，還御正朝受賀也。世宗追復洪武初年之制，分祀天地，則惟冬至行郊天禮，而元日無之，故慶成禮專行於冬至。考世宗分祀之詔，起於九年二月，是此條會典所載屬九年者，甚是。而前條云「冬至大祀禮成儀，嘉靖七年定」，則誤矣。七年歲首，尚有大祀，而不在冬至。若指歲首大祀言，則自洪武十二年以來，未之有改，不待嘉靖七年始定矣。

世宗實録：十四年十一月乙亥，冬至，次日，帝御奉天殿，群臣公服行慶賀禮，王府、邊鎮、四夷所進表文方物，皆免陳設宣奏。

續文獻通考：十六年，更定正旦、冬至禮。詳見「正旦」門。

大政紀：十七年十月辛酉，定冬至日大祀。次日，廟享，行慶賀禮。每歲冬至節，帝祀圜丘，還御殿，百官行慶成禮。即日，百官仍賀冬至，賜慶成宴。是年十一月二十一日冬至，禮官遵奉定儀，預請習儀，帝已俞之矣。尋諭内閣：「朕連日復思慶賀事宜有失次第，心甚不安，卿等可即會禮官，令二十一日朕回謁祖考畢，依原擬受大祀慶成賀，不宜同日並受至日之賀。二十二日清晨，朕於内殿行祭禮畢，出受至日賀，回宫俟設宴畢，停當行大宴禮。」自是以後，遂爲定制云。

蕙田案：冬至行慶成禮，次日行冬至朝賀。會典及郭正域典禮志及明史禮志皆然。今考實録於九年冬至日止言群臣行慶成禮，不言次日朝賀。而十二年之以疾免賀，十三年之行慶賀禮，十四年之公服行禮，則皆在冬至之次日。蓋十七年以前，已有次日慶賀之事，而十五年則云「冬至日，免百官慶賀」，十六年則云「冬至日，以足疾免朝賀」。其云「冬至日」者，猶言「冬至節」耳，非定指本日而言，蓋記者行文之略耳，非前後不同也。至十七年之詔，因以前次日行禮，固未著之爲令，至是年而始定歟？

明世宗實録：二十五年十一月壬申，禮部請冬至仍於奉天門行禮。尚書費宷言：「積雪初霽，天氣凝寒，冬至朝賀，恐煩聖躬。請如昨歲例，臣等朝服於奉天門行禮，少伸臣子拜祝之忱。」帝以其言爲忠敬，報可。

右冬至朝賀

聖節朝賀

蕙田案：古者有上壽之辭，無賀生辰之禮。詩稱「躋彼公堂，稱彼兕觥，萬壽無疆」，又云「虎拜稽首，天子萬壽」。人臣受恩於君，無以報稱，惟有祝君壽考而已。至生日之説，自古無之，惟隋高祖仁壽二年，詔：「六月十三日是朕生日，宜令海内爲武元皇帝、元明皇后斷屠。」唐太宗亦以生日幸慶善宫，賦詩賜宴。是帝皇稱生日之始，然未置酒稱賀。至玄宗因源乾曜、張説之請，以生日爲千秋節，御花蕚樓受賀。然御花蕚樓，則尚非正衙也。且終唐之世，惟穆宗、文宗復行之，其餘諸帝，率集沙門道士，講論祈福，不稱賀也。五代晉、漢、周，亦舉上壽故事。宋世，聖節上壽，或在紫宸殿，或在垂拱殿，或在崇德殿，較之正冬御乾元殿，其禮猶殺也。金史以元日、聖誕上壽，并爲一儀，則與元正禮等。元、明以來，蓋承用之。唐、宋、遼、金，每一帝必别立節名，元則稱「天壽節」，或云「聖誕節」，明則惟稱「萬壽節」焉。

册府元龜：唐玄宗以垂拱元年八月五日生於東都，開元十七年八月癸亥，以降誕之日，大置酒張樂，宴百寮於花蕚樓下。終宴，尚書左丞相源乾曜、右丞相張説率文武百官等上表曰：「臣聞聖人出，則日月記其初；王澤深，則風俗傳其後。故少昊著流虹之感，商湯本玄鳥之命，孟夏有佛生之供，仲春修道祖之籙，追始樂原，其義一也。伏惟開元神武皇帝陛下，二氣合神，九龍浴聖，清明總於玉露，爽朗冠於金天。月惟仲秋，日在端午，常星不見之辰，祥光照室之期，群臣相賀曰『誕聖之辰』也，焉可不以爲嘉節乎？比夫曲水禊亭，重陽射圃，五日綵線，七夕粉筵，豈同年而語也？臣等不勝大願，請以八月五日爲千秋節，著之甲令，播於天下，咸令宴樂，休暇三日。群臣以是日，獻甘露醇酎，上萬歲壽酒。王公戚里進金鏡綬帶，士庶以絲結承露囊，更相遺問，村社作壽酒宴樂，名爲賽白帝，報田神。上明玄天，光啓大聖；下彰皇化，垂裕無窮。異域占風，同見美俗。」帝手詔報曰：「凡是節日，或以天氣推移，或因人事表記。八月五日，當朕生辰，感先聖之慶靈，荷皇天之眷命，卿等請爲令節，上獻嘉名，勝地良游，清秋高興，百穀方熟，萬寶以成。自我作古，舉無越禮，朝野同歡，是爲美事。依卿來請，宣付所司。」

王氏欽若等曰：「誕聖節名始於此。」

舊唐書玄宗本紀：開元十八年秋八月丁亥，上御花萼樓，以千秋節，百官獻賀。

唐六典：凡千秋節，皇帝御樓，設九部之樂，百官袴褶陪位，上公稱觴獻壽。

開元禮：皇帝千秋節受群臣朝賀并會　前三日，所司供備如式。前一日，尚舍鋪御座，内外張設，並如常御樓之儀。尚食、光禄供辦如式〔一〕。尚食先置壽罇於樓上御

〔一〕「尚食」，諸本作「尚舍」，據通典卷一二三、開元禮卷九七改，下同。

座之東，又置壽罇於樓前之東南。皆有盞斝。其日平曉，陳引仗衛如常儀。百官常服，咸就横街南，依東西班序立。侍中版奏「外辦」。皇帝常服御座，候褰簾。通事舍人引群官詣横街北壽罇之南〔一〕，俱北面。中書、門下及供奉官如常式立定。典儀贊再拜，横街南北百官俱再拜。訖，尚食奉御酌壽酒以授殿中監，殿中監以授侍中，侍中執酒以立。殿中監受侍中之酒，侍中執笏，稍前，跪奏稱：「千秋令節，臣等不勝大慶，謹上千萬歲壽。」奏訖，興，再拜，群臣上下皆再拜。内所由酌壽罇之酒以進〔二〕，皇帝受酒，承制宣云：「得卿等壽酒，與卿等内外同慶。」皇帝舉酒，群官上下又再拜，三呼萬歲，舞蹈，又再拜訖，詣座所。太官令酌酒以進，侍中執酒以出，群官等俱出謝酒訖，就座。太常卿引樂作止如常儀。其横街南群官應有常食者，引就座如式。餘退。其群官所獻甘露、醇酎，尚食等所由並其日平曉於樓之便門奉進。會畢，樓上褰簾，群官各出就位，立定，典儀贊再拜，群官等俱再拜。若臨時别有進止，隨事贊相。垂簾，群官退。

〔一〕「南」上，通典卷一二三有「西」字。

〔二〕「由」，諸本作「司」，據通典卷一二三、開元禮卷九七改。

册府元龜：開元二十三年八月五日，千秋節，御花萼樓，宴群臣。御製千秋節詩序。時小旱，是日，大澍雨，百官等咸上表賀。　二十四年八月五日千秋節，帝御廣達樓，宴群臣，奏九部樂，内出舞人繩伎，頒賜有差。

天寶七載七月，文武百官、刑部尚書兼京兆尹蕭照等及宗子咸上表，請改「千秋節」爲「天長節」。從之。

舊唐書穆宗本紀：元和十五年正月，憲宗崩。丙午，即皇帝位。秋七月乙巳，詔：「皇太后就安長樂，朝夕承顔，慈訓所加，慶感兼極。今月六日是朕載誕之辰，奉迎皇太后於宫中上壽。朕既深懽慰，欲與臣下同之。其日，百寮、命婦宜於光順門進名參賀，朕於光順門内殿與百寮相見，永爲常式。」丙午，敕：乙巳詔書載誕受賀儀宜停。先是，左丞韋綬奏行之，宰臣以古無降誕受賀之禮，奏罷之。

册府元龜：長慶元年七月庚子，降誕日，百寮於紫宸殿稱賀畢，詣昭德門，外命婦詣光順門，並進門奉賀皇太后。　二年七月甲午，降誕日，宰臣率百寮入閤，奉賀訖，又詣光順門，進名賀皇太后。

敬宗寶曆元年六月，敕：降誕日，文武百寮於紫宸殿稱賀，及詣光順門奉賀皇太后。自今已後，宜停。國朝本無降誕日賀儀，蓋長慶初，尚書左丞韋綬率情上疏行此禮，至是方罷。

蕙田案：册府元龜所載，則降誕日稱賀之禮，至敬宗方罷。舊唐書穆宗紀以爲罷於穆宗時者，非也。但千秋節受朝賀，開元禮已有之，乃謂國朝本無降誕日賀儀者，殆止據貞觀、顯慶二禮而言耳。

文宗太和七年八月，中書門下奏：「請以十月十日爲慶成節，著在令式。是日，陛下於宮中奉迎太皇太后與昆弟、諸王，盛陳宴樂，群臣詣延英門奉觴，上千萬歲壽。」八年九月敕：「慶成節宜令百寮詣延英上壽，仍令太常寺具儀注聞奏，仍準上巳重陽例，於曲江賜宴。」九年十月慶成節，詔：「宰臣及文武百官，慶成節赴延英殿庭奉觴稱賀，禮畢，錫宴於曲江亭。」

開成元年十月慶成節，宴於延英殿，太常進雲韶樂，宰臣及翰林學士赴宴。又錫百僚宴於曲江。二年九月，詔：「慶成節，宜令京兆府準上巳重陽，於曲江宴會文武百寮，奉觴宜權停。」

蕙田案：聖節朝賀，始於唐時。玄宗以後，其禮旋廢，惟穆宗、文宗復行之。

其餘諸帝，降誕日率集沙門、道士，講律論，修法會，以祈福祥而已，不朝賀。其節名，則玄宗曰「千秋節」，又改「天長節」，肅宗曰「天成地平節」，文宗曰「慶成節」，武宗曰「慶陽節」，宣宗曰「壽昌節」，懿宗曰「延慶節」，僖宗曰「應天節」，昭宗曰「嘉會節」，哀帝曰「乾和節」，其餘皆不立節名。

又案：五代後唐莊宗曰「萬壽節」，明宗曰「應聖節」，末帝曰「千春節」。晉高祖曰「天和節」，少帝曰「啓聖節」。漢高祖曰「聖壽節」，隱帝曰「嘉慶節」。周太祖曰「永壽節」，世宗曰「天清節」，恭帝曰「天壽節」。其舉行朝賀之禮者，晉高祖天福七年二月壬子天和節，御武德殿，宰臣率文武百官上壽。漢隱帝乾祐三年三月丙子嘉慶節，御廣政殿，文武百寮上壽酒。周太祖廣順元年七月戊子永壽節，御廣政殿，百寮進酒上壽；二年七月壬午永壽節，群臣詣廣政殿上壽。世宗顯德元年九月乙未天清節，御廣政殿，宰臣率文武百寮上壽；二年九月己丑天清節，御廣政殿，文武百寮上壽；三年九月癸丑天清節，宰臣率百官詣廣政殿上壽；四年九月丁未天清節，百辟上壽；五年九月壬子天清節，臣寮詣廣德殿上壽。

宋史真宗本紀：至道三年十二月癸巳承天節，群臣上壽於崇政殿。

大中祥符二年十二月辛巳，詔：晉國大長公主喪，罷承天節上壽。

禮志：仁宗以四月十四日爲乾元節。

仁宗本紀：天聖元年夏四月丁未乾元節，百官及契丹使初上壽於崇德殿。

明道二年四月己酉，罷乾元節上壽。

英宗本紀：治平元年春正月己亥壽聖節，百官及契丹使初上壽於紫宸殿。

禮志：英宗以正月三日爲壽聖節。禮官奏：「故事，聖節上壽，親王、樞密於長春殿，宰臣、百官於崇德殿，天聖諒闇皆於崇政殿。」於是紫宸上壽，群臣升殿間，飲獻一觴而退；又一日，賜宴於錫慶院。

神宗本紀：熙寧元年夏四月辛亥同天節，群臣及遼使初上壽於紫宸殿。

陳隨隱上壽拜舞記：紫宸殿上壽，三十三拜，三舞蹈。初，面西立，閤門進班齊牌，上升座，鳴鞭。禁衛起居，移班，北面躬身，聽贊兩拜，起，直身，搢笏，三舞蹈，跪左膝，三叩頭，出笏，就一拜，又兩拜，躬身，俟班首奏「聖躬萬福」，再聽贊拜兩拜，移班如初。殿中監升殿，詣酒罇所，教坊起居，殿侍進御茶牀，又北面，躬身，聽贊拜兩拜，直身，立。上公升殿注酒，詣御座前，躬進，俯伏，致詞，並躬身，竢上公降階，復位。聽贊拜兩拜，起，躬身，俟樞密宣答，聽贊拜兩拜，移班如初。上公升殿，立御座東，樂作。上飲畢，上公受盞，降階，復位，北面，躬身，聽贊拜兩拜，舞蹈如初。不該赴座官先退，赴座官躬身，聽樞密詣折檻東宣答訖，聽贊拜兩拜，升階，立席後。俟進酒，樂作。上飲畢，舍人贊各賜酒，躬身，聽贊拜，兩拜，起，贊各就坐，立如故。復贊，乃坐。酒行，先上公，次百官，搢笏，執盞，立席後，躬身，飲訖。聽贊拜，兩拜，復坐，食至，搢笏，執楪，出笏，再進酒，如上禮。三行，舍人曰「可起」，立席後。俟上公御座前，俛伏，跪奏，復位，降階，北面。聽贊拜兩拜、舞蹈如初，鳴鞭，捲班。

禮志：熙寧三年，以大旱罷同天節上壽，群臣赴東上閤門表賀。中書門下言：「同天節上壽班，自今樞密使副、宣徽、三司使、殿前馬步軍副都指揮使以上共作一班，進酒一醆；親王、宗室、使相至觀察、駙馬、管軍觀察使以上，皆赴紫宸殿，依本班序立上壽，更不赴垂拱殿。」蓋以管軍觀察使以上及親王、駙馬並於垂拱殿以官序高下各班進酒畢而日晏，外朝有班者仍詣紫宸殿，議者以爲近瀆，改焉。而詔祖免以上宗婦聽班賀於禁中。

哲宗本紀：元祐二年十二月丙戌興龍節，初上壽於紫宸殿。

徽宗本紀：建中靖國元年冬十月丁酉天寧節，群臣及遼使初上壽於垂拱殿。

禮志：徽宗以十月十日爲天寧節，定上壽儀：皇帝御垂拱殿，群臣通班起居畢，分班，從義郎以下醫官、待詔等先退。知引進司官一員讀奏目，知東上閤門官一員奏進壽酒，由東階升，舍人通教坊使以下贊再拜，奏聖躬萬福，又再拜，復位。次看醆人稍前，舍人贊再拜，上殿祗候，分東西兩階立，候進酒升殿。次舍人引親王入殿庭，北向立，贊再拜，班首奏萬福。舍人引進奉西入，列於親王後，酒器檐牀置馬前，揖天武躬奏萬福，進奉馬先出〔一〕。内侍進御茶牀，殿中監酹酒訖，知東上閤門官殿上躬奏「親王某以下進壽酒」。舍人揖親王以下躬贊再拜，乃引親王一員升殿，知東上閤門官引詣御座前，舍人東階下西向立，尚醖典御奉盤、醆授班首，搢笏受盤、醆，西向立，奉御啓醆，親王一員搢笏注酒，班首奉詣御座東進訖，少退，虛跪，興，以盤授典御，退，閤門引降階。舍人引當殿北向立，東上，贊拜，興，搢笏，跪奉表，舍人接表，一員

〔一〕「進」，原作「造」，據光緒本、宋史禮志十五改。

在東，餘詣親王西，置表笏上，授引進。知引進司官殿上讀奏目，退，親王以下俛伏，興，躬，舍人贊再拜，引班首升東階，餘殿下分立。閤門引詣御座東，北向搢笏，尚醞典御如前奉盤立，樂作，皇帝飲訖，受醆，復位，再拜如上儀。知引進司官詣折檻東，西向宣曰「進奉收」。贊拜，舞蹈，又再拜，西出。親王以下赴紫宸殿立班。引進官宣「進奉出」，天武奉進奉以出。閤門復立殿上，教坊司贊送御酒，又再拜，教坊致語訖，贊再拜，退。次樞密官上壽，次管軍觀察以上上壽、進奉並如儀。内侍舉御茶牀，舍人贊教坊司以下謝祇應，再拜訖，閤門側奏無公事。皇帝赴紫宸殿後閤受群臣上壽。質明，三公以下百僚並於殿門外就次，東上閤門、御史臺、太常寺分引入詣殿庭東西立。閤門附内侍進班齊牌，皇帝出閤，禁衛諸班親從迎駕，自贊常起居〔一〕。皇帝升座，鳴鞭，禮直官、通事舍人引三公至執政官，御史臺、東上閤門分引百官，並横行北向立，典儀贊再拜，舞蹈，班首奏萬福，又再拜訖，分東西立。禮直官引殿中監、少監升東階，詣酒尊所稍西，南向西上立，舍人揖教坊司以下通班大起居，次看醆人謝升

〔一〕「常」，諸本作「帝」，據宋史禮志十五改。

殿〔一〕，贊再拜。內侍進御茶牀，殿侍酙酒訖，禮直官、通事舍人分引三公至執政官，御史臺、東上閤門分引百寮，並横行北向立，典儀贊再拜，贊者承傳，在位官皆再拜。禮直官、通事舍人引上公升東階，東上閤門官接引升殿，授醆、啓醆如上儀。上公詣御座俛伏跪奏：「文武百寮、上公具官臣某等稽首言：天寧令節，臣等不勝大慶，謹上千萬歲壽。」俛伏，興，退，降階，舍人接引復位，典儀贊再拜訖，禮直官引知樞密院官詣御座前承旨，退詣折檻稍東，西向宣曰：「得公等壽酒，與公等内外同慶。」典儀贊拜如儀，百官分東西立。禮直官、通事舍人引上公升東階，東上閤門官接引詣御座東，搢笏，殿中監授盤，上公奉進御座東，北向，樂作，皇帝飲訖，閤門引接醆，降，復位，典儀贊拜如上儀。宗室遥郡以下先退。禮直官引樞密院官詣御座前承旨，退詣折檻稍東，宣曰：「宣群臣升殿。」典儀贊拜訖，禮直官、通事舍人分引三公以下升東階，親王、使相以下升西階；御史臺、東上閤門分引秘書監以下升兩朵殿，並東西廊席後立。尚醞典御以醆授殿中監，奉御啓醆，殿中監西向立，殿中少監以酒注於醆，第二、第三準此。

〔一〕「看」，原作「首」，據光緒本、宋史禮志十五改。

奉詣御座前，躬進訖，少退，舉盤西向立。樂作，皇帝飲訖，殿中監接醆退，授奉御，出笏，復位。通事舍人分引殿上官横行北向，舍人贊再拜，典儀曰「再拜」，贊者承傳，皆再拜。舍人贊就坐，各立席後，復贊就坐，群臣皆坐。酒初行，先宰臣，次百官，皆作樂。尚食典御、奉御進食，太官設群官食，皇帝再舉酒，群官興，立席後，樂作。飲訖，舍人贊就坐，再行群官酒，皇帝三舉酒，並如第二之儀。酒三行，舍人曰「可起」，群官興，立席後。若宣示醆，即隨東上閤門官以下揖，稱「宣示醆」，躬，贊就坐。若宣勸，即立席後，躬，飲訖，贊再拜。内侍舉御茶牀，禮直官引左輔詣御座前北向俛伏跪奏：「左輔具官臣某言禮畢。」俛伏，興，退復位。禮直官、通事舍人分引三公以下文武百僚降階横行北向立，樞密院官在親王後。典儀贊再拜，皆舞蹈再拜退。

欽宗本紀：靖康元年夏四月己酉，乾龍節，群臣上壽於紫宸殿。

高宗本紀：建炎元年五月癸卯，天申節，罷百官上壽。

禮志：建炎元年五月，宰臣等上言，請以五月二十一日爲天申節。詔曰：「朕承祖宗遺澤，獲託士民之上，求所以扶危持顛之道，未知攸濟。念二聖鑾輿在遠，萬民失業，將士暴露，夙夜痛心，寢食幾廢，況以眇躬之故，聞樂飲酒，以是爲樂乎？非惟深拂朕志，實增感於朕心。所有將來天申節百官上壽常禮，可令寢罷。」至是止就佛寺啓散祝壽道場，詣閤門或後殿拜表稱賀。

孝宗本紀：淳熙十五年冬十月甲申，會慶節，詔北使、百官詣東上閤門拜表起居，免入賀。

光宗本紀：紹熙四年秋九月庚午，重明節，百官上壽。

寧宗本紀：紹熙五年七月，即皇帝位。冬十月丙午，復以朱熹奏請，却瑞慶節賀表。

度宗本紀：咸淳四年夏四月庚寅，乾會節，帝御紫宸殿，群臣稱賀。

遼史禮志：皇帝生辰朝賀儀：臣僚、國使班齊，皇帝陞殿坐。臣僚、使副入，合班稱賀，合班出，皆如皇太后生辰儀。中書令、北大王奏諸道進奉表目。教坊起居，七拜。臣僚東西門入，合班再拜。贊進酒，班首上殿進酒。宣徽使宣荅，群臣謝宣諭，分班。奏樂，皇帝卒飲，合班。班首下殿，分班出。皆如正旦之儀。進奉皆如皇太后生辰儀。皇帝詣皇太后殿，近上皇族、外戚、大臣並從，奉迎太后即皇帝殿坐。皇太后御小輦，皇帝輦側步從，臣僚分行序引，宣徽使、諸司、閤門攢隊前引。教坊動樂，控鶴起居，四拜。引駕臣僚並於山樓南方立候。皇太后入閤，揖使副并臣僚入幕次。皇太后陞殿坐，皇帝東方側坐〔一〕。引契丹、漢人臣僚、使副兩洞門入，合班，起居，舞蹈，五拜。贊各祗候，面殿立。皇帝降御座，殿上立，進皇太后生辰物。過畢，皇帝殿上再拜，殿上下臣僚皆拜。皇帝陞御座，引臣僚分班出。契丹臣僚入，謝宣宴。漢人臣僚、使副入，通名謝宣宴，上殿就位。不應坐臣僚出，從人入，皆如儀。御牀入，皇帝初進皇太后酒，皇太后賜皇帝酒，皆如皇太后生辰儀。贊各就坐，行酒。宣飲盡，就位謝如儀。殿上一進酒畢，從人入就位如儀。親王進酒，行餅茶〔二〕，教坊致語如儀。行茶、行殽饍如儀。七進酒，使相樂曲終，從人起。曲破，臣僚、使副起。餘皆如儀。

正旦之儀。

太宗本紀：天顯三年冬十月甲子，天授節，上御五鸞殿受群臣及諸國使賀。會同四年十一月，以永寧、天授二節並受賀，著令。

〔一〕「坐」，原作「立」，據光緒本、遼史禮志六改。

〔二〕「茶」，原作「引」，據味經窩本、乾隆本、光緒本、遼史禮志六改。

穆宗本紀：應曆十四年秋八月戊申，以生日值天赦，不受賀。十七年八月辛酉，生日，以政事令阿不底病亟，不受賀。

聖宗本紀：統和元年冬十二月戊申，千齡節，祭日月，禮畢，百僚稱賀。二十七年冬十二月辛卯，皇太后崩於行宫。己酉，詔免賀千齡節。

金史禮志：元日聖誕上壽儀。具「元旦朝賀」門。

蕙田案：上壽儀與元日同，惟致詞則云：「萬春令節，謹上壽卮。伏惟皇帝陛下萬歲萬歲萬萬歲。」宣答云：「得卿壽酒，與卿等内外同慶。」

熙宗本紀：皇統三年正月乙巳，萬壽節〔一〕，如正旦儀。

世宗本紀：大定二十八年三月丁酉朔，萬春節，御慶和殿受群臣朝，復宴於神龍殿，諸王、公主以次捧觴上壽。上驩甚，以本國音自度曲。蓋言臨御久，春秋高，渺然思國家基緒之重，萬世無窮之託。以戒皇太孫，當修身養德，善於持守，及命太尉、左丞相克寧盡忠輔導之意。於是，上自歌之，皇太孫及克寧和之，極驩而罷。

〔一〕「萬壽節」，諸本作「萬春節」，據金史熙宗本紀改。

章宗本紀：明昌元年九月壬子朔，天壽節，以世宗喪，不受朝。　二年九月丁未朔，天壽節，以皇太后喪，不受朝。　三年九月庚午朔，天壽節，以皇太后喪，不受朝。四年九月甲子朔，天壽節，御大安殿，受親王百官及宋、高麗、夏使朝賀。

承安二年秋七月戊辰，天壽節，御紫宸殿受朝。

宣宗本紀：貞祐四年二月戊戌，免親王、公主長春節入賀致禮。

興定元年二月庚戌，諭旨曰：「時方多難，將來長春節亦免賀禮。」　三年三月己卯〔一〕，長春節，免朝賀。　四年三月癸卯，長春節，詔免朝。　五年三月戊戌，長春節，免朝。

元光二年三月丙辰，長春節，免朝。

哀宗本紀：天興二年八月乙未〔二〕，萬年節，州郡以表來賀二十餘所。

元史世祖本紀：至元八年八月己未，聖誕節，初立内外仗及雲和署樂位。　十一月

〔一〕「三月」，原作「二月」，據光緒本、金史宣宗本紀改。
〔二〕「八月」，原作「九月」，據光緒本、金史哀宗本紀改。

乙亥，劉秉忠及王磐、圖克坦履等言：「元正、朝會、聖誕、詔赦及百官宣敕，具公服迎拜行禮。」從之。

禮樂志：天壽聖節受朝儀，如元正儀。

世祖至元八年秋八月己未，初起朝儀。先是，至元六年春正月甲寅，太保劉秉忠、大司農博羅奉旨，命趙秉溫、史杠訪前代知禮儀者肄習朝儀。既而，秉忠奏曰：「二人習之〔二〕，雖知之，莫能行也。」得旨，許用十人。遂徵儒生周鐸、劉允中、尚文、岳忱、關思義、侯祐賢、蕭琬、徐汝嘉，從亡金故老烏固倫居貞、完顏復昭、完顏從愈、葛從亮、于伯儀及國子祭酒許衡、太常卿徐世隆，稽諸古典，參以時宜，沿情定制，而肄習之，百日而畢。秉忠復奏曰：「無樂以相須，則禮不備。」奉旨，搜訪舊教坊樂工，得杖鼓色楊皓、笛色曹楫、前行色劉進、教師鄭忠，依律運譜，被諸樂歌。六月而成，音聲克諧，陳於萬壽山便殿，帝聽而善之。秉忠及翰林太常奏曰：「今朝儀既定，請備執禮員。」有旨，命丞相安圖、大司農孛羅擇蒙古宿衛士可習容止者二

〔二〕「二人」，諸本作「一人」，據元史禮樂志一改。

百餘人，肄之期月。七年春二月，奏以丙子觀禮。前期一日，布綿蕝金帳殿前，帝及皇后臨觀於露階，禮文樂節，悉無遺失。冬十有一月戊寅，秉忠等奏請建官典朝儀，帝命與尚書省論定以聞。八年春二月，立侍儀司，以呼圖克伊蘇、額森乃爲左右侍儀，奉御趙秉温爲禮部侍郎兼侍儀司事，周鐸、劉允中爲左右侍儀使，尚文、岳忱爲左右直侍儀事，關思義、侯祐賢爲左右侍儀副使，蕭琬、徐汝嘉爲僉左右侍儀事，烏固倫居貞爲承奉班都知，完顔復昭爲引進副使，葛從亮爲侍儀署令，于伯儀爲尚衣局大使。夏四月，侍儀司奏請製内外仗，如歷代故事。從之。秋七月，内外仗成。遇八月帝生日，號曰天壽聖節，用朝儀自此始。

成宗本紀：元貞二年秋九月辛未，聖誕節，帝駐蹕安同泊，受諸王百官賀。大德二年秋九月己丑，聖誕節，駐蹕阻嬀之地，受諸王百官賀。三年秋九月癸未，聖誕節，駐蹕古栅，受諸王百官賀。九年秋九月戊申，聖誕節，帝駐蹕於壽寧宫，受朝賀。

文宗本紀：至順元年春二月，中書省臣言：「舊制，正旦、天壽節，内外諸司各有贄獻，頃者罷之。今江浙省臣言，聖恩公溥，覆幬無疆，而臣等殊無補報，凡遇慶禮，進表稱賀，請如舊制爲宜。」從之。

順帝本紀：至元十九年夏四月，以天下多故，却天壽節朝賀，詔群臣曰：「朕方今宜敬天地，法祖宗，以自修省。朕初度之日，群臣毋賀。」庚午，左丞相太平暨文武百官奏曰：「天壽節朝賀，乃臣子報本，實合禮典。今謙讓不受，固陛下盛德，然今軍旅征進，君臣名分，正宜舉行。」不允。壬申，皇太子復率群臣上奏曰：「朝賀祝壽，是祖宗以來舊行典故，今不行，有乖於禮。」帝曰：「今盜賊未息，萬姓荼毒，正朕恐懼、修省、敬天之時，奈何受賀以自樂！」乙亥，御史大夫特哩特穆爾復奏曰：「天壽朝賀之禮，蓋出於臣子之誠，伏望陛下曲徇所請。若朝賀之後，内廷燕集，特賜除免，亦古者人君減膳之意，仍乞宣示中書，使内外知聖天子憂勤惕厲至於如此。」帝曰：「爲朕缺於修省，以致萬姓塗炭，今復朝賀燕集，是重朕之不德。當候天下安寧，行之未晚。卿等其無復言。」卒不聽。

王圻續通考：洪武元年定朝賀儀，凡冬至、聖節、朝會、宴享皆同。其聖節致詞，皇太子則云：「茲遇父皇陛下聖誕之辰，謹率諸弟某等，敬祝萬萬歲壽。」丞相則云：「茲遇皇帝陛下聖誕之辰，謹率文武百僚，敬祝萬萬歲壽。」不傳制。

明太祖實録：五年八月庚辰，帝曰：「正旦爲歲之首，天運維新。人君法天出治，禮亦宜之。生辰、冬至，於文繁矣。昔唐太宗謂，生辰是父母劬勞之日，況朕皇考皇妣早逝，每於是日，不勝悲悼，忍受天下賀乎？宜皆罷之。」

王圻續通考：洪武十三年九月，上以古人父母既没，生日當倍悲痛，即位以來，常不受賀。至是，李善長等累請，乃許之。其在位諸司五品以上者，自明年始聽其表賀。

明會典：萬壽聖節百官朝賀儀，洪武二十六年定，儀與正旦、冬至同。但致詞云：「恭惟皇帝陛下萬壽令節，臣某等誠懽誠忭，敬祝萬萬歲壽。」不傳制。凡進表箋，洪武二十六年定天壽聖節，在外五品以上衙門，止進表文一通。

續文獻通考：天順五年十一月丁未，以冬至、萬壽節同日，改致詞、宣表等儀。禮部言：「二節慶賀，致詞各異，又冬至傳制，聖節不傳制，今請通致詞曰：『兹遇律應黄鐘，日當長至，恭惟皇帝陛下萬壽聖節，膺乾納佑，奉天永昌。臣某等誠懽誠忭，敬祝萬萬歲壽。』然後惟以冬至制詞，傳答群臣。其各王府及在外文武衙門二節賀表，若前後宣讀，不無重複。請通宣表目。又通宣表文曰『忻逢長至，恭遇聖旦』。其在外文武衙門，至日行告天祝壽禮，宜曰『今兹冬至，恭遇聖旦，聖壽益增。』」從之。

明會典：弘治十七年，敬皇帝萬壽聖節，以孝肅太皇太后山陵襄事，百官服錦繡，於奉天門行五拜三叩頭禮。正德十六年，肅皇帝萬壽聖節，以武宗山陵未畢，令天下齎進表文，並公、侯、駙馬、伯、儀賓進賀綵緞，俱免宣讀陳設。

嘉靖二年，肅皇后萬壽聖節，以孝惠皇太后服制未滿，先期免習儀。至日，早於奉先殿行孝慈高皇后忌辰，祭禮畢，上服黄袍御奉天殿，錦衣衛設鹵簿大駕，如常儀。鳴鐘鼓，鳴鞭，教坊司作樂，文武百官具朝服，先行四拜禮，致詞，又四拜，免雞唱、山呼、舞蹈等禮，表文綵緞，免宣讀陳設。

世宗實録：嘉靖十四年八月中，萬壽聖節，禮部請先期習儀。詔以廟建未成，祖考未安，朕生辰豈宜受賀？至日，止常服御殿，如朔望日儀。禮部又請：「是日，教坊司設樂於奉天門，北面，百官公服，鴻臚寺仍具班首官名致詞，行五拜禮，其表文方物，俱免陳設。」從之。

右聖節朝賀

# 五禮通考卷一百四十一

## 嘉禮十四

### 朝禮

皇后受賀

蕙田案：周禮命婦朝女君，則皇后之有朝尚矣。漢制，自二千石夫人以上，服蠶衣以朝，晉、宋皆然。唐永徽五年，命婦朝於光順門。其後，以朝官、命婦雜處，朝賀詔停。開元禮載皇后正旦冬至受外命婦朝儀，於肅章門外齊班，然後入内殿行禮，賀畢有會。長慶以後，則外命婦有邑號者，正旦、冬至詣光順門起居。

宋制皇親國戚之家及臣僚、命婦〔一〕，遇節序慶賀，許入内進奉而已。其朝賀太皇太后、皇太后禮同。至於正旦、冬至朝賀行禮之詳，無聞焉。元正旦，命婦則以常禮詣内殿行賀禮。明正旦、冬至，皇后御坤寧殿，内使監官引内外命婦入朝，禮畢，賜宴於後殿。今具唐開元禮、明禮志、集禮及歷代儀注，用著于篇。

宋書禮志：自皇后至二千石命婦，皆以蠶衣爲朝服。

隋書禮儀志：後齊元日，中宫朝會，陳樂，皇后褘衣乘輿，以出於昭陽殿。坐定，内外命婦拜，皇后興，妃主皆跪。皇后坐，妃主皆起，長公主一人，前跪拜賀。禮畢，皇后入室，乃移幄坐於西廂。皇后改服褕翟以出。坐定，公主一人上壽訖，就坐。御酒食，賜爵，並如外朝會。

後周皇后之服，凡十有二等。朝命婦，則服褕衣；食命婦，歸寧，則服鳪衣；臨婦學及法道門，燕命婦〔二〕，有時見命婦，則蒼衣。

〔一〕「命婦有邑號者正旦冬至詣光順門起居宋」十七字，原脱，據味經窩本、乾隆本、光緒本補。
〔二〕「燕」，原脱，據味經窩本、乾隆本、光緒本、隋書禮儀志六補。

隋儀如後齊制，而又有皇后受群臣賀禮。則皇后御座，而内侍受群臣拜以入，承令而出，群臣拜而罷。

皇后褘衣，深青質，織成領袖，文以翬翟，五采重行，十二等。素紗内單，黼領，羅縠褾、襈，蔽膝。隨裳色，用翟爲章，三等。大帶隨衣色，朱裏，紕其外，上以朱錦，下以緑錦，紐約用青組。以青衣，革帶，青韤、舄，舄以金飾。白玉佩，玄組、綬。章采尺寸，與乘輿同。祭及朝會，凡大事則服之。

明集禮：古者，后夫人有房中之樂歌。周南、召南而不用鐘磬，所以諷誦以事其君子，而朝會之樂未聞焉。隋初，皇后之庭但設絲管。大業以後，始制鐘磬，而猶不設鎛鐘。

唐開元禮皇后正至受群官朝賀：

前一日，尚寢率其屬設御幄座，如外命婦朝儀。守宮設群官次於宮城門外〔二〕，如常儀。其日，未明一刻，諸衛各勒所部屯門列仗及陳布於肅章門外；奉禮設文武群

〔二〕「群官」，諸本脱，據通典卷一二三、開元禮卷九八補。

官、諸親、番客使等位於宫城門外〔一〕，如廟堂之式；典儀設文武群官位於肅章門外，文東武西，俱重行北面，相對爲首。諸親位於文武五品之下，朝集使、番客等分方位次如常。設典儀、贊者位於群官東北，差退，西向北上。又設内給事位群官之北，南向。若與外命婦同時朝，則典儀於肅章門外設群官等版位。文武群官依時刻集列門外，俱就次，各服其服。若與上臺同日朝賀〔二〕，則上臺禮畢，群官仍朝服，典謁引從納義門西行，就版位。尚儀奏「請中嚴」。六尚以下各服其服，俱詣内閤奉迎。典儀率贊者先入就位，典謁引文武群官入就位。尚儀奏「外辦」。皇后首飾褘衣以出，即御座南向坐〔三〕。侍衛警蹕及設琮璽於御座〔四〕，並如常儀。内謁者監引内給事出就南面，典儀曰「再拜」，贊者承傳，文武群官等俱再拜。典謁引爲首者一人進内給事前〔五〕，北面跪賀。詞至正並與賀皇帝同，惟「伏惟殿下」與時同休」爲異耳。賀訖，俛伏，興。典謁引退，復位。群官等皆再拜。内

〔一〕「位」，諸本作「衛」，據通典卷一二三、開元禮卷九八改。
〔二〕「日」，諸本作「上」，據開元禮卷九八改。
〔三〕「座」，原脱，據光緒本、通典卷一二三補。
〔四〕「衛」，諸本作「御」，據通典卷一二三改。
〔五〕「謁」，諸本作「儀」，據通典卷一二三改。

謁者監引内給事入，依式奏聞。内給事承令出，内謁者監引内給事復南面位〔一〕，稱「令旨」。群官等皆再拜，内給事宣令云：「履新之慶，冬至云「履長之慶」。與公等同之。」群官等又再拜。内謁者監引内給事入。典謁引群官等出〔二〕。尚儀前奏「禮畢」。皇后降座以入，侍衛警蹕如常儀。

皇后正至受外命婦朝賀并會、太皇太后皇太后受群臣外命婦朝賀禮並同。

前二日，本司宣攝内外各供其職。前一日，守宫設外命婦次如常儀。尚寢率其屬設御幄於皇后正殿北壁，南向。又設命婦爲首者脱舄席於西階前近西，東向如式。司樂展宫懸之樂於殿庭，設麾於殿上西階之西，東向。内僕進重翟以下於肅章門外道東，西向北上。司贊設命婦版位於殿庭：大長公主以下在東，太夫人以下在西，諸親婦女以下宗親在東，異姓在西。俱重行北面，相對爲首。内謁者設外命婦等位於肅章門外：大長公主以下於道東，太夫人以下於道西，俱重行相向，北上。命婦有從夫之

〔一〕「内謁者」，諸本脱「内」字，據通典卷一二三、開元禮卷九八補。
〔二〕「出」，諸本脱，據通典卷一二三、開元禮卷九八補。

爵，無夫有從子之爵。設司贊位於東階東南，西向。掌贊二人位於司贊之南，差退，俱西向。受朝日，依時刻諸衛勒所部屯門列仗及陳布於肅章門外，如常儀。外命婦等依時刻集到宮門外，至下車所道西，東向，以車爲次，北上。車次定，外命婦等皆降車〔一〕，内典引引之次，各服其服。尚儀奏「請中嚴」，宮官侍衛者皆朝服，司寶奉琮寶，依式俱詣内閤奉迎。司樂帥女工人入就位，典樂升就舉麾位。司贊先入就位〔二〕。内典引引外命婦俱就肅章門外位〔三〕。尚儀奏「外辦」，皇后首飾褘衣以出，警蹕如常儀。皇后出自西房，典樂舉麾，奏正和之樂；即御座，南向坐，司寶奉琮寶，置於御座如常，偃麾，樂止。凡樂皆典樂舉麾，工鼓柷而後作，偃麾，戛敔而後止。司賓承引命婦以次入就位。爲首者初入門，舒和之樂作〔四〕，至位，樂止。命婦等立定，司贊曰：「再拜。」掌贊承傳，外命婦皆再拜。司賓引爲首者一人詣西階，爲首者初行，樂作，至階，樂止。爲首者

〔一〕「外」，諸本脱，據通典卷一二三、開元禮卷九八補。
〔二〕「司贊」下，開元禮卷九八有「帥掌贊」三字。
〔三〕「外命婦」，諸本脱「外」字，據通典卷一二三、開元禮卷九八補。
〔四〕「之」，諸本脱，據通典卷一二三、開元禮卷九八補。

脱舄，升，進當御座前，北面跪賀，稱「妾姓等言」。賀詞與群官同。賀訖，起，司賓引爲首者降階納舄，樂作；復位立定，樂止。司贊曰「再拜」〔一〕，掌贊承傳，外命婦等皆再拜。司言前承令〔二〕，降自西階，詣命婦西北〔三〕，東面稱令旨，外命婦等皆再拜。宣令曰：「履新之慶，冬至云「履長之慶」。夫人等同之〔四〕。」司贊者曰「再拜」，掌贊承傳，外命婦等皆再拜。司賓以次引出，爲首者初行，樂作，出閤，樂止，内典引承引以出。尚儀前奏「禮畢」，還侍位。皇后降座，樂作；入自東房，侍衛警蹕如來儀，樂止。女工人退。

會：朝訖，尚寢帥其屬鋪外命婦等之座於殿上〔五〕，大長公主以下於御座東南，重行西向；太夫人以下於御座西南，重行東向。設不升殿者座席於東西廊下〔六〕，皆如上

〔一〕「曰」上，諸本衍「者」字，據通典卷一二三、開元禮卷九八删。

〔二〕「前承」，諸本誤倒，據通典卷一二三、開元禮卷九八乙正。

〔三〕「詣」，諸本作「諸」，據通典卷一二三改。

〔四〕「夫」上，開元禮卷九八有「與」字。

〔五〕「殿」，原作「座」，據光緒本、通典卷一二三改。

〔六〕「不」，諸本脱，據通典卷一二三補。

儀。又量設脱舄席於東西階下。尚食設壽罇於殿上東序之端，西向，有坫；加爵一〔一〕，於罇下。設升殿者酒罇於東西廊下，近北；設廊下者酒罇各於其座之南，皆有坫羃，俱障以帷。設訖，司樂帥諸樂人就位。内典引引外命婦俱詣肅章門外位。尚儀奏「外辦」，皇后首飾褘衣以出，警蹕侍衛如常儀。皇后出自西房，典樂舉麾，正和之樂作，即御座，南向坐，司寶奉琮寶置於御座如常儀，偃麾，樂止。司賓承引外命婦以次入就位，爲首者初入門，樂作，至位，樂止。外命婦立定，若朝會别日，贊拜如朝禮。司言前承令，降，詣命婦西北〔二〕，東向〔三〕，稱「令旨，夫人等升席座」。司贊曰「再拜」，贊者承傳，外命婦等皆再拜。訖，司賓引外命婦應升殿者詣東西階，樂作，爲首者至階，樂止，俱就席，脱舄於階下以升。司賓引爲首者一人升階，近東，西面立，以下各就席後立。司賓引不升殿者詣東西廊下席後立。上下立定，司賓引爲首者詣酒罇所，北面立。尚食酌酒一爵以授爲首者，司賓引爲首者至御座前，北向，授尚食。尚食受

〔一〕「加」，諸本脱，據通典卷一二三、開元禮卷九八補。
〔二〕「詣」，諸本作「諸」，據通典卷一二三改。
〔三〕「東」，諸本作「南」，據通典卷一二三改。

爵，進置御座前。司賓引爲首者退，北面。爲首者跪奏，稱：「妾姓等言，元正首祚，冬至云「天正長至。」妾等不勝大慶，謹上千萬歲壽。」興，再拜，外命婦等皆再拜。訖，司言前承令，宣令云：「令旨，夫人等同納景福。」外命婦等又再拜。尚食取爵奉進，皇后舉酒，樂作，外命婦等皆三稱萬歲。皇后舉酒訖，尚食受虛爵復於坫，樂止。司贊曰「再拜」，掌贊承傳，外命婦等皆再拜。司賓引爲首者就席後立。司贊曰「就座」，掌贊承傳，外命婦等俱就座〔一〕。尚食進酒，至階，司贊曰：「酒至，興。」掌贊承傳，外命婦等俱興，立席後。尚儀至階省酒。尚食奉酒進，皇后舉酒，樂作如常。又行外命婦酒，酒至，司贊曰「再拜」，掌贊承傳，外命婦等俱再拜，受觶。司贊曰「就座」，掌贊承傳，外命婦等俱就座坐飲。皇后舉酒訖，尚食受虛爵復於坫，樂止。觴行三周，尚食進御食〔二〕，食升階，司贊曰：「食至，興。」掌贊承傳，外命婦等皆起，立席後。尚食至階省案〔三〕。

〔一〕「座」，諸本作「位」，據通典卷一二三、開元禮卷九八改。
〔二〕「進」，諸本作「奉」，據通典卷一二三、開元禮卷九八改。
〔三〕「案」，原作「候」，據光緒本、通典卷一二三改。

尚食品嘗食訖，以次進置御前。又行命婦案。御若不食，及外命婦案先下訖〔一〕，不須興。設食訖，司贊曰「就座」，掌贊承傳，外命婦等皆就席座。皇后飯，樂作，外命婦等俱飯，御食畢，樂止。乃行酒，遂設庶羞，諸伎以次作〔二〕。若賜酒，司言前承令，詣東階上，西向，稱「賜酒」，階下掌贊承傳，外命婦等皆起，再拜，立受觶，坐飲。訖，起，立授虚觶，又再拜，就席坐。酒行十二徧，會畢。司贊曰「可起」，掌贊承傳，外命婦等皆起，立席後。司賓引降，各納舄，樂作，俱引復階下位，樂止。其廊下者，仍立於席後。立定，司贊曰「再拜」，掌贊承傳，外命婦等在位者皆再拜。若有束帛，則尚功帥其屬以束帛先立於東西廂。司言前承令，降自西階，詣命婦西北，東面稱「令旨」，外命婦等皆再拜。宣令訖，外命婦等又再拜。尚功帥其屬以次授束帛訖〔三〕，外命婦等又再拜。司賓引命婦等以次出，樂作，出門，樂止。内典引承引次出。尚儀前奏「禮畢」，遂還侍位。皇后降座，樂作，入自東房，警蹕侍衛如來儀，樂止。

〔一〕「外」，諸本脱，據通典卷一二三、開元禮卷九八補。
〔二〕「伎」，原作「仗」，據通典卷一二三改，光緒本作「技」。
〔三〕「授」，諸本作「受」，據通典卷一二三、開元禮卷九八改。

蕙田案：周官内宰：「掌致后之賓客之禮。」注：「謂諸侯夫人有會見王后之法，故亦致禮焉。」然則諸侯夫人朝於王后，而王后與之行宴會之禮者，其來尚矣。唐開元禮儀注獨詳，明集禮有宴會命婦之儀，蓋本諸此。

明集禮皇太子正旦朝賀皇后儀注：冬至壽誕同。

前期，内使監於坤寧宮設皇后御座於正中，設皇太子幄次於王宮門外之東近南，親王幄次於王宮門外近南之東西。其日，設儀仗於露臺上及殿庭之東西；設皇太子、親王拜位於露臺上正中及殿内正中；司贊二人位於露臺上拜位之北，東西相向；司賓二人位於司贊之南，東西相向；内贊二人位於殿内拜位之北，東西相向。樂工陳樂於王宮門外。皇太子親王朝上位。訖，司賓引導，仍具冕服至幄次，内使監官啓知皇后首飾褘衣將出，仗動，樂作，陞御座，樂止。司賓引導皇太子親王入就殿前拜位，初行，樂作，至拜位，樂止。司賓二人分立于東西，司贊唱「鞠躬」，樂作，拜，興，拜，興，拜，興，拜，興，平身，樂止。司賓引導皇太子親王俱進自殿東門，樂作，司賓伺於門外，内贊接引至於殿前拜位，樂止。内贊唱「跪」，皇太子跪，親王皆跪。皇太子稱：「長子某，兹遇履端之節，冬至則云「履長之節」，壽旦則云「兹遇母后殿下聖誕之辰」，謹率諸弟等恭上千歲壽」。謹率諸弟某王等恭詣母后殿下稱賀。」内贊唱「俛伏，興，平身」，皇太子親王皆俛伏，興，平身。内贊引皇太子親王自殿東門出，樂作，司賓引復殿前拜位，樂止。司贊唱「鞠躬」，樂作，拜，興，拜，興，拜，興，拜，興，平身，樂止。内使監官啓禮畢，司贊唱「禮畢」。皇后興，樂作，至内閤門，司賓引皇太子親王還幄次，樂止。

明史禮志中宫受朝儀：惟唐開元禮有朝皇太后及皇后受群臣賀、皇后會外命婦諸儀。明制無皇后受群臣賀儀，而皇妃以下，正旦、冬至朝賀儀，則自洪武元年九月詔定。凡中宫朝賀，内使監設皇后寶座于坤寧宫。丹陛儀仗，内使執之。殿上儀仗，女使執之。陳女樂於宫門外。設皇貴妃幄次於宫門外之西，近北；設公主幄次于宫門外之東，稍南；設外命婦幄次于門外之南，東西向。皇后服褘衣出閤，仗動，樂作。陞座，樂止。司賓導外命婦由東門入内道，東西班侍立，訖，導皇貴妃、衆妃由東門入，至陛上拜位。贊拜，樂作，四拜興，樂止。導由殿東門入，樂作。内贊接引至殿上拜位，樂止。贊跪，妃皆跪。皇貴妃致詞曰，「妾某氏等，兹遇履端之節」，冬至則云「履長」，「恭詣皇后殿下稱賀」。致詞畢，皆俯伏，興，樂作。復位，樂止。贊拜，樂作，四拜興，樂止。降自東階出，司賓導公主由東門入，至陛上拜位，以次立，行禮如皇妃儀。司賓導外命婦入殿前中道拜位，贊拜如儀。班首由西陛陞，入殿西門，樂作。内贊接引至殿上拜位，班首及諸命婦皆跪。班首致詞曰：「某國夫人妾某氏等稱賀。」賀畢，出復位。司言跪承旨，由殿中門出，立露臺之東，南向，稱有旨。命婦皆跪，司言宣旨曰：「履端之慶，與夫人等共之。」贊興。司言奏宣旨畢。皇后興，樂作。入内閤門，樂止。諸命婦出。太皇太后、皇太后朝賀儀同。洪武二十六年重定中宫朝賀儀。先日，女官設御座香案。至日内官設儀仗、陳女樂於丹陛東西，北向，設箋案於殿東門。命婦至宫門，司賓引入就拜位，女官具服侍班。尚宫、尚儀等官詣内奉迎，皇后具服出，作樂，贊拜如前儀。女官舉箋案由殿東門入，樂作。至殿中，樂止。贊跪，命婦皆跪。贊宣箋目，女官宣訖，贊展箋，宣箋女官詣案前，展宣訖，舉案于殿東。命婦皆興，司賓引班首由東階陞入殿東門，樂作。内贊引至殿中，樂止。贊跪，班首及諸命婦皆跪。班首致詞訖，皆興，由西門出。贊拜及司言宣旨，皆如儀。禮畢，千秋節致詞云：「茲遇千秋令節，謹詣皇后殿下稱賀。」不傳旨。凡朔望命婦朝參，是日設御座于宫中，陳儀仗女樂。皇后陞座，引禮女官引命婦入班，文東武西，各以夫品。贊拜，樂作，四拜。禮畢，出。陰雨、大寒暑則免。後命婦朝賀，俱于仁智殿。朝東宫妃，儀如朝中宫，不傳令。

明集禮宴會命婦儀注：正旦、冬至、壽誕同。

坤寧宫受朝賀畢，内使監官仍於殿上陳設御座于殿庭及露臺上，左右設儀仗及御座，左右擎執，如受朝之儀。又於御座西畔設貴妃等六妃位，東畔稍南設皇太子妃、王妃、公主位，於殿南左右第一行設一品外命婦坐次，左右第二行設二品命婦坐次，左右第三行設三品外命婦坐次〔一〕，左右第四行設四品外命婦坐次，以北爲上，東西相向。東西廡下設四品以下外命婦坐次，以北爲上。樂工於殿之南楹陳大樂、細樂及諸舞隊。設御酒尊于殿之南楹正中，設皇妃酒尊於御酒尊之西，皇太子妃、王妃、公主酒尊於御酒尊之東，設外命婦酒尊於殿門左右及東西兩廡。御位司壺二人，尚酒、尚食二人；皇妃六人，司壺一人，奉酒、奉食二人；皇太子妃、王妃、公主司壺一人，奉酒、奉食二人；殿上左右行每一行司壺二人，奉酒、奉食二人，東西廡各有司壺、供酒、供食之人。陳御食案於殿上正中，及皇妃六位食案於殿上之西，稍南；皇太子

〔一〕「外」，諸本脱，據明集禮卷一八補。

妃、王妃、公主食案於殿上之東，稍南；外命婦食案、東西廡命婦食案，皆先設於本位前。將宴，諸執事人各供事〔一〕。司賓引大小命婦各服常服，侍立於殿門外之左右。内使監官啓知，皇后常服，皇妃、皇太子妃、王妃、公主常服隨從，出閤，仗動，樂作，陞御座，樂止。司賓引皇妃、皇太子妃、王妃、公主入就位，司賓引大小命婦入，各立于座位後。丞相夫人率次命婦等舁御食案進於御座前，丞相夫人捧壽花進於御前。二品外命婦各舁食案進於皇妃、皇太子妃、王妃、公主前，進壽花於皇妃、皇太子妃、王妃、公主前。大小命婦各就位坐。奉御及諸執事人分進壽花於殿内大小命婦，及分進壽花於東西廡命婦。訖，司壺於御前，尚酒及皇妃、皇太子妃、王妃、公主前進酒，内外命婦前各供酒，樂作。樂女北面立，舉手唱「上酒」，飲畢，樂止。東西廡大小命婦前，司壺各斟酒如儀。奉御於御座前，尚食、供食者於皇妃、皇太子妃、王妃、公主前及外命婦前各供食，樂作。樂女北面，舉手唱「上食」，食畢，樂止。東西廡大小命婦前供食者各供食如儀。凡酒七行，間進食五次，上酒，上食，樂作，樂止，並如儀。

〔一〕「諸」，諸本作「請」，據明集禮卷一八改。

樂或間用舞隊。宴畢，皇后興，樂作。侍從導引還宮，如來儀。樂止，司賓引大小命婦以次出。

典彙：洪武十四年七月，皇后千秋節，諸命婦朝賀於坤寧宮，賜宴。

永樂二年九月，上召解縉、黄淮、胡廣、胡儼、楊榮、楊士奇、金幼孜諭之曰：「皇后數言欲召見爾七人命婦，其令即赴柔儀殿見。」是日，縉等妻入見中宫，慰勞備至，皆賜五品冠服及紗幣表裏。　三年四月，上命禮部：「自今命婦雖大朝賀亦止於三品以上，餘悉免之。定著爲令。」

宣德時，楊士奇在内閣時，夫人已故，惟一婢侍巾櫛而已。一日，中宫有喜慶，文武大臣命婦皆朝賀。太后聞士奇無命婦，令左右召其婢，至則諸命婦已退矣。太后見其貌既不揚，衣服儉陋，命妃嬪重爲梳整，易内製首飾衣服而遣之，且笑云：「此回楊先生不能認矣。」翼日，命所司如制封之，不爲例。

嘉靖三年二月，興國太后千秋日，命婦各上箋覲賀，宴賚倍常。

右皇后受賀

## 皇太子受賀

蕙田案：皇太子受群官賀儀，漢以前無聞。唐開元禮，正旦、冬至，則於大朝會之明日，百官、朝集使等皆詣東宫行禮，群官再拜稱賀又再拜，皇太子有答後再拜之儀。宋政和五禮新儀，正旦、冬至，三公賀，前後皆再拜，皇太子俱答拜。其中，班首稱賀，有承令宣答之制。次樞密院官賀，又次受師傅保賓客賀，並如上儀。次文武宫官賀，無宣答，亦不答拜。元正旦則於大朝會之明日，文武群官以下常服，至東宫行四跪拜禮，其千秋亦如之。明正至奉天殿朝畢，皇太子於大本堂受三公賓客諭德賀，有答後再拜之禮。百官詣東宫賀，有稱賀宣答而不答拜。其賀箋，魏吴質有上太子箋，然不專於慶賀也。唐令百官上東宫箋式，于皇太子稱殿下，自稱名，不稱臣，蓋始用於慶賀矣。宋箋式與唐同。元正旦及千秋，在内省院臺進箋，赴詹事院收受，在外行省亦然。其所屬五品以上，第進所屬上司，類進詹事院，皆稱名，不稱臣。明正至千秋，群官各進箋稱賀，外官則進於禮部，其式參用唐制，詳見明集禮、會典中。

通典：晉制，皇帝會公卿，座位定，太子後至，孫毓以爲群臣不應起。禮曰「父在斯爲子，君在斯爲臣」。「侍坐於所尊，見同等不起」。皆以爲尊無二上，故有所厭之義也〔一〕。昔衛綰不應漢景之召，釋之正公門之法，明太子事同於群臣，群臣亦統一於所事。應依同等不起之禮。明帝太寧三年詔曰〔二〕：「漢魏以來，尊崇儲貳，使官屬稱臣，朝臣咸拜，此甚無謂。今太子幼沖，使臣先達〔三〕，將今所習見，謂之自然，此其可以教之邪〔四〕！」令内外通議。尚書令卞壼議以爲：「春秋王太子不會盟，禮同於君，皆所以重儲貳，異正嫡。苟奉之如君，不得不拜矣。太子若存謙沖，故宜答拜。臣以爲皇太子之立，郊告天地，正位儲宫，豈得同之皇子，揖讓而已。謂宜稽則漢魏，闔朝同拜。」從之。

徐邈云：東宫臣上表天朝，既用黄紙〔五〕，上太子疏，則用白紙也。北人有作苻

〔一〕「義」，原作「事」，據味經窩本、乾隆本、光緒本、通典卷六七改。
〔二〕「三年」，諸本作「二年」，據通典卷六七改。
〔三〕「使」，通典卷六七作「便」。
〔四〕「其」，通典卷六七作「豈」。
〔五〕「用」，諸本原誤置於下句「上太子」三字後，據通典卷六七乙正。

宏宫屬者，云「東宫臣上疏於太子用白紙，太子答之用黄紙。朝士率常牋上下死罪，太子答之姓白，亦有惶恐。」此似得中朝舊法。

隋書禮儀志：後周制，正之二日，皇太子南面，列軒懸，宫官朝賀。及開皇初，皇太子勇準故事張樂受朝，宫臣及京官，北面稱慶。高祖誚之。是後定儀注，西面而坐，惟宫臣稱慶，臺官不復總集。煬帝之爲太子，奏降章服，宫官請不稱臣。許之。

唐開元禮皇太子元正冬至受群臣賀：并會。

前二日，本司宣攝内外，各供其職。前一日，典設郎設皇太子幄座於正殿東序，西向。守宫設群官等次東宫朝堂。伶官帥展軒懸之樂於殿庭，以姑洗之均，又設三鎛鐘，姑洗、夷則、大吕各依辰位〔一〕；設登歌以南吕之均，及設麾于殿上，並如常儀。典設郎鋪群官牀座于殿上，文官三品以上於皇太子西南，重行北向；武官三品以上於皇太子西北，重行南向；俱以東爲上。朝集使三品以上及都督刺史各依方於文武官之下。設不升殿者座席於殿庭東西廂，文官四品、五品於懸東，六品以下於横街之

〔一〕「辰」，諸本作「其」，據通典卷一二八、開元禮卷一一二改。

南，每等異位重行，西向北上；武官四品、五品於懸西，六品以下於横街之南，當文官，每等異位，俱重行，東向北上；朝集使非升殿者，分方各於文武官當品之下〔一〕；諸州使人分方各於朝集使之下，亦如之；諸親於四品、五品之下。宗親在東，異姓親在西，掌儀仍各設版位。奉禮設門外位於東宮朝堂之前，文官在東，武官在西，俱每等異位重行相向，北上；諸親位於文武四品、五品之下。宗親在東，異姓親在西。設諸州朝集使位，東方、南方於宗親之南，每等異位重行，西面；西方、北方於異姓親之南，每等異位重行，東面；俱以北爲上。典膳郎設罇於西廊下近北〔二〕，設不升殿者酒罇各于其座之南，皆有坫冪，俱障以帷。其日質明，諸衛率各勒所部屯門列仗〔三〕，文武群官依時刻集朝堂次，各服公服〔四〕。左庶子量時刻版奏「請中嚴」，近仗就陳於閤外〔五〕。諸侍衛之官各

〔一〕「於」，諸本作「依」，據通典卷一二八、開元禮卷一一二改。

〔二〕「郎」，諸本作「量」；「西」，諸本脱，據通典卷一二八、開元禮卷一一二改、補。

〔三〕「率各」，原誤倒，據光緒本、通典卷一二八乙正。

〔四〕「各服」，諸本脱「服」字，據通典卷一二八、開元禮卷一一二補。

〔五〕「閤」，原作「門」，據光緒本、通典卷一二八改。

服其器服，俱詣閤奉迎。伶官帥帥工人二舞入就位〔一〕，又伶官帥一人升就舉麾位〔二〕。掌儀帥贊者入就位。吏部、兵部贊群官俱出次，通事舍人各引就門外位。又舍人引群官非升殿者先入就位。左庶子版奏「外辦」，皇太子著從省服未冠則雙童髻。以出，侍衛如常，伶官帥舉麾，奏承和之樂；皇太子即座，西向坐，偃麾，樂止。凡樂，皆伶官帥舉麾，工鼓柷而後作，偃麾戛敔而後止。掌儀一人升就西階上，東面立；贊者二人立于階下。通事舍人引群官以次入就位，公初入門，舒和之樂作。左庶子前跪奏稱：「左庶子臣某言，請殿下爲公至興〔三〕。」俛伏，興，還侍位。皇太子降立于座後。若有三公、諸伯叔，則降立於東階下，西面。公至階，則升，立詣於座後。皇太子升降，伶官帥舉麾樂作止如式〔四〕。公至階，樂止。公以下升座者，俱脱履於階下，所司先設脱履席。通事舍人接引群官升就位。立定，掌儀唱「再拜」，贊者承傳，群官上下皆再拜。訖，通事舍人引群官爲首者一人，進

〔一〕「帥」，諸本不重，據通典卷一二八補。
〔二〕「位」，諸本在「舉麾」上，據通典卷一二八、開元禮卷一一二乙正。
〔三〕「爲公至興」，諸本作「迎公王興」，據通典卷一二八、開元禮卷一一二改。
〔四〕「帥」，諸本脱，據通典卷一二八、開元禮卷一一二補。

皇太子前，東面立，賀稱：「元正首祚，景福惟新，伏惟皇太子殿下與時同休。」冬至賀云「天正長至，伏惟殿下與時同休」。賀訖，退復位。皇太子答再拜。左庶子前承令，進宣令，訖，群官上下又再拜。左庶子前，跪奏稱：「左庶子臣某言，請坐。」俛伏，興，還侍位。皇太子坐。掌儀唱：「就座。」贊者承傳，群官上下皆就座〔一〕，俛伏，坐。伶官帥引歌者及琴瑟至階，脱履於下，升，就位坐。其笙管者詣階間，北面立。典膳郎進酒，至階，掌儀唱：「酒至，興。」贊者承傳，群官上下皆俛伏，興，立席後。左庶子到階省酒，典膳郎奉酒進，皇太子舉酒。食官令又行群官酒，酒至，掌儀唱：「再拜。」贊者承傳，群官上下皆再拜。若皇太子遣停拜，即止。群官皆搢笏，受觶。掌儀唱：「就坐。」贊者承傳，群官上下皆就坐，俛伏，坐飲〔二〕。皇太子初舉酒，登歌，作昭和之樂〔三〕，典膳郎進受虛觶，復于坫。登歌訖，降復位。觴行三周，典膳郎進食，食升階，左庶子到階省案。掌儀唱：「食至，興。」贊者承傳，群官上下俛伏，興，立座後。典膳郎品嘗食訖，以次進置

〔一〕「皆」上，諸本衍「就座」二字，據通典卷一二八、開元禮卷一一二删。

〔二〕「坐」，諸本作「興」，據通典卷一二八、開元禮卷九七改。

〔三〕「樂」，諸本作「曲」，據通典卷一二八、開元禮卷一一二改。

皇太子前。食官令又行群官案。皇太子若不食，及群官案先下訖〔一〕，不須興。設食訖，掌儀唱：「就座。」贊者承傳，群官上下皆就座，俛伏，坐。皇太子乃飯〔二〕，奏休和之樂，群官上下俱飯，皇太子食畢，樂止。仍行酒，遂設庶羞。伶官帥引二舞以次入〔三〕。酒行九偏，會畢。掌儀唱「可起」，贊者承傳，群官上下皆俛伏，起，立席後。左庶子前，跪奏稱：「左庶子臣某言，請殿下降座。」俛伏，興，還侍位。皇太子降立於座後。掌儀唱「再拜」，贊者承傳，群官上下皆再拜，皇太子答再拜。通事舍人引群官降，納履以出。公初出，樂作，若有三公、諸伯叔，皇太子升降，伶官帥舉麾，樂作止如式〔四〕。公出門，樂止。左庶子前，跪奏稱：「左庶子臣某言，請殿下升座。」俛伏，興，還侍位。樂作，皇太子升座，樂止。群官出畢，非升座者仍立於殿庭。左庶子前，跪奏稱：「左庶子臣某言，禮畢。」俛伏，興，還侍位。皇太子興，樂作，皇太子降座以入，侍衛如來儀，侍臣從至閤，樂止。

〔一〕「群官」，諸本作「宮臣」，據通典卷一二八、開元禮卷一一二改。

〔二〕「乃」，諸本作「及」，據通典卷一二八、開元禮卷一一二改。

〔三〕「入」下，開元禮卷一一二有「作」字。

〔四〕「樂」，諸本脱，據通典卷一二八、開元禮卷一一二補。

又通事舍人引侍衛者以次出〔一〕。

皇太子元正冬至受宮臣朝賀：并會。

前二日，本司宣攝内外，各供其職。前一日，典設郎設皇太子幄座于正殿東序，西向。衛尉設宮臣次於重明門外。伶官帥展軒懸之樂於殿庭〔二〕，以姑洗之均，設麾於殿上西階之西；又設爲首者解劍席於懸西横街之南，並如常儀。設宮臣版位於懸南，文東武西，俱重行北面，相對爲首。設典儀位於東階東南〔三〕，贊者二人在南，差退，俱西向，北上。設宮臣門外位，文官道東，武官道西，重行相向，以北爲上。受朝　其日，未明三刻，開諸宮殿門，諸衛率各勒所部屯門列仗如常。宮臣依時刻集重明門外，各服其器服。左庶子版奏「請中嚴」，近仗就陳於閤外。伶官帥工人入就位，又伶官帥一人升就位。諸侍衛之官各服其器服，俱詣閤奉迎。典儀帥贊者先入就位。通事舍人引宮臣俱就門外位。又舍人引六品以下先入就位。左庶子版奏「外

〔一〕「侍衛」，通典卷一二八作「位殿庭」。
〔二〕「帥」，諸本作「出」，據通典卷一二八改。
〔三〕「南」上，諸本脱「東」字，據通典卷一二八、開元禮卷一一三補。

辦」，皇太子服遠遊冠、絳紗袍以出，左右衛侍如常儀。皇太子將出，仗動，伶官帥跪，俛伏，興，舉麾，鼓柷，奏永和之樂〔二〕，皇太子升自阼階，即座西向坐，偃麾，戞敔，樂止。通事舍人引宫臣五品以上以次入就位。宫臣初入門，奏舒和之樂，至位，樂止。宫臣立定，典儀曰「再拜」，贊者承傳，宫臣在位者皆再拜。訖，通事舍人引爲首者一人詣西階。爲首者初行，樂作，至解劍席後，樂止。爲首者就席，解劍置於席，俛伏，興。通事舍人引升階，進當皇太子座前，東面跪賀，其賀詞與群官同。俛伏，興。通事舍人引降詣席後，爲首者跪著劍，俛伏，興，樂作，復懸南位，樂止。宫臣俱再拜。左庶子前承令，降詣宫臣西北，東面稱「令旨」，宫臣俱再拜。宣令訖，宫臣又再拜。左庶子還侍位。典儀曰「再拜」，贊者承傳，宫臣在位者皆再拜。通事舍人以次引出還次，爲首者初行樂作，出門，樂止。左庶子前，跪奏稱：「左庶子臣某言，禮畢。」俛伏，興，還侍位。皇太子興，樂作，降座入，侍衛如來儀，侍臣從至閤，樂止。

會：伶官帥登歌於殿上，以南吕之均。典設郎鋪宫臣牀座於其殿上，文官於皇太

〔二〕「永和」，諸本同，通典卷一二八校勘記謂當作「承和」，疑是。

子幄座西南，重行北向，武官於皇太子西北，重行南向，俱以東爲上。設不升殿者座席于東西廊下，設解劍席於懸西横街之南，俱以北爲上。典膳郎設壽罇於殿上西序之端〔一〕，東向〔二〕，有坫、加爵一於罇下。又設升殿者酒罇於西廊下，近北，設殿下者酒罇各於其座之南，皆有坫冪，俱障以帷。設訖，通事舍人引宫臣出次，俱就門外位。左庶子奏「外辦」，皇太子服遠遊冠、絳紗袍以出，侍衛如常。皇太子將出，仗動，樂作，皇太子升自阼階，即座西向坐，樂止。典儀一人升就東階上，西面立。通事舍人引文武宫臣以次入就位，宫臣初入門，樂作，爲首者至位，樂止。宫臣立定。若朝會别日設會，贊拜如朝禮。左庶子前承令，降，命宫臣升座，在位者皆再拜〔三〕。通事舍人引應升殿者詣西階，爲首者初行，樂作，至解劍席，樂止。宫臣各脱舄履，跪解劍，置於席上，俛伏，興。通事舍人引升階，宫臣爲首者一人升立於階西，東向；以下各就座後立于其位。又通事舍人引廊下位者就座後。上下立定，典膳郎前，跪稱：「典膳郎臣某

〔一〕「膳」，諸本作「設」，據通典卷一二八、開元禮卷一一三改。
〔二〕「向」，諸本作「西」，據通典卷一二八、開元禮卷一一三改。
〔三〕「在」，諸本脱，據通典卷一二八、開元禮卷一一三補。

言，請賜宫臣上壽。」俛伏，興。左庶子稱：「令曰諾。」典膳郎退，升詣酒罇所〔一〕，東面立。通事舍人引爲首者詣酒罇之所，北面立。典膳郎酌酒一爵授，爲首者搢笏，受爵。通事舍人引爲首者詣皇太子座前，東面授左庶子，左庶子受爵，進置皇太子前。爲首者執笏，通事舍人引爲首者退，東面跪稱：「某官臣某等稽首言〔二〕，正元首祚，冬至云「天正長至」。臣等不勝大慶，謹上千萬歲壽〔三〕。」俛伏，興，再拜。宫臣等上下皆再拜〔四〕，立於席後。左庶子前承令，少退，宣令訖，宫臣上下又再拜。左庶子取爵奉進，皇太子舉酒，奏休和之樂，宫臣上下皆舞蹈，三稱萬歲。皇太子舉酒訖，左庶子進受虚爵以授典膳郎，典膳郎受爵復於坫，樂止。初左庶子受虚爵，殿上典儀唱「再拜」，階下贊者承傳，宫臣上下皆再拜。通事舍人引爲首者就座後立。殿上典儀唱「就座」，階下贊者承傳，宫臣上下俱就座，俛伏，坐〔五〕。伶官帥引歌者及琴瑟至階，脱屣

〔一〕「所」，諸本脱，據通典卷一二八、開元禮卷一一三補。

〔二〕「臣某」，諸本脱「某」字，據通典卷一二八、開元禮卷一一三補。

〔三〕「歲」，原脱，據光緒本、通典卷一二八補。

〔四〕「皆」，諸本脱，據通典卷一二八補。

〔五〕「坐」，諸本作「興」，據通典卷一二八改。

於下，升，就位坐；又引笙管進詣階間，北面立。典膳郎進酒，至階，殿上典儀唱「酒至，興」，階下贊者承傳，宫臣上下皆俛伏，起，立席後。左庶子到階省酒，典膳郎奉酒進，皇太子舉酒。食官令及行宫臣酒〔一〕，至殿上，典儀唱「再拜」，階下贊者承傳，宫臣上下皆再拜，搢笏受觶。殿上典儀唱：「就座。」階下贊者承傳，宫臣上下皆就座〔二〕，俛伏，興，坐飲。皇太子初舉酒，登歌作昭和之樂，三終，行觴三周，典膳郎進食，皇太子食〔三〕，奏休和之樂，食畢，樂止，仍行酒，設庶羞之奠，如會群官儀。伶官帥引諸伎以次入，樂作。若賜酒，左庶子前承令，詣東階上，西向稱「賜酒」，殿上典儀承傳，階下贊者又承傳，宫臣上下皆執笏，俛伏，起，再拜，搢笏，立受觶，就座，俛伏，坐；飲訖，俛伏，起，受虚觶，再拜，執笏，又再拜，就座，俛伏，坐。酒九行徧，會畢。殿上典儀唱「可起」，階下贊者承傳，宫臣上下皆俛伏，起，立席後。通事舍人引宫臣降，詣解劍席後，跪著劍，俛伏，興，納舄履，樂作，復懸南位，樂止。位於東西廊下者，仍立於席後。

〔一〕「官」，原作「會」，據光緒本、通典卷一二八改。

〔二〕「搢笏受觶殿上典儀唱就座階下贊者承傳宫臣上下皆就座」二十四字，諸本脱，據通典卷一二八、開元禮卷一一三補。

〔三〕「食」，原脱，據光緒本、通典卷一二八補。

立定，典儀曰「再拜」，贊者承傳，宫臣在位者皆再拜。廊下者拜於席後。諸仗俱作。通事舍人引宫臣以次出，爲首者初行樂作，出門，樂止。左庶子跪奏稱：「左庶子臣某言，禮畢。」俛伏，興，還侍位。皇太子興，奏永和之樂，皇太子降座以入，侍衛如來儀，侍臣從至閤，樂止。

皇太子與師傅保相見附。

前一日，衛尉設師、傅、保次于宫門外道西，南向〔一〕。伶官帥展軒懸於殿庭，以姑洗之均。其日質明，諸衛率各勒所部屯門列仗。典儀設師、傅、保位於西階之西，東向，三少位於師、傅、保之南，少退，俱東向，北上。太師、太傅、太保及三少至宫門，通事舍人引就次。左庶子奏「請中嚴」，伶官帥帥工人就位〔二〕。又通事舍人引師、傅、保及三少立於正殿門西差退，俱東向。左庶子奏「外辦」，諸侍衛之官各服其器服〔三〕，俱詣閤奉迎。皇太子著從省服以出，左右侍衛如常儀，永和之樂作，

〔一〕「道西南向」，諸本作「道南西向」，據通典卷一二八、開元禮卷一一三乙正。

〔二〕「帥」，諸本不重，據通典卷一二八補。

〔三〕「諸」，原作「請」，據光緒本、通典卷一二八改。

至東階下，西面立，樂止。通事舍人引師、傅、保、三少入就位，樂作止如常〔一〕。師、傅、保立定，皇太子再拜，師、傅、保答再拜。若三少特見，則三少先拜。通事舍人引師、傅、保出，樂作止如常。師、傅、保出門，左庶子前，跪奏稱〔二〕：「左庶子臣某言，禮畢。」皇太子入〔三〕，左右侍衛及樂奏止如來儀〔四〕。

皇太子受朝集使參辭附。

前一日，典設郎設皇太子幄座於東宫正殿東序，西向。又設宫臣次及朝集使次于重明門外。其日質明，所司設宫臣及朝集使位于殿庭〔五〕，諸衛率各勒所部屯門列仗。東宫文武官依時刻集朝堂就次服袴褶〔六〕，朝集使並就次服公服。左庶子量時刻版奏「請中嚴」，近仗就陳於閤外。侍衛之官各服其器服，就閤奉迎。通事

〔一〕「止」，諸本脱，據通典卷一二八、開元禮卷一一三補。
〔二〕「奏」，諸本脱，據通典卷一二八、開元禮卷一一三補。
〔三〕「入」，諸本脱，據通典卷一二八、開元禮卷一一三補。
〔四〕「止」，諸本脱，據通典卷一二八、開元禮卷一一三補。
〔五〕「位」，諸本作「次」，據通典卷一二八、開元禮卷一一三改。
〔六〕「次」，諸本作「位」，據通典卷一二八、開元禮卷一一三改。

舍人各分引群官及朝集使就門外位〔一〕。左庶子版奏「外辦」，皇太子常服即座西向坐，通事舍人引宫臣入就位如常。掌儀曰「再拜」〔二〕，贊者承傳，在位者皆再拜。又通事舍人分引朝集使横行北面立定，掌儀曰「再拜」，朝集使皆再拜。通事舍人承令詣朝集使前，稱「有令」，朝集使皆再拜。宣令訖，又再拜。舍人引出〔三〕，宫臣以次出。其辭禮亦如之。

宋政和五禮新儀：

前一日，有司於東門外量地之宜，設三公以下文武群官等次如常儀；典儀設皇太子答拜褥位於階下南向，又設文武群官版位于門之外。其日，禮直官、舍人先引三公以下文武群臣以次入，就位立定。禮直官、舍人引左庶子詣皇太子前，跪請内嚴；少頃，又言外備。内侍褰簾，皇太子常服出次，左右侍衛如常儀。皇太子降階，詣南向褥位，典儀曰「再拜」，贊者承傳曰「再拜」，三公以下皆再拜，皇太子答拜。班首少前

〔一〕「分」，原作「令」，據光緒本、通典卷一二八改；下「分引」同。
〔二〕「掌」，諸本作「典」，據通典卷一二八、開元禮卷一一三改。
〔三〕「出」，諸本脱，據通典卷一二八、開元禮卷一一三補。

稱賀云：「元正首祚，冬至云「天正長至」。景福維新。伏惟皇太子殿下，與時同休。」賀訖，少退，復位。左庶子前承命，詣群臣前答云：「元正首祚，冬至云「天正長至」。與公等均慶。」典儀曰「再拜」，班首以下皆再拜，皇太子答拜。訖，禮直官、通事舍人引三公以下文武百官以次出，内侍引皇太子升階，還次，降簾，侍衛如常儀。少頃，禮直官、舍人引知樞密院官以下入，就位立定，内侍引皇太子降階，詣南向褥位，樞密以下參賀如上儀。訖，退。次引師、傅、保、賓客以下入就位，參賀如上儀。師、傅、保以下以次出。内侍引皇太子升座，禮直官引文武宫官入就位，重行北向立，典儀曰「再拜」，在位官皆再拜。左庶子少前，跪言「具官某言：元正首祚，冬至云「天正長至」。伏惟皇太子殿下，與時同休。」俛伏，興，復位。典儀曰「再拜」，在位者皆再拜，分東西序立。左庶子少前，跪言禮畢。左右近侍降簾，皇太子降坐，宫官退，左右侍衛以次出。

宋史禮志：皇太子與百官相見。至道元年，有司言：「百官見皇太子，自兩省五品、尚書省御史臺四品、諸司三品以上皆答拜，餘悉受拜。宫官自左右庶子以下，悉用參見之儀。其宴會位在王公上。」與師、傅、保相見。政和新儀：前一日，所司設師、傅、保以下次於宫門外道，西南向；設軒架之樂於殿庭，近南，北向。其日質明，諸衛率各勒所部屯門列仗，典謁設皇太子位于殿東階下西向，設師、傅、保位于殿西階之西，三少位於傅、保之南稍却，俱東向北上。師、傅、保以下俱朝服至宫門，通事舍人引就次，左庶子請内嚴。通事舍人引師、傅、保立于正殿門之西，三少在其南稍却，俱東向，北上。左庶子言外備，諸侍奉之官各服其器服，俱詣閤奉迎。皇太子朝服以出，左右侍衛如常儀，軒架作翼安之樂，至東階下西向立，樂止。通事舍人引師、傅、保及三少入，就位，軒架作正安之樂，至位樂止。皇太子再拜，師、傅、保以下答拜。若三少特見，則三少先拜。通事舍人引師、傅、保以下出，軒架正安之樂作，出門，樂止。左庶子前跪稱：「左庶子某言，禮畢。」皇太子入，左右侍衛及樂作如來儀。

徐氏乾學曰：案：周制，王用宫懸，諸侯用軒懸，而無「王世子用樂」之文。禮記云：「三王教世子，必以禮樂。」則東宫之宜設樂，明矣。梁武帝天監中，東宫新成，皇太子宴會，司馬褧請奏金石軒架之樂。賀瑒請備文武二舞，正旦上壽奏介雅，庶幾先王之制乎？隋皇太子正旦張樂受賀。唐制，皇太子樂用軒懸，舞用六佾。明東宫受賀用大樂。則歷代之設樂，可考而知也。

金史禮志：皇太子與百官相見儀　三師三公欄子内北向躬揖，班首稍前問候〔一〕，皇太子離位稍前，正南立，答揖。宰執及一品職事官於欄子北向躬揖，答揖如前。二品職事官欄子外稍南躬揖〔二〕，皇太子起揖。三品職事官露階稍南躬揖，皇太子坐揖。四品以下職事官庭下躬揖〔三〕，跪問候，皇太子坐受。太子太師〔四〕、太傅、太保與隨朝三師同。東宫三少與隨朝二品同。詹事以下，並在庭下面北，每品重行，以東爲上，再拜，班首稍前問候〔五〕，又再拜，皇太子坐受。　七年，定制，皇太子赴朝，許與親王宰執相見，餘官宗室並迴避。後亦許與樞密使副、御史大夫、判宗正、東宫三師相見。　九年，定制，凡皇太子出，於都門三里外設褥位，三公宰執以下公服重行立，皇太子便服，三公宰執以下鞠躬，班首致辭云「青宫萬福」，再拜，皇太子答拜，退。迎、

〔一〕「問」，原作「奉」，據光緒本、金史禮志十改。
〔二〕「稍」，諸本作「向」，據金史禮志十改。
〔三〕「官」下，原有「宫」字，據光緒本、金史禮志十删。
〔四〕「太師」，原脱，據光緒本、金史禮志十補。
〔五〕「班首」，諸本脱，據金史禮志十校勘記補。

送皆同。章宗時〔一〕，禮部尚書張行簡言：「唐制，僕射、宰相上日，百官通班致賀，降階答拜。國朝皇太子元正、生日，三師、三公、宰執以下須群官同班拜賀，皇太子立受再答拜。今尚書省宰執上日，分六品以下別爲一班揖賀，宰執坐答揖〔二〕，左右司郎中、五品官廷揖，亦坐答之。臣謂身坐舉手答揖〔三〕，近於坐受也。宰執受賀，其禮乃重於皇太子，恐於義未安。別嫌明微，禮之大節，伏請宰執上日令三品以下官同班賀，宰執起立，依見三品官儀式通答揖。」上曰：「此事何不早辨正之，如都省擅行，卿論之是矣〔四〕。」行簡對曰：「禮部蓋嘗參酌古今典禮，擬定儀式，省廷不從〔五〕，輒改以奏。」下尚書省議，遂用之。宰執上日，三品以下群官通班賀，起立答拜，自此始。

元典章：正旦於大朝會之明日，文武群官以常服至東宮行賀禮，皇太子居偏殿，南向坐。群官自丞相以下以次入，北面，行四跪拜禮。

---

〔一〕「章宗時」，下文引自金史張行簡傳。

〔二〕「坐」下，原衍「舉手」二字，據光緒本、金史張行簡傳删。

〔三〕「左右司郎中五品官廷揖亦坐答之臣謂身坐舉手答揖」二十二字，原脱，據光緒本、金史張行簡傳補。

〔四〕「論」，原作「正」，據光緒本、金史張行簡傳改。

〔五〕「從」，諸本作「敢」，據金史張行簡傳改。

明史禮志：朝賀東宮儀，漢以前無聞。隋文帝時，冬至百官朝太子，張樂受賀。唐制，宮臣參賀皇太子，皆舞蹈。開元始罷其禮。故事，百官詣皇太子止稱名，惟宮臣稱臣。明洪武十四年，給事中鄭相同請如古制，詔下群臣議。編修吴沈等議曰：「東宮，國之大本，所以繼聖體而承天位也。臣子尊敬之禮，不得有二。請凡啓事東宮者，稱臣如故。」從之。凡朝東宮，前期，典璽官設皇太子座於文華殿，錦衣衛設儀仗於殿外，教坊司陳大樂於文華門内東西，北向，府軍衛列甲士旗幟於門外，錦衣衛設將軍十二人於殿中門外及文華門外，東西向，儀禮司官設箋案於殿東門外，設百官拜位於殿下東西，設傳令宣箋等官位於殿内東西。是日，百官詣文華門外。導引官啓外備，皇太子具冕服出，樂作。陞座，樂止。百官入，贊拜，樂作。四拜興，樂止。丞相陞自西階，至殿内拜位，俱跪。丞相致詞曰：「某等茲遇三陽開泰，萬物維新。敬惟皇太子殿下，茂膺景福。」畢，俛伏，興，復位。舍人舉箋案入殿中，其捧箋、展箋、宣箋、傳令，略與皇后同。令曰：「履茲三陽，願同嘉慶。」餘俱如儀。冬至致詞，則易「律應黄鐘，日當長至」。傳令則易「履長之節」。千秋節致詞則云：「茲遇皇太子殿下壽誕之辰，謹率文武群官，敬祝千歲壽。」不傳令。凡朔望，百官朝退，詣文華殿門外，東西立。皇太子陞殿，樂作。百官行一拜禮。其謝恩見辭官亦行禮。洪武元年十二月，帝以東宮師傅皆勳舊大臣，當待以殊禮，命議三師朝賀東宮儀。禮官議曰：「唐制，群臣朝賀東宮，行四拜禮，皇太子答後二拜。三公朝賀，前後俱答拜。近代答拜之禮不行，而三師之禮不可不重。今擬凡大朝賀，設皇太子座於大本堂，設答拜褥位於堂中，設三師、賓客、諭德拜位於堂前。皇太子常服陞座，三師、賓客常服入就位，北向立。皇太子起立，南向。贊四拜，皇太子答後二拜。」六年詔百官朝見太子，朝服去蔽膝及佩。二十九年詔廷臣議親王見東宮儀。禮官議，諸王來見，設皇太子位於正殿中，設諸王拜位于殿門外及殿內，設王府官拜位于庭中道上之東西，設百官侍立位于庭中，東西向。至日，列甲士，陳儀仗，設樂如常。諸王詣東宮門外幄次，皇太子常服出，樂作。陞座，樂止。引禮導諸王入就殿門外位。初行，樂作，就位，樂止。導詣殿東門入，樂作。內贊引至位，北向立，樂止。贊跪，王與王府官皆跪，致詞曰：「茲遇某節，恭詣皇太子殿下。」致詞畢，王與王府官皆俛伏，興，樂作。復位，樂止。贊拜，樂作，王與王府官皆四拜。興，樂止。禮畢，王及各官以次出。王至後殿，叙家人禮。東宮及王皆常服，王由文華殿東門入，至後殿。王西向，東宮南向。相見禮畢，敘坐，東宮正中，南面，諸王列於東西。嘉靖二十八年，禮部奏，故事，皇太子受朝賀，設座文華殿中，今易黃瓦，似應避尊。帝曰：「東宮受賀，位當設文華門之左，南向。然侍衛未備，已之。」隆慶二年册皇太子，詔于文華殿門東間，設座受賀。

右皇太子受賀

皇太后臨朝聽政

宋史禮志：皇太后臨朝聽政。乾興元年，真宗崩，遺旨以皇帝尚幼，軍國事兼權取皇太后處分。辛相率百官稱賀，復前奉慰，又慰皇太后於簾前。有司詳定儀式：內東門拜表，合差入內都知一員跪授傳進；皇太后所降批答，首書「覽表具之」，末云「所請宜許或不許」。初，丁謂定皇太后稱「予」，中書與禮院參議，每下制令稱「予」，便殿處分稱「吾」。皇太后詔：「止稱『吾』，與皇帝並御承明殿垂簾決事。」百官表賀。英宗即位，輔臣請與皇太后權同聽政。禮院議：自四月內東門小殿垂簾，兩府合班起居，以次奏事，非時召學士亦許至小殿。時帝以疾權居柔儀殿東閤西室，太后垂簾處分稱「吾」，惟兩府日入候問聖體，因奏政事，退詣小殿簾外，覆奏太后。帝疾間，御前後殿聽政，兩府退朝，猶于小殿覆奏。哲宗即位，太皇太后權同聽政〔一〕。三省、樞密院案儀注：未釋服以前，遇隻日皇帝御迎陽門，日參官並赴起居，依例奏事。每五日，遇隻日于迎陽門垂簾，皇帝坐于簾內之北，宰執奏事則權屏去左右侍衛；事有機速，許非時請對，及賜召宣，亦許升殿。禮部、御史臺、閤門奏討論御殿及垂簾儀制，每朔、望、六參，皇帝御前殿，百官起居，三省、樞密院奏事，應見、謝、辭班退，各令詣內東門進榜子。皇帝雙日御延和殿垂簾，日參官起居太皇太后，移班少西起居皇帝，並再拜。三省、樞密院奏事，三日以上四拜，不舞蹈，候祔廟畢，起居如常儀。簾前通事以內侍，殿下以閤門。吏部磨勘奏舉人〔二〕，垂簾日引。應見、謝、辭臣僚遇朔、望參日不坐，並先詣殿門，次內東門，應擡賜者並門賜之。於是帝御迎陽門幄殿，同太皇太后垂簾，宰臣、親王以下合班起居。常制分班十六，至是合班，以閤門奏請故也。禮官請如有祥瑞、邊捷，宰臣以下紫宸殿稱賀皇帝畢，赴內東門賀太皇太后。從之。徽宗

〔一〕「太皇」，諸本脱「太」字，據宋史禮志二十補。
〔二〕「奏」，諸本作「奉」，據宋史禮志二十改。

即位，皇太后權同聽政。三省、樞密院聚議：故事，嘉祐末，英宗請慈聖同聽政，五月同御内東門小殿垂簾，至七月十三日英宗間日御前後殿，輔臣奏事，退詣内東門簾前覆奏。又故事，惟慈聖不立生辰節名，不遣使契丹；若天聖、元豐則御殿垂簾，立生辰節名，遣使與契丹往還，及避家諱等。曾布曰：「今上長君，豈可垂簾聽政？請如嘉祐故事。」蔡卞曰：「天聖、元豐與今日皆遺制處分，非嘉祐比。」布曰：「今日之事，雖載遺制，實出自德音，又皆長君，正與嘉祐事相似。」有旨：依嘉祐、治平故事。布語同列曰：「奏事先太后，次覆奏皇帝，如今日所得旨。」遂爲定式矣。尋以哲宗靈駕發引，太后手書罷同聽斷焉。

蕙田案：太后臨朝聽政，非常禮也，列代史傳皆不載，其儀惟宋史有之，今附于末。

右皇太后臨朝聽政

# 五禮通考卷一百四十二

## 嘉禮十五

### 尊親禮

蕙田案：聖王以孝治天下，尊親之典爲最鉅。創業嗣統之君即位以後，莫不以斯爲首務。然其禮見於吉禮者有三：始祖配天，一也；帝后祔廟，二也；追崇本生，三也。已分見「祀天廟制」、「后妃私親廟」各門。今叙追尊之制，内禪起居之儀，母后上册之禮，以廣盡孝之義焉。

#### 追尊

禮記大傳：牧之野，武王之大事也。追王太王亶父、王季歷、文王昌，不以卑臨尊也。注：不用諸侯之號臨天子也。文王稱王早矣，於殷猶爲諸侯，於是著焉。疏：土無二王，殷紂尚存，即爲早。所以早稱王者，案中候我應云：「我稱非早，一民固下。」周本紀云：「文王受命六年，立靈臺，布王號。」於時稱王，九十六也。故文王世子云「君王其終撫諸」是也。文王既稱王，文王生雖稱王，號稱猶未定，故武王追王，乃定之耳。

中庸：周公成文武之德，追王太王、王季，上祀先公以天子之禮。注：「追王太王、王季」者，以王迹起焉，先公組紺以上至后稷也。疏：詩頌閟宮云太王「居岐之陽，實始翦商」，是王迹起也。

呂氏大臨曰：追王之禮，古所無有，其出於周公乎？太王避狄去邠之岐，則王業始基之矣。王季成太王之業，至文王受命作，周武王壹戎衣而有天下，纘太王、王季、文王之緒而已。

陳氏祥道曰：大傳言「武王追王太王、王季、文王」。中庸言「周公成文、武之德，追王太王、王季」。文、武有追王之志，周公行追王之事也。司馬遷言「文王有正朔，追尊太王、王季」，妄矣。書曰：「太王肇基王迹，王季其勤王家。」詩曰：「實維太王，實始翦商。」則文王所以三分天下有其二者，其始乃自太王、王季也。武王所以得天下，其成乃自文王也。詩曰：「周雖舊邦，其命維新。」又曰：「文王受命，有此武功。」書曰：「九年，大統未集。」又曰：「集大命於厥躬。」記稱武王曰：「君王其終撫諸。」春秋書「王正月」，公羊曰：「王者孰謂？謂文王也。」觀此，則宜若文王既受命，作周改元，稱王矣。而記謂武王、周公追王之何也？蓋於是時，天下之訟獄者，不之紂而之文王；謳歌者，不謳歌紂而謳歌文王。則虞、芮質成之後，天固已命之矣。然作周而未成，有所統而未集，不幸九年而終。至此，武王、周公所以正其名而追之也。觀祖伊稱文王以西伯，武王稱文王以文考，則文王未嘗稱王，可知也。

游氏酢曰：武王於泰誓三篇，稱文王爲文考，至武成而柴望，然後稱文考爲文王。世之説者，因中庸無「追王文王」之文，遂謂文王自稱王，豈未嘗考泰誓、武成之書乎？君臣之分，猶天尊地卑，紂未可去，而文王稱王，是二天子也，服事殷之道，固如是耶？書所謂「大統未集」者，後世以「虞、芮質厥成」，爲文王受命之始故也。當六國時，秦固已雄長天下，而周之號微矣。辛垣衍欲帝秦，魯仲連以片言折之，衍不敢復出口，蓋名分之嚴如此。故以曹操之奸雄，逡巡於獻帝之末而不得逞，彼蓋知利害之實也。曾謂至德如文王，一言一動順帝之則，而反盜虛名而拂天理乎？且武王觀政於商而須假之五年，非僞爲也。使紂一日有悛心，則武王當與天下共尊之，必無牧野之事。然則文王已稱之名，將安所歸乎？此天下之大戒，故不得不辨。

蕙田案：文王之不稱王，自是一定，本無可疑。中庸之不及文王，先儒謂武王業已追王，而尚未及太王、王季，故周公成之，其説近是。史記及疏，殊非至理，陳氏、游氏辨之極的。

呂氏祖謙曰：謂「不以卑臨尊」，此出於後來漢儒之説無疑，而非追王之本意也。嘗考之武、成三王，皆肇基之主，所以追王之也。

蕙田案：東萊之論是也。記以諸侯爲卑，天子爲尊，非聖賢之意。

漢書高祖本紀：十年八月，令諸侯王皆立太上皇廟。

班固贊曰：漢帝本系，出自唐帝。降及於周，在秦作劉。涉魏而東，遂爲豐公。豐公，蓋太上皇父。其遷日淺，墳墓在豐鮮焉。及高祖即位，置祠祀官，則有秦、晉、梁、荆之巫，應劭曰：「先人所在之國，悉致祠巫祝，博求神靈之意也。」文穎曰：「巫，掌神之位次者也。范氏世事於晉，故祠祀有晉巫。范會支庶，留秦爲劉氏，故有秦巫。劉氏隨魏都大梁，故有梁巫。後徙豐，豐屬荆，故有荆巫也。」世祠天地，綴之以祀，豈不信哉？

文獻通考馬氏曰：漢高帝承秦之敝，禮制隳廢，既即天子位，而七廟未嘗立。至太上皇崩，始詔郡國立廟，而皇祖以上無聞焉。班史高紀贊始有豐公之名，且言致祠祀有秦、晉、荆、梁之巫。觀注家所言，則是自晉而秦，自秦而梁，自梁而荆，似各有祖廟，各有巫以主其祀事。然郊祀志言梁巫祀天地、天社、天水、房中、堂上之屬。晉巫祠五帝、東君、雲中君、巫社、巫祠、族人、炊之屬。秦巫祠社主、巫保、族纍之屬。荆巫祠堂下、巫先、司命、施糜之屬。則諸巫所掌者，乃祀典神祇之祠，非祖廟也。所謂「世祠天地，綴之以祀」者，豈是以諸祖配諸神而祠之，而各處有巫主其事耶？不可得而詳也。

蔡邕獨斷：漢高祖得天下，而父在，上尊號曰「太上皇」。不言「帝」，非天子也。

續漢書祭祀志：光武帝建武三年正月，立親廟，祀父南頓君以上至舂陵節侯，南頓君稱皇考，鉅鹿都尉稱皇祖考，鬱林太守稱皇曾祖考，節侯稱皇高祖考。

蕙田案：光武中興崛起，承奉大宗，據昭穆之次，以元帝爲父，故南頓君以上四世，僅奉祠園寢，未有追尊之典，與爲人後之禮合，先儒皆以爲不可及也。

晉書禮志：延康元年，魏文帝繼王位，追尊皇祖爲太王，夫人曰太王后。黄初元年受禪，又追尊曰太皇帝，皇考武王曰武皇帝。

明帝太和三年，追尊高祖大長秋曰高皇，夫人吴氏曰高皇后。

通典：魏文帝即王位，尚書令桓階等奏：「臣聞尊祖敬宗，古之大義。故六代之君，未嘗不追崇始祖，顯彰所出。先王應期撥亂，啓魏大業，然禰廟未有異號，非崇孝敬示無窮之義也。太尉公侯，宜有尊號，所以表功崇德發事顯名者也。故易言乾坤，皆曰大德，言大人與天地合。臣等以爲，太尉公侯，誕育聖哲，以濟群品，可謂資始，其功德之號〔一〕，莫過於太王。」詔曰：「前奏以朝車迎中常侍大長秋特進君侯神主，然君侯不宜但依故爵乘朝車也〔二〕。禮有尊親之義，爲可依諸王比，更議。」博士祭酒孫欽等議：「案春秋之義，五等諸侯卒葬皆稱公，乃與王者之後宋公同號，然臣子褒崇其君父。以此言之，中常侍大長秋特進君侯，誕育太皇，篤生武王，奄有四方，其功德之號，莫過太王。今迎神主，宜乘王車，又宜先遣使者上謚號爲『太王』。」於是漢帝追謚爲「太王」。及受禪，追尊太王爲「太皇帝」，考武王爲「武皇帝」，尊王太后爲「皇太后」。明帝泰和三年六月，司空陳群等議以爲：「周武追尊太王、王季、文王皆爲王，是時周天子以王爲號，追尊即同，故謂不以卑臨尊也。魏以皇帝爲號，今追號皇曾祖中

〔一〕「功」，諸本脱，據通典卷七二補。
〔二〕「侯」，諸本脱，據通典卷七二補。

常侍大長秋特進君爲王，乃以卑臨尊也。故漢祖尊其父爲太上皇，自是後以諸侯爲帝者〔一〕，皆尊其父爲皇也。大長秋特進君宜號『高皇』，載主宜以金根車，可遣大鴻臚持節，乘大使車，從騶騎，奉印綬，即鄴廟以太牢告祠。」從之。又詔曰：「蓋聞尊嚴祖考，所以成湯、文、武，實造商、周，克昌王業，而詩、書之義，追尊稷、卨。自我魏室之承天序，既發迹於高皇，高皇之父處士君，精神幽遠，號稱罔記，非所以崇孝重本也。其令公卿以下會議號謚。」侍中劉曄議〔二〕：「周王所以后稷爲祖者，以其唐之諸侯，佐堯有大功，名在祀典故也。至於漢氏之初，追謚之義，不過其父。上比周室，則大魏發迹自高皇而始；下論漢氏，則追謚之禮不及其祖。曄思以爲追尊之義，宜齊高皇而已。」侍中繆襲以爲：「元者，一也，首也，氣之初也。是以周文演易，以冠四德。仲尼作春秋，以統三正。又謚法曰：『行義悦人曰元，尊仁貴德曰元。』處士君宜追加謚號曰『元皇』。」太傅鍾繇議：「案禮小記曰：『親親以三爲五，以五爲九，上殺下殺旁殺，

〔一〕「後以」，諸本誤倒，據通典卷七二乙正。

〔二〕「劉曄」，原作「劉奕」，據光緒本、通典卷七二改。下「曄」同。

而親畢矣。』乃唐堯之所以敦叙於九族也。其禮上殺於五，非不孝敬於祖也；下殺於五，非不慈愛於其孫也；旁殺於五，非不篤友於昆弟也。故爲族屬，以禮殺之。處士君其數在六，於屬已盡，其廟當毁，其主當遷。今若追崇帝王之號，天下素不聞其受命之符，則是武皇帝櫛風沐雨、勤勞天下爲非功也。推以人情，普天率土，不襲此議，處士君明神不安此禮。今諸博士以禮斷之，其議可從〔一〕。」詔從之。

蕙田案：追王爲尊親第一事，自魏以前無有稱帝者，稱之自魏始。鍾繇以小記斷追尊之代，於周追王義合，劉侍中議亦不可廢。

宋書禮志：孫權立堅廟，尊曰始祖。

晉書禮志：武帝泰始元年，追尊皇祖宣王曰宣皇帝，伯考景王曰景皇帝，皇考文王曰文皇帝，宣王妃張氏爲宣穆皇后，尊太妃王氏爲皇太后。

宋書武帝本紀：永初元年即位，追尊皇考爲孝穆皇帝，皇妣爲穆皇后。

通典：策曰：「維永初元年七月，皇帝謹遣某官某，奉策上皇考尊號曰『孝穆皇

〔一〕「議」，諸本作「義」，據通典卷七二校勘記改。

帝』。仰惟聖靈，邈焉阻遠〔一〕。昔有周丕崇，祚興昌、季，其在魏、晉，亦申情禮，所以聿追來孝，所因者本。謹稽式上代，考諸令準，稱謂既極，情典攸遂。所以仰順天人，俯穆率土，在心遠慕，庶云有慰。」追尊先后策曰：「維年月朔，皇帝謹遣某官某，奉策上皇妣尊號曰『孝穆皇后』。伏惟皇妣，資坤厚之性，體母儀之德，等美姜嫄，齊列任姒，訓穆中闈，化流自遠，膺曆運期，饗茲天位。謹依前典，敬奉大禮，仰慕聖善之愛，俯增蓼莪之思。」

齊高帝受禪，追尊皇考曰宣皇帝，皇妣曰孝皇后。

梁書武帝本紀：天監元年，追尊考曰文皇帝，妣曰獻皇后。

陳書高祖本紀：永定元年即位，追尊考曰景皇帝，妣董氏曰安皇后。

通典：後魏道武帝稱尊號後，追尊遠祖二十餘代，皆稱皇帝，則歷代未聞也。不復更載謚號焉。

北齊文宣帝受東魏禪，追尊祖爲文穆帝，妣爲文穆皇后，考爲獻武皇帝，兄爲文

〔一〕「阻」，諸本作「徂」，據通典卷七二改。

襄皇帝，母爲皇太后。

後周閔帝受西魏禪，稱天王，追尊考曰文王。後其弟明帝立，稱帝號，追尊文王曰文皇帝。後其弟武帝立，追尊曰德皇帝。

隋書高祖本紀：開皇元年，追尊皇考曰武元皇帝，妣曰元明皇后。

唐書高祖本紀：武德元年五月，追謚高祖曰宣簡公，曾祖曰懿王，祖曰景皇帝，妣梁氏曰景烈皇后，皇考曰元皇帝，妣獨孤氏曰元貞皇后。

五代史梁本紀：太祖開平元年，追尊祖考爲皇帝，妣爲皇后：皇高祖黯謚曰宣元，妣范氏謚曰宣僖；曾祖茂琳謚曰光獻，妣楊氏謚曰光孝；祖信謚曰昭武，妣劉氏謚曰昭懿；考誠謚曰文穆，妣王氏謚曰文惠。

唐本紀：莊宗同光元年，追尊祖考爲皇帝，妣爲皇后：曾祖執宜、妣崔氏，皆謚曰昭烈；祖國昌、妣秦氏，皆謚曰文景，考謚曰武。

晉本紀：高祖天福元年，追尊祖考爲皇帝，妣爲皇后：高祖璟謚曰孝安，妣秦氏謚曰孝安元；曾祖彬謚曰孝簡，妣安氏謚曰孝簡恭；祖昱謚曰孝平，妣來氏謚曰孝平獻；考紹雍謚曰孝元，妣何氏謚曰孝元懿。

漢本紀：高祖即位，稱天福十二年，追尊祖考爲皇帝，妣爲皇后：高祖湍謚曰明元，妣李氏謚曰明貞；曾祖昂謚曰恭僖，妣楊氏謚曰恭惠；祖僎謚曰昭憲，妣李氏謚曰昭穆；考琠謚曰章聖，妣安氏謚曰章懿。

周本紀：太祖廣順元年，追尊祖考爲皇帝，妣爲皇后：高祖璟謚曰睿和，妣張氏謚曰睿恭；曾祖諶謚曰明憲，妣申氏謚曰明孝；祖藴謚曰翼順，妣韓氏謚曰翼敬；考謚曰章肅，妣王氏謚曰章德。

宋史太祖本紀：建隆元年，奉玉册謚高祖曰文獻皇帝，妣崔氏曰文懿皇后；曾祖曰惠元皇帝，妣桑氏曰惠明皇后；祖曰簡恭皇帝，妣劉氏曰簡穆皇后；皇考曰武昭皇帝。

禮志：太祖建隆元年九月，太常禮院言：「謹案唐大中初，追尊順宗、憲宗謚號，皇帝於宣政殿授玉册，遣宰臣以下持節奉册赴太廟。授册日，帝既御殿，百僚拜訖，降階跪授册於太尉，候太尉奉册出宣政門，然後升殿。凡皇帝行禮，皆太常卿贊導奉引。」奏可。是月二十七日，帝御崇元殿，備禮遣使奉册上四廟謚號。皇帝高祖府君册曰：「孝曾孫嗣皇帝臣某，再拜稽首上言：伏以昊天有命，皇宋勃興，括厚載以開階，宅中區而撫運，夷夏蠻貊，罔不獻誠，山川鬼神，罔不受職。非臣否德，肇此丕圖，實賴先正儲休，上玄降鑒，既虔膺於大寶，乃眇覿於遐源，敢遵歷代之規，式薦配天之號。」皇曾祖府君册曰：「伏以天命匪忱，惟歸於有德，人文設教，必始於貽謀。乘時既肇於興王，報本敢稽於尊祖。非隆徽稱，則大享何以配神；非鏤良珉，則洪烈何由垂世。方作猗那之頌，永嚴昭穆之容。」皇祖驍衛府君册曰：「伏以人瞻烏止，運叶龍飛。非發源之長，析派不能通上漢；非積基之厚，嗣孫不能有中區。今人紀肇修，孝思罔極，酌百王之損益，薦四廟之蒸嘗。」聖考太尉府君册曰：「昔者流火開祥，周發薦文王之號，黄星應運，曹丕揚魏祖之功。咸因致孝之誠，式展尊親之義，爰遵大典，亟上尊稱。」禮畢，群臣進表奉慰。

遼史文學蕭韓家努傳：韓家努爲翰林都林牙。興宗重熙十三年春，上疏曰：「臣聞先世遥輦洼可汗之後，國祚中絶；自額爾欽雅里立阻午，大位始定。然上世俗樸，未有尊稱。臣以爲三皇禮文未備，正與遥輦氏同。後世之君以禮樂治天下，而崇本追遠之義興焉。近者唐高祖，尊四世爲帝。昔我太祖代遥輦即位，乃製文字，修禮法，建天皇帝名號，制宮室以示威服，興利除害，混一海内。厥後累聖相承，自額爾欽呼哩以下，大號未加，天皇帝之考額爾欽達魯猶以名呼。臣以爲宜依唐典，追崇四祖爲皇帝，則陛下弘業有光，墜典復舉矣。」疏奏，帝納之，始行追册玄、德二祖之禮。

興宗本紀：重熙二十一年秋七月，追尊太祖之祖爲簡獻皇帝，妣爲簡獻皇后；太祖之考爲宣簡皇帝，妣爲宣簡皇后。

金史熙宗本紀：天會十四年八月丙辰，追尊九代以下祖考、妣曰皇帝、皇后。

禮志：天會十四年八月庚戌，文武百僚、太師宗磐等上議曰：「國家肇造區夏，四征弗庭，太祖武元皇帝受命撥亂，光啓大業。太宗文烈皇帝繼志卒伐，奮張皇威。原其積德累功，所由來者遠矣。伏惟皇九代祖，廓君人之量，挺御世之姿，虞舜生馮，遷於負夏，太王避狄，邑此岐山，聖姥來歸，天原肇發。皇八代祖、皇七代祖，承家襲慶，裕後垂芳，不求赫赫之名，終大振振之族。皇六代祖，徙居得吉，播種是勤，去暴露獲棟宇之安，釋負載興車輿之利。皇五代祖貝勒，雄姿邁世，美略濟時，成百里日辟之功，戎車既飭；著五教在寬之訓，人紀肇修。皇高祖太師，質自天成，德爲民望，兼精騎射，往無不摧，始置官師，歸者益衆。皇曾祖太師，威靈震遠，機警絶人，雅善運籌，未嘗衿甲，臨敵愈奮，應變若神。皇曾叔祖太師，機獨運心，公無私物，四方聳動，諸部歸懷，德威兩隆，風俗大定。皇伯祖太師，友于盡愛，國爾惟忠，謀必罔愆，舉無不濟。累代祖妣，婦道警戒，王業艱難，俱殫内助之勞，實著始基之漸。是宜采群臣之僉議，酌故事以遵行，款帝於郊，稱天以誄。請上皇九代祖尊謚曰景元皇帝，廟號始祖，妣曰明懿皇后。上皇八代祖尊謚曰德皇帝，妣曰思皇后。上皇七代祖尊謚曰安皇帝，妣曰節皇后。上皇六代祖尊謚曰定昭皇帝，妣曰恭靖皇后。上皇五代祖貝勒尊謚曰成襄皇帝，妣曰威順皇后。上皇高祖太師尊謚曰惠桓皇帝，妣曰昭肅皇后。上皇曾祖太師尊謚曰聖肅皇帝，妣曰翼簡皇后〔一〕。上皇曾叔祖太師尊謚曰穆簡皇帝〔二〕，妣曰靜宣皇后。上皇曾叔祖太師尊謚曰孝平皇帝，妣曰貞惠皇后。上皇伯祖太師尊謚曰恭簡皇帝，妣曰敬僖皇后。須廟室告成，涓日備物，奉上寶册，藏於天府，施之罔極。」丙辰，奉上九代祖妣尊謚廟號，是日百僚上表稱賀。

元史太祖本紀：至元三年，追謚伊蘇克烈祖神元皇帝。太祖之父。

〔一〕「翼簡」，原誤倒，據光緒本、金史禮志五乙正。
〔二〕「穆簡皇帝」，光緒本、金史禮志五作「穆憲皇帝」。

明史太祖本紀：洪武元年，追尊高祖考曰玄皇帝，曾祖考曰恒皇帝，祖考曰裕皇帝，皇考曰淳皇帝，妣皆皇后。

明集禮：洪武元年春正月四日，太祖詣太廟，恭上四代考妣尊號：高祖伯六公，五世祖重八公季子，妣胡氏；曾祖四九公，高祖次子，妣侯氏；祖初一公，懿祖長子，妣王氏；考世珍，熙祖次子，妣陳氏。

右追尊

尊太上皇禮

書大禹謨：祇載見瞽瞍，夔夔齊慄，瞽瞍亦允若。

蔡傳言：舜敬其子職之事，以見瞽瞍也。齊，莊敬也。慄，戰慄也。夔夔，莊敬戰慄之容也。舜之敬畏小心，而盡於事親者如此。允，信；若，順也。言舜以誠孝感格〔一〕，雖瞽瞍頑愚，亦且信順之，即孟子所謂「底豫」也。

〔一〕「孝」，諸本脱，據書經集傳卷一補。

史記五帝本紀：舜之踐帝位，載天子旗，往朝父瞽瞍，夔夔唯謹，如子道。

孟子：天下大悦而將歸己。視天下悦而歸己，猶草芥也，惟舜爲然。不得乎親，不可以爲人。不順乎親，不可以爲子。

朱子章句：言舜視天下之歸己如草芥，而惟欲得其親而順之也。得者，曲爲順成以得其心之悦而已。順則有以諭之於道，心與之一而未始有違，尤人所難也。爲人蓋泛言之，爲子則愈密矣。

舜盡事親之道而瞽瞍底豫，瞽瞍底豫而天下化。瞽瞍底豫而天下之爲父子者定。此之謂大孝。

朱子章句：瞽瞍至頑，嘗欲殺舜，至是而底豫焉。書所謂「不格姦亦允若」是也，蓋舜至此而有以順乎親矣。是以天下之爲子者，知天下無不可事之親，顧吾所以事之者未若舜耳。於是莫不勉而爲孝，至於其親亦底豫焉。則天下之爲父者，亦莫不慈，所謂化也。子孝父慈，各止其所，而無不安其位之意，所謂定也。爲法於天下，可傳於後世，非止一身一家之孝而已，此所以爲大孝也。

李氏曰：舜之所以能使瞽瞍底豫者，盡事親之道，共爲子職，不見父母之非而已。昔羅仲素語此云：「只爲天下無不是底父母。」了翁聞而善之，曰：「唯如此而後天下之爲父子者定。彼臣弑其君、子弑其父者，常始於見其有不是處耳。」

咸丘蒙問曰：「語云：『盛德之士，君不得而臣，父不得而子。』舜南面而立，堯帥諸侯北面而朝之，瞽瞍亦北面而朝之。舜見瞽瞍，其容有蹙。孔子曰：『於斯時也，天下殆哉！岌岌乎！』不識此語誠然乎哉？」孟子曰：「否。此非君子之言，齊東野人之語也。堯老而舜攝也。堯典曰：『二十有八載，放勳乃徂落，百姓如喪考妣。三年，四海遏密八音。』孔子曰：『天無二日，民無二王。』舜既爲天子矣，又帥天下諸侯以爲堯三年喪，是二天子矣。」

朱子章句：孟子言堯但老不治事，而舜攝天子之事耳。堯在時，舜未嘗即天子位，堯何由北面而朝乎？

咸丘蒙曰：「舜之不臣堯，則吾既得聞命矣。詩云：『普天之下，莫非王土。率土之濱，莫非王臣。』而舜既爲天子矣，敢問瞽瞍之非臣如何？」曰：「是詩也，非是之謂也。勞於王事，而不得養父母也。曰：『此莫非王事，我獨賢勞也。』」

朱子章句：不臣堯〔一〕，不以堯爲臣，使北面而朝也。孝子之至，莫大乎尊親。尊親之至，莫大乎以天下養。爲天子父，尊之至也。以天下養，養之至也。詩曰：「永言孝思，孝思維則。」此之謂也。書曰：「祗載見瞽瞍，夔夔齊栗，瞽瞍亦允若。」是爲父不得而子也。

朱子章句：言瞽瞍既爲天子之父，則當享天下之養，此舜所以爲尊親養親之至也。

蕙田案：孟子二章，萬古人主尊親之極則。

竹書紀年：夏帝不降，五十九年，遜位於弟扃。

沈氏約注：三代之世，内禪惟不降，實有聖德。

史記趙世家：趙武靈王二十七年五月，大朝於東宫，傳國，立王子何以爲王。王廟見禮畢，出臨朝。大夫悉爲臣，武靈王自號爲主父。

漢書高祖本紀：六年，上歸櫟陽，五日一朝太公。太公家令説太公曰：「天亡二

〔一〕「不臣堯」，諸本作「不爲臣」，據四書章句集注孟子集注卷九改。

日，土亡二王。皇帝雖子，人主也；太公雖父，人臣也。奈何令人主拜人臣！如此，則威重不行。」後上朝，太公擁彗，李奇曰：爲恭也，如今卒持帚也。師古曰：彗者，所以掃也。迎門却行。上大驚，下扶太公。太公曰：「帝，人主，奈何以我亂天下法！」於是上心善家令言，師古曰：晉太子庶子劉寶云善其發悟己心，因得尊崇父號，非善其令父敬己。賜黄金五百斤。夏五月丙午，詔曰：「人之至親，莫親於父子，故父有天下傳歸於子，子有天下尊歸於父，此人道之極也。前日天下大亂，兵革並起，萬民苦殃，朕親披堅執鋭，自帥士卒，犯危難，平暴亂，立諸侯，偃兵息民，天下大安，此皆太公之教訓也。諸王、通侯、將軍、群卿、大夫已尊朕爲皇帝，而太公未有號。今上尊太公曰太上皇。」師古曰：太上，極尊之稱也。皇，君也。天子之父，故號曰皇。不預治國，故不言帝也。蔡邕云：不言帝，非天子也。索隱曰：本紀秦始皇追尊莊襄爲太上皇，已有故事矣。蓋太上者，無上也；皇者，德大於帝。

通典注：後漢荀悦曰：「孝經曰：『故雖天子，必有尊也，言有父也。』王者父事三老以示天下，所以明孝也。無父猶設三老之禮，況其存者乎！孝莫大於嚴父，故子尊不加於父母。家令之言，於是過矣。」晉愍懷太子令問中庶子劉寶云：「太公家令説太公，爲是？爲非？」對曰：「荀悦論賜家令爲非〔一〕，臣以爲悦不識高帝意。高帝雖貴爲天子，事父不失子之禮。時即位已六年，而不加父號，是以家令言『雖父乃人臣也』，言無可尊敬名號，當與人臣同禮，欲以此感動之。帝聞家令言乃悟，即立號太上皇，得人子尊父之道。若不聞家令言，父終無號矣。家令説是也。」

蕙田案：家令説上之言，似與孟子「齊東野人之語」相類。當時，孟子弟子如咸丘蒙，尚信不及，何況家令？但高祖心存敬父，聞言感悟，似家令諷之耳。故以高祖心善家令爲發悟己心，亦可也。

魏書獻文帝本紀：帝雅薄時務，常有遺世之心，欲禪位於叔父京兆王子推，群臣固請，帝乃止。皇興五年七月丙午，册命太子曰：「昔堯舜之禪天下也，皆由其子不肖。若丹朱、商均能負荷者，豈搜揚側陋而授之哉？爾雖沖弱，有君人之表，必能恢隆王道，以濟兆民。今使太保、建安王陸馛，太尉源賀持節奉皇帝璽綬，致位於爾躬。其踐昇帝位，克廣洪業，以光祖宗之烈，使朕優游履道，頤神養性，可不善歟？」丁未，詔曰：「朕承洪業，運屬太平，淮岱率從，四海清宴。是以希心玄古，志存澹泊。躬覽

〔一〕「賜」，諸本作「貶」，據通典卷七二改。

萬務，則損頤神之和；一日或曠，政有淹滯之失。但子有天下，歸尊於父；父有天下，傳之於子。今稽協靈運，考會群心，爰命儲宫，踐昇大位。朕方優游恭己，栖心浩然，社稷乂安，克廣其業，不亦善乎？百官有司，其祇奉胤子，以答天休。宣布寓内，咸使聞悉。」於是群公奏曰：「昔三皇之世〔一〕，澹泊無爲，故稱皇。是以漢高祖既稱皇帝，尊其父爲太上皇，明不統天下。今皇帝幼沖，萬機大政，猶宜陛下總之。謹上尊號太上皇帝。」乃從之。己酉，太上皇帝徙御崇光宫，採椽不斲，土階而已。國之大事咸以聞。

北齊武成帝紀：即位四年〔二〕，傳位於太子緯，自稱太上皇。

周書宣帝本紀：詔曰：「有聖大寶，實惟重器，玄天表命，人事與能，幽顯同謀，確乎不易。域中之大，實懸定於杳冥；天下爲公，蓋不避於内舉。我大周感蒼昊之精，受河洛之錫，武功文德，光格區宇，創業垂統，永光無窮。朕以寡薄，祇承鴻緒，上賴

〔一〕「三皇」，諸本作「三王」，據魏書獻文帝本紀改。
〔二〕「四年」，北史周本紀作「五年」。

先朝得一之迹，下藉群后不貳之心。職貢與雲雨俱通，憲章共光華並亘。圓首方足，咸登仁壽，思隆國本，用弘天曆。皇太子衍，地居上嗣，正統所歸。遠憑積德之休，允叶無疆之祚。帝王之量，未肅而成；天禄之期，不謀已至。朕今傳位於衍。乃睠四海，深合謳歌之望；俾予一人，高蹈風塵之表。萬方兆庶，知朕意焉。可大赦天下，改大成元年爲大象元年。」帝於是自稱天元皇帝，所居稱天臺，冕有二十四旒，車服旗鼓，皆以二十四爲節。内史、御正皆置上大夫。皇帝衍稱正陽宫，置納言、御正、諸衛等官，皆準天臺。又令群臣朝天臺者，皆致齋三日，清身一日。車旗章服，倍於前王之數。

文獻通考：唐高祖武德九年，詔禪位於皇太子，稱太上皇。上皇以宏義宫有山林勝境，雅好之。貞觀三年四月，乃徙居之，改爲太安宫。上屢請上皇避暑九成宫，上皇以隋文帝終於彼，惡之。乃營大明宫，以爲上皇清暑之所，未成而上皇寢疾，不果居。

睿宗在位二年，制傳位於太子，太子上表固辭。上謂太子曰：「汝以爲天下事重，欲朕兼理之耶？昔舜禪禹，猶親巡狩，朕雖傳位，豈忘國家？其軍國大事當兼省之。」

八月庚子，玄宗即位，尊睿宗爲太上皇，上皇自稱曰「朕」，命曰「誥」，五日一受朝於太極殿。皇帝自稱曰「予」，命曰「制」、「敕」，日受朝於武德殿。三品以上除授及大刑政決於上皇，餘皆決於皇帝。明年，上皇誥：「自今，軍國政刑，一皆取皇帝處分。朕方無爲養志，以遂素心。」是月，徙居百福殿。

肅宗至德元年，即位於靈武，尊玄宗曰上皇天帝。靈武使者至蜀，上皇喜曰：「吾兒應天順人，吾復何憂？」制：「自今改制敕爲誥，表疏稱太上皇，四海軍國事，皆先取皇帝進止，仍奏朕知。俟克復上京，朕不復預事。」命韋見素、房琯、崔涣奉傳國寶玉册詣靈武傳位。二年，克復兩京，使韋見素入蜀，奉迎上皇。上皇至鳳翔，從兵六百餘人。上皇命悉以甲兵輸郡庫，上發精騎三千奉迎。十二月丙午，上皇至咸陽，上備法駕迎於聖賢宫，上皇在宫南樓，上釋黄袍，著紫袍，望樓下馬趨進，拜舞於樓下。上皇降樓，撫上而泣。上捧上皇足，嗚咽不自勝。上皇索黄袍，自爲上著之，上伏地頓首固辭。上皇曰：「天數人心，皆歸於汝，使朕得保養餘齒，汝之孝也。」上不得已，受之，父老在仗外歡呼，且拜。上令開仗，縱千餘人入謁上皇曰：「臣等復覩二聖相見，死無恨矣。」上皇不肯居正殿，曰：「此天子之位也。」上固請，自扶上皇登殿。尚食進食，上品嘗而薦之。丁未，將發行宮，上親爲上皇習馬而進之，上皇上馬，上親執鞚，行數步，上皇止之，上乘馬前引，不敢當馳道。上皇謂左右曰：「吾爲天子五十年，未爲貴，今爲天子父，乃貴耳。」左右皆呼「萬歲」。上皇自開遠門入大明宮，御含元殿。即日，幸興慶宮，遂居之。上累表請避位還東宮，上皇不許。

順宗永貞元年即位，疾不能視事，傳位太子純，稱太上皇。

宋徽宗宣和七年十二月，上内禪以道君號，退居龍德宫。皇太子即皇帝位，尊道君爲太上皇帝。

宋史高宗本紀：紹興三十二年六月丙子，詔皇太子即皇帝位，帝稱太上皇，退處德壽宫。

禮志：紹興三十二年六月，詔上太上皇帝、太上皇后尊號，集議以聞。左僕射陳康伯等言：「五帝之壽，惟堯最高，百王之典，惟堯獨冠。今兹高世之舉，視堯有光，恭請上太上皇帝尊號曰光堯壽聖太上皇帝，太上皇后尊號曰壽聖太上皇后。」詔恭依，仍令禮部、太常討論禮儀以聞。左僕射陳康伯撰太上皇帝册文，兼禮儀使、參政汪澈書册文并篆寶，知樞密院葉義問撰太上皇后册文，同知樞密院事黄祖舜書册文。八月十四日，奉上册寶，是日陪位文武百僚、太傅以下行事官，並朝服入詣大慶殿下立班。皇帝自内服履袍入御幄，服通天冠、絳紗袍，出至大慶殿，詣册寶褥位前再拜，在位官皆再拜訖，皇帝行發册寶授太傅之禮如儀。禮畢，皇帝還幄，服履袍還内，文武百僚退。儀仗鼓吹備而不作。護衛册寶，太傅以下行事官導從册寶至德壽宫。皇帝自祥曦殿服履袍乘輦，至德壽宫大次降輦，陪位文武官入殿庭立班定，太傅以下行事官從册寶入殿，皇帝服通天冠、絳紗袍升殿，詣西向褥位立，太上皇帝自宫服履袍即坐，皇帝北向四拜起居訖，次太傅以下皆四拜起居。次行奉册之禮，中書令、參知政事史浩讀册，攝侍中葉義問讀寶，讀訖，退復位。皇帝再拜稱賀曰：「皇帝臣某稽首言：伏惟光堯壽聖太上皇帝陛下册寶告成，鴻名肇正，與天同壽，率土均懽。」皇帝再拜，次侍中承旨宣答曰：「皇帝孝通天地，禮備古今，勉受鴻名，良深感慰。」皇帝再拜訖，西向立，次太傅以下再拜稱賀致詞曰：「攝太傅、尚書左僕射臣康伯等稽首言：伏惟光堯壽聖太上皇帝陛下肅臨寶位，誕受丕稱，獨推天父之尊，普慰帝臣之願。」奏訖，再拜，舞蹈。次侍中承旨宣答曰：「光堯壽聖太上皇帝聖旨：倦勤滋久，佚老是圖，勉受嘉名，但增感慰。」又再拜，舞蹈。次太上皇帝降坐入宫，皇帝後從壽聖太上皇后册寶入宫。皇帝詣太上皇后坐前北向立，太上皇后升坐，皇帝四拜起居，行奉上册寶之禮，讀册官陳子常讀册，讀寶官梁康民讀寶，讀訖，復位。皇帝再拜稱賀致詞曰：「皇帝臣某稽首言：伏惟壽聖太上皇后殿下德茂坤元〔一〕，禮崇大號，寶書僉受，歡忭無疆。」皇帝再拜，次宣荅官承旨宣答曰：「壽聖太上皇后教旨：皇帝祲容載蕆〔二〕，顯號來膺，誠孝通天，但深感惕。」皇帝再拜訖，太上皇后降坐入宫。次太傅以下文武百僚就德壽殿下拜牋稱賀以俟，皇帝服履袍乘輦還内。十六日，宰臣率文武百僚詣文德殿拜表稱賀。

文獻通考：高宗紹興三十二年，内禪，加上尊號爲光堯壽聖太上皇帝〔三〕。乾道七年，再加上尊號爲光堯壽聖憲天體道太上皇帝。淳熙二年，再加上尊號爲光堯壽聖憲天體道性仁成德經武緯文太上皇帝。是年，以聖壽七十，行慶壽禮。十二年，再加「紹業興統明謨盛烈」八字。十三年，以聖壽八十，行慶壽禮，赦天下。

〔一〕「殿下」，諸本作「陛下」，據宋史禮志十三改。
〔二〕「蔵」，諸本作「藏」，據宋史禮志十三改。
〔三〕「爲光堯壽聖太上皇帝」九字，原脱，據光緒本補。

三十二年六月十一日，内禪。十二日，上詣德壽宮，欲以是日率百官朝太上皇於德壽殿，以雨，百僚免入見，上就宮中行禮。自後，上詣宮行禮，即不集百官陪。十三日，詔：「令宰臣率百官於初二日、十六日詣德壽宮起居〔一〕。」又詔：「朕欲每日一朝德壽宮，面奉慈旨，恐廢萬幾，煩群下，不許，如前代朔望之禮。令禮官重定其期。」禮部請依漢高帝五日一朝太公故事，每五日一詣德壽宮朝見，如宮中禮。從之。乃詔〔二〕：「自今後，詣德壽宮，惟經過官司起居，餘並免。」十七日，太上宣諭：「車駕每至宮，必於門外降輦，既行家人之禮，自宜至殿上降輦。又不須五日一朝，只朝朔望。」於是，有司請除朔望朝拜。於每月初八日、二十二日，詣德壽宮起居，如宮中儀，從之。自後，皆遵此制，如值雨及盛暑祁寒，臨期承太上特旨，仍免詣。十一月冬至〔三〕，上詣德壽宮稱賀上壽，禮畢，入見太后，如宮中之儀。自後正、至並同。乾道元年二月朔，上詣德壽宮，請太上、太后至延祥觀燒香，次幸聚景園，次幸玉津園，太上聖旨：日晚，免車

〔一〕「初二日」，文獻通考卷二五二改作「初一日」。
〔二〕「乃」，原作「仍」，據光緒本、文獻通考卷二五二改。
〔三〕「十一月」，諸本作「十二月」，據文獻通考卷二五二校勘記改。

駕從還德壽宮，臣僚止從駕還内，沿路並免起居。除管軍、環衛官從駕外〔一〕，執政官以下並免。以後，或恭請幸南内，或幸聚景園、玉津園、延祥觀、靈隱天竺寺，其儀並同。

皇帝朝德壽宮儀注

前期，儀鸞司設大次於德壽宫門内，小次於殿東廊，西向。其日，俟皇帝出即御座，從駕臣僚、禁衛等起居如常儀。皇帝降御座，乘輦將至德壽宫，報文武百僚詣宫門外迎駕，起居訖，前導官、太常卿、閤門官、太常博士、禮直官先入，詣大次前，分左右立定，俟皇帝詣德壽宫大次，降輦入。次御史臺、閤門、太常寺，報文武百僚入詣殿庭，北向立定。前導官導皇帝入小次，簾降，俟太上皇帝即御座，小次簾捲，前導官導皇帝升殿東階，詣殿上折檻前，奏「請拜」，皇帝再拜。訖，前導官導皇帝稍前，躬奏「聖躬萬福」。訖，導皇帝復位。又奏「請拜」，皇帝再拜。訖，導皇帝詣太上皇帝御座之東，西向立。前導官於殿上隨地之宜，少立，揖，班首以下躬。典儀曰「拜」，贊者承傳曰「拜」，在位官皆再拜。訖，直身，搢笏，躬身，三舞蹈，跪左膝，三叩頭，出笏，就一拜，又兩拜。拜訖，且躬身。班首不離位，奏「聖躬萬福」。訖，

〔一〕「環衛」，諸本脱，據文獻通考卷二五二校勘記補。

典儀曰「拜」，贊者承傳曰「拜」，在位官皆再拜，又兩拜。拜訖，直身，立。捲班出，前導官以次退。從駕官歸幕次以俟從駕還内。太上皇帝駕興，皇帝從，入見太上皇后，如宫中之儀。訖，以俟皇帝還内，如來儀。每遇正旦、冬至及朔望，並依上儀。

孝宗淳熙二年十一月，詔：「太上皇帝聖壽無疆，新歲七十，用十一月冬至，加上尊號册寶。」十二月十七日立春，行慶壽禮。是日早，文武百僚並簪花，赴文德殿立班，聽宣慶壽赦，赦文：「太極之功不宰，其可贊者，兩儀之生；大明之照無疆，所能推者，千載之至。欽惟聖父，誕保我家二百餘載，而中天定神器於欹側艱虞之始。三十六年，而宅位授朕師於康强暇豫之時，上穹綿有永之年，下土洽無爲之化。興言菲質，日侍慈顔。竭幅員之富，而未足伸至養之誠；極尊美之稱，而未足表難名之德。兹載新於歲律，肅展慶於耆齡。前殿奉巵，企高皇而踵武；大安進膳，邁貞觀之彌文。鏘金奏以充庭〔一〕，儼臣工而在列。和氣滃周於宇宙，盛容創見於古今。仍内奉於母儀，肅備殫於子道。爲酒以介眉壽，誕膺純嘏之常。立春而下寬書，更廣庶民之富，

〔一〕「充」，原作「克」，據光緒本、文獻通考卷二五二改。

可大赦天下。於戲！建無窮之基，則享無窮之樂。命方卜於萬年，有非常之事，則侈非常之休，恩盍推於四海，矧群黎百姓夙依於覆育，而耆老大夫咸自于甄陶。今而仁壽之同躋，必也安榮之共保，諒爾有邦之衆，知予錫類之心。赦書日行五百里，敢以赦前事言者，以其罪罪之，主者施行。」宣赦訖，從駕官並赴後殿起居，謝花再拜，從駕至德壽宮，行慶壽禮。　陳設　前期，儀鸞司陳設德壽宮，殿上當中〔一〕，南向，設大次於德壽宮内，南向；小次於殿東廊，西向。設皇帝褥位二：一於御座之東，西向；一於御座之南，北向。尚醖設御酒器於御座之東，有司又設御茶牀於御座之西，俱稍北。　上壽　其日，後殿入内官喝排立俟，催班立定。應從駕、應奉官、禁衛等，並簪花，不係從駕官，徑赴德壽宮，並簪花，以俟迎駕起居。閤門報班齊，皇帝服鞾袍出宮門。禁衛諸班、親從等並迎駕，自贊常起居，自贊謝花，兩拜。入内省執骨朵使臣迎駕，常起居，謝花，兩拜。皇帝坐〔二〕，知閤門以下御帶、環衛官、諸司祗應官等一班，翩班宣名常起居，次贊謝花，

〔一〕「殿」上，文獻通考卷二五二據宋史禮志十五補「殿門之内外設御座於」九字。

〔二〕「皇帝坐」，文獻通考卷二五二據宋史禮志十五改作「皇帝即御座」。

兩拜。訖，知閤門官升殿，讀奏目。餘官並退。次舍人引應從駕官一班，赴當殿，宣名常起居，次贊謝花，兩拜。執政有奏事如儀，皇太子内中起居，簪花以俟從駕。次管軍一班，宣名常起居〔一〕，次贊謝花，兩拜。訖，皇帝升輦，將至德壽宫，文武百僚迎駕常起居，贊謝花，兩拜。訖，前導太常卿、閤門官、太常博士、禮直官并管軍、御帶、環衛官等詣大次前，分左右立，文武百僚入詣德壽殿下，東西相向，立俟。皇帝至大次，降輦入次。簾降，簪花，服鞾袍，閤門、御史臺、太常寺分引皇太子以下應從駕官入，詣德壽殿下，東西相向立。大次簾捲，前導官前導皇帝入小次，簾降。前導太常卿、閤門官、太常博士、禮直官并管軍、御帶、環衛官等，俟太上皇帝出宫，迎太上皇帝四拜起居。太上皇帝出宫，行門禁衛諸班、親從等迎太上皇帝，自贊常起居。太上皇帝升御座，鳴鞭，小次簾捲。前導官前導皇帝升殿東階，詣殿上折檻前北向褥位，奏「請拜」，皇帝再拜。訖，躬奏「聖躬萬福」。訖，又奏「請拜」，皇帝再拜。訖，前導皇帝詣太上皇帝御座之東褥位，西向立。前導官於殿上隨地之宜立，閤門、御史臺、太常寺分引皇太子并文武百僚並横行北向

〔一〕「常起居」，原脱，據光緒本、文獻通考卷二五二補。

立，舍人揖皇太子以下躬。典儀曰「拜」，贊者承傳，在位官皆再拜，搢笏，舞蹈，又再拜。訖，且躬身，班首不離位，奏「聖躬萬福」。訖，典儀曰「拜」，贊者承傳，在位官皆再拜。訖，直身立，分東西相向立。禮直官引奉盤盞參知政事、受盤盞參知政事承旨宣答，簽書樞密院事奏「禮畢」。户部尚書、殿中監、少監升殿東階。奉盤盞參知政事、受盤盞參知政事、殿中監、少監詣酒稍北〔一〕，南向立，承旨宣答。簽書樞密院事并奏「禮畢」。户部尚書詣折檻之東，西向立。舍人通樂人姓名已下四拜起居。次看盞人稍前，贊拜兩拜，贊上殿祗候，内侍進御茶牀〔二〕，殿侍酹酒。訖〔三〕，尚醞、典御以盤盞酒注授殿中監、少監，次禮直官引奉盤盞參知政事詣酒樽所，北向，搢笏。殿中監、奉盤盞參知政事捧盤盞西向立，殿中監啓盞，殿中少監以酒注於盞，奉盤盞參知政事奉酒詣皇帝前，北向。禮直官引受盤盞參知政事詣太上皇帝御座前，西向，立定。閤門、御史臺、太常寺分引皇太子并文武

〔一〕「酒稍北」，文獻通考卷一二五二改作「酒尊所北」。
〔二〕「侍」，諸本作「特」，據文獻通考卷一二五二校勘記改。
〔三〕「訖」，原作「託」，據光緒本、文獻通考卷一二五二改。

百僚横行，北向立俟，奉盤盞參知政事躬進皇帝〔一〕，皇帝奉酒詣太上皇帝御座前。躬進訖，少後，受盤盞參知政事躬接訖，復授奉盤盞參知政事。前導官導皇帝詣御座前褥位，北向，俛伏，跪，殿下皇太子并百僚並躬身，皇帝致詞曰：「皇帝臣御名稽首言：天祐君親，錫兹難老，維春之吉，年德加新。臣御名與群臣等不勝大慶，謹上千萬歲壽。」伏，興。奏「請拜」，皇帝再拜。典儀曰「拜」，贊者承傳，在位官皆再拜。訖，直身立，分東西相向立。前導官導皇帝詣御座，東西相向立，奉盤盞參知政事以盤北向，躬進皇帝。訖，奉盤盞參知政事復位立。皇帝捧盤詣御座東，西向立，樂作，俟太上皇帝飲酒。訖，皇帝躬接盞，樂止。少後，受盤盞參知政事躬接。訖，以授尚醞、典御，各復位立。閤門、御史臺、太常寺分引皇太子并文武百僚横行北向立。前導官導皇帝詣褥位，北向。奏「請拜」，皇帝再拜。典儀曰「拜」，贊者承傳，在位官皆再拜。訖，直身立。前導官導皇帝詣御座之東褥位，西向立。舍人揖皇太子已下躬。典儀曰「拜」，贊者承傳，在位官皆再拜，搢笏，舞蹈，又再拜。訖，直身立。内侍舉御茶牀，禮

〔一〕「盞」，原脱，據味經窩本、乾隆本、光緒本、文獻通考卷二五二補。

直官引户部尚書詣御座前，北向，俛伏，跪奏：「具官臣某言禮畢。」伏，興，退，復位立。典儀曰「拜」，贊者承傳，在位官皆再拜。訖，直身立，分相向立。次舍人贊樂人謝，祗應兩拜。訖，太上皇帝駕興，皇帝從入宫，文武百僚、前導、應奉官等以次退。皇帝、皇太子入賀太上皇后，於宫中行禮。執政率文武百僚拜牋賀太上皇后。訖，以俟駕興，從駕并應奉官、禁衛等並簪花，從駕還内。

建炎以來朝野雜記：昭慈聖獻皇后之在建康也，有司月奉千緡而止。后生辰，别奉緡錢萬。時朝廷用度不給，故其禮不及承平時。其後，顯仁后自北來歸，歲奉錢二十萬緡，月奉萬緡，冬年、寒食、生辰倍之。帛二萬餘匹，生辰絹萬匹，春、冬、端午各三千匹，綾羅二千匹。冬綿五千兩，酒日一斗，羊三牽。高宗在德壽宫，孝宗命有司月供十萬緡，高宗以養兵多費，詔減其六萬。及孝宗在重華，命月進三萬緡而已。上受禪，詔太皇太后月奉緡錢二萬，皇太后萬五千，上皇太后五萬，而重華别給二萬焉。

馬氏端臨曰：光堯之壽祉，壽皇之孝養，古今罕儷，故具載其事。

宋史孝宗本紀：贊曰：「自古人君起自外藩，入繼大統，而能盡宫庭之孝，未有若帝；其間父子怡愉，同享高壽，亦無有及之者。終喪三年，又能却群臣之請而力行之。宋之廟號，若孝宗之爲『孝』，其無愧焉。」

淳熙十六年二月，上内禪〔二〕，皇太子即位，移御重華宫，上尊號曰至尊壽皇聖帝。

紹熙五年，光宗以疾不能行喪禮。七月，憲聖太皇太后命皇子嘉王即皇帝位，尊光宗爲太上皇，居泰安宫。以内中寢殿爲之。慶元元年，上尊號曰聖安仁壽。

蕙田案：禪位之禮，始於唐堯，然堯在位時，舜攝而已，及即位，瞽瞍爲天子父，始有孝養之文，書所謂「載見瞽瞍，夔夔齊慄」。當是爲天子時，此舜之大孝然也。降及後世，父子相繼，爰有内禪之舉，始於商帝。不降趙武靈王而北魏、北周及唐亦踵行之，然其儀不詳。逮宋三宗相繼，内禪而克全孝道，始終無間。惟孝宗稱首，其儀備見於文獻通考，事雖不常有，而其禮不可軼也。若通考兼載事迹始終，兹因與禮無關，並削之，蓋體例不同爾。

右尊太上皇禮

〔二〕「上内」，原誤倒，據光緒本、文獻通考卷二五二校勘記乙正。

上皇太后太皇太后尊號徽號禮

詩大雅大明：摯仲氏任，自彼殷商，來嫁于周，曰嬪于京。乃及王季，惟德之行。大任有身，生此文王。

史記周本紀：季歷娶大任，生昌，有聖瑞。古公曰：「我世當有興者，其在昌乎？」

國語晉語：昔者大任娠，文王不變，少溲於豕牢而得文王，不加疾焉。

皇王大紀：季歷娶於摯曰大任，有賢德，目不視竊色，耳不聽淫聲，口不出惡言，容貌恭肅齊如也。

列女傳：文王生而明聖，大任教之，以一而識百，君子謂大任爲能胎教。

孔氏穎達曰：禮，婦人從夫之謚，故頌稱大姒爲文母。大任，非謚也。以其尊加於婦，尊而稱之，故謂之大姜、大任、大姒。惟武王妃之稱，左傳謂之邑姜，不稱「大」，蓋避大姜故也。

蕙田案：孔氏云：「尊加於婦，故謂之太。」此稱太之正義也，後人太后之稱，實始於此。

宗元案：對王季而言曰「摯仲氏任」，對文王而言曰「太任有身」，詩之稱謂一字不苟如此，固非專爲其尊加於婦也。然後世「太后」之稱，實始於此。則知太姜、太任、太姒之類，皆以其尊加於婦也，亦宜。

思齊：思齊大任，文王之母。思媚周姜，京室之婦。大姒嗣徽音，則百斯男。

序：思齊，文王所以聖也。疏：言文王所以得聖，由其賢母所生。文王自天性當聖，聖亦由母大賢，故歌詠其母，言文王之聖，有所以而然也。

何氏楷曰：徽，毛云：「美也。」案：徽，本三糾繩之名，琴節亦曰徽，則以琴絃是繩爲之，故淮南子云：「鼓琴循絃，謂之徽也。」文選五臣注亦云：「調也，此以徽音連言，當即取琴節之義。以其音調和可聽，謂之美音。猶云令聞也。」

蕙田案：賢母之盛，莫過於周。二篇皆推本言之，以明王業所由基。後世歸美太后，崇上徽號，其義實原於此。何氏釋「徽音」字的。

文獻通考：漢因秦之稱號，帝母稱皇太后，祖母稱太皇太后。

惠帝即位，尊呂皇后爲皇太后。臨朝稱制。

文帝立，尊母薄姬爲皇太后。姬初爲代太后。薄氏侯者一人。

景帝立，尊母竇皇后爲皇太后。竇氏侯者三人。

武帝立，尊母王皇后爲皇太后。王氏、田氏侯者凡三人。

昭帝崩，霍光迎立昌邑王賀，尊上官皇后爲皇太后。既廢賀，立宣帝，尊太后爲太皇太后。

元帝立，尊孝宣王皇后爲皇太后。成帝即位，爲太皇太后。王氏列侯者二人，關内侯一人。

成帝立，尊母王皇后爲皇太后。哀帝即位，尊爲太皇太后。

哀帝立，尊趙后爲皇太后，趙氏侯者二人。又尊定陶共皇太后爲帝太太后，丁姬爲帝太后，復又更號帝太太后爲皇太太后，稱永信宫，帝太后稱中安宫。而成帝母太皇太后本稱長信宫，成帝趙后爲皇太后，並四太后各置少府、太僕，秩皆二千石。傅氏侯者六人。

蕙田案：通考載吕太后臨朝稱制，王太后委政於莽，以移漢祚。及班氏、胡致堂議西京外戚貽禍之本末，詳矣。然其失在後，而其初固不得謂之「非尊親之典也」。今並削其事變而録之。至定陶太后係私親，别詳「吉禮」門。

東漢明帝即位，尊陰皇后爲皇太后。

肅宗即位，尊馬皇后爲皇太后，帝欲封爵諸舅，太后不聽。

和帝即位，尊竇皇后爲皇太后，臨朝。

殤帝立，尊鄧皇后爲皇太后。安帝立，猶臨朝政。

安帝閻皇后立少帝，爲皇太后，臨朝。

順帝梁皇后立沖帝，尊爲皇太后，臨朝。質帝立，猶秉朝政。

靈帝即位，竇太后爲皇太后，臨朝。竇氏誅帝，猶以太后有援立之恩，朝於南宮，親饋上壽，供養資奉有加於前。靈帝崩，王子辨即位，尊母何皇后爲皇太后，臨朝。

魏文帝受禪，尊卞后爲皇太后，稱永壽宫。明帝即位，尊太后曰太皇太后。

明帝立，尊郭皇后爲皇太后，稱永安宫。

齊王即位，尊郭皇后爲皇太后，稱永寧宫。

晉惠帝即位，尊楊皇后爲皇太后。

東晉成帝即位，尊庾皇后爲皇太后，臨朝，稱萬歲。

哀帝即位，生母章貴人尊爲皇太妃。

穆帝即位，尊褚皇后爲皇太后，臨朝稱制。簡文帝即位，尊后爲崇德太后。

孝武皇帝即位，尊生母李氏爲淑妃。太元三年，進爲貴人。九年，又進爲夫人。十二年，加爲皇太妃。十九年，尊爲皇太后，稱崇訓宫。安帝即位，尊爲太皇太后。

通典：徐邈與范甯書，訪其事。甯答謂：「子不得以爵命母。妃是太子婦號，必也正名，寧可以稱母也？」邈重與甯書曰：「禮，天子之妃曰后，關雎稱后妃之德，妃后之名，可謂大同，所以憲章皇極、禮崇物備者，在於此也。故太后之號定於前朝，而當今所率由也。若必欲章服同於后，而名號異於妃，則可因夫人之稱，而加皇太以明尊尊。雖一理，然於文物之章，猶未盡崇高之極，此又今之所疑，不可得行也。足下嫌太子妻稱妃，然古無此稱，出於後代。今有皇太之别，可例論耶？」甯又答曰：「案公羊傳『母以子貴』，當以此義爲允。禮有君之母非夫人者，以此推之，王者之母，亦何必皆后乎？所謂尊母，非使極尊號也。並后匹嫡，譏存春秋。謂宜稱皇太夫人，下皇后一等，位比三公，此君母之極號也。稱夫人，則先后之臣也。加皇太，則至尊之母也。皇，君之謂也。君太夫人，豈不允乎！」殷仲堪與徐邈書云：「后者，婦人之貴號，在妻則言后，在母則加太。禮，天子之妃稱后，關雎曰后妃之德，后妃二名，其義一也。設使皇后處内，貴妾必不可稱妃。」邈又答徐乾書云：「母以子貴，穀梁亦有其義，故曰『暱人之母則可』。又會成風葬，著言禮也。但名雖夫人，而實殊同體〔一〕，故不敢配厭〔二〕，群臣無服，所服以爲異也。鄭云『近臣從服，唯君所服』，若嫡夫人殁，則有制重者，故曰唯君所服之耳。與君同重，自施近臣騶僕，而非三卿五大夫〔三〕，内有宗廟之祭，外有侯伯之命，何得以私服廢正。故庶母爲夫人，上之不得以干宗廟，外之不得以接侯伯，唯國内申其私而崇其儀，亦如侯伯子男之臣，於内稱君曰公耳。雖人君肆情行服，而卿大夫不從，所以知上有天王也。邈往來答釋范武子，以詩序云后妃義一，是以太妃車旗服章，備如太后，唯不敢從於宗廟。禮又曰『百官不稱臣』，所以令無服之制也〔四〕。范於時都謂不應

〔一〕「殊」，諸本作「如」，據通典卷七二改。
〔二〕「不」，通典卷七二删。
〔三〕「非」，諸本作「下」，據通典卷七二改。
〔四〕「令」，諸本作「合」，據通典卷七二改。

同皇后服章，以尊議難之，自塞矣。書傳無天子庶母之文，且妾除女君、夫人〔二〕，可爲通稱，如五等爵皆稱公耳。天王之與王后，未聞二其號者，所以關之情禮，而定太妃之稱，良有由矣。體同王極，故上比稱皇。屈於郊廟，故遠避伉儷，不曰后而曰妃。因名求實，可謂至矣。禮，太后與太妃，義無異者。假令國君在時，妾自當稱夫人。但王典無二名，不得以國公夫人爲喻耳。」

通典：太元十九年，又詔追崇鄭太后。尚書令王珣奏：「下禮官詳正。案太常臣胤等議，以春秋之義，母以子貴，故仲子、成風咸稱夫人。經云『考仲子之宫』，明不配食也。且漢文、昭二太后，並繫子號。宜遠準春秋考宫之義，近摹二漢不配之典，尊號既正，宜改築新廟。顯崇尊稱，則罔極之情申；别建寢廟，則嚴禰之道著。繫子爲稱，兼明貴之所由：一舉而三義以允，固哲王之高致。可如胤等議，追尊會稽太妃爲簡文皇太后也。」

〔二〕「且妾除」，諸本作「但妾上無」，據通典卷七二改。

文獻通考〔一〕：宋武帝受禪，尊後母蕭氏爲皇太后。帝事太后孝謹，即位時，春秋已高，每旦朝太后未嘗失時刻。少帝即位，尊爲太皇太后。

孝武即位，尊母路淑媛爲皇太后〔二〕，宫曰崇憲。廢帝立，爲太皇太后。明帝立，號崇憲太后，乃居中宫。

廢帝即位，尊孝武王皇后爲太后，宫曰永訓。

後廢帝即位，尊明帝王皇后爲皇太后，宫曰弘訓。母陳氏尊爲皇太妃，輿服一如晉孝武李太妃故事，宫曰弘化，置家令一人，改諸國太妃曰太姬。

陳文帝即位，尊武帝章皇后爲皇太后，宫曰慈訓。廢帝即位，后爲太皇太后。宣帝立，復爲皇太后。

後主即位，尊宣帝柳皇后爲皇太后，宫曰弘範。

後魏太武即位，尊明元杜皇后爲皇太后，封后弟爲遼東王。

〔一〕「文獻通考」，原脱，據光緒本補。

〔二〕「路淑媛」，諸本脱「路」字，據文獻通考卷二五一校勘記補。

文成即位，尊文成馮皇后爲太后，聽政。獻文、孝文時，尊曰太皇太后，復聽政。明帝即位，尊宣武高皇后爲皇太后，尋爲尼，居瑶光寺，非大節慶不入宫中。尊母胡光華爲皇太妃〔一〕，後尊爲皇太后。

齊文宣受禪，尊母婁妃爲皇太后，宫曰宣訓。濟南即位，尊爲太皇太后。後主即位，尊武成胡后爲皇太后。

周武成即位，尊母叱奴氏爲皇太后。

宣帝即位，尊武帝后阿史那氏爲皇太后。大象元年，改爲天元皇太后。二年，又尊爲天元上皇太后。靜帝立，尊爲太后，尊母李氏爲帝太后、大象元年，改爲天元帝太后，又尊爲太皇太后。二年，又尊爲天元聖皇太后。靜帝立，尊爲太帝太后。

靜帝時，楊堅秉政，尊天元楊后爲皇太后，居弘聖宫，母朱氏尊爲帝太后。

唐憲宗立，尊順宗王皇后爲皇太后。

穆宗立，尊憲宗郭后爲皇太后。敬宗立，尊爲太皇太后。

〔一〕「胡光華」，文獻通考卷二五一據魏書皇后傳改作「胡充華」。

宣宗立，尊母鄭妃爲皇太后，懿宗尊爲太皇太后。

敬宗立，尊穆宗王后爲皇太后。文宗時，稱寶曆太后。太和五年，宰相建白以太皇太后與寶曆太后稱號未辨，前代詔令不敢斥言，皆以宮爲稱，今寶曆太后居義安殿，宜曰義安太后。詔可。

文宗立，尊母蕭氏爲皇太后。太和中，懿安太后居興慶宮。（懿宗后，文宗祖母。）寶曆太后居義安殿。（穆宗妃，敬宗母。）后居内殿。（穆宗妃，文宗母。）號三宮太后。帝每五日問安，及歲時慶謁，率由複道至南。内群臣及命婦詣宮門，候起居。

哀帝即位，尊昭宗何后爲皇太后，徙居積善宮，號積善太后。

蕙田案：唐則天武后、韋后皆稱太后。然妄自尊立，非關孝養，並削不録。

後唐莊宗即位，册尊母曹氏爲皇太后，而以嫡母劉氏爲皇太妃，往謝太后，太后有慚色。帝既滅梁，使人迎太后歸洛陽，居長壽宮，而太妃獨留晉陽。太妃與太后甚相愛，其送太后於洛也，涕泣而别。

蕙田案：莊宗可謂不知禮矣，抑亦傷太后之心乎？存之可爲鑑戒。

愍帝即位，册尊明宗后曹氏爲皇太后，淑妃王氏爲皇太妃。

晉出帝即位，尊高祖后李氏爲皇太后。

漢愍帝即位，尊高祖后李氏爲皇太后。周太祖入京，事太后如母，遷於太平宮，上尊號曰昭聖皇太后。

周恭帝即位，尊世宗皇后符氏爲皇太后。宋受禪，號周太后。

宋昭憲皇太后，太祖之母，帝受禪尊爲皇太后。

宋史禮志：建隆元年，詔尊母南陽郡太夫人爲皇太后，仍令所司追册四親廟，後不果行。

文獻通考：真宗即位，尊太宗明德李后爲皇太后，居西宫嘉慶殿。

宋史禮志：至道三年四月，尊太宗皇后李氏爲皇太后，宰臣等詣崇政殿門表賀皇帝，又詣内東門表賀皇太后。

乾興元年，真宗遺制尊皇后劉氏爲皇太后，淑妃楊氏爲皇太妃，亦不果行册禮。

文獻通考：仁宗即位，尊真宗莊獻明肅皇后爲皇太后，以生日爲長寧節，出入御大安輦，鳴鞭，侍衛如乘輿。群臣上尊號曰應元崇德仁壽慈聖太后。元日，帝率百官上壽。

天聖二年七月，宰臣王欽若等拜表，請上皇太后尊號曰應元崇德仁壽慈聖皇太后〔一〕。命宰臣王曾撰册文，參知政事魯宗道書册寶。其册文曰：「嗣皇帝臣某謹再拜稽首言：恭以爲天下之母者，愛育之功博；居域中之大者，覆載之道均。乃有飾盛禮以推崇，因强名而丕顯。以恩則尊親偕極，以義則中外一詞，表德垂鴻，非可以缺。况乎寧保基緒，撫覽權綱，格萬宇之治平，副輿情之輸戴。式隆稱號，以播休鑠。伏惟皇太后陛下，聰明淑哲，淵穆懿恭。襲御龍之遐源，啓曾沙之瑞命。輔佐先聖，輯睦藩房，申翊宫朝，協敷閫教。服圖史之至戒，慕黄老之微言。及正宫承天〔二〕，居尊治内，勤儉之化，式於中闈，和平之風，被於四表。王基允固，睿問載融。曩者號弓在辰，仍几有命。畀以大寶，付於菲躬，煢煢哀荒，懼罔攸濟，實賴慈蔭，以授洪圖。上奉顧托之明，俯慰遐邇之望。詳録機務，咨謀政經。憲祖宗之舊章，厲官師之凝績。肇本乎子物之惠，濟乃守成之業。方今蠻夷款服，封宇靖安，百度聿修，六氣時若。

〔一〕「曰應元崇德仁壽慈聖皇太后」十二字，諸本脱，據文獻通考卷二五二補。

〔二〕「宫」，文獻通考卷二五二改作「位」。

禋肆類，克展上儀，享是休嘉，率由保翼。故得公卿庶尹，藩嶽守臣，武旅戎酋，緇黄耋艾。咸謂周有思齊之什，播於聲歌；漢有長樂之謡，垂於竹帛。斟酌前訓，擬議盛猷，允非鴻名，莫揚茂烈。緜代曠典，自我而著，猶且推美而弗有，約已以至謙。連袂叩閽，露草五請。臣等以因人之欲，拜跪於内，甫迴沖慮，乃狥公言。夫含章履順之謂應元，詔訓逮下之謂崇德〔一〕，體仁所以膺壽臧之福，宣慈所以隆聖善之懿。不勝大願，謹與百僚士庶奉玉册琮寶，上尊號曰應元崇德仁壽慈聖皇太后。伏惟懋協歡心，誕膺洪册，承七廟之流祥，受九旻之敷錫，擁佑家邦，祉祚無極。臣某誠歡誠忭，稽首頓首謹言。」

宋史禮志：天聖二年，宰臣王欽若等五表請上皇太后尊號。十一月，郊祀畢，帝御大安殿受册，百官稱賀畢，再序班。侍中奏中嚴外辦，禮儀使奏發册寶，帝服通天冠、絳紗袍，秉珪以出。禮儀使、閤門使導帝隨册寶降自西階，内臣奉至殿庭，置横街南東向褥位，册在北，寶在南，帝立殿庭北向褥位，奉册寶官奉册寶案，太常卿、吏部

〔一〕「訓」，諸本作「詞」，據文獻通考卷二五二改。

禮部侍郎引置當中褥位。禮儀使奏請皇帝再拜，在位官皆再拜。太尉、司徒就册寶位，帝搢珪跪，奉册授太尉，又奉寶授司徒，皆搢笏，東向跪受，興，奉册寶案置於近東西向褥位。禮儀使奏請皇帝歸御幄，易常服，乘輿赴文德殿後幄，百官班退赴朝堂，太尉、司徒奉册寶至文德殿外幄，太尉以下各就次以俟。侍中奏中嚴外辦，太后服儀天冠、衮衣以出，奏隆安之樂，行障、步障、方團扇，侍衛垂簾，即御坐，南向，樂止。太常導册案至殿西階下，各歸班，在位者皆再拜。太尉押册案〔一〕，司徒奉册，中書令讀册訖，侍中押寶案，司徒奉寶，侍中讀寶畢，太尉、司徒詣香案前，分班東西序立。尚宫贊引皇帝詣皇太后坐前，帝服韡袍，簾内行稱賀禮，跪曰：「嗣皇帝臣某言：皇太后陛下顯崇徽號，昭焕寰瀛，伏惟與天同壽，率土不勝欣忭。」俛伏，興，又再拜，尚宫詣御坐承旨，退，西向稱：「皇太后答曰：皇帝孝思至誠，貫於天地，受兹徽號，感慰良深。」帝再拜，尚宫引歸幄，太尉率百官稱賀，奏隆安之樂，太后降坐還幄，樂止。侍中奏解嚴，所司放仗，百官再拜退。太后還内，内外命婦稱賀太后、皇帝於内殿，在外命

〔一〕「案」，諸本脱，據宋史禮志十三校勘記補。

婦及兩京留司官並奉表稱賀。自是，上皇太后尊號禮皆如之。

文獻通考：宋章獻太后遺詔：「以皇太妃楊氏爲皇太后，即所居殿，號曰保慶太后。」

英宗即位，尊仁宗慈聖光獻皇后爲皇太后。神宗立，尊爲太皇太后，名宫曰慶壽。

宋史禮志：熙寧二年，神宗尊皇太后曹氏爲太皇太后，詣文德殿跪奉玉册授攝太尉曾公亮、金寶授攝司徒韓絳，又跪奉皇太后高氏玉册授攝太尉文彦博、金寶攝司徒趙抃，禮畢，百官稱賀。

文獻通考：神宗立，尊英宗宣仁聖烈皇后爲皇太后，居寶慈宫。哲宗嗣位，尊爲太皇太后，以生日爲坤成節。

哲宗立，尊神宗欽聖憲肅皇后爲皇太后，尊生母朱德妃爲皇太妃。時宣仁、欽聖二太后皆居尊，故稱號未得極其至。元祐三年，宣仁詔：「母以子貴，輿蓋、仗衛、冠服悉侔皇后。」

宋史禮志：哲宗即位，詔尊太后高氏爲太皇太后，皇后向氏爲皇太后，德妃朱氏爲皇太妃。禮部議：「皇太妃生日節序物色，其冠服之屬如皇后例，稱慈旨，慶賀用牋。太皇太后、皇太后於皇太妃稱賜，皇帝稱奉，百官不稱臣。皇帝問皇太妃起居用牋，皇太妃答皇帝用書。」宰臣請特建太皇太后宮曰崇慶，殿曰崇慶、曰壽康；皇太后宮曰隆祐，殿曰隆祐、曰慈徽。元祐二年，詔太皇太后受册依章獻明肅皇后故事，皇太后受册依熙寧二年故事，皇太妃與皇太后同日受册，令太常禮官詳定儀注。右諫議大夫梁燾請對文德殿，太皇太后曰：「大臣欲行此禮，予意謂必難行。」燾對曰：「誠如聖慮，願堅執勿許。且母后權同聽政，蓋出一時不得已之事，乞速罷之。」中書舍人曾肇亦言：「太皇太后聽政以來，止於延和殿，受遼使朝見，亦止於御崇政殿，未嘗踐外朝。今皇帝述仁祖故事，以極崇奉之禮，太皇太后儻以此時特下明詔，發揚皇帝孝敬之誠，而固執謙德，止於崇政殿受册，則皇帝之孝愈顯，太皇太后之德愈尊，兩義俱得，顧不美歟？」太皇太后欣然納之，迺詔將來受册止於崇政殿。尋以天旱權罷。未幾，太師文彥博等以時雨溥澍，稼穡有望，請舉行册禮，凡三請乃從。九月六日，發太皇太后册寶於大慶殿，發皇太后、太妃册寶於文德殿，行禮如儀。

紹聖元年，詔：「奉太皇太后旨，皇太妃特與立宮殿名，坐六龍輿，張繖，出入由宣德正門。」有司請應宫中並依稱臣妾，外命婦入内準此；百官拜箋稱賀，稱殿下。徽宗即位，加哲宗太妃號曰聖瑞，既又御文德殿册命元符皇后劉氏爲太后，並依皇后禮制。

文獻通考：徽宗立，尊哲宗元符皇后爲皇太后，殿爲崇恩宫。

欽宗既受禪，尊徽宗顯肅皇后爲太上皇后，遷居寧德宫，稱寧德太后。

靖康二年，二帝北狩，金人僭立張邦昌，邦昌迎哲宗元祐皇后入禁中垂簾聽政，后遣使迎康王，降手書，播告天下。王即位於南京，后撤簾，上尊后爲元祐太后，奉迎至行在所，以「元」字犯后祖諱，改稱隆祐太后。

高宗既即位，遥尊母韋賢妃爲宣和皇后。紹興十年，遥上皇太后册寶於慈寧殿。自後，每遇誕日至朔，皆遥行賀禮。十二年八月，自北歸至臨安，入居慈寧宫。

宋史禮志：建炎元年五月，册元祐皇后爲隆祐太后，令所司擇日奉上册寶，時方巡幸，不克行禮；遥尊韋賢妃爲宣和皇后。紹興七年三月，詔略曰：「宣和皇后夙擁慶羨，是生眇沖，迺骨肉之至親，偕父兄而時邁。十年地阻，懷陟岵、凱風之思；萬里使還，奉上皇、寧德之諱。宜尊爲皇太后，令所司擇日奉上册寶。」太常寺言：「請依祖宗故事，俟三年之喪終制，然後行禮。」時翰林學士朱震言：「唐德宗建中上太后沈氏尊號時，沈太后莫知所在，猶供張含元殿，具衮冕，出左序，立東方，再拜奉册。今太后聖體無恙，信使相望，豈可不舉揚前憲？臣又聞，三年之制，惟天地、社稷越紼行事。德宗以大曆十四年即位〔一〕，明年改元建中，時行易月之制，故以冕服行事。今陛下退朝之服，盡如禮制，謂當供張别殿，遣三公奉册，藏於有司，恭俟來歸。願下禮官講明〔二〕。」詔從之。禮部、太常言：「寶文欲乞以『皇太后寶』四字爲文，合差撰册文官一員，書册文官一員，書篆寶文官一員，並差執政。」十年，營建皇太后宫，以慈寧爲名。十二月，帝自常御殿詣慈寧殿遥賀皇太后，奉上册寶。十二年八月，皇太后還慈寧宫，十月十八日奉進册寶。其日張設慈寧殿，設坐殿中，皇太后服禕衣即御坐，本殿官設册寶於殿下，慈寧宫事務官并本殿官並朝服詣殿下，再拜，搢笏，舉册寶奉進；先進册，次進寶，進畢，降坐，易禕衣，服常服。皇帝詣慈寧殿賀，如宫中儀，次宰臣率百僚拜表稱賀。

---

〔一〕「十四年」，諸本作「十年」，據宋史禮志十三改。

〔二〕「講」，原作「請」，據光緒本、宋史禮志十三改。

后。文獻通考：孝宗既受禪，尊憲聖皇后爲皇太后，居德壽宫，上尊號曰壽聖太上皇后。每遇誕節，上詣宫上壽。至朔望，朝上皇畢，入見后，如宫中之儀。乾道七年，加壽聖明慈尊號〔一〕。淳熙二年，以上皇慶壽禮，又加號壽聖齊明廣慈。十年，后年七十，行慶壽禮。十三年〔二〕，加尊號「備德」二字。上皇崩，遺詔改稱皇太后。上欲迎還大内，太后不許。因築本殿，名慈福。光宗即位，后當爲太皇太后，以壽皇故，更號曰壽聖皇太后。紹熙四年，慶壽八十，加號隆慈備福。孝宗崩，始稱太皇太后。寧宗慶元元年，加尊號「光祐」二字。二年，遷居重華宫，易名曰慈福。

容齋隨筆：唐德宗即位，訪求其母沈太后，歷順宗及憲宗，時爲曾祖母〔三〕，故稱爲曾太皇太后，蓋别於祖母也。舊、新二唐書紀，皆載之。今慈福太皇太后在壽康太上時，已加尊稱，若於主上則爲曾祖母，當用唐故事加「曾」字。向者嘗已告宰相，而省吏以爲典故所無，天子逮事三世，安得有前比，亦可謂不知禮矣。又嗣濮

〔一〕「明慈」，諸本誤倒，據文獻通考卷二五二校勘記乙正。

〔二〕「十三年」，文獻通考卷二五二據宋史后妃傳下改作「十二年」。

〔三〕「爲」，諸本脱，據容齋隨筆四筆卷三補。

王士歆在隆興爲從叔祖，在紹熙爲曾叔祖，慶元爲高叔祖矣，而仍稱皇叔祖如故。士歆視嗣秀王伯圭爲從祖，今圭稱皇伯祖，而歆但爲皇叔祖，乃是弟爾。禮寺亦以爲國朝以來無稱曾高者，彼蓋不知累朝尊屬，元未之有也。

光宗既受禪，上成肅皇后尊號曰壽成皇后。孝宗崩，上皇太后尊號。慶元初，加號惠慈。嘉泰二年，上太皇太后尊號。寧宗既即位，尊慈懿皇后爲皇太后，退居壽康宫慈惠殿，上尊號曰壽仁。

續文獻通考：理宗即位，尊楊皇后曰皇太后，同聽政。寶慶三年，上尊號曰壽明皇太后。紹定元年，加上「慈睿」；三年，又加「仁福」。

宋會要：寶慶二年十二月，詔：「皇太后宜上尊號曰壽明皇太后。有司詳具儀注，朕當親率群臣詣慈明殿，奉上册寶。」甲申，以史彌遠爲奉上皇太后尊號册寶，禮儀使并撰册書、册宣、繒篆寶。

紹定三年十二月，詔曰：「壽明慈睿皇太后載安宗社，兼體乾坤，宜加上尊號曰壽明仁福慈睿皇太后，其令有司詳具儀注，朕當親率群臣詣慈明殿奉上册寶。」

續文獻通考：度宗即位，尊皇后謝氏曰皇太后。咸淳三年，上尊號曰壽和皇太后。五年，加上「聖福」。恭帝即位，尊爲太皇太后。

宋會要：咸淳三年，詔：「朕纂承丕緒，郊見禮備載典册，皇太后合上尊號，可令有司討論以聞。」宰執奏皇太后尊號，恭擬「壽和」二字。詔於五年加上「壽和」，皇太后尊號曰壽和聖福皇太后。

續文獻通考：恭帝即位，尊母全皇后爲皇太后。

端宗即位，册母楊淑妃爲太后。

遼太祖尊母蕭氏爲皇太后。太宗即位，尊爲太皇太后。太宗尊母蕭氏爲應天皇太后。會同初，晉使馮道、韋勳上尊號曰廣德至仁昭烈崇簡。

世宗即位，尊母蕭氏爲皇太后。義宗之妃。

聖宗即位，尊母蕭氏爲皇太后，攝國政。統和元年，上尊號曰承天皇太后〔一〕。二十四年，加上尊號曰睿德神略應運啓化。契丹國志尚有「法道弘仁聖武開統」八字。

興宗即位，母元妃蕭氏自立爲太后，攝政。重熙元年，上尊號曰法天應運仁德章

〔一〕「承天皇太后」，諸本作「承天太皇太后」，據續文獻通考卷二〇〇乙正。

聖。二十三年，加上尊號曰仁慈聖善欽孝廣德安靜貞純懿和寬厚崇覺儀天。道宗立，尊爲太皇太后。

道宗即位，尊母蕭氏爲皇太后。清寧二年，上尊號曰慈懿仁和文惠孝敬廣愛宗天。契丹國志徽號睿聖從慈順天，與史不同。

遼史禮志：册皇太后儀　前期，陳設於元和殿，如皇帝受册之儀。至日，皇帝御弘政殿。册入，侍從班入，門外金吾列仗〔一〕，文武分班。侍中解劍，奏「中嚴」。宣徽使請木契、喚仗皆如之。樂工入，閤使門外文武班中間立，喚承宣官。聲喏，趨至閤使後立。閤使鞠躬，立揖，稱「奉敕喚仗」。承受官鞠躬，聲喏，揖，引聲「奉敕喚仗」。文武合班，再拜。殿中監押仗入，文武班入，亦如之。宣徽使押内諸司供奉官天橋班候〔二〕。皇太后御紫宸殿，乘平頭輦，童子、女童隊樂引。至金鑾門〔三〕，閤使奏内諸司起居訖，贊引駕，自下先引至元和殿。皇太后入西北隅閤内更衣。侍中解劍，上殿奏

〔一〕「仗」，原作「班」，據光緒本、遼史禮志五改。
〔二〕「押」，諸本作「同」，據遼史禮志五改。
〔三〕「至」，原作「寶」，據光緒本、遼史禮志五改。

外辦。宣徽受版入奏。侍中降，復位。協律郎舉麾，樂作。大樂令、太常卿導引皇太后升坐。宣徽使贊扇合，捲簾，扇開，樂止。符寶郎奉寶置皇太后坐右。左右金吾大將軍對揖，鞠躬，奏「軍國内外平安」。東上閤門副使引丞相東門入，西閤門副使引親王西門入，通事舍人引文武班入，如儀，樂作；至位，樂止。文武班趨進，相向再拜，退，復位。東西上閤門使、宣徽使自弘政殿引皇帝御肩輿至西便門下。引入門，樂作；至殿前位，樂止。宣徽使贊皇帝拜，問皇太后「聖躬萬福」，拜。皇帝御西閤坐，合班起居如儀。北府宰相押册，中書、樞密令史八人舁册，東西上閤門使引册，宣徽使引皇帝送册，樂作；至殿前置册位，樂止。宣徽使贊皇帝再拜，稱「萬歲」，群臣陪位，揖。翰林學士四人、大將軍四人舁册。皇帝捧册行，三舉武，授册。舁之西階上殿，樂作。置太后坐前，樂止。皇帝册西面東立。舍人引丞相當殿再拜，三呼「萬歲」，解劍，西階上殿，樂作；至讀册位，樂止。俛伏跪讀册訖，俛伏三呼「萬歲」，復班位。宣徽使引皇帝下殿，樂作；至殿前位，樂止〔一〕。皇帝拜，舞蹈，拜訖，引西階上殿。至皇

〔一〕「宣徽使贊皇帝拜問皇太后」至「樂止」一百八十九字，諸本脱，據遼史禮志五補。

太后坐前位，俛跪；致詞訖，俛伏興。引西階下，至殿前位，拜，舞蹈，拜，鞠躬。侍中臨軒，宣太后答稱「有制」，皇帝再拜。宣訖，引皇帝上殿，樂作；至西閤，樂止。丞相、親王、侍從文武合班〔一〕，贊拜〔二〕，舞蹈，三呼「萬歲」如儀。丞相上賀，侍中宣答如儀。丞相以下出，舉樂；出門，樂止。侍中奏「禮畢」，宣徽索扇，扇合，下簾。皇太后起，舉樂；入閤，樂止。文武官出門外分班侍從。兵部、吏部起居，金吾仗出，如儀。閤使奏「放仗」，皆如皇帝受册之儀。

續文獻通考：金熙宗天會仍太宗年號。十三年，尊太祖后赫舍哩氏爲太皇太后，尊太宗后唐古氏爲太皇太后。

海陵天德二年，尊嫡母圖克坦氏爲皇太后，尊生母大氏爲皇太后。

章宗即位，尊母圖克坦氏爲皇太后。顯宗之妃。

哀宗即位，尊母皇后温都氏爲皇太后，生母元妃氏爲皇太后。

〔一〕「侍」，諸本脱，據遼史禮志五補。

〔二〕「贊」，諸本作「再」，據遼史禮志五改。

金史禮志：冊皇太后儀　其日質明，有司各具繖扇，侍衛如儀，及兵部約量差軍兵，并文武百官詣兩宮迎請，引導皇太后入内，並赴受冊殿，入御幄，侍衛如式。次奉冊太尉等俱以冊置於案，奉寶司徒等俱以寶置於案，皆盛以匣，覆以帕，詣别殿門外幄次。教坊提點率教坊入。侍衛官各就列。皇帝常服乘輿，至别殿後幄次。通事舍人引宣徽使版奏「中嚴」，復位，少頃，又奏「外辦」。幄簾捲，教坊樂作，扇合，兩宫皇太后出自後幄，並即御坐，南向，扇開，樂止。分左右少退。通事舍人引文武百僚班左入，依品，重行西向，立定。通事舍人喝「起居」，班依常朝例起居，七拜，訖，引文武百僚班分東西相向立。通事舍人、太常博士贊引，太常卿前導，押冊官押冊而行，奉冊太尉、讀冊中書令、舉冊官等以次從之。押寶官押寶而行，奉寶司徒、讀寶侍中、舉寶官等以次從之。俱自正門入，教坊樂作，至殿庭西階下少東，北向，於褥位少置，樂止。冊北，寶南。通事舍人、太常博士贊引，太常卿前導，押冊官押冊升，樂作，奉冊太尉等從之，進至兩宫太后座前褥位，樂止。兩宫冊寶齊上，齊讀。舉冊官夾侍。奉冊太尉各搢笏，北向跪，俛伏，興，退立。讀冊中書令俱進，向冊前跪奏稱「攝中書令具官臣某，謹讀冊」。舉冊官單跪對舉，中書令各搢笏，讀訖，執笏，俯伏，興，搢笏，捧冊興，於位東迴册函北向，並進，跪置於御座前褥位。中書令舉册官俱降，還位。奉册太尉並降階，東向以俟。押寶官押寶升，樂作，奉寶司徒等從之，進至兩宫皇太后座前褥位，樂止。舉寶官夾侍。奉寶司徒各搢笏，北向跪，俛伏，興，退立。讀寶侍中俱進，當寶前跪奏稱「攝侍中具官臣某，謹讀寶」。舉寶官單跪對舉，侍中各搢笏，讀訖，執笏，俯伏，興，搢笏，捧寶興，於位東迴寶函北向〔一〕，並進，跪置御座前褥位册之南。通事舍人、太常博士贊引太尉、司徒以次應行事官俱降自西階，復本班序立。宣徽使一員詣皇帝御幄前，俛伏，跪奏「臣某謹請皇帝詣兩宫皇太后前，行稱賀禮」，俛伏，興。贊引皇帝再拜，又奏「請北向跪」，皇帝賀曰「嗣皇帝臣某云云」，俛伏，興，又再拜，訖，又奏「請皇帝少立」，内侍承旨退，西向稱「兩宫皇太后旨云云」〔二〕，皇帝再拜。宣徽使前引，皇帝歸幄，常服乘輿還内，侍衛如來儀。應階下文武百僚重行立定，通事舍人喝「拜」，在位皆再拜。通事舍人引太師詣西階升〔三〕，俛伏，跪奏稱：「文武百僚

〔一〕「函」，諸本作「西」，據金史禮志十改。
〔二〕「皇」，諸本脱，據金史禮志十補。
〔三〕「詣西階」，原脱，據光緒本、金史禮志十補。

具官臣某等稽首言〔一〕，皇太后殿下顯對册儀，永安帝養。仰祈福壽，與天同休。」俛伏，興，降自西階，復位立定。通事舍人贊「在位官皆拜」，舞蹈，三稱「萬歲」，又再拜。宣徽使升自東階，取旨退，臨階西向稱「兩宫皇太后旨」，通事舍人贊「在位官皆再拜」，畢，宣曰：「公等忠敬盡心，推崇協力。膺兹令典，感媿良深。」宣訖，還位。通事舍人贊「謝宣諭，拜」。在位官皆再拜，舞蹈，三稱「萬歲」，又再拜。通事舍人分引應北向官各分班東西立。宣徽使升自東階，奏稱「具官臣某等言，禮畢」，降還位。扇合，皇太后並興，教坊樂作，降座，還殿後幄次，扇開，樂止。通事舍人引宣徽使奏「解嚴」。中書侍郎等各帥捧册牀官升殿，跪捧册並置於牀，次門下侍郎等各帥捧寶牀官升殿，跪捧寶並置於牀，訖，通事舍人引詣東上閤門，投進所司。文武百僚以次出。禮畢，皇太后常服乘輿，各還本宫，引導如來儀。文武百僚詣東上閤門拜表賀皇帝，退。禮畢，各赴本宫，受内外命婦稱賀。所司預於殿内設皇太后御座，司賓引内外命婦於殿



〔一〕「百僚」，諸本脱，據金史禮志十補。

庭北向依接前序立〔一〕。尚儀奏請，皇太后常服即座。司贊曰「再拜」，命婦皆再拜。司賓引班首詣西階升，跪賀稱：「妾某氏等言，伏惟皇太后殿下，天資聖善，昭受鴻名，凡在照臨，不勝欣忭。」興，降階復位。司贊曰「再拜」，内外命婦皆再拜。尚宫承旨，降自西階，於命婦之北東向立，司贊曰「再拜」，在位者皆再拜〔二〕。尚宫乃宣答曰：「膺兹典禮，感愧良深。」司贊曰「再拜」，在位者皆再拜，退。赴别殿賀皇帝，亦如賀皇太后之儀，惟不致詞，不宣答。

續文獻通考：元成宗即位，尊太母元妃必濟額格齊鴻吉哩氏裕宗之妃。爲皇太后。武宗即位，尊太母元妃達吉鴻吉哩氏順宗之妃。爲皇太后。至治三年，上尊號曰儀天興聖慈仁昭懿壽元。仁宗延祐二年，加上尊號曰全德泰寧福慶。英宗即位，尊爲太皇太后，加上尊號曰徽文崇祐。英宗即位，尊母鴻吉哩氏爲太后。

〔一〕「接前」，金史禮志十無。
〔二〕「尚宫承旨」至「在位者皆再拜」二十七字，諸本脱，據金史禮志十補。

寧宗即位，尊文宗皇后鴻吉哩氏爲皇太后。順帝元統二年，上尊號曰贊天開聖仁壽徽懿。昭宣至元元年，尊爲太皇太后，加上尊號曰貞文慈祐儲善衍慶福元。

元史禮志：太皇太后上尊號進寶册儀　前期二日，儀鸞司設進發册寶案於大明殿御座榻前，掌謁設進册寶案於太皇太后殿座榻前〔一〕，設受册寶案於座榻上，並册西寶東。侍儀司設册使副位於廷中，北面，册官位右，寶官位左，禮儀使位於前，以北爲上。太皇太后殿廷亦如之。至期大昕，群臣皆公服，叙位闕前，侍儀使、禮儀使、引册使，引册、奉册、舉册、讀册、捧册官，由月華門入。侍儀使、禮儀使、引册副，引寶、奉寶、舉寶、讀寶、捧寶官，由日精門入。至露階下，依板位立。侍儀使捧牙牌入至寢殿前，跪報外辦，内侍入奏，出傳制曰「可」，侍儀使俛伏興。皇帝出閤升輦，鳴鞭三；入大明殿，陞御座，鳴鞭三。司晨報時雞唱畢，侍儀使、禮儀使、引册使以下陞自東階，由左門入，至御榻前，相向立。掌儀贊曰「奏中嚴」，侍儀使捧牙牌跪奏曰「中嚴」，又贊曰「就拜」，曰「興」，「平身」，「復位」，曰「禮儀使稍前跪」，曰「册使以下皆跪」。禮儀

〔一〕「案」，諸本作「位」，據元史禮樂志一改。

使奏請進發太皇太后册寶，掌儀贊曰「就拜」，曰「興」，「平身」，曰「復位」，曰「内謁者稍前」，曰「搢笏，奉册寶上進」，曰「册使副、捧册寶官稍前」〔一〕，曰「搢笏」，曰「内謁者跪進册寶」。皇帝興，以册授册使，册使跪受〔二〕，興，以授捧册官，出笏；以寶授册副，册副跪受〔三〕，興，以授捧寶官，出笏。侍儀使、禮儀使、引册、引寶官，導册寶由正門出，册使以下奉隨，至階下。掌儀贊曰「以册寶置於案」，曰「出笏，復位」。方輿舁行，樂作。侍儀使、禮儀使、引册、引寶前導，册使以下奉隨，至興聖宫前，奠案，樂止。侍儀使以導從入至太皇太后寢殿前，跪報外辦。掌謁入啓，出傳旨曰「可」，侍儀使俛伏興。侍儀使、掌謁前導太皇太后升殿。導太皇太后時，侍儀使入至大明殿，跪奉册寶至興聖宫，請行禮。駕興，鳴鞭三，侍儀使前引導從至興聖宫，陞御座。侍儀使出，至案所，樂作。方輿入，至露階下奠案。册使副立於案前，册官東向，寶官西向。方輿分退，立於兩廡，樂止。尚引引殿前班入起居位，相向立，起居拜舞，如元正儀。禮

〔一〕「曰搢笏奉册寶上進曰册使副捧册寶官稍前」十八字，諸本脱，據元史禮樂志一補。

〔二〕「册使」，原脱，據光緒本、元史禮樂志一補。

〔三〕「册副」，原脱，據光緒本、元史禮樂志一補。

畢，宣贊唱曰「各恭事」，贊引册使以下退至起居位。通班舍人唱曰「攝某官具官或太尉，具官無常。臣某以下起居」，引贊贊曰「鞠躬」，「平身」。進入丹墀，知班唱曰「班齊」，宣贊唱曰「拜」，通贊贊曰「鞠躬」，「拜」，「興」，「拜」，「興」，「平身」，宣贊唱曰「各恭事」。進至案前，依位立。宣贊唱曰「太尉以下進上册寶」，掌儀贊曰「捧册寶官前，搢笏，捧册寶」。侍儀使引册寶官前導，册使奉隨，至御榻，進册寶案前。掌儀唱曰「跪」，捧册寶官皆跪，曰「以册寶置於案」，曰「捧册寶官出笏復位」，曰「太尉以下皆跪」，曰「讀、舉册寶官興，俱至案前跪」。掌儀贊曰「舉册官搢笏，取册於匣，置於盤，對舉」。曰「讀册」，讀册官稱臣某謹讀册。讀畢，舉册官納册於匣。掌儀唱曰「出笏」，曰「舉寶官搢笏，取寶於盝，對舉」。曰「讀寶」，讀寶官稱臣某謹讀寶。讀畢，舉寶官納寶於盝。掌儀贊曰「出笏」，曰「就拜」，曰「興」，「平身」，曰「衆官皆興」〔一〕，曰「復位」。曰「太尉、司徒、奉册寶官稍前」，曰「捧寶册官稍前」，曰「搢笏」，「捧册寶上進」，曰「皇帝躬授太皇太后册寶」，太皇太后以册寶授内掌謁，掌謁置於案。皇帝興，進酒。太皇

〔一〕「曰衆官皆興」，諸本脱，據元史禮樂志一補。

太后舉觴飲畢，皇帝復御座畢，掌儀贊曰「衆官皆復位」。侍儀使、引册使以下，分左右，出就位。皇帝率皇后及諸妃、公主，降丹墀，北面拜賀，陞殿。皇太子及諸王拜賀，升殿。典引引百官入就起居位，通班舍人唱曰「文武百僚具官臣某以下起居」，曰「鞠躬」，曰「平身」，引至丹墀拜位。知班報班齊，宣贊唱曰「拜」，通贊贊曰「鞠躬」，「拜」，「興」，「拜」，「興」，「平身」。侍儀使詣班首前請進酒，雙引至殿宇下褥位立，俟舞旋列定，通贊唱曰「分班」，樂作。侍儀使引班首由南東門入，宣徽使奉隨，至御榻前，班首跪，曲終。班首祝贊曰：「册寶禮畢，臣等不勝欣忭，願上太皇太后、皇帝萬萬歲壽。」宣徽使應曰：「如所祝。」班首俛伏興，還詣進酒位。以下並同元正儀。

皇太后上尊號進册寶儀同前儀。

太皇太后加上尊號進册寶儀同前儀。

續文獻通考：明惠帝建文元年，尊母妃吕氏興宗妃。爲皇太后。

宣宗即位，尊母皇后張氏爲皇太后。英宗即位，尊爲太皇太后。

英宗即位，尊母皇后孫氏爲皇太后。景帝時，尊爲上聖皇太后。英宗復辟，上徽號曰聖烈慈壽。

景帝即位，尊母賢妃吴氏爲皇太后。

憲宗即位，尊母皇后錢氏爲慈懿皇太后，尊生母貴妃周氏爲皇太后。成化時，上尊號曰聖壽慈仁。孝宗即位，尊爲太皇太后。

孝宗即位，尊母皇后王氏爲皇太后。武宗即位，尊爲太皇太后。

武宗即位，尊母皇后張氏爲皇太后。正德五年，上尊號曰慈壽。世宗入繼，稱聖母，加上尊號曰昭聖。嘉靖三年，加上康惠，已改稱皇伯母。十五年，復上恭安。

世宗即位，尊祖母邵氏憲宗妃，睿宗母。爲皇太后。嘉靖元年〔一〕，上尊號曰壽安。七年，改稱太皇太后。十五年，改稱皇后。又尊生母蔣氏睿宗妃。爲興國太后。嘉靖三年，上尊號曰本生章聖皇太后，去本生號，尊爲聖母。七年，上尊號曰慈仁。十五年，加上康靖貞壽。

神宗即位，尊母皇后陳氏爲仁聖皇太后。萬曆六年，加上徽號曰貞懿。十年，再加康靜。又尊生母貴妃李氏爲慈聖皇太后。萬曆六年，加上徽號曰宣文。十年，再

〔一〕「元年」，諸本作「七年」，據續文獻通考卷二〇〇改。

加明肅。二十九年，加貞壽端獻。三十四年，加恭熹。

明史禮志：上尊號徽號儀　天子登極，奉母后或母妃爲皇太后，則上尊號。其後或以慶典推崇皇太后，則加二字或四字爲徽號。上徽號致詞，而上尊號則止進册寶。上尊號，自洪熙元年六月，宣宗登極尊皇太后始。其儀：先期遣官祭告天地宗廟社稷，帝親告太宗皇帝、大行皇帝几筵。是日，鳴鐘鼓，百官具朝服。前一日，内侍官於奉天門設册寶綵輿香亭。教坊司設中和韶樂及大樂，設而不作。清晨内官設皇太后寶座於宮中，陳儀仗於丹陛及丹墀，設册寶案、香案於寶座前，設皇帝拜位於丹陛上正中，親王拜位於丹墀内。女樂設而不作。皇帝具冕服御奉天門。奉册寶官以册寶置綵輿中〔一〕，内侍舉輿，皇帝隨輿降階陞輅。百官於金水橋南，北向立，輿至皆跪，過輿。隨至思善門外橋南，北向立。皇帝至思善門内降輅。皇太后陞座，輿至丹陛上。皇帝由左門入，至陛右，北向立。親王具冕服各就位。奏四拜，皇帝及親王以下皆四拜。畢，奉册寶官以册寶由殿中門入，立於左。皇帝由殿左門入，至拜位跪，親王百官皆跪。奏

〔一〕「奉」，諸本脱，據明史禮志七補。

搢圭，奏進册。奉册官以册跪進於皇帝右，皇帝受册獻。訖，以授執事官，執事官跪受，置案左。奏進寶，奉寶官以寶跪進於皇帝右，皇帝受寶獻。訖，以授執事官，執事官跪受，置案右。奏出圭，奏宣册，執事官跪宣讀。皇帝俯伏，興，由左門出，至拜位。奏四拜，傳唱百官同四拜。禮畢，駕興。是日，皇帝奉皇太后祗謁奉先殿及太宗皇帝、大行皇帝几筵，行謁謝禮。禮畢，皇太后還宫，服燕居冠，陞座。皇帝率皇后、皇妃、親王、公主及六尚等女官，行慶賀禮。翌日，外命婦四品以上，行進表箋禮。宣德以後，儀同。英宗初年二月，上太皇太后尊號儀同。天順八年二月，增命婦致詞云：「某夫人妾某等，恭惟皇太后陛下尊居慈極，永膺福壽。」太皇太后同。弘治十八年上兩宫尊號，改皇太后致詞云：「尊處慈闈，茂隆福壽。」嘉靖元年二月，上昭聖皇太后、皇嫂、莊肅皇后、壽安皇太后、興獻后尊號，以四宫行禮過勞，分爲二日。又以武宗服制未滿，莊肅免朝賀，命婦賀三宫，亦分日。昭聖致詞云：「功德並隆，永膺福壽。」興獻同。壽安云：「尊居慈極，永膺福壽。」上徽號，自天順二年正月奉皇太后始。致詞云：「嗣皇帝臣，伏惟皇太后陛下，功德兼隆，顯崇徽號，永膺福壽，率土同歡。」命婦進表慶賀致詞曰：「某夫人妾某氏等，恭惟皇太后陛下德同坤厚，允協徽稱，壽福無疆，輿情歡戴。」餘如常儀。後上徽號及加上徽號，仿此。成化二十三年，禮部具儀上，未及皇太子妃禮，特命增之。

右上皇太后太皇太后尊號徽號禮